U0115563

第七部

国殇

A NATIONAL MARTYR

王晓华 著

国民党正面战场
海军抗战纪实

团结出版社

图书在版编目（CIP）数据

国殇：国民党正面战场海军抗战纪实 第七部 / 王晓华著 . -- 北京：团结出版社，2013.1（2023.7 重印）

ISBN 978-7-5126-1405-5

Ⅰ . ①国… Ⅱ . ①王… Ⅲ . ①国民党军－抗日战争时期战役战斗－史料 Ⅳ . ① E296.93

中国版本图书馆 CIP 数据核字（2012）第 259201 号

出　版：团结出版社

　　　　（北京市东城区东皇城根南街 84 号　邮编：100006）

电　话：（010）65228880　65244790（出版社）

　　　　（010）65238766　85113874　65133603（发行部）

　　　　（010）65133603（邮购）

网　址：http://www.tjpress.com

E-mail：zb65244790@vip.163.com

　　　　tjcbsfxb@163.com（发行部邮购）

经　销：全国新华书店

印　装：三河市东方印刷有限公司

开　本：170mm×240mm　16 开

印　张：30.25

字　数：436 千字

版　次：2013 年 1 月　第 1 版

印　次：2023 年 7 月　第 7 次印刷

书　号：978-7-5126-1405-5

定　价：79.00 元

目 录
CONTENTS

从 17 世纪初，倭寇从海上来袭，中国就出现了海患，几百年来，海患始终未靖，祖宗的海疆屡屡遭侵，愈演愈烈。

19 世纪的第一次中日战争中，貌似东亚第一的北洋舰队全军覆没；20 世纪的第二次中日战争中，强敌面前，弱小的民国海军勇于亮剑，壮烈殉国。然而，中国海军就像不死的海燕一般，继续在狂风恶浪中飞翔……

第一部　飘扬的旗舰

七七事变之后，日本放弃不扩大的原则，一味地调兵遣将，变本加厉地恣意侵略。那么，一再忍让的蒋介石国民政府将采取怎样的应对方针？有什么杀手锏来对付穷凶极恶、武装到牙齿的日本侵略者呢？在 8 月上旬的最高国防会议上，蒋介石制定了什么样的最高机密？

七、马后炮 / 50

封锁长江、消灭日本长江舰队是中国政府的既定方针。蒋介石下令之前，1937 年 8 月 9 日，日本政府已经紧急训令在长江沿岸的侨民紧急撤退。在长江舰队的掩护下，日本人逃往上海。蒋介石亲自命令空军紧急起飞追逐敌舰。上帝会保佑追逐者和被追逐者吗？

八、绝色女谍 / 57

封江的情报是谁泄露的？是怎样送出的？至今众说纷纭。但子弹飞向了行政院简任秘书黄濬和他的儿子黄晟。南京雨花台下的枪声，结束了 18 名汉奸的生命。还有一位绝色的色情间谍南造云子，却从老虎桥监狱失踪了……

九、黄濬背黑锅 / 63

众恶不察，人云亦云，但是仔细分析一下，黄濬是封江机密的泄密者吗？正如当时有名的记者曹聚仁先生所说："所有写黄秋岳故事的，都是根据一般的传说，加以推测，并不足信的，他们都没有见过原始的史料。"问题是有没有原始史料呢？

十、亡羊补牢 / 73

海军第一舰队在陈季良的指挥下，从湖口启程赶赴江阴，仅十个小时就抵达集合地，原以为是要与日军大干一场，没料想得到的命令是让军舰自沉。难道海军就没有更好的抗敌办法吗？

十一、阳谋中的阴谋 / 83

有人说是欧阳格不同意封江沉船；也有人说是陈绍宽赞成沉船封江；陈绍宽到底对封江持何种态度？原来向蒋介石建议封江沉船的另有其人，究竟谁是始作俑者？这里又有着怎样的恩怨？

第二部　不屈的要塞

二十七、"固若金汤"　/218

蒋介石在南昌主持的军事会议上，做出了保卫大武汉的决策，同时决定在长江两岸厚置兵力，沿江节节抵抗。在马当、湖口等要塞区设立水下封锁线。海军布雷队敷设水雷，蒋介石、白崇禧亲临马当要塞视察……

二十八、马当失守　/228

苦心经营的马当要塞为何在短短的5天之内就丢失？是防守的海军炮队玩忽职守？剩余的舰艇是藏匿还是做不屈的抗争？

二十九、军法无情　/239

马当要塞的丢失，将战时陪都武汉暴露在日军面前。蒋介石极为震怒，海军炮队是保卫要塞的，负有守土之责，丢失阵地当受到军法严惩，他们能逃过军法的严惩吗？

第三部　血染的江湖

为表彰海军布雷游击队的功绩，军事委员会颁给林遵等人陆海空军奖章，极大地鼓舞了布雷游击队的士气。更多的日本舰船在长江和各大江湖中陆续被炸，防不胜防，造成极大的损失。

在国民党海军抗战档案中，陈永生绝对是一个英雄人物，他死得非常惨烈，整个躯体被日军用木工使的大锯活活锯开，而至死骂不绝口。他是唯一一位被国民政府军事委员会特别核定奖恤，准入祀湖口忠烈祠，并将其事迹宣付表扬的人。

水雷让日军胆战心惊。这一个说：水雷是怎样的厉害，怎样的会横冲直撞过来，我们会无处躲避。那一个说：满江都是水雷，我们的战斗，简直就是和水雷作战。
有一个叫森的大佐舰长，悲哀地说出："碰到水雷，连遗嘱都来不及写。"

"兔阴博士"褚民谊脱下西装，穿上海军大礼服，神气活现的。汪伪政府的所谓"海军"，只有几条从日本人那里淘汰下来的小船艇。不少国民党海军的俘虏和降将都成为汪伪"海军"要角。

陈绍宽说："厦门一役，海军血战最烈。有一个设在何厝的炮台，战至只余一兵没有死。闽口的要塞，自战幕开启到现在，敌人不断用海空力量向我压迫，但在我海军要塞各炮台守兵和海军陆战队忠勇守卫下，绝对没有让敌人得到丝毫的机会。"

四十六、独脚将军　/397

"短枪小艇夺艨艟，击楫当时胆气雄。莫笑将军虽足曲，虎门今日尚威风。"
这是国民党中央宣传部部长梁寒操的一首诗，赞颂"足曲"即独脚将军在
海军虎门要塞抗击日舰进攻的威风情形，这个人就是虎门要塞司令陈策。

四十七、鏖战福州　/407

闽海浓雾弥漫，雾色稍霁，马祖海面上有不同型号敌舰多艘、运输船十余
艘和小型航空母舰一艘向福州进攻。李世甲奋力抵抗后，率部退出。此后
敌退我进，彼消此长，终于赢得最后的胜利。

第四部　太阳旗落

自北洋舰队全军覆没，甲午战争清军惨败，中日签订《马关条约》之后，中国痛失宝岛台湾。曾令无数中华儿女痛心疾首，锥心泣血，也令台湾同胞反抗日本统治的斗争长达50年之久。1945年10月25日，陈仪宣布，从今天起，台湾及澎湖列岛正式重入中国版图，让所有炎黄子孙扬眉吐气。

抗战胜利后，中国根据《开罗宣言》和《波茨坦公告》，有权收复被日军侵占的所有我国领土，包括散布在中国南海的岛屿和珊瑚礁。当时国民政府继收复台湾之后，立即组织以海军为主的力量，协助广东省政府南下收复西沙与南沙诸岛。

作者手记：

中国第一艘航母有人说应叫"郑和"号，有人说应叫"施琅"号，还有人说应叫"毛泽东"号，我认为应该叫"陈绍宽"号。陈绍宽是中国提出建造航母的第一人。1928年12月，他呈文国民政府，提出：吾国海岸线绵长，港湾分歧，外有外人越境侵权之患，内有海盗剽劫之警。如不添造新舰，加厚军实，则现有舰队不独出海之力量薄弱，抑且深感其不敷分配……请添造驱逐舰四艘，潜水舰两艘，巡洋舰三艘，飞机母舰（即航空母舰）一艘。

19世纪的第一次中日战争中，大清帝国北洋舰队全军覆没；20世纪的第二次中日战争中，中华民国海军壮烈殉国。

有了航母，我们的海军才能走向深蓝。

陈绍宽训示：

知己知彼，百战不殆。

温故而知新。

是非经过不知难。

前事不忘，后事之师。

我们是来做大事，不是来做大官。

第一部　飘扬的旗舰

引子：海军部长深夜赶回

"砰！砰……"枪响了。

1937 年 7 月 7 日晚 7 时 30 分左右，驻丰台日军河边正三旅团第一联队第三大队第八中队，由队长清水节郎率领至卢沟桥西北龙王庙附近举行军事演习。10 时 40 分，宛平城东北，即日军演习的地点突然响起了枪声。

不一会儿，数名气势汹汹的日军来到宛平城下，对城上守军大喊："我部丢失了一名士兵，你们立即打开城门，我们要进城搜查！"

在遭到宛平守军的拒绝后，日军立即包围了宛平城，双方打了起来。这就是"七七卢沟桥事变"，抗日战争由此拉开了序幕。

消息传来，正在德国柏林的海军部部长陈绍宽忧心如焚。与德国方面进行购买潜水艇的谈判并不顺利。德国防部长柏龙白以出售现役舰艇"有碍国体，未便从命"为借口，予以拒绝。几经谈判，德同意可用商业方式签订契约，则可以在最短时间内代为建造。陈绍宽遂与德国防部签约，购进大、中、小型潜水艇共 6 艘，潜水艇母舰 1 艘，鱼雷多枚。

原来本年 5 月 15 日是大英帝国国王乔治六世的加冕典礼。4 月 2 日，国民政府任命财政部长孔祥熙为特使兼团长，海军部长陈绍宽为副使，率代表团赴英国参加隆重的加冕仪式。代表团随员有行政院秘书长翁文灏、驻英公使郭泰祺，而海军部的随行人员居多，有军务司少将司长林献炘、巡洋舰副长周应聪少校、林遵上尉，以及中尉、少尉航海员和见

1

国民党正面战场海军抗战纪实

海军部长陈绍宽

习官蒋菁、邱仲明、王国贵等十余人。

蒋介石选派陈绍宽为副使出国另有目的，佯为参加加冕，暗地主要是为了考察欧洲各国海军的发展，设法引进德国的海军装备，以便在未来的抗日战争中更好地发挥海军的作用。

离沪行前，陈绍宽特意召见马尾要塞司令李世甲，说："我此次参加英王加冕典礼后，当前往德国向德国海军购买潜水艇6艘和潜水艇母舰1艘，此事已由蒋委员长通过德国顾问向德方海军商有头绪，但对外是保密的。签订合同之日即电告你。"

李世甲说："蒋委员长派欧阳格到意大利活动，听说是购买潜水艇，以加强他的潜水艇部队……"

陈绍宽说："欧阳格遭到墨索里尼的拒绝，所以我这次去与德国谈判。你不必理会欧阳格，只管负责潜水艇部队的组建工作。人员先在国外进行短期训练，这次随行的官员为备员，然后从国内选派官兵前往充实编制，由你负责。只要能将这批急需的潜水艇买回来，等明年或后年中日战争爆发时，我们海军手中就将多一个杀手锏！"

5月下旬，孔祥熙、陈绍宽等从伦敦转赴柏林，与德国海军进行接洽购舰事宜。陈绍宽以9900万马克订购了五艘潜艇（一艘Ⅶ级，四艘ⅡB级），其中两艘已开工建造，中国派有80名海军士官在德受训，并协商自德国海军舰队现有潜艇中先抽调一艘提供给中国使用。

对于陈绍宽作为访英副使，日本间谍机关也严密监视，如影随形监视着陈绍宽的一举一动。就在陈绍宽与德国海军签订购舰合同不久，日本海相就发出密令，无论如何不能让"支那"得到德国潜艇，要通过外交途径进行干扰、阻挠，实在不行，在潜艇来华途中就予以击沉。

然而，尽管陈绍宽的办事效率可圈可点，但已经来不及了。签约之后，卢沟桥事变已经爆发，消息传来，陈绍宽决定立即回国参加抗战。随着战争的进程，日本与德国成为利益共同体，在日本的阻挠下，这些新式潜水艇再也未能交付。

7月17日，陈绍宽自德国柏林发出通电，表示："率海军人员回国枕戈待命！"

孔祥熙（左2）、陈绍宽（左3）、驻德国大使程天放（左1）与德国经济部长沙赫德（右1）会谈。

两天之后，陈绍宽由柏林乘飞机回国，从大西洋到地中海，再到太平洋，日夜兼程。此时，太平洋西海岸的中国最富庶的淞沪地区，战争形势非常严峻。

7月24日，驻上海的日本舰船与海军陆战队在江湾举行军事演习，开始向中国方面展示"肌肉"。

是日晚，上海日本海军陆战队忽然声称："有一名日本水兵不知下落"。以搜查为名，派出几百名士兵，在天通庵、横滨路与八字桥一带设立步哨，修筑街垒，如临大敌；一队队海军陆战队横冲直撞，越界筑路，搜查行人，并逮捕中国巡官、警长各一名。形势异常紧张。淞沪一带战云密布、危机四伏。一时间，风声鹤唳、草木皆兵。日本海军陆战队贼喊捉贼的手法与华北日军的挑衅如出一辙。

日本方面威胁上海地方当局：如果再不交出日本水兵，日方将自行行动！

三天后，即27日上午10点左右，在长江下游的靖江县境，一艘船在江面上救起一名落水的青年男子，送其到靖江县警察所，但此人一言不发。后发现其腰间缠有"千人缝腹卷"，长约3英尺，宽约14英寸，以白布为底，用红线千针缝成。这是日本人赠给日本士兵的护身符。按日本的说法，此卷裹在腰间，可以御枪炮、避灾难。该卷上有一布条，上有"宫崎贞夫君"五个字。经审讯，该男子确是日本广岛县贺茂郡乡原村七九九番地人，正是日本海军陆战队谎称失踪的士兵——宫崎贞夫。

失踪的理由更加荒唐。据宫崎贞夫交代：

24日晚上9时左右，因违反规定，在日本海军陆战队指定以外的靶子路的妓院嫖娼，玩至9点半左右，付嫖资二元即出。有三名中国人追来索款，双方发生争执时，被一名日本水兵发现，由于担心违反军纪遭到惩罚，于是将军帽和领章扔掉，即乘人力车向外滩和平塔（即一战胜利纪念塔）方向逃去。后将军服脱下，用报纸裹上，偷偷上了一艘英国客船。在上层甲板上睡觉时被船员发现，要将其带往船长处。宫崎贞夫因无票乘船，害怕身份暴露，于是跳江，在接近江边时体力不支，后被救。

靖江县警察所将宫崎贞夫护送到镇江的江苏省政府，再经江苏省政府派人护送到南京大方巷与云南路交汇处的外交部，待将情况完全了解清楚后，由外交部派员将其送交到鼓楼的日本总领事馆接收。

真相大白。所谓"日本海军陆战队士兵失踪案"以闹剧的方式落幕。但战争的阴霾驱之不散，无论中国方面和日本方面都在运筹谋划、排兵布阵。

连日来，南京国民政府军政部门迭有重要会商，对日本整个策划，已有具体决定。各军事要员、各院部要员、各省主席齐聚首都南京，共同讨论抗日方策。

中日间一场旷日持久的、异常惨烈的全面战争的步伐，正在"嘭嘭嘭嘭"快速逼近。

陈绍宽心急如焚，他担心万一战争降临，海军无人主持大计，将如何应敌？一路上，他不停地思索着海军几个舰队如何配合、如何应对长江中的日舰的各种预案，几乎没有好好休息。

7月27日晚陈绍宽抵达香港。次日转乘中国航空公司"浙江"号，于下午3时许到达上海虹桥机场，早有上海海军司令部专车在等候，遂马不停蹄赶往沪宁车站，赶上4时开往南京的特别快车，风驰电掣，当晚9时50分抵达南京下关车站。

海军部

下关火车站又称沪宁铁路南京车站，始建于清光绪三十一年（1905）。当时按"一等站屋"标准建造，只有大小平房18间。1930年，国民政府铁道部对该站进行重建，为中间三层，两边两层的楼房。

这时，海军部政务次长兼第一舰队司令陈季良、主持部务的常务次长陈训泳、副官张任民均到站台迎接。

陈绍宽对在场的记者说："本人在欧洲任务大致完成之际，得到日军发动卢沟桥事变，华北告急的消息，于是急忙动身回国，主持海军军务。"

有记者问："请问陈部长，欧洲各国对日本侵略我国持何种立场？"

陈绍宽答："欧洲各国对日本侵略我国均作非议，对我国的态度至表同情。"

问："请问陈部长何时谒见蒋院长？"

陈绍宽："我明天上午即去谒见蒋院长，报告一切。"

随即陈绍宽一行步出椭圆形车站大厅，登车去海军部。

海军部位于挹江门里的中山北路上，清末时为江南水师学堂，民国后改为海军军官学校。1928年12月为国民政府军政部下属的海军署。1929年4月扩充为海军部。大门为巴洛克式牌楼式建筑，平面略呈弧形状，有10根装饰门柱，牌楼正中顶部往两边设有层层退台，共五层，其中装饰有动感式曲线旋涡花纹。拱门上方有"海军部"三个大字，其上有铁锚海军徽。大门前左侧有木质门岗，大门左右两边各有石雕的雄狮。

海军部共五进，第一进左为传达室、电话室，右为招待室、勤务兵房；第二进左为会客厅、右为副官办公室；第三进为政务次长办公室、卧室、餐厅、浴室、会客室、译电室、勤务兵房；第四、第五进为部员会食厅，东西两边有房舍各三十间，出东宿舍为常务部长办公室、卧室、宴会厅、会客室、阅报室及党义讲堂，员兵诊病室、各司长寝室也在这里。再后为楼房两座，楼上为部长办公室、浴室、会客厅、机要室及参事寝室，楼下为会客厅、会议厅、参事办公室、浴室。正座之西为总办公厅、总务厅、秘书办公室等。再往西为洋式平房六间，海军部下辖六司，即总务司（辖文书、管理、统计、交际科），军衡司（辖铨叙、典制、恤赏、军法科），军务司（辖军事、军医、军港、运输科），舰政司（辖机务、材料、修造、电务科），军学司（辖航海、轮机、制造、士兵科），海政司（辖设计、测绘、警备、海事科），一司一间。正座之后有操场，边上有两排平房，警卫营、军乐队等都在此住。

陈绍宽等人来到海军部门前，卫兵敬礼，两辆黑色的轿车驶进了大门，陈绍宽等下车。大院内早有军乐队在此等候，一声令下，戴着白色手套的乐队指挥手起一挥，全体奏起海军军歌。

陈绍宽一行敬着礼，走进了二门，他小声对陈训泳说："非常时期，哪来这么多繁文缛节？这么晚了，让大家休息吧!"

陈训泳停住脚步，回身对军乐队摆摆手："部长舟车劳顿，很疲倦了，你们解散吧。"

陈绍宽来到主楼的楼梯前，回头对陈季良一行说："我要睡了，有事明天再说吧!"

陈季良、陈训泳等人给陈绍宽敬礼后，各自回了寝室。

尽管很疲倦，陈绍宽却毫无睡意，他的脑海中酝酿着海军舰队以分散出击的战术来对付强大的日本舰队。明天上午，他就要谒见蒋介石，要向其汇报与德国合约购舰的情况，并满怀信心地提出海军的御敌之策。没有长枪大戟，只有匕首弯弓也能直插敌人的心脏。

他越想越兴奋，直到东方发白，才蒙眬睡去。他就是做梦也想不到，等待他的将是什么……

然而第二天，蒋介石只是简单听取了陈绍宽欧洲之行的情况汇报。当他欲汇报抗战御敌之策时，蒋介石说："你在最高国防会议上去说吧。"

奇怪的是制定抗战方针的最高国防会议却没有通知陈绍宽出席。海军没有制订作战计划的权力，只有执行。

1959年8月，古稀之年的陈绍宽回忆当年的情形时说："海军并无参加最高国防会议。"

一、最高机密

七七事变之后，日本放弃不扩大的原则，一味地调兵遣将，变本加厉地恣意侵略。那么，一再忍让的蒋介石国民政府将采取怎样的应对方针？有什么杀手锏来对付穷凶极恶、武装到牙齿的日本侵略者呢？在 8 月上旬的最高国防会议上，蒋介石制定了什么样的最高机密？

1937 年 8 月上旬的火炉南京，闷热难耐，溽暑如蒸。居民家中的桌椅、茶具，乃至乘凉的竹床摸上去都是烫手的，沥青的路面踩上去是软软的，就像是踩上棉花一样。

位于中山东路的励志社门前，三步一岗、五步一哨，戒备森严。

大礼堂前的水池内，荷叶之中是亭亭玉立出水的粉色荷花，散发着幽香。本该是一个浪漫的夏季，却因卢沟桥事变的爆发，随着中日两军冲突与战事不断扩大，与这个图画般的景色显得极不协调。压抑的气氛，紧张得令人窒息。

大院内的几幢仿古建筑周围、花园和水门汀的道路，不时走过游动的哨兵，双手紧握着枪，警惕地巡视着四

军事委员会委员长蒋介石

周和修剪整齐的矮矮的冬青丛。院内停着几十辆黑色的小轿车，最高国防会议在这里举行。

出席会议的人员有军事委员会委员长兼行政院长蒋介石、参谋本部参谋总长程潜、军政部长何应钦、次长曹浩森、空军总指挥周至柔、淞沪警备司令长官张治中、太原绥靖公署主任阎锡山、西安行营主任顾祝同、浙江省政府主席黄绍竑、广东省绥靖公署主任余汉谋、湖北省政府主席兼武汉行营主任何成濬、长沙绥靖公署主任何健、训练总监部总监唐生智、军事参议院院长陈调元、交通部部长俞飞鹏等。讨论的议题即制定抗日方针和具体决定。

首先由军政部次长曹浩森报告南京江宁要塞、下游江阴要塞和沿江重镇的防务与巩固等情况。行政院简任秘书黄濬在一旁做着记录。

透过紧闭的玻璃窗，外面是刺眼的阳光和枝叶茂密的大树，知了藏在树叶下，没完没了撕心裂肺地鸣叫着。

室内温度超过摄氏40度以上，天花板上四台华生牌吊扇已经开到三档，但是，椭圆形的会议桌子旁，正襟危坐的人还是汗津津的。

蒋介石军容整齐，风纪扣也扣得好好的，尽管汗水已湿后背，但依然慷慨激昂，不断地叉腰挥拳，宁波官话在会议厅中回响着：

照目前的局势，战争势必扩大，华北平津沦陷，今既临此最后关头，岂能复视平津为局部问题，任听日军之宰割？或更制造傀儡组织。政府有保卫领土主权与人民之责，唯有发动整个之计划，领导全国，一致奋斗，为捍卫国家而牺牲到底。我再重申一遍：无论现时我军并未如何失败，即使失败，亦必存与国同尽之决心，绝无妥协与屈服之理。总之，我政府对日之限度始终一贯，毫不变更，即不能丧失任何领土与主权，我希望在座诸位各尽其职，共存为国牺牲之决心，则最后之胜利必属于我们……

他走到巨幅地图前，指着图上的蓝色箭头说："诸位请看：华北日军除了沿平汉线南下外，为了策应，开始沿京张线前进，以图对我军侧翼进行包围。我已令驻绥东的汤恩伯第13军主力进到居庸关和南口，保卫京张线和山西侧翼安全。宋哲元部第一集团军整编后展开于津浦线北段地区，刘峙部第二集团军已向保定、石家庄一线集结。第26路军孙连仲部进到琉璃河，以保卫保定和石家庄。对此部署诸位有什么高见？"

张治中问："委座，如果北方的部队顶不住日寇的南下，万一郑州、武汉丢失，那将如何？"

蒋介石："文白，问得好！这正是我最关心的问题。你是不是重申一下你的看法？"

张治中站了起来："诸位，为防止平汉线日寇的汹汹南下，我们要将日军的注意力转移到上海方面来，我已将第87、第88两师调到上海附近。原指定协同我陆军作战的空军和炮兵都调到华北去了。如今战争形势已成，我方则必求立于主动地位。我已令第二师补充旅一个团化装为上海保安队，进入虹桥、龙华两飞机场，以加强警戒；一个团化装成宪兵，开驻松江；又调江苏保安第二团接替浏河方面江防警戒，将原保安第四团集结至太仓附近，我们要在淞沪方面主动出击，将日军的主力吸引到上海方向来，再利用长江天堑，节节抵抗，使我国民政府从容撤向武汉、重庆……"

蒋介石打断了张治中的发言："文白，我想让你谈谈如何占得先机？"

张治中说："是的，我认为，这一次我们在上海一定要争先一着，即先发制人。如果敌方有如下征候之一：（一）敌决派陆军师团来沪，已开始登陆输送时；（二）敌派航空母舰来沪时；（三）敌长江舰队来沪集合时；（四）敌在沪提出无理要求，甚至限期答复，即断定敌必发动无疑。当此时，我军应首先发动，较为有利。"

蒋介石点头："言之有理，这次战争，应由我先发制敌。但具体时机应待命令。"

何应钦说："委座，我认为最好的办法是不在上海发生战争，诸位还记得在一·二八时，日军长江舰队炮击下关的情形吗？"

参谋总长程潜说："为防止此类事件再发生，参谋本部在本年初拟定的年度国防计划中，已经做了预案。我海军的行动即第一、第二舰队于宣战时，迅速集中长江，先与空军和江阴各要塞配合扫除江内敌舰，再与要塞共同担任长江下游防守，协力陆军作战。实行这一方案的关键所在，就是要在江阴封江，建筑一条水下封锁线！"

张治中接话："对！就先在江阴着手！"

程潜说："江阴位于南京下游 200 多公里，距离长江口约 100 公里，地处宁沪之间，与北岸靖江隔水相望。长江下游江面一般宽 3~4 公里，流到江阴便逐渐狭窄，主航道最窄处仅有两公里左右，素有'长江咽喉'之称。南岸的黄山山陵起伏，地形险要，炮台上的大炮可以控制整个江面。这里是扼守苏州、常熟、福山一线的要冲，又是通往长江中上游的门户。我们在江阴实行沉船封江，即可将日本长江舰队堵截在江阴以西，既便于我空军实行轰炸，又能防止日军溯江西犯，威胁首都南京。"

其实，江阴封江并不是参谋本部的战略原意。两年前，即 1935 年 8 月，蒋介石的德国总顾问法肯豪森在《关于应付时局对策之建议》中就提出来了。该建议书针对东部指出："东部有两事极关重要，一为封锁长江，一为警卫首都，二者有密切之连带关系。屡闻长江不能守之议，窃未敢赞同。江面虽宽，然究为极隘之水道，航路异常困难，稍大战舰不易机动。下流已有许多窄隘可用，应用方法（游动炮兵、飞机）作有效之封锁……长江封锁于中部防御最关重要，亦即为国防之最要点，防御务需利用许多地险及天然便于防御之地形，推至上海附近。"

法肯豪森向蒋介石描绘了未来战争的场面：

天上飞机投弹，江面上腾起巨大的水柱，两岸重机枪的子弹打在水中，形成一串串水花。日本的军舰被江底的沉船阻挡在江中，江阴要塞的德国最新式克虏伯大炮和 8.8 毫米要塞炮，吐着火舌，向日本军舰猛轰，一艘又一艘的日舰中弹起火，沉入江心，打得日舰鬼哭狼号。日本海军在坚如铜墙的要塞面前，无法越雷池一步。

法肯豪森的点拨让蒋介石怦然心动，豁然开朗。

从那时起，蒋介石决定加强江阴要塞的炮阵地和守军的数量。他一直酝酿着一个大计划，即一旦中日间在上海爆发战争，首先在长江封锁江阴。这有两个好处：第一，可将日本长江舰队堵塞在长江中作为与日方谈判的筹码。第二，可利用长江节节抵抗西进日军，赢得政府西撤战略大后方的时间，只要国民政府在，就有复国的一天。

蒋介石说："就这么办，将日本人从长江上赶走，没收所有的日本商船和战舰，打一场非局部的而是全面的战争。"

程潜说："我看不能等到开战，要先将日本长江舰队堵在长江之中，以此要挟日寇不敢对上海发动进攻，否则就让它葬身鱼腹！"

此言一出，全场议论纷纷。

何应钦说："委座，其实我们已经做了这方面的工作。7月14日晚9时，在第四次卢沟桥事变汇报会上，我已经向海军部下达指示，要不失时机，拆除长江之灯塔、航标，并与海军部次长陈季良接洽，请其从速妥定海军使用计划。此外，江阴新炮限期完成，并先使单炮射击。在江阴实行封锁，应该是很快的。"

周至柔站起来："委座，这的确是一个好办法，日舰被我封锁在长江中，便成为我囊中之物，如不放弃战争，我空军便可立即将其舰队炸沉在江中，我空军第五大队已经准备就绪，二十四中队、二十五中队现在扬州机场，二十八中队调往句容，第四大队、第一大队在河南周家口机场，随时准备待命出发！"

蒋介石坚定地说："要调集陆军在上海开战，首先要歼灭日本在华海军，要立即封锁长江下游江阴要塞到江面，不让日舰逃出长江。"

何应钦有些犹豫："委座，封江必定要动用海军的军舰，你知道，我们军政部是管不了海军部的，再说陈绍宽又没有参加会议，沉他的军舰……"

蒋介石自负地说："我明白你的意思，放心，陈绍宽的头虽然难剃，他还是军事委员会的委员，只要有益于国家，有益于抗战，他不会不听命令的！"

何应钦点头："坚决照委座的指示办！"

蒋介石突然话题一转："刘峙总司令从保定打来电报说，这仗没法打了，遍地都是汉奸。我军凡到一地，周围都有汉奸给日寇发信号，日机立即就来轰炸。诸位，我们的抗战要取得胜利，就是要严防汉奸的活动。"他随即宣布：

江阴封江为当前最高机密，请诸位注意严格保密，立即执行。有泄露者，一经查实，即以汉奸论处，严惩不贷！散会！

此时乌云密布，天边隐约传来炮声般的惊雷。一股热带气旋在东海上生成，一场台风就要袭击首都了。

二、心腹大患

长期以来，日本在我国长江中有一支"长江舰队"，耀武扬威，恣意妄为，一直被蒋介石视为眼中钉、肉中刺。在一·二八事变中，这支舰队曾经怎么样羞辱了国民政府，欲逼蒋介石签订城下之盟？

在第一次淞沪战争时，游弋长江的是日本海军第二舰队之战队；后来换防，改为日本海军第三舰队的第十一战队，通常称为"长江舰队"。该舰队有八重山、安宅、鸟羽、势多、坚田、比良、保津、热海、二见、栗、拇、莲等驱逐舰、炮舰十余艘。司令官为海军少将谷本马太郎。

1911年《辛丑条约》签订后，日本舰艇便在长江中保持着一支威慑力量，从上游重庆、万县、宜昌、武汉、九江、安庆、南京，到下游上海的各个港口进行巡弋和停泊。名义上是为日本本国的商船和沿江的侨民进行护航，其实是插在中国心腹的一支利剑，可以随时随地在中国军事要塞和心脏地区发起进攻。

1932年1月28日夜10时许，驻沪日军挑起战端。日舰13艘驶进三夹水，向吴淞炮台轰击。11时10分，驻沪日海军陆战队千余人占领天通庵车站，旋由淞沪铁路及虬江路向我第19路军翁照垣旅防地发起攻击，但遭到守军英勇还击。天通庵路、横浜路、宝山路、虬江路等处均发生激烈巷战。江湾方面日本陆战队亦发起数次冲锋，均被守军第19路军第78师第六团击退。一·二八淞沪战役打响。

1月29日上午，中国外交部发表宣言，略谓："为执行中国主权上应有之权利，不得不采取自卫手段，并对于日本武装军队之攻击，当继续严予抵抗！"

1月30日，日海军省增调4艘驱逐舰抵达黄浦江，海军特别陆战队

7000名士兵调沪，其中龙田舰载来的3000名士兵下午在黄浦码头登陆。31日晨，日本航空母舰加贺、凤翔运载第一航空队飞机约30架抵沪。下午，第三舰队那珂、由良、阿武隈三艘巡洋舰载特别陆战队员4000名及大炮、炸弹、硫磺弹等抵沪，随即分批登陆，运往前线。

中国第19路军在上海各界民众的全力支持下奋起抗战，中国海军则面临着要不要参战的严峻问题。

正在上海的中国海军部政务次长陈季良和代理常务次长李世甲在研究时局后认为，国家养兵千日，用在一朝。如果全面抗战，政府当有命令，海军一定遵从，任何牺牲在所不惜。如果是局部冲突，那我们就要慎重考虑。上海的海军财产尤需加以保护，海军江南造船所、海军军械库、海军飞机制造厂、海军医院、海军测量局、海岸巡防处、引水传习所、海军电台等单位倘被破坏，恐怕若干年也恢复不起来。但不管怎样，我们都要做好准备，等待命令，不宜轻举妄动。

陈季良收到了日本海军第一遣外舰队少将司令官盐泽幸一带有威胁口吻写的信件。内称：今晨日本海军陆战队与上海中国驻军发生冲突，纯系地方性质，希望尽速解决，日方绝不愿意扩大，至日中双方海军，仍望维持友好关系，幸勿误会。陈季良等人对来信不敢置信，也不敢配合第19路军作战，只是下令在高昌庙的舰艇和海军警卫营（营长叶宝琦）实施戒严，注意防卫，对日方来信不予答复。当日，海军部长陈绍宽在南京也接到盐泽幸一和日本海军驻华武官营沼大佐的信各一封，内容与给陈季良的信相同。

南京上海近在咫尺，上海有租界，日本可能投鼠忌器；南京则处在日本长江舰队的炮口射程之内，随时有逼迫南京国民政府做城下之盟的可能。淞沪战争爆发后，国民政府军事委员会委员长蒋介石与行政院长汪精卫紧急召开中央政治会议，讨论时局及政府迁移问题。

面对日本舰队可能随时炮击首都南京的巨大威胁，南京国民政府于1月31日发表迁都洛阳宣言，声称："日本所以继续使用此等暴力政策，且进而愈厉，其用心不过欲威胁我政府，使屈服于丧权辱国条件之下。政府受国民托付之重，唯知保持国家人格，尊重国际信义，绝非威武所能屈，唯有坚持原定方针，一面督励军警，从事自卫，绝不以尺土寸地授人；一面仍运用外交方法，要求各国履行其条约上之职责……兹者政府为完全自由行使职权，不受暴力胁迫起见，已决定迁都洛阳办公。"除了军政、外交两部仍留南京继续办公外，其他院、部人员于是晚在国民政府主席林森的率领下，从下关轮渡浦口，北上赴洛阳。

蒋介石在日记中写道：

> 余决心迁移政府，与日本长期作战，将来结果不良，必获罪于余一人。然而两害相权，当取其轻，政府倘不迁移，随时受威胁，将来必作城下之盟。此害之大，远非余一人获罪可比。

而此时日本的长江舰队，为了策应上海地区的日军作战，已经开始向南京方面集结。

2月1日上午，南京下关狮子山炮台瞭望台上的士兵从望远镜中发现，日本长江舰队的三艘驱逐舰，吐着黑烟，大模大样驶向南京宽阔的江面，舰上的大炮都褪去了炮衣，处于随时作战状态。狮子山炮台上空盘旋着凄厉的作战警报声，士兵们转动炮塔，将日舰死死地套在瞄准的圆环内，严阵以待。但是江上的日舰不屑一顾。

寒风中，桅杆上的日本太阳海军旗猎猎作响。南京下关大阪码头内原来停泊着日本第三舰队的几艘兵舰，见来了援军，顿时神气活现，日舰各自拉响汽笛，耀武扬威，双方旗语兵挥动手中的联络旗，互相作答。

这一情景令挹江门海军部的大员们万分紧张。海军部长陈绍宽电话请示军政部长何应钦："日舰已兵临城下，南京附近的中国海军炮舰有16艘，是不是调往下关一带？"

何应钦的答复："现在时局非常敏感，衅不自我开。"

2月1日晚9时许，几艘日舰同时起锚，在下关江面一字排开，炮首昂起，突然"轰隆"一声，红光一闪，一发炮弹飞向狮子山炮台，紧接着，又是几声巨响。此外，甲板上的日本士兵还向通岸的浮桥上投掷手榴弹，明目张胆进行挑衅。

此时，挹江门海军部部长陈绍宽闻警后立即打电话给军政部长何应钦："日军开始炮击了，我八卦洲江面驻泊有'海容'诸舰，要不要与狮子山要塞炮台一致行动，同时向日舰还击？"

何应钦指示："蒋委员长正在考虑，你们听候命令！不必大惊小怪，就这几艘兵舰想占领南京？"

陈绍宽急了："南京在唱空城计，除了宪兵之外，恐怕就没有其他部队来拱卫首都了。"

何应钦强调："其他的你不要管。你们海军切莫擅自行动，一定要听候命令！"

宁静的冬夜，日舰的突然炮击在南京城内引起了一片混乱。

惊慌失措的老百姓都涌到街上，纷纷打听："日本打到家门口了，怎么不还击？保护我们的海军在哪里？"

中方毫无动静，十多分钟后，日舰的炮击终于停止。蒋介石做了缩头乌龟，始终未下达还击的命令。

2月2日上午，何应钦给海军部急电，要求"海军各舰应先令集结相当地点以便抗战，并择要预先敷设水雷及障碍物等制止日舰之任意活动"。

陈绍宽随即通令海军各部：扼守各要隘，军舰官佐要维持江防海防，保护治安。

同日，日本海军武官营沼来到海军部，对2月1日晚炮击下关之事进行辩解，称"纯属误会"，并表示歉意。

此后，日本海军对淞沪的战争逐步升级，下令组成第三舰队专门进行淞沪作战，第三舰队司令长官野村吉三郎中将，指挥第一遣外舰队司令盐泽幸一少将（舰艇20艘）、第三战队（巡洋舰3艘）、第一水雷战队（巡洋舰1艘、驱逐舰十余艘）、第一航空战队（航空母舰加贺、凤翔号）、上海特别陆战队、出云号海防舰（旗舰）、能登吕号水上飞机母舰等部。

2月初的一天，一艘日本商船闯入中国海军的高昌庙江防警戒线，守卫在江南造船所的哨兵开枪自卫，毙其船长福田。

日本海军随即向中国海军递交最后通牒，要求中国方面惩凶、道歉、赔偿，保证以后不发生类似事件，并限24小时内答复。陈季良接到通牒后，与李世甲商量。他们一致认为，上海事变以来，国民政府和蒋介石不发一言表态，莫测高深，我海军在上海只有几艘在修的舰艇和1个警卫营（实际为两个连），没有力量和敌人作战，如果能够不使战火燃到沪南，对地方和海军都不无好处，我们应忍小愤以待时。于是，李世甲通过友人李择一与日本海军驻沪武官北岗大佐联系，基本答应了日军的要求，其中包括赔款两万元。

2月中旬，第19路军官兵和上海民众武装因战争急需，要求取用海军仓库中贮存的大炮、弹药和钢板，陈季良告之需向上级请示后才能拨给；倘经向海军部取得提单，也可照拨。这实际上是拒绝了抗日军民的正当要求。

3月初，淞沪战争结束前，在长江流域的日舰竟达50余艘，并出动了飞机和数千名陆战队官兵。日本海军在作战中死亡149人，伤700余人，日本海军的猖狂侵略与中国海军的冷漠观战形成了强烈对比。尽管这样，设在吴淞炮台的中国海军海岸巡防处还是毁于战火。

淞沪停战以后，日本长江舰队在长江宜昌、武汉和中下游一带往来巡弋常态化，几艘军舰经常停泊在首都南京附近的江面上，以示威慑。

案例一：

1932年9月6日，日本内阁通过决议，承认伪满洲国。为防止来自中国方面的抗议和大规模的游行示威，将长江舰队的军舰开往南京的下关。

据民国二十一年9月7日《中央日报》载：

"下关日舰共六艘，是否长驻抑上驶？

日本驱逐舰樫、桃、柳、桧等四艘，原在长江下游往来巡弋，现于昨日（六日）下午四时，奉驻沪第二舰队司令部电令调驶来京，停泊下关湖北街、大阪码头一带江面，连同原泊之日舰（荻）号、（伏见）号，共已六艘。唯昨到之四艘军舰是否在京长驻，或即溯江上驶，现尚未定云。"

案例二：

1934年6月9日上午9时半，日本驻南京总领事馆突然通知南京政府：日本驻南京总领事馆副领事藏本英明"失踪"。日本外务当局声称

"此次事件是拳匪事件时杉山书记被杀以来最重大之事件，对于南京当局决要求严重之措置，并绝对采取强硬态度"。日方除向中国政府交涉外，并陆续调派第三舰队二十七战队的驱逐舰苇号、巡洋舰对马号等军舰开赴南京下关江边，进行武力威胁。直到 6 月 13 日，中国警察将藏本从明孝陵山洞中找到为止。

总之，只要稍有风吹草动，日方必定捕风捉影，将其舰队开赴南京。日本军舰就是时刻对准蒋介石胸前的一把尖刀，成为蒋介石的心头大患。

要抗战就得先把威胁首都的日本长江舰队这把尖刀拔掉！

三、陈绍宽的梦想

陈绍宽是中国海军将领中第一个提出建造"飞机母舰"的人。1928 年他就提出用"二千万元"造航母的计划。由于国势衰弱，无法实现，成为他心中的梦。一·二八期间，日本海军大加凌辱，陈绍宽为何不敢出头？为什么在抗战中当了大汉奸的丁默邨提议要取消海军？陈绍宽执掌海军部期间究竟有何作为？

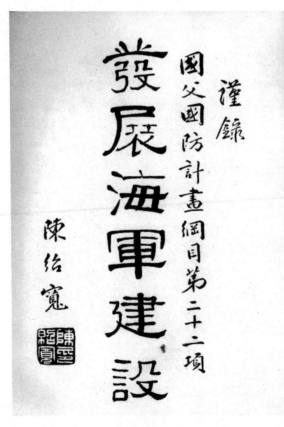

陈绍宽题字

1928 年 6 月，蒋介石率国民革命军打到北平，北洋奉系军阀张作霖退往关外，在奉天皇姑屯被日本关东军埋设的炸弹炸死。12 月，张学良宣布东北易帜，全国南北统一。

就在蒋介石和国民政府酝酿军事编遣，急谋大裁军之际，海军署署长陈绍宽却大声疾呼：要设立海军部，大力发展海军，捍卫海防。

他在给国民政府关于扩充海军的呈文中提出：

> 吾国海岸线绵长，港湾分歧，外有外人越境侵权之患，内有海盗剽劫之警。如不添造新舰，加厚军实，则现有舰队不独出海之力量薄弱，抑且深感其不敷分配。兹拟以最低限度，请添造驱逐舰四艘，约需一千二百万元；潜水艇二艘，约需六百万元；巡洋舰三艘，约需三千万元；飞机母舰一艘，约需二千万元。合之建设校营，所用统计仅供六千九百万元。若计划于两年内分期购造，每年只需筹付三千七百万元，按月摊付，每月不及二百九十万元，为数甚微，似尚不难筹付。在国家月仅支出纤细款目，在海军则日积月累，足资稍事建设，而海防收益，必非浅鲜。

陈绍宽曾经根据参加欧洲海战的经验，写成了《海战》一文，对"海战中的飞机"进行专门论述。他认为："现代海军在海战时，欲取攻击手段，必有赖于舰上所载的飞机。"

曲高和寡。当时的中国，有几人能懂？

陈绍宽提出建造航空母舰的想法，在中国可谓空前第一人，直至新中国改革开放后的国防部长刘华清，才与陈绍宽有共同的梦想。虽然现在的航母与陈绍宽提出的航母不可同日而语，但仅仅是梦想，就非常了不起了。

南京国民政府成立之初，百废待举，国力有限，财政困难，捉襟见肘。而且李宗仁、冯玉祥、阎锡山等地方实力派对裁军耿耿于怀，钩心斗角。这时陈绍宽提出扩充海军，岂不是荒腔走板？何况海军主力都属于闽系，令蒋介石心生疑虑。

1931 年九一八事变发生，面对外患，身为海军部代部长的陈绍宽立

21

即表态：

> 此次暴日突以重兵袭我东省，关系我国之存亡。全国民众愤恨万状，一致主张以武力驱逐日军。政府除以外交方式试为解决外，并已立有大决心及准备，为万一外交方式不能解决之助……
>
> 本军各舰艇已加紧操练，整装候令，各口岸要隘，已均派舰扼守，安定人心。正在建筑之民生、平海两新舰亦已加工赶造，以厚海防。海军会操之各舰，于月内可将操务赶完，借资准备。代部长并具身先士卒之决心，以救国家于危困，余尚言其他。

可谓铮铮誓言，掷地有声。但有人却讥讽他是走夜道唱歌，自己给自己壮胆，这又是为何？

原来，就在他豪气牛斗之时，1932年一·二八事变爆发了，面对强大的日本海军，陈绍宽所有的诺言皆成空言，噤若寒蝉。

中国海军不要说保卫海防，就连江防也虚晃一枪。日军将中国海军堵在港内，数次挑衅，倍加凌辱，而陈绍宽始终未敢挺身而出。

眼见日舰纵横长江，威胁首都南京，须发飘飘、老迈年高的国府主席林森，领着一大批官僚屈辱地远赴洛阳。

3月18日，海军部长陈绍宽在接见记者时解释海军不参战的原因时说："沪变后国人对海军之督责，纯出爱国热情，至深感惭。海军非畏暴日，实因未奉命令，不敢妄动。而经费困难，亦为最大难关。"总结为：一无命令！二无银子！

陈绍宽这些解释不无道理，军人以服从命令为天职。但是在外敌入侵的紧要关头，爱国军民在前线浴血奋战，而海军却隔岸观火，纵使南京没有"千寻铁锁沉江底，一片降幡出石头"；但迁都洛阳，无论如何都使"金陵王气黯然"。这不能不说是令民国海军蒙羞的奇耻大辱。

上海各界人士和全国各方面乃至国府高官咸对海军的懦弱表现极为不满，舆论指责纷至沓来。

3月20日，国民政府监察委员高友唐等人带头发炮攻击，联名呈文弹劾海军部长陈绍宽。文曰：

> 因此次沪战，十九路军前仆后继，而海军袖手旁观，且与日本盐泽（海军少将）订立条件，相约炮弹不落在海军舰上，绝不发一弹。十九路军向之借高射炮不借，甚至连借一铁板亦不借，实在太令人看不下去。平日之腐败，直说不胜说，陆战队不在舰上，而在福建种鸦片，仗势欺压人民，于院长（即于右任）常谓何苦以全国人民血汗金钱，保持福建人饭碗，因现在海军已成世袭罔替之福建人之天下也。余等主张将海军根本取消，将舰售予商家作商船，因海军年费百余万等于无海军，何若腾出此数，加上售舰所得，可购潜水艇两百艘，要知中国海军原不希望去打人，以二百小艇防守海口，较胜于无用军舰多多……

屋漏偏逢连夜雨。也就在这一天，《中央日报》上又刊登了立法院代理院长覃振的谈话，大意为：二十一年（1932年）度预算案内，海军临时费一千一百万元拨归军政部，为扩充航空建设云云。

言下之意，既然海军不能打仗，就无须再继续砸钱，应该大力发展空军，实现航空救国。

陈绍宽大受刺激，他的性格可不像司马懿一样，面对送来的女人衣欣然接受，而是拍案而起，当即发表通电：

> 海军为历来环境所牵掣，以致实力薄弱至此。际兹国难临头，举国上下果有御侮决心，自应一致协助，俾得积极扩展。报端所载立法院某员之谈话如果属实，是不啻摧残海军，漠视国防，影响殊非浅显。敬乞俯赐训示，以正全国之言论，而杜中外之骇疑。临电不胜惶悚待命之至。

4月7日，国民政府在洛阳召开国难会议。13日，出席会议的会员丁默邨在《整饬海防案》中激烈地提出："请取消海军部，改造海军各案。"

此论一经报端刊出，舆论大哗，贻笑大方。有支持的也有反对的。不少关心中国海军建设的外国友好人士到海军部质问："贵国国难会议是知识较高人士集合的机关，怎么会有取消海军部这样幼稚的提议？"

攻击海军的政潮持续了很长的时间，在海军部长陈绍宽的心中留下委屈、愤懑。

是年 5 月 5 日，《上海停战协定》签订，国民政府准备返迁南京。5 月 30 日，国民党中央在洛阳召开会议，通过了《中央还都南京之后繁荣行都之计划》，蒋介石先率各部、院、委返回南京。11 月 20 日，国民党中央正式决定：中央党部、国民政府及各院部委，于 12 月 1 日返回南京。至 12 月 1 日，国民政府举行了回京典礼，当即撤离洛阳。

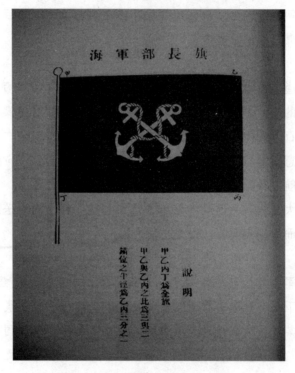

海军部长旗

12 月 2 日一早，海军部长陈绍宽乘海军部小艇从下关过江迎接林森主席。当时的中央军校教育长、一·二八事变时的第 5 军军长张治中也搭载陈绍宽的船过江迎接林森。

张治中和陈绍宽的关系不错。当小艇驶到江心时，海军的军舰一起奏号致敬。张治中没见过这种场面，问陈绍宽："这么多大军舰见到我们的小划子一起奏号致敬是什么道理呢？"

陈绍宽说："我们坐的划子上面，悬挂着部长的舰旗，他们见了这个旗帜，就应该奏号敬礼的。"

等他们迎接到了林主席，一起登上海军永绥号军舰后，在渡江时，江面上各国的军舰统统放礼炮致敬。

张治中又问："这种鸣放礼炮应该以什么为标准呢？"

陈绍宽说："凡是一国的主席和元首在军舰里面，舰上挂了主席和元首的旗帜，他们看见就要放礼炮，但是主席或元首要是不愿意要人家敬礼，他可在船上面不挂主席或元首的旗帜，他们也就可以不放礼炮。"

陈绍宽迎接林森的举动，也成为丁默邨等人的攻击借口。他们四处造谣说："这会儿去拍同乡的马屁，一·二八时要不是海军不抵抗，林主席何至流离于外？"

那么，陈绍宽是个怕死的胆小鬼吗？如果不是，他是个怎样的人呢？

陈绍宽，字厚甫，福建闽侯县（今属福州市）胪雷乡人，生于1889年。祖辈以手工为业，其父陈伊黎，原为福建水师水手，后升为中士管舱。陈绍宽幼年就学于教会开办的福州私利格致书院，1905年考入南洋水师学堂。

南洋水师学堂又称江南水师学堂、江宁水师学堂，光绪十六年（1890年）开设，校址在南京下关仪凤门内，主要为南洋水师输送人才。江南水师学堂较福州船政学堂、天津水师学堂为后起，但办理颇积极，毕业生或送往日本留学，或往英国军舰实习，造就人才颇多。至清朝覆灭，江南水师学堂共毕业驾驶班七届学员107人，管轮班六届学员91人，鱼雷班（由江南鱼雷学堂并入）五届学员13人。毕业生中著名人物有：林建章、杜锡圭、陈季良、陈绍宽、赵声等。另外周树人（鲁迅）、周作人兄弟也曾在江南水师学堂就读。

学堂制度参照天津水师学堂，分驾驶、管轮两科，每科又分头、二、三班，每班派一教员专课。课程分堂课、船课。学生入学后进入三班，专门学习英语等基础知识。升入头班后方才教习专业知识，包括天文、海道、御风、布阵、修造、汽机、演放水雷等。每隔若干年，由海军提督率学生乘练船下外洋实习，途中对学生进行考核、分记等。全程学习共6~7年，毕业生择优送英国留学。该校原定学生为120名，但学堂成立后，因缺乏练船，不能满足学生实习需要，遂逐年裁减学生名额。直至光绪二十五年（1899年），两江总督刘坤一遵旨规复原定名额，并添设寰泰号练船一艘，以供学生出洋实习。

陈绍宽在校学习期间，勤学苦练，具备了丰富的航海知识，并掌握了相当的航海技能。3年后毕业，分发到通济练习舰见习，不久调任镜清练习舰任上尉驾驶大副。不久因母丧，陈绍宽驾舰由上海驶往福州。当时舰长杨某有事未上船，嘱咐陈绍宽主持兵舰。依照海军惯例，倘舰船三年没有进出某港口，再驶入该港口时，可请引水员领航。镜清舰已多年未到福州港，而且闽江口至马尾航道地势复杂，依例船到马祖岛或川石附近，就可以请人领航。但陈绍宽根据海图指示，亲自驾驶，绕过激流险滩，安全驶抵马尾。

一个年轻的上尉军官初次率舰进港，竟不请引水员领航，且安全抵达目的地，当时在海军界引起了轰动。民国三年（1914年）陈绍宽升海军总司令部少校副官，驻上海。

1915年12月，上海的革命党人陈其美等准备发动起义，当时有肇和、应瑞、通济三艘兵舰停泊在黄浦江上。此三舰排水量均在1000吨以上，肇和舰最大，有2600吨，是1913年刚从英国购回的新舰，装备精良，具有较强的战斗力。陈其美制订了"舰队为主，炮队营为副，同时并举"的方案，拟定陈其美为淞沪总司令、肇和舰舰长黄鸣球为海军总司令、杨虎为陆战队司令、孙祥夫为陆战队副司令、吴忠信为参谋长，并命杨虎等人加紧争取三舰的官兵的工作。争取"肇和"舰工作成效最为明显，在该舰候补员陈可钧的策反下，该舰大多数官兵同意起义。应瑞和通济两舰上也有不少官兵赞同起义。

起义时间原定于12月15日，但由于事机不密，消息外泄。袁世凯立即派遣海军耆宿萨镇冰以检阅为名到上海。萨镇冰到沪后命令肇和舰于12月6日出航，开赴广东。在这种情形下，陈其美等人决定立即发动起义。

是年秋天，肇和舰舰长黄鸣球已风闻革命党要夺舰，对此一直十分小心提防，很少离船上岸。9月间，海军总司令李鼎新奉命由沪赴京述职，期间职务由黄鸣球代理。黄知身负双重重任，唯勤唯谨行事，每天上午离舰到高昌庙司令部办公，傍晚即回舰上，不敢稍有懈怠。11月间，李鼎新由京返沪，对黄的尽职尽责十分满意。为酬谢黄代摄军务之劳，邀请黄到他在上海的公馆便酌。

12月5日下午，黄鸣球如约前往李鼎新公馆赴宴。此时，杨虎率领海军陆战队第一大队三十余人携带手枪、炸弹，乘小艇从外滩出发，直驶泊在高昌庙的肇和舰旁。三十多人从吊梯一拥而上，拔出手枪迅速占领舱面。然后有两人跳上驾驶台控制舵机，有几个人下舱闯入机房控制轮机和锅炉，舰上的一个军官试图反抗被当场击毙。很快，水手舱和军官舱都被封锁。杨虎当即宣布讨袁宗旨，发放犒赏金，并打开存放弹药库门，准备开炮。

与此同时，海军陆战队第二大队在孙祥夫的带领下，从杨树浦出发，计划夺取应瑞、通济两舰。不料就在他们登艇之际，被巡警发现，索要出港护照，孙祥夫等人拿不出护照，被迫返回。因此夺取应瑞、通济两舰的计划未能实现。

肇和舰经升火后，驶离高昌庙。这引起同时泊在江上的应瑞、通济舰的疑问，发旗语却不回答，而且越驶越远，两舰料必有变。此时，时钟已指向6点，远处突然传来炮声，原来肇和舰奉令向制造局开炮。

同时，肇和舰用信号灯询问应瑞、通济二舰是否同意起义。两舰的回答是"正在会议，当可赞同，请勿攻击"。

当时在海军总司令部值班的少校副官陈绍宽因找不到李鼎新，只得直接要通北京，欲与海军总长刘冠雄通话，但得到的回答是"总长不在"。

一时间，制造局炮声隆隆，火光四射，硝烟弥漫。陈绍宽当机立断，立即奔向旗语台，以旗语传令在港的应瑞、通济两舰开炮射击；同时命令陆战队："舢板出军，夺回肇和!"由于两舰上也有革命党活动，在要不要开炮问题上，官兵们犹豫不决。

国民党正面战场海军抗战纪实

陈绍宽在英国任大使馆武官时留影

陆上的各路人马听到起义的炮声，也纷纷向制造局、警察局等既定目标发起攻击，但均被守军和警察击退。

再说肇和舰舰长黄鸣球在海军总司令李鼎新家吃过饭后，醉醺醺地转往海军联欢社小憩。李鼎新闻变后，赶回高昌庙总司令部。陈绍宽将情况如此一说，李鼎新着急地说："你好大胆，新买的兵舰就敢擅自下令将其击毁？"于是他继续要北京电话，请示办法。直到凌晨1时许，上海护军使杨善德、萨镇冰和海军总司令李鼎新、参议杨晟等在制造局商议办法，仍莫衷一是。最后只得电请大总统袁世凯，得到的答复是："将该舰击毁！"李鼎新立即派人去交通银行提现金十万元，分别运往两舰，还答应事成，"许以一百万元犒赏费"，并以封官许愿相诱。

6日拂晓4时，应瑞、通济两舰突然向肇和舰猛烈攻击，肇和舰在无防备的情况下，屡屡中弹，舰首起火。在慌乱之中，杨虎急令该舰起锚，但起义人员不会操船，加之锅炉房也被应瑞击中，引发锅炉爆炸，杨虎只得下令弃船撤退。舰上陈可钧等十余人因伤势严重，无法行动而被捕获，后英勇就义。

当时值班的陈绍宽少校副官及时上报，上下联络，传令应瑞、通济两舰炮轰，截回肇和舰。事后海军总司令李鼎新、练习舰队司令徐振鹏被撤职查办，舰长黄鸣球被捕入狱。同时撤销海军总司令处，各舰队收归海军总长刘冠雄直接指挥，陈绍宽从少校破格晋升为肇和舰上校代理舰长。

陈绍宽接手舰长后，着手整顿舰上的纪律。当时舰上的大副是个

"老油条"，根本不买陈绍宽的账，经常睡至近午才起床。一天早晨，陈绍宽在起床号吹响之后，下令全舰做救火演习，以该大副寝室做假想的出事点。一时间，舰上的水龙头全对准该大副的寝室门猛喷，水柱冲入屋内，弄得该大副狼狈不堪。打那以后，舰上官兵再不敢越轨逾矩，见习生对其产生敬意，称其为"像样的舰长"。

1928年1月，国军编遣委员会在南京熙园开会，陈绍宽（右6）与陈季良（右5）代表海军参加会议。

1918年，第一次世界大战进入决战阶段，陈绍宽以北洋政府驻英大使馆武官身份，随英国海军上将齐立克（Jalico）在旗舰上参加与德国海军交战的著名的格罗林海战。

在战斗中，陈绍宽坚守岗位，听从指挥，得到英国海军当局的赏识。战后，荣获英国女王颁发的欧战纪念勋章。陈绍宽在了解了世界海军现状后，对中国海军的前途忧心忡忡，他在给海军总长刘冠雄写的一份报告书中提出："察各国海军关于建舰计划有加无已，独我国于建舰之预算付诸阙如，致年来海军力量有退无进，是海防自撤于无形，使前此数十年谋国之基暗中消灭，岂不大可虑哉。再以此次巴黎和会逐一比照，益知论国势之强弱，定国位之崇卑，当视其海军力量之大小。我堂堂神圣之民国，岂能任载胥以溺乎……"

　　陈绍宽回国后任通济舰舰长，后升为第二舰队司令。1927年，陈绍宽率第二舰队归附国民革命军之后，在龙潭截击北洋军阀孙传芳部渡江，粉碎了孙传芳反攻南京的计划。紧接着参加西征，率舰攻打唐生智，占领岳州。1929年，陈绍宽再率第二舰队参加蒋桂战争，乘楚有旗舰由汉口上驶，夺取宜昌。在闯过马家寨的桂系炮兵阵地时，双方发生炮战。突然，楚有的边炮卡壳。副舰长曾国晟急忙打开驾驶台的铁门冲出去处理障碍，来不及关上舱门。此时岸上突然打来开花弹，弹片穿入驾驶台，打到仰顶的铁板上，铿锵作响，舵手都吓得趴下，只有陈绍宽稳稳地在驾驶位台上指挥，镇定自若。

　　正由于北伐期间击破北洋军阀孙传芳反攻南京的龙潭之战和1928年蒋桂战争中，陈绍宽立了功，得到了蒋介石的信任，而蒋介石手中又没有一支属于自己的海军，不得不倚重陈绍宽的闽系海军力量。

四、螺蛳壳里做道场

1932 年 1 月，陈绍宽升为海军部长。身穿海军上将大礼服，外表十分光鲜，但衙门里已经两个月没发饷，就像《红楼梦》里的荣宁二府，"内囊却已尽上来了"。尽管如此，陈绍宽还是从牙缝中抠出伙食费造了几条小军舰。

1911 年辛亥革命以后，民国海军除接受前清海军的遗产外，从 1912 年到 1928 年的 16 年间，仅添造了几艘百余吨的小炮艇，几乎没有添造什么新型舰艇，所有舰艇总吨位仅 3 万余吨。

南京国民政府成立后，陈绍宽提出建造 60 万吨位的造舰计划。他引证孙中山先生《建国方略》里建设海港军港的远景规划，以日本为假想敌，当时中国的海军实力和日本海军无论从质量和数量上都不可同日而语。陈绍宽多次呈请国民政府在 15 年内筹拨二十多亿元建设海军，却石沉大海。

陈绍宽当海军部长的一大任务就是伸手要钱。中国在日本建造的宁海军舰，因还不了贷款，被日方威胁停工；海军留学英国员生的经费交不上，几遭白眼，被冠以"无信用"；海军部及各机关各项经费两个月未曾领到分文，"伙食无可维持"，官兵薪饷也无着落。此外，海军陆战队经费、测量局巡防处经费、西沙观象台经费、武器装备经费，哪一项都需要建设，哪一样都需要钱，还要应付纷至沓来的索要欠款者……

海军的军费奇缺，却没能让陈绍宽气馁灰心，他在牙齿缝中省粮食，勒紧腰带过日子。为扩充海军实力，陈绍宽不断地向国民政府行政院请领积欠海军的军费，希望从 1932 年 4 月份起争取能领五成海军军费，此外，他还不断催领购买药弹款、请领海军陆战队经费，一而再再而三地登财政部的门请拨建造驱逐舰经费，却始终不得要领。

在海军每月可怜的预算费用中，陈绍宽奉行"小舰自造自修主义"，一个钱掰成两半花，节余挤出款项来，不是贪腐，个人花天酒地，享受民脂民膏，而是有一点钱就造一艘兵舰，努力发展海军舰只，积少成多，以达到以小打大的目的。

在1934年12月国民党第四届五中全会上，陈绍宽等提出海军整理建设案，大声疾呼：

现在"民国"业已二十三年，为什么还不能取消不平等条约，为什么还受着帝国主义者的压迫？我们晓得这是因为我们国家的力量还没充实，我们民众还没有训练。如果我们国家力量充实，民众已有训练，那么可以说不会有这国难。国家没有力量，犹之乎一个人没有力量。一个人没有力量，要想做事体，要想保护自己，都是做不到的。所以现在政府要谋国家的存在，一定要赶快充实力量。

充实国家的力量，不仅是振兴工业和商业，还要有海陆空三军的国家武力，还要有民众的力量。如果没有海军，单有陆军，或者单有空军都是不能成功。我们看我国陆军在世界上是顶大了，如果单有陆军即行，则国难就可不会发生，东四省就不会失去。即使失去，亦应该随时拿它回来。但是国难业已三年，尚未收复失地。单有陆军，或是单有空军，或是陆、空军加起来都还是不行，这就是因为没有海军。所以一定要有海军才可以解除国难。我国海军因为没有充分的力量，所以不能为国家充分地来报仇。我国要想解除国难，就得要快快地建设海军。如果忘记海军，国难是不会消除的，国耻是不会洗雪的。我们海军同人是负着最重大使命，是站在最前线的。在海陆空军当中，我们海军是第一个对敌作战的，所以我们不要忘记自己的任务，不要放松自己的责任。不仅我们海军同人是如此，我们还希望中央政府的当局，全国的民众，都觉悟起来，不要再像"满清"将海军的经费去建设别的东西，也不要再像北京政府忘却了建设海军，应授予我们以充分发挥的力量……我们中国，如果不想建设海军，则必致使国家永远落后，永远不能使这国庆日有可庆祝之一日。我们不要放弃责任，海军的建设，应该要猛烈前进才对。希望中央政府当局以建设陆空的精神来建设海军。还不要忘记总理曾推翻了二百六十余年的清朝政府，建设民国，那是如何的困难，但最后终能达到目的。建设海军比较容易得多，如果大家能本着总理伟大的精神、百折不回的魄力，不断地前进，总有造成大的海军的一天。全军官佐士兵，我们为党为国为民众为海军，不要放松这种责任。

为此，他提出海军三项整理案：

（一）主义：各国建设海军宗旨有所谓"大舰少数主义"与"小舰多数主义"两种，以我国目下之财力论，无论采用何种主义均不可能。盖舰之大者，其每艘之建造费不下数千万元，其小者亦不下百万元。且自空军发达以后，海军威力大有减小之趋势。故为中国计，目前最好对于海军采取"小舰自造自修主义"，即对于原有之各舰当分别淘汰整理，务在本国内各造船厂如江南造船厂等自行建造各种小型舰。

（二）海军之指挥权宜统一：我国目下之海军，吨位虽甚小，而海军界之派别则甚大，各自为系，不相联系。今后宜由中央统一指挥之。

（三）海军兵役之制度：我国海军力既甚微，尚无实行征兵之必要，且海军非经过长期之训练不足以应战斗，似宜募集志愿海军者充当兵役，即非志愿兵制，其兵役年限为12年。

然而，他的主张总是引不起蒋介石和国民政府、军政机关的重视。

1935年6月1日，海军部成立六周年，在纪念典礼上，陈绍宽有所针对地发表训词，说：

> ……我们今天在纪念海军部成立的时候，一方面庆祝，另一方面又觉得我们全体官佐士兵负了一个很大的责任。我们不要没有精神，不要没有成绩，免得被人家批评国家的钱浪费了，认为是可以不要海军部。所以我们大家要努力，来振兴海军，振兴国家。
>
> 我们现在拿一个最普通的比喻来说：譬如有一个家庭要想兴盛起来，这家的子弟一定都要很好。如果都是不肖，这家一定要落败的。不肖的子弟，不要说没有人说他好，不仅是家庭不能存在，就是他自

在上海下水的"宁"字号炮舰

己也不能存在。这种不肖的子弟，像吃鸦片、不做事等，固属没有人看重他，他自己也要变作叫花子。即使没有人排除他，他自己也是不能存在的。我们办理海军的人也应该像振兴家庭一样，大家要做好。如果这一个不好，那一个也不好，连海军都不能长在，又何以有海军部呢？所以我们要为国家谋海上力量的充分，尽我们为国民的义务，尽革命军人的义务。我们应该下决心做好，不要流为下流，变为腐化；要十分的有精神，以革命的精神来替国家办海军，使民族复兴，国家复兴。现在趁国家在维新的时候，我们海军也要维新。如此不独是庆祝海军部六周年纪念，并且可以得到海军部的年年永久的纪念。所以我们要努力奋斗，而完成我们的使命，以实际负起我们的责任。

……我们海军在这一年中都是领的七成二的经费，若就预算说的话尚不满四成，就是不满百分之四十。所以我们最困苦的是如何维持现状。但是还不只此，我们在这一点点的经费之内，还要预备大家穿衣服，还有地上的建设、水上的建设以及军用品的补充。如照别的机关，就是有着这经费的三倍以上也是办不到的。我们能进行到这样的程度，这是大家官佐士兵耐苦耐劳奋斗的结果。我们为国家为人民竭力节省才有着这样的成绩。过去是如此困难，未来恐更要困难，国家的财政既是如此，我们军人应以革命的精神来牺牲一切，努力奋斗，以报党国。

刚才所报告的经济状况是这样的困难，但是这困难之中，我们不是吃饭不做事的。在这一年之中，我们也有相当的建设。去年今天我们有两个宁字号新船——就是崇宁、义宁在下关升旗。两个礼拜后，又有两条——就是正宁、长宁下水。在去年10月10日就同时升旗编队。同时，上海第三号船坞的前段工程完成，逸仙军舰进坞，举行开坞典礼。以后我们又继续在水鱼雷营建筑一座鱼雷厂，现在又另盖一座，尚未完工。这一方面是表示我们经费的困难，另一方面表示有多少力量就做多少事。余外还有一个更大的建设，就是平海，现在正在上海建造。因为国家经费困难，每月领得的款项很少。可是虽然这阵困难，工程并未停顿，还在进行。本年3月以后，工程更加紧张，现在已是成了很清楚的一条船，到上海去的人，都是可以见到的。在两三个月以后就可下水。平海在海军里是很大的建设工程，所以特地提出报告大家。上海第三号船坞去年完成了前段，今年3月以后又开始继续后段的工程，也已经差不多完成了一半，大约10月可以成功，至晚年底就可告成。在这国家财政困难的时候，我们海军不能说是没有建设了。

除建设以外，我们对于训练和教育方面也很努力进行。像会操一事，只要我们有一点点时间，我们就来应用，使得技术更可以增进，现在就有大的舰队在外海演习，在本京也有一队正在操演。除此以外，我们每年都有校阅，不久军事委员会还要派人前来校阅。除校阅外，还有练营里每年都有新的练兵出来，所以海军扩充的时候，不觉得士兵不够用，并且可以使一班年老的士兵退伍休息，同时舰队里也充满着青年的精神。学堂里我们新招学生一班，又毕业一班。余外还有无线电班学生毕业，电信士兵班、水鱼雷士兵班毕业，枪炮班毕业。各方面都在积极地进行，来替国家效力，这可算是在国家经费许可的范围之内，物质精神都有增进。

海军部成立六年以来，成绩是有目共睹的，陈绍宽不是评功摆好，而是想让国民党的高官们能理解海军的重要性，而干海军的人并不是在吃干饭。

1935年12月4日，国民党第五次全国代表大会召开，会议依旧没有发展海军的提案。大会结束后，陈绍宽毅然决然上辞呈给行政院长蒋介石，曰：

> 窃维五全大会业经举行完毕，一中全会正在开始集会。此后凡百庶政，均宜力求刷新。海军关系国防，建设尤不允缓。绍宽忝长海部，于兹数稔，勉策驽庸，终乏寸绩。虽因财力支绌，而学识浅陋，亦自难辞其咎。迭次呈请引退，未蒙俯准，私衷愧悚，寝食难安。值此时局多难，国防重要，海军建设万端，责任綦巨，实非轻材所能胜任，唯有仰恳俯察下忱，准予辞去海军部长之职，俾获早卸仔肩，免贻丛脞，理合具文，呈请鉴合示遵。

陈绍宽有句名言：我们不是来做大官的，是来做大事的。既然做不了大事，不如归去。

经过蒋介石一脸诚恳地慰留，陈绍宽继续担任海军部长。

平心而论，民国海军在陈绍宽时代还是有起色的。1931年，海军部请中央拨款，向日本订造了2600吨级的宁海号；之后，在1933年由江南造船所陆续建造了江宁、海宁、抚宁、绥宁4艘炮艇；1934年陆续建成了威宁、肃宁、崇宁、义宁、正宁、长宁等十余艘炮艇。1936年，新的军舰"平海"号下水升旗。到抗战爆发前，经过多年的努力，海军部共建造了7艘军舰和10艘300吨级的"宁"字号炮艇。至此，中国海军总吨位达4.4万吨。

五、外来的和尚好念经

　　蒋介石与希特勒惺惺相惜。因此，他的决策机关里多任用德国顾问。蒋介石的抗日计划，出自他的德国军事顾问法肯豪森。法氏在《关于应付时局对策之建议书》中建议：在北方扒开黄河，以水代兵；在东部阻塞长江的江阴，以防止日军溯江西上。

　　民国二十二年（1933 年）春末的一天，一位鼻梁直挺，眼窝内陷，而戴着夹鼻眼镜，具有日耳曼特点的壮年男人出现在蒋介石黄埔路官邸中，他就是新任蒋介石的军事总顾问法肯豪森。

　　法肯豪森出身于德国贵族家庭，陆军军官学校毕业。第一次世界大战时期任陆军指挥官和司令，为德国著名的军事家。1933 年率领 26 名德国军官和军事技术人员来华，其间两度担任德国驻华军事顾问团总顾问。

　　蒋介石交给法肯豪森一个重要的、秘密的任务，即为未来的中日战争策划防御的方法。

　　从夏天开始，法肯豪森在军事委员会边塞组织长、参谋次长贺耀祖的陪同下，对中国沿海沿江的江海防工事进行了视察。他们乘一艘小型的巡洋

德国驻华军事顾问团总顾问法肯豪森

舰从南京下关出发，经过滔滔的长江，从黄浦江入海，再往南驶向浙江的镇海和乍浦。

镇海即今天的舟山群岛一带岛屿对面的重要港口。在法肯豪森眼里，从19世纪中叶起，中国便在此设立了一种居高临下、用砖修成的脆弱掩护工事，半圆形的暴露的炮台设施，以及堆集着的各种大小不同的炮，均历历可见。这些过时的炮台和落后的岸炮对于现代化的防御起不到任何效果。

法肯豪森指着半山上那些暴露的炮台说："即使这些军事设备尚有其存在和利用的价值，一旦打起仗来，就是在半明半暗的情况下，亦会预先被敌人发现，通过空中打击完全可以摧毁它们。"

在浙江省北部的乍浦，法肯豪森看到：从海岸平原突出的地面上也筑有钢筋水泥的步兵防御工事。法肯豪森对贺耀祖说："这些工事暴露在地面上，又缺乏纵深。此处敌军最容易登陆，而敌人一旦从此登陆，不但上海，连杭州也要受到威胁，这里的工事急待改进与巩固。"

不久，法肯豪森又沿海岸线向北，前往海州港，视察那里的防务。

海防线视察完后，法肯豪森的巡洋舰再次进入长江口，溯江上驶到江阴。宽阔的长江在这里变窄，两岸有山，山上有炮台，地形十分险要。

法肯豪森一边点头一边对贺耀祖说："江阴一地很重要，长江在此骤然收缩而小，此地必成为前往南京、武汉的重要大门，而我们是要关紧这扇大门的。"

他们在黄山港码头上岸，依弯弯曲曲的山道登上江阴炮台。这里的工事多为清代修筑的，法肯豪森看后一个劲地摇头，说："太落后了，怎么能对付日本？这里的防御设施需要整修或重建。"

贺耀祖问："一旦战争爆发，顾问先生，您认为这里应该如何防御？"

"封江！"法肯豪森做了一个肯定的手势，"再加上新建筑的炮台和德国克虏伯厂生产的最新式大炮严密封锁，敌人是无法从这里渡过到南京去的！"

回到南京后，法肯豪森就亟待改建的海岸、江防工事方案写成了报告。

他还就南京和镇江的江防工事和改建计划提出了方案。

法肯豪森通过对中国海防江防的视察，对未来战争的危险和防御工事的脆弱形成了一个很深的印象。

他担任蒋介石的军事总顾问之后，对日的态度与前任总顾问塞克特有着明显的不同，他强调说："中国必须加强对日防御力量，一旦日本进攻中国时，遇到真正的抵抗，日本对中国的压力就可能改变，它将形成两者实际上的对抗……"

但中国军队的落后状况，又使法肯豪森感到气馁。他说："这是一架太破的牛车，你不拉它，放在那里要散架子；你稍稍动动它，走不出几里也将散架子。我只能仔细地观察它，争取一个部件一个部件地去替换，我的工作就是一个修车匠的工作！"

要修中国这辆破旧的车，首先要扭转中国军队主要负责人错误的军事理念，而且不能得罪这些"地头蛇"，法肯豪森必须很圆滑地反驳在国民党领导人中间公开流传的几个观点。在军事委员会召开的军事会议上，法肯豪森站在地图前耐心地指出：

> 尽管军队还没准备好打一场现代战争，它应当一开始就在沿海或黄河一带对敌予以抵抗；尤其是长江沿线，是坚决不能放弃的，尽管它很长，就像第一次世界大战时难以防守的达达尼尔海峡一样，必须以坚韧不拔的毅力去防守它，何况它还有重要的、有战略意义的首都南京。

法肯豪森强调指出："在拱卫南京的同时，要加强进一步增援平汉线和武昌到汉口的铁路沿线的防务，以抵御日军从北方南下，直插郑州和武汉。"

"顾问先生，请问您的战略思想与我国当局的防御思想是否有不一致的地方？"一个年轻的军官提出了这个较为敏感的问题。

法肯豪森谨慎地说："蒋委员长已经对他的敌人有了新的认识，在武器、装备、训练、素质都不如人的情况下，打算采取以空间换时间的办法。我的看法是为挽救国内外的危机，国防军必须扩充并加以革新，尤其陆军的任务更大，同时，由于中国幅员辽阔而交通运输特别困难的状况，对于空军的训练尤为重要。"

"顾问先生，你认为中国首先应当训练多少陆军为宜？应当怎样训练？比方它的内容包括哪些方面？"另一名军官提出了一连串的问题。

法肯豪森耸耸肩，两手一摊："这个问题要视情况而定，根据德国的经验，有十万大军足可以保障国内的安全。但是中国就不同了，中国首先应当训练一支强劲可靠而有战斗力的陆军，至少在质的方面要够水准，这是第一个应该达到的目标。德国军事顾问的任务是协助中国政府，通力合作，做到这一点。而中国国防军的训练这项任务的内容应包括：如何制造武器、饲养战马、使部队机械化；如何测量全国地形和维护海岸线；如何准备行军材料；如何注意运输、交通制度、防空；如何补充人员物资等，这都需要德国顾问与贵国政府通力合作、团结一致的精神。"

攘外必先安内，这是蒋介石一贯的主张和国策。

1935年6月，就在蒋介石在大西南追击红军的时候，北方的日本关东军、天津驻屯军，又借口中国华北当局援助义勇军孙永勤部破坏《塘沽协定》，以及天津日租界有两个汉奸报社社长被杀事件，均为中国排日行为，调关东军大批入关，威胁平津地区，并扬言要采取"自由行动"。

日军天津驻屯军参谋长酒井隆向北平军事委员会委员长何应钦要求五点：

一、取消河北省境内一切党部，包括铁路党部在内；

二、撤退驻河北的第51军、中央军及宪兵第三团；

三、解散国民党军分会政训处及蓝衣社、励志社等机关；

四、撤免日本指名的中国官员；

五、取缔全国一切反日团体及活动。

面对穷凶极恶的日本军队，南京国民政府一一屈辱地答应了日方的条件，签订了《何梅协定》，丧失了在华北的主权。

日本军队在华北的为所欲为，令在"剿共"前线的蒋介石咬牙切齿。5月31日，他在日记中写道："于此停战蒙耻之时，使吾人卧薪尝胆，而不自馁自逸，则将建设计划，确定步骤，切实推行，以期十年之内，可雪此耻乎！"

这里所提的"建设计划"便是蒋介石在德国顾问帮助下制订的抗日计划。

是年7月，南京的夏天，溽暑如蒸。法肯豪森夜以继日，挥汗如雨，起草《关于应付时局对策之建议书》。他在建议书中写道：

目前威胁中国最严重而最迫切者，当然日本。日本对中国之情，知之极悉。其利害适与中国相反，故必用尽各种方法破坏中国内部之团结与图强，至少设法迟延其实现。华方宜求时间余裕，作整军经武之用，故日方益求急进。

日本国内表面虽显分两派：一为军人派，专取速之军事动作；另一为外务省，所取途径，偏重倾向外交上之"和平解决"。然卒之积极派几无处不占先着，中国宜计算日方军人得势，故应规定对付方针，从事准备。

本年六月间华北事件，显示日方军事政策之如何进行……日本新闻界不断明目张胆声言以"占领黄河北岸，包含山东全省"为今后目标。苟达到此项目标，则山西全省及迤北国境，自必胥陷敌手。日方必先设法不战而必达到此项目的，明知其实力之足恃，故必仍如本年六月陆续提出要求。日方苟愈测华方一味退让，如六月间对华北事件，则愈知无须冒险，用最后通牒式之空词恫吓，即可如愿以偿，则要求之范围必愈大，而其连续提出也必愈速。至日本外交当局乐于坐观厥成，自是不言而喻。

目前战略情况，一旦军事上发生冲突，华北即直受危险；若不战而放弃河北，则长江北岸、南北两个路唯一之横贯联络，极占重要之陇海路暨其重大城市（洛阳、巩县、开封等），起首即陷于最前战区，对黄河区防线，不难由山东方面取席卷之势。

在华中方面：

由海正面之进攻方向有三：即经海州、乍浦、镇海诸处，该三处俱向长江流域，至迤南各海岸、港埠（浙南、福建、广东），一时未必作大战策源地之用。故对海正面有重大意义者，首推长江。敌苟能控制中国最重要之中心点直至武汉一带，则中国之防力已失一最重要之根据，即范围广大是也，于是直达中国内地，中国截分为二。

他接着分析：

由是引起一种设想，起首即将主抵抗线退至沿平汉路之线，所有前地直至海岸，只任局地部队抵抗，而唯固守南京、南昌。此种战斗方式，足使沿海诸省迅速陷落。国外向腹地之输入完全断绝。最要之城市与工厂，俱相继陷落，于是陆军所必需战具迅速告罄，无大宗接济来源，川省若未设法工业化能自造必要用品，处此种情况，必无战胜希望，而不啻陷中国于灭亡。

职意认为，前地部队之抵抗力并不甚大，苟咸知决战地在数百公里之后，则精神不振，战斗力必更减少。即离前地稍远之最精部队，自孤立无援，必遭失败，则抵抗力起首即蒙不利影响，任战斗之部队，莫不欲最高指挥官在其附近，否则极其重要之个人主动力，联络失其效力，而统一指挥，随之丧失。（世界大战时马尔纳河会战，德方即其成例）

日本人至是是否继续进攻，实成疑问，其作战方式不过驱逐华军，使入川境山地。而唯将已得之富庶地区，从事固守整理耳。

日军作战情形（参照要图［略］），大致如下：

第一部，驱伪国之日本军队（两师团），用伪国军队增强，占领河北，破坏郑州之铁道交叉点，于以后作战过程中对我沿平汉路，第一主抵抗线之左翼。

第二部，（三师团）兵力，同朝鲜及日本两部占领山东，暨新筑港之东海，先破坏铁路交叉点之徐州，然后占领之。

第三部，（四至五师团），进出长江，攻击首都，沿江向上进至武汉。

对东南各省海岸，日人先占领根据地，用以实施封锁，并作飞行场用。

法肯豪森进一步指出：

冲突时间（即中日战争时间）不能由我秉政者选定，故我方必须设法使所有兵力随时能作最大抵抗。必须利用一切余裕，就大范围部署我之抵抗力。宜分别何者为目前应急处置，何者为固定目标。一切应急处置，俱应按计划就合固定目标。目前我军所有主力，俱集中于南部。西部宜速抽调可以节省之兵力，分驻各区，使能应作战之用。作战取战略上守势，且在内线主要威胁由东、北两方，顾虑交通路，凡作战所用部队宜集中于徐州—郑州—武汉—南昌—南京区间。（蒋介石旁批：兵力集结地）由该处迅向各方集中。北方则掩护陇海路及沿路有关生存之设备，故最初抵抗区务必向北推进（蒋介石旁批：抗线），是以沧县、保定之线宜绝对防御，为保全通山西之主要交通，不使于初战时即失陷起见，此举实系必要。最后战线为黄河，宜作有计划之人工泛滥，增厚其防御力。（旁批：最后抵抗线）。

东部有两事极为重要，一是封锁长江，另一是警卫首都带关系。屡闻长江不能守之议，窃未敢赞同。长江江面虽宽，然究为极隘之水道，航路异常困难，稍大战舰不易机动，已有许多窄隘可用，应用方法（游动炮兵、飞机）做有效的封锁。

长江封锁对于中部防御最为重要，亦即为国防之最要点，防御务须向前推进。江防须封锁江阴，陆防须利用许多地险及天然便于防御之地形，推进至上海附近。

南京为全国之首都，必应固守，故极宜增筑东正面及东南正面之工事。派往作战之部队，宜酌视情况加入全局需要之处。

次之为南昌、武昌，可做主支撑点，宜用全力固守，以维持通广州之联络。此时广州实为唯一对外输入地点，故增筑该联络线，使具输送力特形重要。

终至四川为最后防地，富庶而地理关系特形安全之省份，（蒋介石旁批：最后根据地）宜设法筹备使作最后预备队，自有重大意义。若目前即用作造兵工业之中心，时间空间均不相宜，建设宜完全从新入手，完成须俟五十年以上，目前唯一的联络线为长江，然五百公里之长，是一长峡，不无危险。铁道只能筑于江之南岸，由长沙经贵阳，或直向重庆，再由重庆于江之北岸展至成都、万县、康定，该处实为造兵工业最良地方。由重庆经贵阳建筑通昆明之铁路，使能经滇越路得向外国联络，有重要意义。唯通缅甸铁路末端因地形困难，故目前不能建筑大输送力之铁路，即西安、成都铁路亦有甚大价值。

对于长江下游江阴的防御薄弱及如何改正，法肯豪森在建议书中认为：

目前汤山炮兵学校所用于海岸炮兵班、要塞炮兵训练之训练器材，如测远机、装填炮、射击指挥所之辅助暨瞄准修正器材等件，宜立即转拨江阴训练班应用。另有迅速建设机械厂修理厂暨炮械库之必要，最低限度应装置业经到华之两门八厘米火炮于营舍内作教练炮用。此外宜斟酌者，即为目前隶属汤山炮兵学校之要塞炮兵班是否完全移至江阴。查该处之优点处在备有各种火炮，将来亦推行于各路要塞，且能实地训练。

简而言之，法肯豪森为蒋介石贡献的防御主张归纳有两点，即"一堵一扒"，值得注意。因为在日后的抗日战争前期，中国军队的作战计划完全是照此进行的。1937 年 8 月在江阴沉船阻塞长江，防止日军西上，从而保卫首都南京；1938 年 6 月，日军从陇海线的徐州向开封、郑州进攻，蒋介石下令扒开黄河，用人工泛滥的方式阻挡日军。目的都是能为国民政府赢得时间，西迁四川这个战略大后方，坚持到最后的抗战胜利。

法肯豪森善于利用江河布阵，他的建议有没有被蒋介石采纳呢？

六、蒋介石的对策

日本为发动侵华战争究竟做了哪些战争准备？作为最高统帅，蒋介石又是怎样部署抗日的？参谋本部奉令拟定《一九三七年度作战计划》对海军作战是怎样规定的？蒋介石同意这个作战计划吗？

中日双方都没有闲着，都在为即将到来的战争做准备。一·二八事变后，面对日本咄咄逼人的压迫，蒋介石就坚定地认为：中日不免一战，国民政府在"忍让"妥协的同时，也在暗中逐步计划全国的整军备战。

对于法肯豪森的抗日建议书，蒋介石不但看了，而且做了旁批；更重要的是蒋介石照做了，并且很认真，但都是在多如牛毛的日本间谍的眼皮底下"秘密"进行的。他命令张治中秘密修筑了吴福线和锡澄线两条国防线，用来保卫首都南京，在江阴要塞上新添了防空炮和探照灯，这些都是用"追剿"红军的名义购买的。

1933 年 10 月 31 日，蒋介石致电参谋本部第二厅厅长贺耀祖，指示："江海各要塞以江阴与江宁两要塞为中心，乍浦与镇海为南区，海州与通州为北区，芜湖与马当为西区，江宁要塞之范围，应西至东西梁山与东至镇江，皆划入在内，可先定一中南北区各区之整个方案与修理步骤之计划，同时定一各要塞计划之图案与详细之方案，如现无此要塞图案之顾问，则不惜重资另聘，并须从速也。然后再照所定之策，逐步施行。"

1936 年年初，蒋介石意识到中日战争已经不远了。在全国范围内整编陆军，加强海空军，健全各兵种，实行征兵制，普及国民军训，整建交通，构筑国防工事，筹备防空设施，开发资源，发展军需生产。到七七事变时，中国陆军为：步兵 182 个师又 42 个独立旅，9 个骑兵师又 6 个独立旅，炮兵 4 个旅又 24 个团，还有其他特种兵及保安队。海军为：第一舰队，辖海容、永绩等 12 艘舰艇，排水量为 17484 吨；第二舰队，辖楚有、江元等19艘舰艇，排水量为9359吨；第三舰队，辖定海、永翔等艘舰艇，排水量为919吨；练习舰队，辖应瑞、通济两舰，排水量为4360吨，还有巡防、测量舰及总部直辖二十多艘舰艇，排水量1万多吨，加上江阴电雷学校的鱼雷快艇，以及闽粤沿海、长江内舰艇船只，共120艘，总吨位5900吨。空军为：轰炸机第一、第二、第八共3个大队，驱逐机第三、第四、第五共3个大队，侦察机第六、第七两个大队，攻击机第九大队，总部直辖4个中队，共12个机种，314架飞机，另外还有教练机、运输机等。

蒋介石还下令在长江要塞进行军事布防，从下游的江阴、南京、马当和武汉要塞，或调换新式装备或抓紧时间赶筑。

1936年8月7日，广田内阁召开五相联席会议，正式确定《国策基准》，提出日本今后的"根本国策在于国防和外交相结合，确保帝国在东亚大陆地位的同时，向南方海洋发展"。日本参谋本部根据这一国策，制定了1936年年度国防方针：以美苏为目标；同时准备应付中英。努力加强作战初期的威力，制敌先机，迅达控制东亚大陆及西太平洋的战争目的，并准备长期战争。对华作战初期的用兵纲领是：击破中国的野战军和主力舰队，占领华北及上海附近，并压制长江水域。

为了实现这一目的，日本国内早就开始大规模的扩军备战，陆军制订了5年扩军计划，海军于1937年年初退出国际裁军会议，制订了包括建造世界最大军舰的庞大的造舰计划。

至1937年，日本海军已拥有舰艇308艘，战列舰9艘，练习战列舰1艘，航空母舰6艘（1艘在造），一等巡洋舰12艘，二等巡洋舰25艘（2艘在造），水上飞机母舰5艘（2艘在造），潜水艇母舰7艘（2艘在造），敷设舰6艘，海防舰7艘，炮舰10艘，一等驱逐舰5艘（2艘在造），二等驱逐舰29艘，一等潜水舰37艘（2艘在造），二等潜水舰2艘，水雷艇12艘，扫雷艇12艘，特务艇20艘（1艘在造）。总排水量1204132吨。海军航空队拥有飞机1220架。1937年这一年计划中的造舰吨位达52.4万吨，比中国海军总吨位有过之而无不及。

根据蒋介石和德国顾问的建议，国民政府参谋本部研究制订了一系列的防御作战计划。

1935 年参谋本部拟订的《改定海军作战计划之草案》中，规定海军作战方针为：切断敌海陆军联系，阻敌长驱直进，然后以游击方式与敌相持。海军战务区分：首取攻势，肃清长江；二取攻势防御，保障江浙沿海；三取攻势防御，争持东海、黄海。

1936 年年底，参谋本部奉令拟订《一九三七年度作战计划》，分甲、乙两案。由次长兼军委会铨叙厅长林蔚具体负责，于 1937 年 1 月修订完成，经参谋总长程潜等审查后，送庐山由陈诚转呈蒋介石审阅。

在甲案中，该计划对日本海军作了分析，描述如下：

现敌海军驻我沿海及内河之第三舰队为 23 艘，三万余吨。台湾马公要港所属舰队四艘，三千吨。以我海岸线之延长，海军兵力之薄弱，即敌不增加其主力舰队，亦足以扰乱海疆而有余。故将利用其海军之优势，行动完全自由，仅以一部协同空军掩护陆军之登陆，余或集中于长江协同其陆军作战。或于开战初期，破坏我沿海要地，并袭用其不宣而战之故伎，以阻碍我长江交通。

在作战指导要领中规定了空军和海军的任务是：

空军于作战之先，以主力扑灭长江内之敌舰，及沪、汉两地敌的根据地。以主力对敌海上航空母舰与舰队及运输船舶攻击，并协助我海岸防守部队的作战，以一部协同海军正面作战。准备全部重轰炸机队袭击敌之佐世保—横须贺及其空军根据地，并破坏东京—大阪各大城市，以获得我空中行动之自由。

海军以全力于战争初期迅速集中于长江，协同陆空军扫荡敌舰。

……

第九　海军

甲、要领

海军应避免与敌海军在沿海各地决战，保持我之实力，全力集中长江，协力陆空军之作战。

乙、行动要领

一、第一、第二舰队于宣战时，借机敏之行动，迅速集中长江。在宣战的同时，与我空军及要塞协力，扫荡（长）江内之敌舰，而后与要塞担任长江下游之警备，协力陆军之作战。

二、第三舰队平时应警备山东半岛沿海岸，务于开战之先，迅速集中长江，担任下游之警备，并协力陆军之作战。

三、各舰队于平时应严整战备，以防敌海军不意之袭击。

在乙案中规定了中国海军的部署及任务。认为，日本在军力、国力方面都占绝对优势，"掌握绝对的制海权"，进攻中心"为我国最重要之经济工业中心及首都所在地"，"长江下游太湖附近之地区"，"杭州湾迤南沿海各要地，预料只有局部之攻击……"中国海军就质而论，不能于远海歼敌，就量而言，也不足以防卫各海口，所以"海军应避免与敌海军在沿海各地决战，保持我之实力，全力集中长江，协力陆空军之作战"。

海军于开战初期，以全部迅速集中于长江，协同陆空军及要塞扑灭敌在我长江之舰队，尔后封锁长江各要口并杭州湾、胶州湾、温州湾，拒止敌之登陆。

……

海军应避免与敌海军在沿海各地决战，全部集中长江，协同陆空军扫荡扑灭敌在长江内之舰队，尔后任封锁长江口及各港湾，阻敌舰之侵袭。

具体行动：

（1）第一、第二舰队，于宣战时，迅速集中长江，先与空军和要塞配合扫除江内敌舰，再与要塞协力担任长江下游防守，协同陆军作战。

（2）第三舰队开战前务必迅速集中长江，防守长江下游。

（3）各舰队严整战备，防止敌海军突然袭击。

（4）各要塞缜密防范，准备随时应敌。镇海—乍浦—海州各区要塞，南通—江阴—江宁各区要塞，受所在区野战军指挥。海军要塞严密防守海岸，粉碎敌军登陆企图。江防要塞于宣战时，配合海空军迅速消灭江内敌舰，再封锁江面，并凭野战军阵地之依托，支援野战军作战。

国民政府在制订的国防计划中，要求在中原、徐（州）、海（州）、苏浙闽粤沿海及晋绥等地区构筑防御工事，从国外购进一些重炮配置。

可见，在预测中的1937年度中日作战计划中，海军的任务就是两方面：第一是迅速集中长江，协助空军扑灭日本在长江中之舰队；第二即封锁长江各要口并杭州湾、胶州湾、温州湾，拒止敌之登陆。因此，设置江阴水下封锁线的计划，不会是海军部长陈绍宽提出来的，而是蒋介石、德国顾问及参谋本部的作战部署。陈绍宽只有执行和具体细化的份儿，根本无反驳和抵制的权力。

而到抗战提前爆发时，蒋介石已经坚定了以空间换时间的长期抗战主张，江阴封江、构筑水下封锁线都是为了让国民政府保存实力，以便撤退到战略大后方，都是这一战略思想的具体体现。

七、马后炮

封锁长江、消灭日本长江舰队是中国政府的既定方针。蒋介石下令之前，1937 年 8 月 9 日，日本政府已经紧急训令在长江沿岸的侨民紧急撤退。在长江舰队的掩护下，日本人逃往上海。蒋介石亲自命令空军紧急起飞追逐敌舰。上帝会保佑追逐者和被追逐者吗？

1937 年 8 月 4 日，日本第三舰队司令官长谷川清鉴于淞沪一带形势紧迫，要求日本军令部秘密地陆续向上海派遣特别陆战队。日本政府已经做好了扩大侵华战争的准备。

从 8 月 6 日晨起，驻汉口的日本海军陆战队突然下舰登陆，跑步进入日租界，并宣布戒严，在路口处堆置沙袋，装设铁丝网，架设机关枪，安放迫击炮，一副即将开打的架势。

一时间，人心惶惶，汉口的局势突然紧张起来。

8 月 7 日下午，长江中下游一带烟雨濛濛，对面几十米处就模糊一片。长江上，上下行驶的轮船不断地拉着汽笛，提醒对面的船只注意避让。

两艘日本商船在一艘日本兵舰的护航下，开足马力高速下驶，溅起雪白的浪花，

日本第三舰队司令官长谷川清

像一个巨大的犁在翻耕土地。

宜昌江边山上的观察哨发现了日本船队，一个河南口音的士兵说："瞧，那些疯狂的家伙，像是去抢老盆儿，也不怕撞上礁石……"

"军舰好像是啥子安宅号？个龟儿子，撞翻了安逸！"回答他的是一位四川兵。

"不是安宅，是旗舰八重山！"

"好奇怪，倭船今天只有向下游跑球的，没得往上来的，搞啥子名堂嘛。"

是日中午，汉口日租界和码头附近狭窄的街巷里，挤满了熙熙攘攘的人群。其中有不少男人、女人和孩子，身穿和服、脚上穿着木屐在人流中穿行着，还有的坐在路边的饭摊上吃豆皮和面条。

一个头上扎着白毛巾的日本汉子，在人群中奋力挤着，不断向咒骂他的路人鸡啄米般地点着头，嘴里嘟嘟囔囔，在表达着歉意。这个家伙只要是发现穿和服的同类，便立即凑上去，附在男人的耳朵上说着什么。只见这些日本人听后点头，立即放下手中正挑选的小玩意儿，转身向码头方向奔去。还有正在端碗围坐在桌子旁吃饭的一家子，听到白毛巾汉子的报信，男主人将刚端上来仅吃了一口的盛满面条的碗往桌上一放，命令女人和孩子"不要吃赶快走"。女人不情愿地放下碗，拿起随身的行李，孩子仍不肯撒口，被父亲用筷子头打了一下，被母亲扯着就走，一边号啕大哭，一边还回过头去依依不舍地看那几碗香喷喷的面条。旁边围观的小乞丐便一拥而上，三口两口便来了个碗底朝天，还有舌头灵活地将碗舔得干干净净。

码头上堆货如山，将要启锚的日本轮船又靠上码头，招苦力把货物抬上轮船。

码头的苦力私下议论着：

"婊子养的小日本，吃多了，让我们搬下又搬上。"
"管他个小舅子，只要给老子钱，他们天天这样才好！"
……

日租界内，刚刚堆放好的工事和铁丝网又被拆除，恢复通行。不远的街道上，有东洋车夫一辆接一辆的拉着车奔跑着，上面搁满了大大小小的行李和物品，还有不断催促的日本人，每辆车都朝一个方向——日本码头而去。

江边，大批的日本商民拖儿带女，发疯似地登上日本商船，有的侨民甚至连换洗的衣服都没带，成了难民。

汉口的日本海军陆战队队员扛着枪、抬着炮，相继跑步离开了日租界，临行前，还不忘用长竹竿将所有的街灯统统打碎。

等全部日本侨民都上船后已是深夜，江汉关码头的大笨钟"当当当当"地连续响了 12 下，数声汽笛不约而同地吼了起来，日本轮船上的水手便立即解缆离岸，在日本第十一战队的驱逐舰、炮舰以及海军陆战队的分头护卫下，开足马力，向下游驶去。

在日军经过江西一段长江的时候，天已微明，正在湖口集结的中国海军第二舰队主力与第一舰队的中山舰、永绩舰、建康舰及逸仙舰等舰，几乎同时发现了下驶的日本舰船。以往的日舰经过时，炮衣都是褪下的，而就在这两天，日舰炮衣却穿得好好的，没有丝毫的战斗气氛。第一舰队司令海军中将陈季良并没有接到海军部截击日舰的指令，吩咐各舰按惯例升起海军旗，日舰也升旗答礼，互致问候。

9 日下午 4 时许，南京下关狮子山炮台观察台上的瞭望哨接到上游的报告，说有日本舰船下驶。很快，他们就在江面上发现悬挂膏药旗的日本兵舰和商船，一艘一艘，走马灯般地驶过南京。

是日晚，南京的日侨在下关火车站排起长长的队伍，秩序井然地上了沪宁快车，10 日晨 7 时许，抵达上海北站。他们在使馆人员的引导下，立即进入虹口的日租界，再等候轮船回日本。

狮子山瞭望哨按照要塞的惯例，敌舰或友舰无论上驶或下驶，几点几分，都要记录在案，待汇总后报告参谋本部。对今天江面上发生的异常情形，值班人员却见怪不怪，照例记录。

然后，令人不解的是江阴炮台的海军瞭望哨发现日军军舰的船桅一律都放倒下来，这分明就是一种战斗姿态。

8 月 9 日晚上，南京斗鸡闸军政部长何应钦官邸灯火通明。军政大员们在此进行"卢沟桥事件第三十次汇报会"，其中论及抗战及肃奸问题。

参谋总长程潜提出："现在市面上发生谣言甚多，应由警备司令部注意其真伪。第一，中央军校纪念周时，有日本人混入，不知确否？"

中央军校教育长陈继承插话："恐是误传，因军校有 461 号汽车入内，或是卫兵认为 481 号，因为 481 号车为日本新闻记者的乘车。"

程潜又说："第二，南京大较场机场有汉奸扰乱及射伤卫兵之事，确实吗？"

航空委员会主任周至柔说："确有其事，现在查究中。"接着他转移话题，"我听说南昌破获了汉奸机关，是否有此事？"

江西省政府主席熊式辉说："确有此事，捕女犯两名，已在九江枪毙。"

南京宪兵司令部司令兼南京警察厅厅长谷正伦报告："现在拘押汉奸甚多，拟于数日内审问清楚，严切处置！"

众人议论纷纷，一致认为对罪行确凿的汉奸、间谍，应该毫不手软，公开枪毙！

两天以后，江阴要塞将日舰的行动逐一记录并呈报参谋本部，参谋总长程潜还不敢确认是否走漏了风声。等到海军部汇总了几天内的日舰活动后，程潜立即向军事委员会办公厅进行汇报。

这么机密的消息，日方是怎么得知的呢？程潜命令沿江要塞方面密切注意敌舰的动态，又将这一情况报告给军事委员会委员长蒋介石。

蒋介石头上的青筋暴露，气急败坏地问："总共有多少艘日舰下驶？"

程潜："大约有四五十艘，如果长江里还有日舰的话，可能就剩下一两艘了。"

蒋介石恶狠狠地说："派人搜索，炸沉它！"

当天下午，参谋本部紧急命令南京与江阴两面派出队伍，携带望远镜沿江搜索，一直到镇江附近团山边境，两个搜索队相会，并未见日舰的踪迹；再询问狼山、白峁口的监视哨，得到的证明是长江下游的日舰已全部逃脱。

当天晚上，蒋介石亲自召见陈绍宽，向其下达了海军在江阴进行沉船封江的命令。

中国海军将以"自残"的方式来进行抗日，这是陈绍宽无论如何也没料到的。他略略皱起眉头，用一口浓重的闽南官话说："封锁长江的计划固然可行，但也有弊病，就是将我海军也限制于长江之内，机动回旋的余地更少，而被日军歼灭的机会也就更多。"

蒋介石有些愠怒："那你说怎么办？你是海军部长，你拿出个完整的计划来！"

陈绍宽解释："卢沟桥事变时，我还在德国柏林，商谈从该国购舰事宜，这几天刚回来，海军如何抗战，我既要与本部僚属商量，何况我又没有参加最高国防会议，不知道如何与军事委员会的计划协调……"

蒋介石急了："没参加国防会议怎么啦？不协调又当如何？别忘了，你是军事委员会委员，有害于敌人、有益于国家的事情你执不执行？"

陈绍宽说："军人以服从为天职，有害于敌人、有益于国家的事情，我当然执行，听从军事委员会的部署。"

蒋介石缓和下来："是嘛，两害相权取其轻，只要日本大兵船进不了长江，我们就有办法。"

陈绍宽："我回去商量一下，看看淘汰哪些老旧舰艇……"

蒋介石打断说："我已经安排好了，"他拿起一张纸照着读，"通济、海容、海筹、大同、自强、威胜、武胜、辰字、宿字等八艘老旧舰艇，一律沉掉！"

陈绍宽火了，大声反问："委座，为什么沉的都是我第一、第二舰队的兵舰？其他舰队的军舰又将如何？再说大同、自强虽然是老舰，却都是民国十九年后重新改造过的……"

蒋介石"嗯嗯"两声之后说："厚甫，你没有完全领会我的意思，第三（渤海）舰队的巡洋舰海容、海圻也要沉掉，还有，广东舰队也有阻塞沉船任务，要顾全大局，先封锁住长江江阴再说。"

陈绍宽心有不甘："委座，我海军军舰本来就不多……"

蒋介石不满地说："危巢之下，焉有完卵？大敌当前，如果每个将领都只关心自己的团体，这个国家还有希望吗？抗战是民族存亡的头等大事，理当上下一致，如果此时还抱着小团体的一己私利，那才是最危险的。我们为什么要开党政军联席会议？就是要戮力同心，各部门配合。厚甫兄，除了海军方面的旧舰船外，行政院再征集一部分商轮民船，一定要快，务于本月 11 日晚在江阴下游开始工作，至 12 日夜，两日之内就要完成构筑江阴水下封锁线的任务，然后，你们海军就在封锁线里把守，防止敌人由水路进攻南京。你亲自去江阴！"

陈绍宽："是！我亲赴江阴指挥封江任务！"

8 月 13 日晚 11 时，正在扬州机场值班的空军中尉王倬接到了一通以宁波官话打来的电话，对方劈头就问："你是谁?"

"我是第五大队二十四中队的分队长王倬。"

听筒里传来："我是委员长，在长江下游，日本五十多艘军舰和轮船正在向东逃跑。你们大队立即带上炸弹，于拂晓前出动追击，加以歼灭！但已经停在黄浦江里的，则不准轰炸！"

"天呐，蒋委员长怎么会直接下命令给我这个小小的空军中尉?"

放下电话，王倬意识到事态的严重性，立即闯入大队部，向大队长丁纪徐进行汇报。丁纪徐哪敢怠慢，立即传令准备。

紧急集合号凄厉地吹响了。由于担心日机空袭，机场不敢开灯，睡梦中的飞行员摸着黑腾身而起，穿上飞行服就跑向集合地。

黑暗中，大队长丁纪徐说："我大队接到蒋委员长紧急命令，要追击长江中向东逃跑的日本舰船。"

飞行员们一听，顿时情绪激昂，摩拳擦掌，纷纷要求参战。

丁纪徐命令："中队长刘粹刚，率领 18 架霍克三型驱逐机，各携 500 磅炸弹一枚执行任务。"

8 月 14 日，从凌晨开始，浓云密布，天色晦暗，能见度很差，飞机无法起飞，上午 9 时许，第五大队大队长丁纪徐扔掉手里燃烧着的香烟，用脚尖使劲踩了踩，大声说："不能再等了，起飞！"

他率领刘粹刚、梁鸿云、王倬、雍沛、袁葆康、董庆祥、姚杰、余腾甲、胡庄如、董明德、张伟华、宋恩儒、刘依均、邹赓续等人，驾驶霍克机在阴雨中冒险起飞，相继升空。

10 时左右，机群飞抵江阴上空，钻出云层，飞行员从机窗下望，只见大批中国军舰停泊在江面上。

此时，防空警报骤然响起，此起彼伏。原来要塞上和江面上的海军误以为是敌机来袭，做好战斗准备。很快瞭望哨发现机翼上的青天白日徽，防空警报才得以解除，虚惊一场。

中国飞机越过江阴要塞，在丁纪徐的指挥下，沿着长江向东搜索前进，不远处就是东海了。但天水一色，浑浑噩噩，在极为恶劣的天候下，几经盘旋，无法寻到日本船舰的踪迹，大家都很失望。

机队返航之后，丁大队长立即组织了第二次搜查，这次的领队是将在往后几个月中成为著名空战英雄的刘粹刚上尉。

在南通附近，突然，僚机梁鸿云摇晃起机翼，隔着舱窗，刘粹刚顺着向僚机的前下方望去，在吴淞口东白龙港口，有一艘日舰（约 1300吨），长约 200 英尺，宽约 20 英尺，正急急忙忙向外海方向逃去。

刘粹刚顿时来了劲头，果断地发出攻击令。各机立即改变队形，由2000 英尺高度，一架接一架呼啸着向下垂直俯冲，刘粹刚率先对准日舰投弹，但第一枚炸弹没有击中，激起数十丈高的水柱；第二枚炸弹是副队长梁鸿云投下的，500 磅炸弹直接飞向日舰，一道闪电，正中敌舰尾部，顿时浓烟弥漫，日军官兵在甲板上四下乱跑，刹那间，那艘日舰舰体晃动，开始倾斜。其余各机也争先恐后，陆续投弹，直到把日舰炸得无影无踪，舰上的官兵全部葬身鱼腹。

刘粹刚等飞行员满怀喜悦的心情，得意地吹着口哨，安全返抵扬州机场。

同日，国民政府宣布"中国之领土主权，已横受日本之侵略。国联盟约、九国公约、非战公约，已为日本破坏无余"；"中国以经受其领土主权及上述各种条约之尊严"，"唯有实行天赋之自卫权以应之"。

国民政府明令：京沪、沪杭两铁路戒严，镇江下游江面实行封闭。

8 月 14 日下午 3 时许，张治中指挥中国精锐的第 87、第 88 师向汇山码头、八字桥等地的日本海军陆战队发起猛烈攻击。

一场空前激烈的抗日战争在淞沪爆发了。

八、绝色女谍

　　封江的情报是谁泄露的？是怎样送出的？至今众说纷纭。但子弹飞向了行政院简任秘书黄濬和他的儿子黄晟。南京雨花台下的枪声，结束了18名汉奸的生命。还有一位绝色的色情间谍南造云子，却从老虎桥监狱失踪了……

　　脸色铁青的蒋介石，将手中的文件使劲地扔到南京警备司令谷正伦的面前："干什么吃的？日本军舰、商船、侨民逃跑了你都不知道？"

　　谷正伦战战兢兢地说："委座，我们的内部有内奸……"

　　蒋介石怒不可遏："这还用你说？你唯一能做的是马上给我查清是谁泄的密，我要杀他的头！不然就是你的头！"

　　谷正伦立正，大声回答："我这就去查！"他敬了个礼，转身就走。

　　蒋介石怒不可遏："回来，你去与南京警察厅商量一下，给我限期破案，越快越好！"

　　谷正伦一挺胸脯："卑职保证完成任务！"

　　军事统计局第二处处长戴笠也在不动声色地暗中调查。他找来连日参加军政会议的人员名单，放在鸡鹅巷总部办公桌上，逐一琢磨。显然，汪精卫、冯玉祥、何应钦、张治中、周至柔……这些人或是党国元首、或是皇亲国戚、或是天子近臣、或是手握重兵，没有一个是惹得起的，也没有一个是能够随便怀疑的，越琢磨就越觉得哪一尊菩萨都惹不得、动不得。

　　会不会是白崇禧呢？

　　长期以来，李宗仁、白崇禧一直心存贰志，对抗中央，割据广西。七七卢沟桥事变以后，在合作抗日的呼声之下，桂系才决定与蒋介石合作。8月2日，蒋介石电召李宗仁、白崇禧进京。李宗仁决定先在广西整理军队，令白崇禧率先进京。8月4日，白崇禧飞抵南京，与蒋介石进行了长时间的谈话，表示赞同中央抗战的决心。当日，蒋介石便任命白崇禧为副总参谋长，参与制订作战计划。次日，白崇禧便参加了国防会议。

难道会是他？

没有其他证据，戴笠不敢妄下结论。此时，另一桩与蒋介石性命攸关的案件转移了他的注意力。

此时，淞沪战争已进行到了白热化的状态。

蒋介石决定到上海的前沿阵地去视察，参战的部队大都是他的嫡系，别人是指挥不动的，需要他协调、督促、打气。最初负责全局指挥的淞沪战区司令官冯玉祥就承认挑不起这副担子，"此间军队，我都不甚熟悉，若必处处听我指挥，必致败了大事。故蒋先生亲临指挥时，时而嘲骂，时而激动，无不如意。"

侍从室副主任姚琮却忧心忡忡："委座一身系国家之安危，现在日军凭借空中优势掌握了制空权，行车是很不安全的。"

蒋介石感动地望了姚琮一眼，但前线他是一定要去的，否则他放心不下。

"委员长可以乘英国大使的车子去上海。"白崇禧建议说，他知道英国驻华大使许阁森不日将去上海，"许大使的轿车挂有英国国旗，委员长同车前往，可以无虞敌机耳。"

蒋介石未置可否地点点头，在场的人都以为事情定下来了。

京沪国道上，一辆黑色轿车在阳光下疾驶，米字旗迎风猎猎作响，车顶上也有一个大大的米字，仰天而卧，这是大英帝国的标志，许阁森大使的眼睛眯缝着，尽管头顶上不时有日本飞机掠过，一直追逐着他前方或后方的车辆，但他仍然坦然、放心，日本人眼下还不敢得罪大英帝国，所以他安之若素。

一阵刺耳的呼啸声终于让他惊恐了，前方的云层里，一架日本飞机从高空冲下来，机头对着他的轿车，如鹞鹰扑击羔羊。弹雨从天而泻，许阁森咒骂着，身上已经挂了彩。他跳下车，想找一个隐蔽的地方，以躲避飞来的横祸。

日机飞得很低，那猩红的膏药旗让人想到了鲜血，驾驶员肯定也认清了金发碧眼的许阁森是货真价实、地地道道的西方人，知道打错了目标，一抬机头，扬长而去。

许阁森大使遭到敌机袭击的消息传到了蒋介石耳中，他额首称庆，幸亏临时机变，才免去这场灾难。当初白崇禧向他建议的时候，尽管他默应了，回味总不舒服。蒋介石是有一定民族主义思想和情结的，他的自尊心也很强，堂堂一国元首，乘坐他国的车辆，有伤国体，有伤领袖的人格。因此，他突然决定乘夜幕的掩护，星夜驱车去上海。庆幸之余，他的怒火又升了起来，"娘希匹，这是要我的命啊！"封锁长江的泄密案尚未破，如今一波又起，他拍着桌子唤来了戴笠。

挨过了蒋介石的痛骂，戴笠两眼冒着火星，仗着一股火气找到了白崇禧，他要问个究竟，两次事件都有白在场，尤其是换车一事，更是出于他的建议。

若是平时，再借给戴笠一个胆子也不敢向白崇禧耀武扬威，白是桂系中坚，实力人物，连蒋介石的账都不买，何况戴笠一条走狗。但今天的白崇禧却失去了往日的从容、威风，这件事太大了，有通敌的嫌疑，这是跳进黄河也洗不清的事哟。所以他语无伦次，额头冷汗直冒。

戴笠反而释疑了，凭他丰富的特工工作经验，凭他对人的心理活动的掌握，像白崇禧这样心机深沉的人，如果刻意策划这件事，一定滴水不漏，从容不迫，绝不会如今天这样慌张。

望着白崇禧那副诚惶诚恐的样子，他有了一丝满足感，反而放缓了语气，耐心地询问当时的详情。

白崇禧告诉他，当初提此建议的时候，还有六七个人在场，他一一报出名单，范围一下子缩小了。戴笠判断，这两起泄密案定是一个人所为，而两个事情知情者，除白本人外，就是姚琮、黄濬了。

对姚琮，完全可以排除怀疑，因为他一直担心蒋介石的安全，甚至力劝蒋不要贸然前往上海。只剩下黄濬了。

黄濬，他是名流，而且是名流中之名流，蜚声士林，无人不识。就连蒋介石也客气地向他连连点头。

黄濬字秋岳，号哲维，别号壶舟，室名花随人圣盦、聆风簃，以字行于世，福建闽侯人，生于 1880 年。其祖父黄玉柱为清咸丰年间举人，其父黄彦鸿为光绪时翰林，对诗文颇具造诣。黄濬的才华就更胜其祖其父了，4岁识字，7岁做诗，是晚清名家有"诗伯"之称的陈衍最得意的弟子。

陈衍（1856—1937），近代诗人。字叔伊，号石遗。福建侯官（今福州市）人。清光绪八年（1882）举人。曾入台湾巡抚刘铭传幕。光绪二十四年，在京城作《戊戌变法榷议》十条，提倡维新。政变后，应湖广总督张之洞邀往武昌，任官报局总编纂。光绪二十八年，应经济特科试，未中。后为学部主事、京师大学堂教习。民国后，在南北各大学授课，并编修《福建通志》，最后寓居苏州，与章炳麟、金天翮共同倡办国学会，任无锡国学专修学校教授。

陈石遗在其所著《石遗室诗话》中有如下记叙：

> 秋岳年幼劬学，为骈体文，出语惊其长老。从余治说文，时有心得。世乱家贫，舍去治官文书，与同学梁众异（鸿志）、朱芷青最为莫逆，相率为五七言诗，遍与一时名士唱和。

黄濬在京师译学馆毕业后，曾任七品小京官。民国初年与袁克文、汪精卫、梁鸿志、杨度等在京城颐和园成立诗社，以名士自居。

黄濬也去过日本，曾在早稻田大学就读，在日期间，他不但精晓了日语日文，还熟悉了日本的风土人情。也就是在这一期间，崇尚日本的心理逐步形成。他崇尚"大和魂"，崇尚"武士道"，崇尚日本人的那种坚韧不拔，那种狂热的侵略欲，他还醉心那如云如海的樱花，那花枝招展的艺妓，以风流自命的黄濬，在这异国的花丛中开始迷失了本性。

回国后，他曾在报界工作过一段时间，与著名记者林白水有托孤之交，他也曾在北洋政府做过不大不小的官，梁启超任财政总长聘其为秘书，1924年为国务院参议。他懒散惯了，后以唱酬应和、诗酒自娱，倒也其乐陶陶。

黄濬的才华何止于此。1916年，在北京吉祥大戏院上演的，轰动一时的，由京剧大师梅兰芳担纲的，后来成为海派著名的歌舞见长的古装戏之代表作《天女散花》，就是黄濬根据佛经《维摩诘所说经》编写的。

20 世纪 30 年代的《半月戏剧》上有署名"禅翁"者写了《谈梅兰芳之八大名剧》一文，文中说："晚近名角，竟以编排新剧相号召，肇其端者梅畹华也。畹华新剧，其取材选曲、谱词填句，咸出李释戡、齐如山诸名士手，每一剧出，南北菊部，为之轰动。"

该文指出编剧等对名角之重要性，然后又分析了"四大名旦"——梅兰芳、程砚秋、荀慧生、尚小云的幕后功臣，他说："兰芳之师，有乔蕙兰、陈德霖十余人，友有李释戡、齐如山、黄秋岳等数十人。或为编剧，或为顾问，或为宣传，或为交际，每一剧编成，对于场子穿插、配置行头、斟酌词句、安排腔调，必群策群力，集思广益，务求善美。"

1932 年，汪精卫被选为中央政治会议常务委员、行政院长。汪精卫看中黄濬的才情，召其前往南京，做中央政治会议秘书和行政院秘书。崇尚日本、精通日语的黄濬自然就成为汪精卫的秘书，工作之余，两人谈谈诗词倒也平添几分雅兴。

从此，黄濬在国民政府的高层中有了一席之地。1935 年 8 月，汪精卫辞职，经中央政治会议议决慰留，复任行政院长兼外交部长。黄濬的儿子黄晟自清华大学毕业，经汪精卫推荐至外交部任职员。

戴笠的推理还有另一条证据支持，据最近缴获的日方情报看，其中有大量的国民党中央政治会议记录，这可是最高级的机密了。而在现场负责会议记录者恰是黄濬。也因为黄濬名士气太浓，手太懒，甚至懒得将这些记录稍微改头换面地传送出去，而是原文奉上，因此而留下了痕迹。

一张大网悄悄地撒了下来。

据军统埋下的"暗桩"报告，南京汤山招待所的服务员廖雅权最近举止反常，与黄濬之子黄晟有频繁来往，两次事发前，都有人看到他们在一起。

戴笠的鼻子终于嗅到了目标，"调车，去汤山。"他要亲自会会这个廖雅权。

汤山位于南京以南 30 公里处。山峦延绵，景色秀丽，是京沪达官贵人消闲的去处。汤山温泉，更是名扬四海，据说一沐其泉，更可祛风去湿，连蒋介石、宋美龄都经常光顾。南京军政当局遂大兴土木，兴建了一个游泳池，办起了汤山温泉招待所。一时间，南京军政大员趋之若鹜。

戴笠来到汤山，已有人做好安排，指点他暗中观察。"好个绝色女子！"

好色的戴笠忍不住心中赞叹，廖雅权身材高挑，肤如凝脂，举止斯文，顾盼之间，有一种说不出的风情。

戴笠好色，但没有迷了心窍，他本能地反应，这不是一般女子，而且有相当高的文化程度，为何屈就此处做一名服务员？他命令立刻查清廖雅权的底细。

破绽露了出来。这个廖雅权根本不是中国人，她的原名叫南造云子，是1909年出生于上海的一个日本间谍的女儿，曾在日本受过间谍学校的专门训练，于1926年17岁时以一个失学青年的身份出现在南京，刚进入汤山招待所不久。而其介绍人、担保人，赫然都挂着黄濬的名字。

按戴笠的打算，本想张网以待，再捞大鱼。无奈蒋介石一日三催，限时破案，他自己也贪功心切，牙一咬，命令收网，于是廖雅权锒铛入狱。

严刑拷打之下，廖雅权交代了罪行，坦白了黄濬将情报由其子黄晟转送给她的全部过程。

至此，这数起泄密案真相大白。在南京玄武湖边的一棵枯柳下，这里是黄濬父子经常与日特交接情报的地方，戴笠的特务设下了埋伏，终于在一个风高月黑之夜人赃并获。黄濬父子的汉奸之旅也走到了尽头，蒋介石亲自下令将其处决。

就在黄氏父子命丧黄泉之时，神秘的南造云子却从戒备森严的监狱里逃跑了，这又是一个不解之谜。南造云子后来继续在中国从事间谍活动，1942年，在上海霞飞路百乐门咖啡馆前被人击毙，结束了罪恶的一生。黄氏父子的泄密案造成的后果是严重的，就连黄濬的族侄黄均在提及此事时，也感到十分愤怒：八一三的战役是惨烈的。由于泄密而使本来可以封锁在长江内的日本战舰和士兵，非但没有被早些消灭，反而使淞沪一战的日方军事实力大增，对我方形成了威胁，以致造成了大量的人员伤亡。

九、黄濬背黑锅

众恶不察，人云亦云，但是仔细分析一下，黄濬是封江机密的泄密者吗？正如当时有名的记者曹聚仁先生所说："所有写黄秋岳故事的，都是根据一般的传说，加以推测，并不足信的，他们都没有见过原始的史料。"问题是有没有原始史料呢？

1996 年，笔者在撰写《国共抗战大肃奸》一书时，有关江阴封江之文字，与上段描写的差不多，出处来自台湾《传记文学》所刊文章。

十几年以后的今天，所谓黄濬出卖封江情报的故事愈来愈离奇。甚至关于黄濬之死的说法也很离奇，典型的说法：蒋介石原想封锁江阴长江入海口，再用飞机大炮摧毁日本舰队。不料黄秋岳（即黄濬）泄卖这项机密，一夜之间日舰全数遁逃。蒋大怒，1937 年 8 月 26 日处决 18 人，黄秋岳砍头示众，其余枪毙。

到抗战时期，国民政府的刑法中还有砍头的吗？显然是臆想。

曹聚仁（其时为重要的战地记者）在《论黄秋岳》一文中说："写黄濬是汉奸的人，都没见过原始史料。"

但曹先生之后，也并非后无来者。

笔者在中国第二历史档案馆工作二十多年，手边就有万仁元、方庆秋主编的根据国民党中央党史资料委员会史料原件编撰的《中华民国史史料长编》民国二十六年（三），其中影印的原始文件如是说：

汉奸黄濬等处死

树　南京警备司令部及警察厅破获汉奸黄濬、黄晟、罗致远、莫树（淑　英等十八名，分别供认为敌国充作间谍，或帮助敌国间谍，或泄

露军事秘密不讳，判处死刑，于本（月）廿六日晨执行枪决（中央社南京廿六日电）

黄为行政院秘书，年四十七岁，福建闽侯人，颇负文名，先是我将封锁长江，黄泄之。敌舰在长江者，因悉遁去。旋又唆雇佣不时以菜篮向敌领事馆传递消息，至是被获，与子黄晟，暨同谋十六人同被处刑死，国人称快。

这不是警察厅审判汉奸的原始档案，却是当时的记录，也算得上是原始史料之一吧。

《中央日报》也算是史料吧，关于枪毙黄濬的报道更为详细。据1937年8月27日《中央日报》刊载的消息：

警备司令部昨枪决大批汉奸，计黄濬等十八名。

为虎作伥，罪无可逭

本京警备司令部及首都警察厅连日破获汉奸机关，捕获汉奸多名。经该部审讯属实，于昨（廿六）晨提出黄濬等十八名口，赴南京雨花台执行枪决。当时观者如堵，对此辈罔知国家民族利益，自甘叛国之徒，莫不切齿痛恨，交相称快。兹录警备司令部布告如次：

查汉奸黄濬等十八名口经本部审判，业据分别供认成为敌国充作间谍，或帮忙敌国之间谍，或泄漏交付军事秘密等各情不讳，查该被告等甘心为虎作伥，实属罪无可逭，依法均处死刑，以昭炯戒，除签提该犯等十八名口，验明正身，绑赴刑场执行枪决外，合行布告，俾众周知，此布。计开：

黄濬 男 四十七岁，福建闽侯人

黄晟 男 二十六岁，福建闽侯人

罗志远 男 三十六岁，福建诏安人

齐公衡 男 四十六岁，福建闽侯人

刘文华 男 三十六岁，江苏南京人

洪枏 男 四十四岁，福建南安人

郭俊卿 男 五十五岁，江苏宝应人

董永泉 男 三十一岁，浙江绍兴人

邓光直 男 三十岁，安徽桐城人

卢寿籛 男 五十四岁，江苏宝应人

戴天青 男 三十三岁，福建厦门人

莫淑英 女 三十一岁，安徽青阳人

丁龙氏 女 四十八岁，安徽怀宁人

邱璞 男 三十六岁，广东饶平人

蔡昆岗 男 三十七岁，福建漳州人

游吕菊芬 女 四十二岁，福建诏安人

徐维镛 男 二十五岁，江苏泗阳人

黄云森 男 二十六岁，福建闽侯人

各犯犯罪事实：

黄濬，四十七岁，福建闽侯人。受敌方收买，将其职务内所管理之密件作为情报材料，供给敌人，敌某回国后，旋又与敌指定之专人，继续活动。

黄晟，二十六岁，福建闽侯人。黄濬之子，受乃父指使，利用身份，探听机密消息，向敌方出卖。

罗志远，三十六岁，福建诏安人。在京开设美美广告社作为掩护，借营业关系，进入我各部队或军事机关及要塞工事地区进行刺探测绘，将所得材料向敌方出卖。

齐公衡，四十六岁，福建闽侯人。受敌人收买，开设华侨通讯社，以记者身份从事汉奸活动。又私行佩戴内政部遗失作废证章，闯入某要塞区，窥察防御工事。

刘文华，三十六岁，江苏南京人。假冒留日牙科学士，开设牙科医院，专代敌警署及新闻记者刺探消息，介绍汉奸。

洪柑，四十四岁，福建南安人。受敌收买，开设私人书店，以销售日文书籍，吸收知识分子之汉奸，并负责调查南京文化机关及知识界思想动向。

郭俊卿（即非飞仙），五十五岁，江苏宝应人。受敌方收买，借卖卜刺探军政消息。

董永泉，三十一岁，浙江绍兴人。别有天茶役，受某著名间谍之收买，为其介绍女侍歌女，借女色吸收汉奸。

邱璞，三十六岁，广东饶平人。受敌人收买，调查公路机场情形。

蔡崑岗，三十七岁，福建漳州人。收受敌方津贴，开设首都医院，联络在京台籍浪人，调查民众组织情形。

邓光直，三十岁，安徽桐城人。受敌人收买，供给情报，刺探军事机密。

卢寿钱，五十四岁，江苏宝应人。训练总监部外国语学校翻译，受敌人收买，供给情报，刺探军事秘密。

戴天青，三十三岁，福建厦门人。受敌人津贴，开设博爱医院，利用诊病机会，与军界人员接近，刺探军事消息。

游吕菊芬，四十二岁，福建诏安人。由邱璞介绍，代敌方采访情报，并受驻沪某著名间谍指挥，从事活动。

莫淑英，三十一岁，安徽青阳人。与在京活动之某间谍姘居，又勾引军政人员，探听消息。

丁龙氏，四十八岁，安徽怀宁人。受某间谍津贴，帮助莫淑英介绍各种关系。

徐维镛，二十五岁，江苏泗阳人。受敌方收买，泄露军事机密。

黄云森，二十六岁，福建闽侯人。受敌方收买，出卖消息。

以上各汉奸，于就刑时均战栗恐惧，面无人色，其中稍有天良者，则口称忏悔，但为虎作伥，罪无可逭，终皆砰然一声，结束生命。在此全面抗战之非常时期，对此丧心病狂之徒，严加制裁，殊足大快人心，更可借以唤起民众对汉奸间谍之同仇敌忾，而一致参加铲除敌人内线之工作。

有材料说：1935 年，黄濬在南京国民政府任行政院高级机要秘书。

其时，日本驻南京总领事须磨弥吉郎乃"中国通"，此人为上海同文书院、东京帝大出身，在日本外交界一向以靠拢军部、强调对华执武力威胁的强硬态度而著名。为了刺探国府机密，须磨最初以请教汉诗为名，接近黄濬。他见黄以名士自居，经常出入夫子庙为歌女捧场，入不敷出，乃以小恩小惠加以收买，使其按时提供行政院会议有关情报。后来，须磨因故被调回国内，仍由日本驻南京总领事馆派人与黄保持联络。

这与报上公布的枪毙黄濬布告中宣布的罪行有相似之处，只不过报纸没有点出须磨弥吉郎的名字。

须磨弥吉郎（1892—1970），日本昭和时期的外交官，秋田县人。1919 年中央大学法科毕业，入外务省。1927 年任驻华公使馆二等参赞。1930 年任驻广州总领事。1932 年任公使馆一等秘书，驻上海收集情报。1933—1936 年任南京总领事兼使馆一等秘书。1937 年调回本国，转任驻美大使馆参事。1939 年 7 月驻伪满洲国，同年 10 月任外务省情报部长。1940 年任驻西班牙公使。1946 年 4 月以战犯嫌疑入狱。1952 年被褫夺公职处分撤销，1953 年当选为众议院议员。

那么，黄濬是怎样向日本方面出卖情报的呢？

有三种说法：

第一种是将情报藏在帽子里。据华东师范大学中文系教授、上海文史馆馆员刘衍文先生《〈石语〉题外》说：

"黄秋岳与日本间谍交换的情报都密藏于礼帽里面，赴宴会各自脱下礼帽放在衣架上，宴会散席各取对方帽子扬长而去。"

第二种是黄濬将情报藏在玄武湖畔的树洞里，日本领馆派人去取。

第三种是让佣人藏在买菜的竹篮中，再送给日本间谍。

至于黄濬间谍案是如何破获的呢？

《国民党特务活动史》说：首都警备司令部内有一外事组，专门从事对日反间谍工作。在逐一分析了知情的少数几个人后，外事组不由联想起不久前发生的江阴要塞泄密案，以及内线从日本大使馆获得的蛛丝马迹，渐渐将疑点集中到了行政院机要秘书黄濬身上。

那么，曹聚仁凭什么肯定黄濬与江阴泄密案无关，这有没有根据？

根据日本防卫厅研究所战史室所著《中国事变陆军作战史》所载：

日本政府按照不扩大方针，为了不刺激中国方面，采取了慎重的态度，于 7 月 28 日训令侨居扬子江沿岸 29230 名日侨撤离（指示在上海的侨民于 8 月 6 日撤到日租界），在海军第十一战队掩护下，到 8 月 9 日完全撤到了上海。

第一，如果日本政府在 7 月 28 日就已经训令侨居长江沿岸的日本侨民撤侨，那我们所说的 8 月 6 日在最高国防会议上决定的封江机密被泄就有问题。为什么这样说？日方从下达撤侨令到 8 月 6 日蒋介石开会决定封江，共有八九天的时间，证明日方撤侨在先，蒋介石封江令在后，何来黄濬泄露情报之说？即使有情报送出，也是马后炮。

第二，空军第五大队二十四中队王倬接到蒋介石电话是在 8 月 13 日夜 11 时。说明这时蒋介石已经决定在上海向日军发动进攻了，如果他没有批准发动进攻的时间，当然也不可能向空军下达命令。而《张治中回忆录》中说："我们的进攻因此直到 14 日午后 3 时才开始。大家都说这一次淞沪抗战为八一三战役，实际上 8 月 13 日并未开战，不过是两军对垒，步哨上有些接触，正式的开战是 8 月 14 日。这样耽误了两天，却给了敌人一个从容部署的机会。"

曹聚仁说："1937 年 8 月间，日方已有在沿海作战的计划，因此，把他们在长江的海军集中到长江下游来。他们的军舰下驶，比国军沉船封江早一个星期，所以用不着黄秋岳父子来送情报的……所以，黄秋岳父子是汉奸，自不待言，但他们并没有出卖长江封锁的机会呢。"

真有这样的迹象吗？

1937 年 8 月 1 日，淞沪警备司令张治中发表战争文告，开头就是：

> 此日吾民族已临于最后关头，此日吾人亦已临于生死线上！光荣神圣的民族生存抗战之血幕必且展开……时至今日，敌我间之诸般问题，已非和平所能解决，在我尤非抗战无以图国家民族之生存。全面应战之烽火高燃，舍身报国之良机已至！凡我袍泽，当必奋兴雪恨歼仇，此其时日。

这种剑拔弩张的战争号召，日方的指挥机关不会看不出，也不会蠢得还让自己的舰队和商船留在长江中等着挨炸吧？何况，8月9日日本军官大山勇夫在虹桥机场与守军发生冲突被杀，很快日本第三舰队驶集黄浦江及长江下游浏河以下各港口，随时有在淞沪登陆发动战事的企图。双方都在排兵布阵，为即将到来的战争磨刀霍霍。日方还有必要将舰队留在长江中等着中国空军来轰炸吗？

中日双方大战一触即发，这已经不是什么秘密，因此，日本撤侨势在必行，封不封江都得撤侨。

作者查阅了中国第二历史档案馆馆藏档案，发现卢沟桥事件汇报档案中虽然有涉及封江的记录，但黄濬无参加该会的资格，就连一般史书中所述的1937年8月5日、6日的国防会议纪要中，根本就没有关于封江的内容，黄濬即便能出席会议，也不可能得到封江的情报，他的"密"从何而泄？

根据江阴要塞探照灯台台长杜隆基在《江阴要塞之战失利经过》一文中记载：最后的日舰船通过江阴炮台的时间大约为8月11日、12日两天。

因此，敌舰船逃出长江口不是因为黄濬的泄密，而是蒋介石一再优柔寡断，否则在11日动手，或多或少也能俘获几艘日舰。

可以这样说，中日两国统帅部门在长江舰队的问题上"撞车"了，只不过日方棋先一着，行动较快；而中方反应迟钝，又没有最高统帅的命令，只能眼睁睁看着日本长江舰队下驶，还升旗欢迎。

至于黄濬有没有将封江的情报送给日本大使馆，我的看法，应该是没有的。

据曹聚仁说："黄秋岳父子，以文士的散漫习气，终于替日本方面做情报工作，那是事实。但做情报工作，乃是他做中央政治会议的秘书时期，他实在也很懒，只是把政治会议的决议案原封不动交给日本使馆而已。这样，日本方面所公布有关国民政府的政治会议决议案和南京方面一样迅速。这就引起国民政府当局的怀疑。经过了侦查，知道和黄秋岳的秘书有关。因此，1935年春天，便把黄秋岳从中央政治会议的秘书职位调开，他就失去参与机密的机会了。邵力子先生也对我说：黄秋岳是不会知道军事会议的军事秘密的。"

笔者也认同曹聚仁和邵力子的结论。但黄濬的确将自己管理的文件给了日本领事馆。如果不出卖国家机密，也不会赔上卿卿的性命。这真是"乱世佳人还做贼"了。

但曹聚仁和邵力子的观点也有解释不清之处。即1935年春黄濬就失去了参与机密的机会，那么为什么他的行政院简任秘书一职却一直保留到抗战开始呢？那么，黄濬的间谍案是何时被发现的呢？

据史料记载：

1937年8月17日，行政院召开第325次会议，会议主席为外交部部长王宠惠，出席人员为各部、会长官。讨论事项主要为外交部侨务委员会呈：请拟护送旅日华侨归国办法等。继之为任免事宜，由行政院长蒋中正提议：本院简任秘书黄濬，应予免职案，全体议决通过。

那就是说1937年7月下旬和8月上旬，黄濬有再次出卖情报的动作。蒋介石的失误造成日本舰船逃出长江，为了掩饰和嫁祸，就有了杀黄濬以震慑汉奸的动机。8月14日中日大战爆发后，8月17日就免去黄濬的秘书职务。26日，黄濬等人就在南京伏法。

至于将蒋介石去上海督战与英国大使许阁森被炸事件按在黄濬头上就显得滑稽了。黄濬是在8月26日被枪毙的，而许阁森被炸的时间就在8月26日，请看《中央日报》8月27日报道：

> 中央社云：英国驻华大使许阁森爵士昨日由京乘汽车循公路来沪，讵车抵距上海四十哩（注：指英里）至五十哩之地点时，被日本飞机投掷炸弹，并开机枪扫射，致使大使身受重伤……

如果此情报与黄濬有关，此时他已经被枪毙了，又怎么可能将此消息通知日本方面呢？

况且，黄濬是8月26日被枪毙的，被捕时间起码要在一个星期前，因为还要有审问过程，而蒋介石也不可能在一个星期前就定下来去上海的时间。

黄濬被免职以前可能就被捕了，他也不可能把十天以后或者更长的时间里，蒋介石要乘许阁森的车去上海的消息透露给日本人。

所以，"众恶之必察"的名训，应该铭记在心中，纠正以往以讹传讹的错误。可以这样认为：日本政府的撤侨，是为了战争；而中国方面的封江沉船，也是为了抗战。双方想到一起，但日本撤侨的确比国民政府的动作要早一个多星期。

郭汝瑰、黄玉章主编的《中国抗日战争正面战场作战记》指出：

　　不少回忆录及书刊将中国海军未能按预定的国防作战计划消灭日军在长江中下游舰艇的责任推在汉奸黄濬身上，说封锁长江是1937年8月6日（实际上7日才开始开会）最高国防会议上决定的，列席参加这次会议的行政院秘书黄濬将此情报出卖给日本人，才使日军舰艇仓促逃出长江。黄濬出卖情报被枪毙，罪有应得，但日军在长江的第11战队向上海集结是早有计划的，也是日军任何一个舰队司令在当时形势下为了作战所必然采取的行动。从长江上、中游撤至上海，要航行数日。在此期间，军事委员会每日都接到各地军政机关关于日舰行动的报告，并非不了解情况，关键是军事委员会决策人物尚未定下拦截的决心。当时中国海军第1、第2舰队及电雷学校共有70余艘舰艇集结在湖口、江阴待命，因无命令，只得眼看着日舰从自己炮口下驶走。日舰艇8月9日就已到达上海，军事委员会11日才下达于11日封锁江阴航道的命令，并通知了上海各国领事馆，13日才下达于14日开始攻击日军的命令。所以将长江日舰安然撤走的责任推给一个汉奸，对军事委员会传出这一说法而言，不无掩盖事实，推脱责任之嫌。

郭汝瑰将军在抗战前在庐山训练团受训，七七事变后为第14师参谋长，参加过淞沪战役，他的说法是符合事实的。

蒋介石的性格予智予雄，他认为可以把日舰堵在长江里，却没想到日舰抢先一步，于是迁怒黄濬。黄濬有前科，不是什么好人，却张冠李戴，被蒋介石祭了旗。

至于南造云子色诱黄濬和什么黄濬的佣人莲花内应配合军统等，更是子虚乌有的神话。编造得有鼻子有眼，就像电视剧一样精彩。还有网上的照片更是驴唇不对马嘴，或是川岛芳子的，也有李香兰的，更有现在的电视剧的演员剧照，总之没有一张是对的，也不会有。

网上有《江阴战役》一文，该作者指出："黄秋岳乃一代名士，仅仅为了一红颜而沦为国贼，难以置信。听传闻道所谓'南造云子'云云，窃以为此乃轻薄文人哗众取宠之作也。虽无确信可以定论，然而观其种种风闻，其自相矛盾之处显而易见，比如，盛传此人'没有留下一张照片'，而又云曾被国府判处无期徒刑，只因此人脱逃而苟延其生，如此传奇女谍落网遭擒，难道没有人为她留影以验明其身？阴谋行刺蒋公，泄露重大军情，仅以无期徒刑结案岂不过轻？疑点之多令人惊异。

况且小生身在东瀛多年，观日人的战史谍史，言川岛芳子者比比皆是，而言"南造云子"者未见一则。日人姓名虽然不乏独特者，但是不过'南造'还是'云子'都几乎可谓罕见，更有传谓其父之名乃'南造次郎'亦为一'特务头目'，在日方档案之中也未见其名。

以小生愚见，'南造云子'者，莫非又'南云'之名联想杜撰，'南造次郎'之名莫非也来源于'南次郎'？此推断亦无任何根据，仅为观多种小道传闻中日人姓名的'构成法'而感觉出的一种共性而已。"

这个论断，我也认可！

黄濬泄露封江机密的黑锅已背了75年，但历史毕竟不是文艺作品，这个黑锅黄濬不必再背下去了。

十、亡羊补牢

　　海军第一舰队在陈季良的指挥下，从湖口启程赶赴江阴，仅十个小时就抵达集合地，原以为是要与日军大干一场，没料想得到的命令是让军舰自沉。难道海军就没有更好的抗敌办法吗？

　　七七事变后，上海方面的日军也加紧活动，不断增兵。日本军舰在长江下游和沿海频繁游弋，日本海军陆战队在沪西一带举行夜间演习，又借口水兵宫崎贞雄在上海宁波路失踪，提出交涉。

　　7月20日，日本驻沪海军陆战队参谋长本田要求中国飞机停止在上海的空中飞行，遭严词拒绝。

　　7月29日下午5时，从南京鼓楼西边的日本大使馆开出一辆插着日本太阳旗的黑色小轿车。轿车顺着中山北路的林荫道，驶向山西路方向，之后，又向挹江门方向开去，最后在海军部大门前停了下来。车门启处，从车内钻出来日本大使馆武官中村，他向卫兵要求见海军部长陈绍宽。经过允许，在副官的引导下，日本武官中村来到陈绍宽的办公室。

　　陈绍宽问："中村先生，在中日两国即将发生战事之际，阁下突然造访，有何指教？"

　　中村傲慢地说："正是日中两国处在战争状态之下，我才奉第三舰队司令官长谷川清的指令，特来照会部长阁下，希望贵部能像上次淞沪战争时的表现。如果中国海军违反了严守中立的状态，帝国强大的海军必将给贵国海军以毁灭性的打击！"

　　陈绍宽怒目而视，斥责道："请转告长谷川清阁下，我们中国海军力量虽然薄弱，但所负的守土之责是非常重大的，一旦我们的国家遭到侵犯，民族的尊严受到伤害，我们就不会再守什么中立，势必应战，哪怕只剩下最后一条兵舰，也要血战到底！"

中村知道今日的中国海军已不是第一次淞沪战争时坐山观虎斗的海军了，于是他鞠了个90度的躬，悻悻地说："我的明白，告辞！"

中国海军挺身抗战

日本第三舰队也加紧备战。

8月8日，第三舰队司令官长谷川清中将根据日本军部的指示，为应付事态扩大做好了一切准备，进行了新的兵力部署。

8月9日下午6时半，上海海军陆战队西部派遣队队长、海军中尉大山勇夫和斋藤要藏驾驶汽车直闯虹桥飞机场，被我保安队员开枪击毙。在日本内阁会议上，米内海相发言，要求动员派遣陆军部队前往上海。陆相杉山元制订了派遣兵力的方案。大山事件发生后，日方佯称要由外交途径和平解决，实际却在继续增兵上海，补充大量军需品。8月10日晨，日本海军第十六驱逐队抵沪。11日晨，第八战队、第一水雷战队到沪。日本海军航空兵也紧急出动，其精锐第一联合航空队分别进驻济州岛大村机场和台北机场；第一、第二航空战队和3艘航空母舰也侵入我国东海的马鞍群岛海面，随时准备对淞沪地区发起进攻。

陈绍宽当即发布命令："海军全部进入一级战备状态！"

海军部立即对所辖各舰队下达了作战地域及任务如下：

一、楚泰舰（原第二舰队）和正宁、肃宁、抚宁三艇协同闽江口要塞，扼守闽江；公胜艇协防珠江；诚胜艇警戒山东青岛，协助第三舰队；普安运输舰留沪随时应遣；在江南造船所检修的永健舰（原第一舰队）留沪，驻守高昌庙，保护海军各机关以及江南造船所。

二、第一舰队：辖海容、海筹、平海、宁海、逸仙、大同、自强7艘巡洋舰，永绩、中山3艘炮舰，定安、克安2艘运输舰；第二舰队辖楚同、楚有、楚谦、楚观、永绥、江元、江贞、民权、民生、咸宁、德胜、威胜13艘炮舰，江犀、江鲲2艘浅水炮舰，湖鹰、湖隼、湖鹏、湖鹗4艘鱼雷艇；练习舰队：辖应瑞、通济2艘练习舰；巡防队：辖顺胜、义胜、永胜、仁胜、江宁、海宁、肃宁、威宁、抚宁、绥宁、崇宁、义宁、正宁、长宁14艘炮艇；测量队：辖甘露、曦日、武胜、青天4艘测量船，诚胜、公胜2艘测量艇等。49艘舰艇陆续驶入长江下游，集中力量，拱卫首都南京。

三、第三舰队：辖定海、镇海2艘运输舰，海圻、海琛2艘巡洋舰，同安号驱逐舰1艘，永翔、楚豫、江利、海鸥、海清、海燕、海骏、海蓬9艘炮舰，进入渤海湾即青岛警戒，并监视华北日军之行动。

四、第四舰队所属舰艇：肇和、海虎、海强、江大、坚如、舞凤等舰进入广东江防区及华南海域备战，广金、安北等河用炮舰19艘、鱼雷艇4艘及福安运输舰等，均进入粤桂江区，担任警戒。

五、电雷学校，肩负教育与江防作战之任务，对筹建训练鱼雷快艇之黄山港海军基地，积极扩建，并加紧"文天祥"、"史可法"两支鱼雷艇分队的战术训练，充实战力，以屏工江阴，确保南京安全。

陈绍宽特派中校曾国晟和周应聪少校赶赴上海，将高昌庙的海军机关、技术人员和眷属撤往内地，并在上海大量购买制造水雷的原材料和器械，分批分路内运。

曾国晟（1899—1979），字拱北，福建长乐县人。1917年考入福州海军学校航海第2届，后奉令随全班转入吴淞海校学习，编为烟台航海第13期，于1921年3月毕业。毕业后在舰艇上任职，历任三副、大副、舰长、副官等职。1933年晋升海筹舰中校副舰长。1934年升舰长。1936年任江南造船所监造官。

周应聪，福建福州人，吴淞商船学校、烟台海军学堂毕业。曾任通济炮舰见习官。1920年调任楚同炮舰候补副。1929年11月12日奉派英国留学。回国后任海容巡洋舰航海正。1934年7月21日升任通济炮舰少校舰长。1935年1月12日调任应瑞巡洋练舰教练官。1月17日调任海容巡洋舰少校副舰长。1936年1月1日调任驻英公使馆海军正武官。7月13日调任第2舰队中校参谋长。

蒋介石与陈绍宽在研究江阴封锁线图

陈绍宽得到日本侨民、商船逸出长江口的情报后，立即要通蒋介石的电话，询问还要不要继续执行封江的计划。

蒋介石电谕陈绍宽："封江命令必须执行，另外，江阴、通州以下的长江航道上的标志立即予以全部撤除！你亲自去江阴指挥!"

陈绍宽深知任务的复杂性和艰巨性，不禁眉头紧锁。他究竟担心什么呢？

当然沉船的最大阻力来自海军。

马达轰鸣，军旗猎猎。

停泊在湖口的海军第一舰队司令陈季良召集各舰舰长开会："海军部命令来了，要我第一、第二舰队立即赶赴江阴集结。诸位知道，江阴是长江下游拱卫首都南京的重要锁钥，最窄处，江面只有1.5公里，两大舰队汇聚于此，加上两岸山上的炮台新近运来的8.8公分口径高平两用的8门德国主动火炮，加上4门15公分口径的加农炮，这是要干什么？就是要在江阴给暴日挖一个大大的陷阱，江阴将是我们抗日的第一道屏障，诸位有没有信心打好这一仗？"

几位年轻的舰长听得热血沸腾，早就按捺不住，纷纷表示："这一次，我们在江阴一定要给海军争光，别看我们的舰老舰旧，小日本的航空母舰、大型驱逐舰进不了咱的江河，看怎么收拾他们吧！"

8月10日夜，湖口的第一舰队司令陈季良在宁海舰上挂起了海军少将旗。军乐队奏响了"三民主义，吾党所宗"的国歌的旋律，在舱面上的卫兵站队行举枪礼，所有的官兵都向海军旗立正行举手礼。

陈季良发表讲话："诸位官兵弟兄们，大家知道日本人最近一再向我国发动挑衅，身为血性的军人，绝不容许这种屈辱的局面再发生。现在，我已接到命令，我们舰队即将出发，去江阴和第二舰队会合，这说明什么呢？我海军两大舰队第一次会合在一起，这是自甲午战争之后海军的第一次对外大型行动，这么多年以来，我们海军除了内战以外，还没有真刀真枪和外敌痛痛快快地干上一场，这是中国军人的耻辱！是我们海军的耻辱！现在报效国家和民族的机会就要来了……"

海军官兵热血沸腾，一齐高呼："打倒小日本，中华民国万岁！"

在陈季良的指挥下，海军第一舰队起锚离港，以鱼贯队形，冒着黑烟，向下游驶去。

陈季良（1883—1945），原名陈世英，福建侯官县（今福州市）人。民族英雄林则徐是其表舅，父亲陈镜河曾在江苏任知县。

陈世英小时，常随母亲到外祖父家小住，每次到宁德，母亲都让他登楼观海，对他说：海上无门，外国人最易来犯。有一回，登楼观海时，陈母指着渔民在泥埕上的泥橇说："明朝倭寇犯境，戚继光将军以此橇作武器，潮退时，令士卒乘而逾泥，杀敌夺舟，遂获大胜。"陈母勉励儿子学习戚继光将军，继承遗志。陈季良考入了南京江南水师学堂后，发奋努力，1905年以优异成绩毕业于该学堂第四届驾驶班。后来到英国留学。回国后，他先后在海圻号巡洋舰、建安号驱逐舰、海容号巡洋舰任职。

1918年2月，中国驻海参崴总领事邵恒睿连续多次致电外交部，吁请出兵境外保护俄国远东地区的中国侨民，"以申国权"。3月11日，外交部

海军第二舰队司令陈季良

再将邵恒睿电报呈送国务院。3月13日，北洋政府宣布派军舰前往海参崴和庙街（尼古拉耶夫斯克）驻扎。

庙街原是中国清代旧城名，位于黑龙江入海口附近，是进入黑龙江的必经之路，当时有华侨2000多人。当时庙街局势相当复杂，既有近千名日本陆军、4艘日本驱逐舰和一艘巡洋舰驻防，还有白俄军队驻扎。苏俄将黑龙江航权归还了中国，但是日本不予承认。

1919年9月，陈世英率领中国舰队抵达庙街后执行巡航任务。

同年10月下旬，苏俄红军对庙街白俄军队发起进攻。庙街的白俄军队向陈世英寻求帮助，被陈世英拒绝。不久，苏俄红军击溃了白俄军队，进入庙街。而此时，日军退入日本领事馆，构筑防线，准备联合白俄溃军进行反扑。

11月的一天深夜，日军向苏俄红军驻地发动了突然袭击。经过几天激战，苏俄红军将日军围困于日本领事馆内。由于日本领事馆防守坚固，红军缺乏炮火支援，久攻不下。于是，苏俄红军派代表向陈世英求助，请借中国海军舰炮给红军使用。陈世英连夜召集四舰军官开会，讨论苏俄红军的要求。中国海军官兵一致决定借炮给红军。翌日，陈世英将江亨舰3英寸边炮1门、利川舰5响格林炮1门借给红军，并给苏俄红军钢弹、开花弹各3发，格林炮弹3排共15发。苏俄红军很快攻克日本领事馆，击毙日军数十人，俘虏130多人。这一场战事被称作"庙街事件"。

是年11月，怀恨在心的日军派出军舰袭击陈世英舰队。这时包括华侨在内的庙街城内各国侨民对中国军队予以人力、物力援助，使其度过艰难，脱离了险境。

1920年1月，海参崴工人举行起义，建立了布尔什维克临时政府。3月15日，林建章从海参崴发来电报说："已接到苏俄政府正式公文，承认中国军舰在黑龙江的航行权。滞留庙街过冬的中国舰队一俟江水解冻，即可起航。"

黑龙江水解冻后，日本海军二十多艘舰艇前来报复。苏俄红军建议中国海军4舰驶往马街暂避。这时各国侨民和部分华侨也要求随行。苏俄红军于是派出数十艘帆船，帮助中国舰队运送侨民抵达马街。不久，日本舰队和白俄军舰开到马街，向我舰队开炮示威。陈世英要求舰上官兵团结一心，坚决予以还击。过后，日本抓住中国军队借炮给俄一事做文章，扬言要击沉中国4舰。

协约国应中国政府要求出面调停，认为中国海军帮助苏俄红军多系传闻，无法确证。但日本方面仍认定中国海军帮助红军对日本领事馆的进攻，不肯善罢甘休，并提出四项要求。北洋政府迫于日本政府的压力，组织军事法庭对陈世英进行审判。法庭最后判决将陈世英革职，永不叙用。"庙街事件"宣告结束。

实际上，北洋政府、海军部，对陈世英维护国家主权，伸张正义，表现出应有的民族气节，心中是有数的。因此海军部对军事法庭的判决根本就没有执行。之后，陈世英改名陈季良，继续在海军服役，还被授予"文虎"勋章。

1923年，陈季良授海军上校衔，获"三等宝光嘉禾章"。同年，晋升为海军少将军衔。1925年2月，升任海军第一舰队司令，兼任厦门警备司令。南京国民政府成立后，1929年，陈季良升任中将、海军部常务次长，仍兼第一舰队司令。

陈季良的平海舰上挂着海军中将旗。为防止被敌间谍发现，陈季良令舰队灭灯前进，一路上，舰队官兵斗志高昂，同仇敌忾，摩拳擦掌，跃跃欲试。

经过十多个小时的航行，8月11日早晨，第一舰队抵达江阴。

平海舰指挥台上的陈季良在望远镜中发现了第二舰队司令曾以鼎的

座舰，并发现了陈绍宽的部长旗，非常振奋，大声地对身边的舰长高宪申说：

"你看，49艘军舰都到齐了，我们就要向暴日开战了。闽南话怎么说来着？只有敢拼才会赢。"

高申宪对副舰长叶可钰说："终于可以一吐多年之恶气！叫旗语兵与兄弟舰队联络！"

舰桥上，旗语兵挥舞手旗向对方热情地打招呼，对方的旗语兵也在应答。两大舰队主力在江阴江面集合完毕，各舰一字排开，军旗猎猎，号声响亮，炮口高昂，威武雄壮，这一场景让海军官兵大开眼界，激动万分！一时间，两个舰队的官兵纷纷涌上甲板，兴奋地挥动军帽，欢呼跳跃。

对方旗语兵传达命令："陈部长在通济舰，请陈次长立即到陈部长座舰上来。另请海容巡洋舰舰长欧阳勋、海筹巡洋舰舰长林镜寰、自强巡洋舰舰长张日章、大同巡洋舰舰长罗致通同来通济舰开会。"

陈季良一愣，对高宪申说："我这位陈老弟有毛病了，不请我们上岸，还有别的军舰，偏偏请我们上'济伯'？"

海军上将、中将旗

陈宏泰推测："恐怕是怕日本飞机空袭。"

陈季良摇头："他不是怕死的人，不像他的风格。"突然他发现不对劲，"我们第一舰队宁海、平海等舰长为什么不去开会，单单找几条旧舰的舰长去开会？"

海军代将、少将旗

高宪申："是有些怪怪的。"

"管他呢，葫芦里卖的什么药去了就知道了。"

陈季良说完，当即乘小艇，乘风破浪，向挂着海军部长旗的通济舰驶去，不一会儿，靠上通济舰。陈季良在前，其余舰长在后，依次登上舷梯，该舰副长、当值官在通济舰舷口迎候，两名侍梯立于梯侧，卫兵半队站队，行举枪礼，军乐队奏响了雄壮的乐曲。

海军部长陈绍宽、第二舰队司令曾以鼎、练习舰队司令王寿廷等都立于舷门边，其他官佐序列于后舷侧列队欢迎。

陈季良登上甲板，"蹭蹭蹭"几大步就来到陈绍宽面前行举手礼，陈绍宽戴着雪白的手套答礼。

陈季良大声道："部长阁下，海军第一舰队司令陈季良携海容、海筹、自强、大同舰长奉命前来，请指示！"

陈绍宽握着他的手赞许道："舰队来得很快！"

陈季良一挺胸："为了党国和民族，都是分内之事！来之前，我第一舰队开了誓师大会，各舰舰长与全体官兵愿与日寇决一死战，保家卫国。"

陈绍宽点头："很好！辛苦了。"

陈季良比陈绍宽大5岁，两人是老乡，同为南京江南水师学堂毕业，陈季良是4期驾驶班，而陈绍宽是6期驾驶班。毕业后同服务于闽系海军，关系很不一般。

接着，陈绍宽一一与各舰舰长敬礼、握手，道一声辛苦。之后又来到陈季良面前，用赞颂的口气说："嚯，看你上舷梯的架势，身手还和小伙子一样矫健。"

陈季良得意地说："那当然，就是弃了军舰，就是和小鬼子当面拼刺刀，我也能戳死他几个！"

陈绍宽笑着对其他舰长说："看看你们的舰队司令，五十好几的人，还是不服老。"

陈季良拍着栏杆说："你说我老？诸位看看，我们的'济伯'比我还硬朗呢！"

陈绍宽："是啊，我约你们到通济见面，就是让你们再好好看看它吧！"

陈季良笑着说："当然要看'济伯'，我还要好好看看你。"

陈绍宽一声叹息："我们要与'济伯'永别了，让我们永远地记住它！"

陈季良没明白："什么意思？不是还没与暴日开战吗？怎么没打就说这样的丧气话？"

十一、阳谋中的阴谋

有人说是欧阳格不同意封江沉船；也有人说是陈绍宽赞成沉船封江；陈绍宽到底对封江持何种态度？原来向蒋介石建议封江沉船的另有其人，究竟谁是始作俑者？这里又有着怎样的恩怨？

陈绍宽从副官手上接过公文夹，递给陈季良："你自己看吧！"

陈季良打开一看，这是一份军政部的命令，要求海军部在江阴沉船封江，首批自沉的军舰第一行赫然就是舰龄最大的通济军舰，他依次看下去，还有大同军舰、自强军舰、德胜军舰、威胜军舰、武胜军舰、辰字鱼雷艇、宿字鱼雷艇。

陈季良啪地合上公文夹，怒气冲天地嚷道："这是什么狗屁命令！没打仗自己先沉自己的兵舰，好嘛，倒省去日本人的炮弹了！我看下这道命令的人就是汉奸！"

各舰舰长一听就炸了："还没开战就吓得尿了裤子，先来个集体自杀？"

陈绍宽一板脸："这是蒋委员长的命令，季良兄，说话要有分寸！"

陈季良不听这一套："分寸？沉了船就有分寸了？是打算让海军投降，还是打算让海军用牙咬沉日本兵舰？我的部长大人，我们昼夜兼程赶到这里是来打小日本的，是来抗日的！连小日本的毛还没见，就自己把自己的军舰沉了，这是什么战法？"

陈绍宽本来就反对沉船封江，但此时不能不替蒋介石进行解释："沉船封江是为了挡住日本兵舰！"

陈季良："鬼话！要靠几条沉船就能挡住日本的军舰，还要建设海军干什么？早知道是这样，我们就待在湖口，我就不信蒋委员长会派飞机炸沉我们！"

高宪申说："就这几条破兵舰破商船就能挡住日本人？还不如一拼到底，打沉它一艘是一艘，打不沉就是放放炮也能壮壮声威！"

"对！对！癞蛤蟆跳上脚面，吓他一下也是好的！好歹我们是军舰，开他几炮总是好的。我们不能就这样失去兵舰！"

对海军而言，谁的军舰被沉，就意味着这座平台不复存在，海军没了军舰，就没了编制，连陆军也不如。何况这些舰长在舰服务多年，对军舰早已产生了深厚的感情，就像自己的恋人、亲人一般。还没有打仗就先沉军舰，对谁都是无法接受的残酷的事情，何况这里还有多年的阴谋、积怨在其中，沉的就不全是铁壳军舰了。

陈季良咆哮着："海军部是干什么吃的？兵舰都自沉了，还要海军部干什么？！"

陈绍宽："撤海军部是早晚的事。你我根本无法阻挡！你以为我愿意这样干？那是军令！"

"你为什么不向委员长陈述自己的意见？有没有头脑？"

陈绍宽被激怒了："你怎么知道我没有向上陈述自己的理由？但是，我请各位注意：我们是中华民国的军人，军人以服从命令为天职！沉也得沉，不沉也得沉！否则脱下军装回家！"

陈季良痛心疾首："厚甫，你掉入欧阳格要消灭我闽系海军的大阴谋之中！"

陈绍宽则语重心长地说："你错了，海军此次抗战前途，与国家民族有密切关系，虽明知海军物质远不如人，而我全军务必竭尽全力，有一舰即尽一舰之用，有一械即尽一械之用，有一人即尽一人之用，一切均可牺牲，但求取得敌人代价，力争胜利的机会。而我神圣抗战主旨始终不渝，我们只要是为了国家、民族，什么样的牺牲都要承受，欧阳格算什么？闽系海军又算什么？"

1937年抗战爆发，陈绍宽与欧阳格因争夺海军领导权的斗争而势如水火。欧阳格向蒋介石建议沉船封江，既可以将长江内日本舰队阻隔在江阴以上，又能阻挡长江口日舰进入长江；更深层的目的是想借抗战之名，削弱陈绍宽的力量，不过这不能摆在桌面上说。

由于中日间战争形势日益紧张，而海军部部长陈绍宽又远在欧洲，主持海军部部务的常务次长陈训泳提不出一个完整的御敌之策，他曾提出一个阻塞南通附近江面的办法，准备器材如下：

民船：150 只（长 100 尺，高 6 尺）

石子：96 万立方米

洋灰：800 桶

该阻塞办法交给军事委员会办公厅研究。

在 7 月 25 日晚 9 时举行的卢沟桥事件第十五次汇报会上，由军委会办公厅副主任刘光提出海军部的阻塞方案，欲将此方案交城塞组计算需花费用多少，并请与会人员商量此项办法可否实行。

军政部长何应钦听完后，立即提出反对阻塞长江的计划，他说："如此一来只恐会引起长江泛滥，恐难实行，姑且留做一案吧。至于海军方面如何御敌，必须催海军部先提出一个舰队使用办法，之后才好妥定一完整的计划！"

但该计划并未束之高阁。

7 月 27 日晚 9 时和 28 日晚 9 时，卢沟桥事件第十八次汇报会在斗鸡闸之何应钦官邸大客厅举行。这次汇报会多了一位特殊人物，即江阴电雷学校的教育长欧阳格。此前，海军部尚无一人参加汇报会，而欧阳格在会上又有何种建议呢？

在 28 日晚召开的第十八次卢沟桥汇报会上，欧阳格报告："昨晚 8 时，日本军舰莲在南通青天礁一带停泊梭巡，今早 6 时始开走。近来日舰在长江甚为活跃，已派舰往青天礁一带搜索并监视。这说明日本方面有入侵长江的企图，请部长及时拿出应对方针。"

（莲舰属于谷本马太郎的第十一战队，即长江舰队）

7 月 30 日晚 9 时，卢沟桥事变第二十次汇报会上，武汉警备司令郭忏报告：

　　一、武汉对租界之炮兵已足用，唯对兵舰则缺乏炮兵，故请调十五辆重炮，如能发给七七野炮，以着发信管之破甲弹，则重炮不调亦可；二、为增加武汉兵力，请调 77 军到武汉；三、汉口租界日人表示绝不退出，现武汉居留民共两千人。且汉口以上日侨均已集中汉口，九江以下日侨集中上海，到今天为止，汉口日侨妇孺已经走了八十余人。

就在这次会议上，出席会议的各长官议定了八件事：

1. 对上海日陆战队之应付计划。

2. 对汉口日租界之扫荡计划。

3. 长江上下游各要塞之阻塞及对日舰之扫荡计划。

4. 黄河铁桥被破坏后渡河办法。

5. 大本营之秘密组织。

6. 南京防空统一办法之实施。

7. 各地日居留民之处置。

8. 南宁—安南之道路。桂邕公路及湘黔公路与江西各公路桥梁之加强。

所谓的封江计划就是在此次会议上定下的。何应钦在向蒋介石作了汇报后，蒋介石即批准了此计划。

这其中不乏借抗战之名，打击闽系海军的阴谋。而出这个点子的人就是与陈绍宽势同水火的欧阳格和他的下属萨福畴等人。

萨福畴（1891—1943），字鹤孙，福建闽侯人。1908年2月毕业于烟台海军学堂第二届驾驶班。1910年12月5日任清海军部军学司训练科科员。民国成立后，历任江贞、江犀、应瑞巡洋舰舰长。1929年6月调任闽厦海军警备司令部司令。因与陈绍宽有矛盾，投靠欧阳格。1933年1月出任军政部江阴电雷学校教育长，1936年3月免职。此人于1941年4月投日，出任伪福州水上警察局局长，同年10月21日任汪伪政府海军部常务次长。1942年10月2日调广州要港司令。1943年3月17日出巡时，座舰触水雷爆炸沉没，被抗日游击队俘获。关押期间，他向游击队表功，说抗战初期在国民党中央工作，封锁长江计划是他拟订的，这计划节省了国家大量金钱，同时把敌舰困在长江。萨福畴后被解送重庆，9月26日在重庆伏法。

不管是欧阳格还是萨福畴，都说封江沉船的计划是自己拟订的，正好说明这个阴谋或出自二人的合谋，目的就是借抗战来打击陈绍宽的势力。

8月10日晚，在卢沟桥事件第三十一次汇报会上，又出现了欧阳格的身影，而海军部长陈绍宽却无法参加，岂非咄咄怪事？

谜底出来了。原来何应钦与欧阳格是一党的，他们共同打压的对手就是陈绍宽。

十二、兄弟阋墙

在国民政府授勋仪式上，陈绍宽忍无可忍，将大绶勋章从身上取下，走到欧阳格面前，直接挂到欧阳格的脖子上，说："这样你满意了吧！"说完愤然离席。这其中究竟有着怎样的恩怨？海军电雷学校为何划归陆军而不是海军？

陈季良一语道破天机。陈绍宽何尝不知，只是不愿当着部下的面说出来而已。

原来大规模的沉船封江的建议，正是欧阳格向蒋介石建议的，目的是

欧阳格

打着"抗日"的旗号，消灭闽系海军。策划者就是军令部部长何应钦及蒋介石的雷电学校教育长欧阳格。那么欧阳格究竟和陈绍宽之间有着怎样的恩怨呢？

欧阳格（1895—1940），字九渊，江西宜黄人。1916年毕业于烟台海校驾驶班第十期。1918年护法战争时期，欧阳格脱离北洋海军，南下广东追随孙中山。1922年6月16日，陈炯明叛变革命，炮打观音山孙中山大总统府。欧阳格时任豫章舰舰长，奋勇保卫孙中山避难之永丰舰。此时结识了临危赴难的蒋介石。后任黄埔海军军官学校副校长。

1926 年 3 月，蒋介石发动中山舰事件，就与欧阳格及其侄子欧阳钟有直接关系。

1926 年 3 月 18 日傍晚，有一艘名为"安顺"的客轮在黄埔岛附近遭劫。

接到报警，黄埔军校校长办公厅主任孔庆睿命令军校管理科科长赵锦雯速派巡逻艇一艘、卫兵 16 名前往保护。由于黄埔岛无船可调，临时摇通了黄埔军校驻省办事处的电话。

接电话的是军校驻省办事处交通股员王学臣，由于听不清楚，把"调巡舰一二艘"误听成"调巡洋舰一二艘以备巡查之用"。

王学臣即向驻省办事处主任欧阳钟进行汇报。欧阳钟是欧阳格的侄子，由于其叔在黄埔海校和海军局任副职，他也与海军局关系很熟。于是他以蒋介石的名义去要舰船。由于海军局局长李之龙不在，由作战科科长邹毅写一便函，带欧阳格等去李之龙家补办调舰手续，同时通知宝璧、中山二舰升火起锚。

李之龙随即写下了两道命令，交黄舰长请代交章舰长，令云：

"着舰长即将该舰开赴黄埔，听候蒋校长调遣。"

次日，中山、宝璧二舰随即前往黄埔岛。中山舰到达黄埔后，邓演达问该舰为何到黄埔岛，被告知是邓演达或蒋校长的命令，邓演达说自己没有下此命令。

由于苏联顾问团要参观中山舰，李之龙打电话请示蒋介石。蒋介石回答："中山舰开来黄埔不是我的命令，我既没要你开去，你要开回去就开回去好了，何必问我呢？"

欧阳钟知道是自己矫诏所为，担心被蒋介石追查，于是与其叔欧阳格密谋，利用蒋介石与汪精卫的矛盾，栽赃汪精卫与共产党。生性多疑的蒋介石以为这是汪精卫和共产党的阴谋，欲调动中山舰绑架自己去海参崴。此时，蒋介石身边的陈立夫、王柏龄、欧阳格等人趁机进行挑拨，蒋介石遂决定发动政变，令欧阳格控制了中山舰，逮捕海军局局长李之龙；派刘峙第二师逮捕第一军中的共产党员，包围苏联顾问驻地。这就是中山舰事件。最后，蒋介石排挤广州国民政府主席汪精卫，掌握了广州的党政军大权。欧阳格从此成为蒋介石的嫡系。

1927 年南京国民政府成立后，北洋军阀政府的海军舰队在海军总长杨树庄的率领下归附革命，成为国民政府海军的主要力量。但该舰队不属于蒋介石黄埔嫡系，蒋介石曾经想让欧阳格掌握海军的力量，无奈他控制不了，于是总想找杨树庄、陈绍宽等人的麻烦。

1928 年南京国民政府统一后，蒋介石召开军事编遣会议，要求四大集团军各自裁军。陈绍宽却大唱反调，认为：世界各国天天扩张海权，皆以海军为立国的必要，虽然各国都喊裁军，而列强各国都忙着补充吨数，英国海军有 150 万吨，日本海军有 100 万吨，美国在第一次世界大战后大力发展海军，几年中就成就一等国地位。海权被人侵占，比陆地被人侵削更厉害。没有海军，外国侵入中国便如入无人之境，简直无法立国。国家的强弱全看领海权，领海完全与否，全看海军。因此，在军事编遣会议上，陈绍宽提出扩充海军各项议案，但得不到国民党军及政府的支持，因此多次请辞舰队司令和海军署署长之职。

蒋介石却对陈绍宽加以慰留，保证其海军署扩充成海军部，并答应统一全国海军，海军部常务次长之人选由东北方面保荐一人担任。此外给广东第四舰队留有位置，目的是为了统一海军。

1928 年 12 月，张学良宣布东北易帜，归顺南京国民政府。按常理来说，东北海军理应划归到南京政府海军部的领导之下。为此，陈绍宽多次向蒋介石建议改编东北海军。

1929 年春，蒋介石到北平与张学良会晤，商定统一的具体事项。蒋介石到北平后，电召陈绍宽前往北平研究东北海军与南京政府海军统一的问题。

蒋介石在电话中充满诱惑地说："厚甫，你快来吧，张汉卿已经答应将渤海舰队交给海军部来接管，你的统一海军的理想就要实现了。"

陈绍宽很兴奋，带着秘书王则潞、副官王致光立即赶往北平，下榻于北京饭店，天天打电话要求晋见蒋介石，每次都被蒋介石以各种理由推脱。

陈绍宽只得自己去见张学良，会谈东北海军统归中央的问题，而张学良虚与委蛇，就是不做明确表态。

终于有一天，不得要领的陈绍宽获准去见蒋介石。他兴冲冲地去了，很快又垂头丧气地回来了。

王致光问："陈部长，你这是怎么了？又没有见到蒋总司令？"

陈绍宽气愤地说："上当了！上当了！"

王致光不解："上当？怎么上当？"

陈绍宽说："我见到蒋介石了。我向其汇报了张学良对统一海军的问题支支吾吾不表态，你猜蒋介石怎么说……"

王致光："他怎么说？"

陈绍宽声高八度："他说海军统一问题不能急，要等一个时期，张汉卿不同意将渤海舰队交海军部接管了，我也不好强令他交出舰队。这不是拿我们当猴耍嘛！"

王致光摇摇头："唉，陈部长，您也别生这么大的气，张学良年少气盛……"

"不，到底是张学良的意思还是蒋介石的意思还很难说！"

其时，陈绍宽已意识到统一海军的理想，与蒋介石对海军分而治之的策略是大相径庭的。

中国历来有"兄弟阋于墙，外御其侮"的传统。但国民党党政军警特中最大的一个弊病是派系之争，内耗之巨大，甚至超过抵御外侮。

政界不说了，特务系统有中统、军统之争；军队系统有黄埔系和嫡系、非嫡系之争；空军中有广东空军、东北空军和笕桥系之争。长期以来，海军中的派系利益之争，钩心斗角，各有所属，互相掣肘，制约了中国海军的发展与壮大，也削弱了海军的战斗力。而国民党中央海军来自闽系，不属于蒋介石的嫡系，蒋介石总认为用着不放心，使着不顺手，因此对所谓"统一海军"只是做做表面文章而已。蒋介石此时还没有能力一下子建立一支属于自己的海军部队。

1929 年 5 月 15 日，南京国民政府举行了一次大规模的授勋典礼，颁发宝鼎勋章。该勋章中心为宝鼎，四周为光芒。鼎为我国古代传国之宝，象征荣获此章者，卫国有功，国家珍视如鼎，荣誉之光四射。

颁授对象为海陆空军凡抵御外侮或震慑内乱，著有战功之军人。具体条例如下：

一、身先士卒迭歼巨寇者。二、忠勇奋发达成任务有事实证明者。三、歼灭顽寇获致胜利者。四、平定内乱功绩卓著者。五、镇压内乱擒获叛党首魁及潜逃者。六、镇压内乱夺取被据城池者。七、长官因公陷于危急极力救护以立功者。八、捕获或轰沉叛逆之军用舰船或击落飞机及捕获战车者。九、冒险救护被难船只或飞机得获安全者。十、于一次任务中空中击落敌机三架以上，地面击毁敌机五架以上者。十一、本舰或他舰航海停泊中遇有危险冒险从事得以免其危险者。十二、空中轰炸命中敌之次要根据地、前进阵地、飞机场、港湾、桥梁、各级司令部、械弹库、各种轻型舰船、大型商船，或其他各项相当重要军事设备，使之全毁或沉没，而有充分证明者。十三、捕获海贼或国际海贼证据确凿者。十四、空中侦察所得敌情直接致我军予敌有重大损失或达成其他相等重要任务者。将官颁给一至四等，校官颁给三至六等，尉官颁给四至七等，准尉及士兵颁给六至九等。非陆海空军军人，或在乡军人，或外籍人员，对于战事建有功勋者，得依条例规定颁给宝鼎或云麾勋章。

在蒋桂战争时，蒋介石要海军总司令杨树庄指挥舰队攻打桂系，而杨树庄却劝说蒋介石不要同室操戈，蒋介石对其十分不满，需要借重第二舰队司令陈绍宽来打压杨树庄。于是在授勋时有意冷落杨树庄，特意拿过一枚宝鼎勋章来到陈绍宽面前，说：

"陈绍宽在龙潭战役中反戈一击，攻打孙传芳过江部队，保卫首都，功劳卓著。在西征中，率舰攻打唐生智，二次西征，攻打李宗仁，都立过功。我代表国民政府，授予你一等宝鼎勋章。"

陈绍宽谦虚地说："蒋总司令，归附革命的功劳应该记在杨树庄部长头上，当时我曾说，只有断头将军，没有投降将军，是拒绝投诚的。是杨总司令说服我，命令我反戈一击，我才决定归附革命军，向孙传芳开炮的。"

蒋介石有点不高兴，将勋章的绶带一下子挂到陈绍宽的脖子上："这个荣誉就应该归你，不会错的！"

在场的原广州国民政府海军局代局长欧阳格却很不服气，认为陈绍宽没有他参加国民革命的资格老。而陈绍宽率北洋政府第二舰队坐镇南京时，与东南五省联军总司令孙传芳打得火热，并曾派舰协助孙传芳攻打进军江西的北伐军。因此，他认为陈绍宽不应得此殊荣。

当着蒋介石的面，欧阳格不敢放肆，待蒋介石离席后，欧阳格便在会场上大叫大喊："北洋余孽，不应有此荣誉，受之有愧！什么龙潭战役有功？我看有罪，孙传芳渡江时为什么不截击？直到领到军饷后才调转炮口打孙传芳，这是投机行为！"

陈绍宽当众受到羞辱，忍无可忍，将大绶勋章从身上取下，径直走到欧阳格面前，直接挂到欧阳格的脖子上，说："这个给你，行了吧！"说完愤然而去。

欧阳格将陈绍宽的勋章交给蒋介石。为了平息陈绍宽的愤怒，蒋介石当众申斥了欧阳格："你不是让陈绍宽难堪，是让我难堪！你不是对陈绍宽不满意，是对我不满意！滚出去！"

蒋介石把勋章又一次当众挂在陈绍宽的脖子上，安慰陈绍宽："我是信任你的，不要听别人怎么说。"

私下里，蒋介石却对欧阳格说："小不忍则乱大谋，现在中央舰队都在陈绍宽闽系手中，你以为我满意？我们需要有自己的嫡系的海军。你先出国学习，回来办我们自己的黄埔海军学校，培养骨干，取而代之。"

十三、另起炉灶

闽系海军不听招呼，蒋介石需要海军中的黄埔系，于是欧阳格趁机而出，建立了电雷学校，成立了鱼雷快艇部队。四个中队分别以岳飞、史可法、文天祥和颜杲卿等民族英雄命名，并由德国顾问亲自训练，成为蒋介石的秘密之剑。

两年之后，欧阳格从美国海军参谋学校结业回国，顺道赴欧洲英国、德国等国考察。回国后，向蒋介石提出建议：建立一所以学习鱼雷快艇为主的海军学校。他的这种另起炉灶的做法得到蒋介石的支持，蒋介石不但需要陆军中的黄埔系，也需要空军和海军中的黄埔系。

电雷学校由蒋介石拨给专项军费，归参谋本部领导，这样就能绕过陈绍宽的海军部。

1932年初，欧阳格在参谋本部挂了个高级参谋的头衔，拿着"尚方宝剑"，在军政部长何应钦大力支持下，选址镇江北固山甘露寺成立海军电雷学校，不久迁至镇江西门外北五省会馆。

中央海军原来也有老掉牙的鱼雷艇8艘，均隶属于第二舰队。从北洋军阀到南京国民政府时代，各舰在十多年的混战中都是长江上下游征战杀伐的好手，也因为如此，舰体多有损伤，主机年久失修，航速下降，基本失去作用，充其量只能起一点巡逻艇的作用。这与当时在列强海军中崭露头角的MTB相比，这几艘蒸汽鱼雷艇都是老掉牙的旧货，技术上品质上已经落后了整整一个时代；而且因为保养不善，缺乏维修，或已经报废，或无法使用鱼雷。但中国海军的舰艇数量实在有限，即使是这种状况下的鱼雷艇，也不能退役。

电雷学校开办时，参谋本部把其所辖的江阴电雷大队划归电雷学校。这个大队是1902年由清朝海军设立的水雷营演变而来的，装备有视发水雷数百具。学校还从浙江外海警察局拨来海静号巡逻艇 1 艘，购买了镇海号驳船及 01 号汽艇。经改装后，均供学生和学兵们练习布雷之用。

该校初期机构有教育、事务两组，及学生队、训练队，欧阳格被军委会任命为中将校长。军政部将其档案送到海军部铨叙。由于原先欧阳格只是海军少校，又缺乏领船经验，这种破格升迁遭到海军部陈绍宽的异议，说："此人的资历只够少校。"最后蒋介石兼任该校校长，欧阳格只能以少将叙阶上任教育长。欧阳格对此怀恨在心，一次在对电雷学校的训话中说："陈绍宽给我少校，我照样干我的中将教育长。"

电雷学校的课程设置，所修课程除水雷、鱼雷外，还有航海、船艺、枪炮等科，全是海军课程，由教务主任冯涛上校兼授船艺学，冯滔上校讲授兵器学，苏团云上校讲授航海学。

1932 年，电雷学校在南京招考第一期航海班学生 50 人。其中，高中毕业生 32 人，黄埔军校第八期毕业生 18 人。同时，招收了学兵 300 人（初中以上文化程度）。

电雷学校于 1933 年 1 月正式开学，原则上是闽籍学生都不要。学生所学课程除增加的电雷课外，其余全是海军学校的课目。学兵所学的专业有帆缆、轮机、枪炮、鱼雷、通信等。学兵设立学兵总队，下分航海大队、轮机大队及通信队。

1934 年 11 月，第一期学生和学兵同时毕业。毕业学生被授予少尉军衔，但海军部不许其到军舰上去实习。该校开始只有一艘小火轮，后来向浙江水警局借了一艘船，经改装之后命名为海静号布雷舰。以后，国民政府才配给同心、同德 两艘 700 吨的浅水炮舰供学员实习。以后又增添了策电号、自由中国号，让学生们实习。

当毕业生 9 个月实习期满后，欧阳格挑选出其中成绩优良的杨维智、刘功棣赴英国，黄震自、胡敬端赴德国学习快艇战术，赵汉良、孙苏赴美国学习鱼雷技术；齐鸿章、崔之道、黎玉玺、汪济、姜瑜、王思华、李敦谦、傅洪让等赴德国学习鱼雷快艇技术。这些留学生除孙苏留下监造快艇和水雷外，其余的都于 1936 年年底或 1937 年年初随从英、德两国购买的鱼雷快艇回国。第一期的其余毕业生及学兵多数分在学校的各部门工作。

第一期学生中最有名的人物，即后来任台湾海军司令的黎玉玺。

1935 年 3 月，电雷学校又在南京招考了第二期学生 55 名、学兵 300 名入校，学生先被送到南京中央陆军军官学校接受半年的入伍训练，1936 年 2 月返回镇江，继续学习海军课程。

黎玉玺

1936 年 5 月，电雷学校迁往江苏江阴县的黄山港，并改隶于军政部，正式名称为军政部电雷学校。蒋介石亲自兼任校长。

6 月，马尾海军学校第 4 届轮机学生晏海波等 30 人因违犯校规，被海军部长陈绍宽下令开除。欧阳格在电雷学校见缝下蛆，随即将其中 12 名非闽籍学生收入本校首届轮机班继续学习；翌年派往德国留学，这些人日后成为逼陈绍宽下台的主要力量。

陈绍宽对欧阳格的做法和军政部这种破坏海军体制的做法进行抵制，电雷学员及学兵因为不属于海军部，故不被承认为海军中的一员，甚至其禁止该校学生穿海军制服。经欧阳格再三向军政部交涉，双方谈判，最后，陈绍宽同意他们有海军制服的穿着权，但帽檐不得绣"中华民国海军"字样，该校学员亦没有海军军籍。

但家生驹子毕竟比野马强。在军事委员会的特殊关照下，电雷学校学员的实习与军籍问题基本上都成功解决。欧阳格很有些蒋介石的做派，一心把电雷学校办成黄埔嫡系，对学员要求很严；甚至还效仿蒋校长记日记的习惯，要求每个学员每天坚持写日记，每星期进行抽查，一旦发现其中的错误，便把学员叫去当面改正。

欧阳格经常教育学员："你们到这里不是为了做官，也不是为了享福，而是要去牺牲，达成上级交予的任务，必须置之死地而后生。"

欧阳格也讲授战术信号和舰队操演有关课程，这是根据他在英国海军舰队见习时的笔记而讲授的。后来的海军上将黎玉玺回忆说："这方面中国几乎没有人注意过，我的笔记也做得很完整，后来对我在海军作战和训练，产生很大的影响。"

到抗战爆发前夕，电雷学校已经有两批学员毕业，立即参加了战备。

此外，为挖陈绍宽的墙角，欧阳格对不满于陈绍宽的闽系海军将领萨福畴、冯涛等人尽量拉拢，企图分化闽系海军的势力；对于接近陈绍宽的将领陈季良等人，欧阳格故意寻找岔子，加以污蔑陷害。

后来，参谋本部将直属的江阴电雷大队拨给电雷学校，该大队原为逊清的江阴水雷营，长期隶属于江阴炮台。这个大队有视发水雷数具，原意是作为电雷学校学员实习之用。在电雷学校成军时，参谋本部期望欧阳将军能同时建立快艇部队与水雷部队。欧阳格成功地组建了鱼雷快艇大队，下辖四个鱼雷艇分队：

"岳飞"中队，辖：岳22号、岳253号、岳371号。

"史可法"中队，辖：史34号、史102号、史181号、史223号。

"文天祥"中队，辖：文42号、文88号、文93号、文171号。

"颜杲卿"中队，辖：颜53号、颜92号、颜61号、颜161号、颜164号。

其中"岳"字号鱼雷快艇由德国购进，其余"史"、"文"、"颜"等先后购自英国桑尼克罗夫公司（Thorncroft）生产的CMB木质壳海岸鱼雷快艇。该艇艇长55英尺（1英尺约0.3米），宽11英尺，吃水不到1米（3.25英尺），排水量约14吨，主、副机为两部汽油机，功率950马力，双轴推进。装备两条18英寸（450毫米）鱼雷发射管和两挺7.9毫米机枪及4枚水雷，乘员5~8人。英制鱼雷快艇虽然吨位小，但其40节的高速，机动灵活，在长江和内河中还是有一定的优势的。

电雷学校的鱼雷艇四个中队都是以历史上反抗外族侵略的民族英雄命名的。欧阳格希望他的部队在反侵略作战时能像岳飞、文天祥、颜杲卿、史可法一样英勇顽强，名垂千古。

电雷学校四个鱼雷分队成立后，加紧战术训练，充实战力，以确保在中日战争中，能屏卫江阴，确保首都南京之安全。

在水雷部队的建构上，欧阳格依赖采用外购德国水雷方式，由于外购的成本过于高昂，以致电雷学校的水雷部队建军一直停滞不前。

欧阳格有了实际的、能瞧得见的成绩，也符合一些人要求解散海军、发展潜艇的主张。1934年12月，中国国民党在南京召开四届五中全会，欧阳格向全体中央委员散发自己在中山舰事件时，与孙中山、蒋介石的合影照片，赢得陈立夫、陈果夫的赞许与支持，并由高友唐等为之拉选票，成功当选为国民党中央监察委员。

十四、悲壮的自杀

　　要饭的打了碗，连吃饭的家伙都没了。同样的道理，海军丢了船就失去了当海军的平台。身为海军部长的陈绍宽下令将通济舰等沉入水中，周围的官兵都流下了眼泪。陈绍宽难道不心痛？

　　当第一舰队和第二舰队在江阴江面集中完毕之后，官兵们满怀热血地等待着"中国深望每人能尽其至责"旗令时，得到的命令是以通济为首的八艘军舰实行有史以来规模最大的一次集体自沉。

　　这些即将被沉掉的老旧军舰，都有过光荣的历史。对于每一名官兵来说，都有太多的感触。尤其是对陈绍宽来说，对通济舰的感情更不一样。

　　通济舰隶属第一舰队，光绪二十年（1894 年）建成于福州船政局，出厂为第 34 号兵船，于 1895 年即北洋水师覆没的那年下的水，也是大清海军的希望。该舰造价 110 万银元（22.6 万两银），舰长 84.33 米，宽 11.37 米，水量 1900 吨，最大航速 11.25 节，152 炮 3 门，120 炮 5 门，57 炮 4 门，37 炮 8 门，编制 250 人。

　　通济舰的资格很老，后来成为马尾海校学生的练习舰。由于该舰建成时，许多后来在该舰练习的学生都尚未出生，所以闽系海军都亲切地称其为"济伯"。

　　马尾海军学校的学生在学校五年，没有出过海。毕业后，全体上通济号练习舰，在舰上一年多，学习舰课，锻炼海上生活。有专门的老师带学生，在船上上课，学航海、天文、舰船知识，也随船到香港、海南岛等地实习。

　　1920 年，陈绍宽从英国回国，北洋政府海军部任命他为通济舰舰长。上任不久，率见习生曾国晟等人驾驶该舰赴厦门港实习，中途突遇猛烈

国殇 国民党正面战场海军抗战纪实

的东北风，通济舰在咆哮的大海里上下颠簸，左右摇摆，海浪都涌入了船舱，见习生一个个面无人色，惊慌失措。

陈绍宽忍着眩晕，坚守在驾驶台上，果断地命令："左满舵！"在他的指挥下，几经险情，终于安全地驶入泉州平海港避风。这一天夜半时分，舰上拉响紧急警报，水兵们从梦中醒来，各自奔向战斗岗位。原来，为了进一步锻炼见习生们抗风浪的能力和本领，陈绍宽下令升火起锚。他身边一名老舵工出身的准尉军官林教习悄悄附在陈的耳边说："陈舰长，港内的风势小一些，是因东北面有山屏障着，吹不进来，但港外的风势依然很大……"

林教习年近70岁，有着50多年的航海经验。陈绍宽起初对此并不了解，他自负地说："老林，你的意思我明白。但我就是要锻炼这批见习生。你老年纪大了，回去睡觉吧！"

林教习笑笑："那我回自己舱位上去了。"

通济舰一出港没多久，便被狂风巨浪所困。一个接一个的巨浪排空而来，令人没有喘息的机会。驾驶台里，舰左舷的衣柜悉被抛到右舷，又从右舷滚向左舷。炉仓里的煤堆忽左忽右向两个不同方向倾倒，水兵们被抛来抛去，撞得头破血流，有两名水手受了重伤。

海水一次又一次漫过舱面，眼看舰体就要倾覆。

陈绍宽命令："右舵！"船身向相反的方向倾斜，驾驶台的舵工无法把持，摔倒在地，陈绍宽也差点摔倒在地。一切都乱了套，情况万分危急，稍有不慎，船覆人亡就在眼前。此时，他顾不得面子与尊严，对身边的水手喊道："快去请林教习来！"

一听呼唤，林教习抢上驾驶台，一个大浪打来，船身倾斜45度，他身子歪斜过后，还是稳稳立在驾驶台边。

陈绍宽问："怎么做？"

林教习下令："速转舵返航！"

陈绍宽问："风浪太大，怎么转舵？！"

林教习答："顶风转！"

军舰顶风而去，在林教习的指挥下，陈绍宽借着风力，成功调转船头，在大风的吹送下，终于返航。陈绍宽笑容满面地安慰众人："大家受了一场虚惊，但我们都长了一次经验。"

又一次，陈绍宽率领通济舰从厦门赶赴福州马尾船厂进行修理，行进途中，海上刮起8级东北风，通济舰像一片枯叶，在狂风暴雨中艰难地挣扎。当船航行到牛山灯塔附近时，风力达到9级，通济舰在风浪里搏斗了24个小时，不见有分毫前进。而风势愈演愈烈，增强到12级。在万分危急的情况下，陈绍宽又派人将林教习请来。面对一个个排空巨浪，林教习命令："用泼油破浪法前进！"

陈绍宽率领水手们将机油泼入海中，终于控制住了险情。这次航行，陈绍宽坚守驾驶台上，在海上搏斗了三天三夜，片刻不离。等船进入马尾港抛锚后，他一回房便栽倒在床上呼呼大睡。

经过这两次在通济舰上刻骨铭心的历险经历，陈绍宽的驾船能力上了一个台阶，对"济伯"的性能愈加熟悉，与林教习产生了父子般的深厚感情。后来，林教习离船不久就去世了，而陈绍宽把他对林教习的怀念，都寄托在通济舰上。每当他看见通济舰沧桑的身影，眼前就会出现林教习的形象。

如今，通济舰就在沉船名单之中，就像一个孝顺的儿子要亲手将白发苍苍但尚未断气的耄耋老母送入坟墓，让陈绍宽情何以堪？于是，他决定在通济舰上举行会议。

他的双手紧紧抓住驾驶台的舵轮舍不得放开，之后，长叹一声，两行清泪潸然而下。

即将被沉塞的威胜炮舰属于第二舰队，排水量为930吨，舰长为王夏箫，该舰也有过一段辉煌的历史。

1929年5月28日上午10时许，国民党总理孙中山的灵榇从北平南下抵达浦口，渡过长江到南京中山陵举行奉安大典。载运灵榇过长江这一重大而光荣的使命，就落在威胜军舰上。

当时，该舰栏上皆帷以黑布，甲板上放满鲜花。灵榇移至舰上，下铺氍毹，上覆篷帐。孙中山的家属及迎榇人员包括蒋介石、孔祥熙及国民党中央、国民政府要员齐集舰上，肃立两旁。

海军舰船密布下关江面，有海容、海筹、应瑞、通济、楚有、豫章、建康、威胜、德胜、武胜等军舰，以及湖鹏、仁胜、正胜、列字等舰艇。

11 点 30 分，威胜舰鸣笛启航。霎时，江面上中外舰船皆下半旗，海军舰队与狮子山炮台一起鸣礼炮 101 响，飞机回翔空中，进行护航。经过半小时的航行，威胜舰终于将总理灵榇送过大江。这一重要的历史时刻，被永远铭刻在中华民国的历史上。

威胜舰不但是中华民国的骄傲，也成为重要的历史文物，被随意批准沉入水中，怎能不叫人伤心落泪。

通济舰舰长严寿华上校擦着泪说："陈部长，我们是不是以海军部的名义再向委座争取一下？所谓枯木朽株皆能杀敌，何况是军舰。我们宁愿被打沉，也不愿自沉！"

大同舰舰长罗致通亦有同感，他说："大同与自强两舰虽为马尾船政局自制的 850 吨级小型驱逐舰，但民国十九年三月，两舰由江南造船厂大修改良，更换了整个船肋与锅炉水管，并添设长波电台与航空武器。海军在这两舰的改装工程上投资了 87 万元经费，而且改装后的军舰性能也有所提升，怎么能当成没有战斗力的老舰自沉？"

德胜舰舰长郑体慈说："德胜与威胜舰是浅水炮舰，吃水浅，马力大，可以在长江上游快速逆流航行。我们也是被改装不久的军舰，而且为可容纳两架水上飞机的水上机母舰，为什么要沉我们？"

陈绍宽："诸位不要说了，沉谁不沉谁，名单是委座定下来的，们海军部说了不算，只有执行的份儿。为了国家、为了民族，一切牺牲在所不辞。不管是阴谋是阳谋，大敌当前，只能执行命令了。这个账就记在日本人的头上。诸位舰长，我向你们保证，我们一定会从日本人手里讨还这笔债的！你们同意吗？"

"同意！"

陈绍宽说："我宣读命令：任命陈季良为江阴封锁区总指挥，指挥沉船封江的一切行动！此令！"

陈季良脖子一拧："我不接受总指挥之职，哪怕你现在就让我脱军服回家！"

陈绍宽严厉地说："我就不相信在庙街抗击沙俄的英雄会在中日战争中当狗熊！"

陈季良语塞。

陈绍宽知道一时无法说服陈季良，又不想僵持下去："这样，诸位舰长请回，等候命令吧！"

当天夜里，陈绍宽下令让准备自沉的军舰上的士兵将舰上的大炮都拆卸下来，转移到黄山上，部署在各个制高点上面。

12 日上午，由于台风影响，天阴如晦，新的一天就这样开始了。

中国海军第一次大规模的自沉拉开序幕。停泊在江阴江面上的海军各军舰发现，陈绍宽的青天白日上加一道红边的海军上将旗，随着国歌的军乐声，在平海号桅杆上徐徐升起。这就是说，陈绍宽亲自指挥封江自沉的艰巨任务。

各舰舰长必须切实执行命令。

当时江阴长江水深 30 米，国民政府所设置的水下封锁线有两道：一道在江阴长山角至北岸靖江罗家桥港，该处江面宽约 3.8 公里，航道宽约 1.6 公里，主要以沉没旧军舰为主；另一道在距此不远的北漕航道福姜沙江面，该处江面宽约 2.9 公里，航道宽约 1.2 公里，以沉没大小商船和民船为主。

在江阴段江面上，以中华民国海军序列上最老的通济号升起代将旗，舰长严寿华上校率领自沉舰只，驶向福姜沙水道就位。

福姜沙是长江下游的第二大岛，全岛面积 15.6 平方公里，东西长 3700 米，南北宽 5500 米。长江自江阴鹅鼻嘴而下，河道展宽，江中沙洲、暗滩交替分布，水流弯曲、分汊，最终由几个入海通道注入东海。福姜沙河段为潮流界末端，径流作用强、潮流作用弱，具有河流段特性。长江被福姜沙分割成两个水道——福姜沙南水道和福姜沙北水道。

随即通济、大同、自强、德胜、威胜、武胜、辰字、宿字等舰艇各自升起海军旗，到达指定区域。

第一批自沉舰艇总吨位：

通济舰（练习舰）舰长严寿华，该舰排水量 1900 吨；

大同舰（炮舰）舰长罗致通，该舰排水量 1050 吨；

自强舰（轻巡洋舰）舰长张日章，该舰排水量 1050 吨；

德胜舰（炮舰）舰长郑体慈，该舰排水量 930 吨；

威胜舰（炮舰）舰长王夏鼐，该舰排水量930吨；

武胜舰（炮艇）排水量740吨；

辰字（鱼雷艇）排水量90吨；

宿字（鱼雷艇）排水量90吨。

总计为6780吨。

陈绍宽部长发出沉船命令后，平海军舰向停泊在长山角到罗家桥港江面上的通济、大同、自强、德胜、威胜、武胜、辰字、宿字等舰艇打出了弃船旗语，各舰舰长、副长和官兵们向军旗最后行礼后，难舍难分地登上小艇，望着自己的舰艇，洒泪离开。

其余江上各军舰的官兵们都涌上甲板，注视着这一难忘的时刻，各舰留一名水手，不约而同打开舱底的水门，江水冒着白色的浪花，咕噜噜涌进船舱，舰身开始慢慢倾斜、下沉。

在滔滔江水中，通济军舰的舰身依然呈庄严之端正姿态，随着舰尾和舰身逐渐没入水中，最后舰首奋力高昂，好像向官兵们做最后的告别，然后沉没在滔滔江水中，长达137尺（1尺约0.3米）的桅杆仍露出水面数尺，似乎正进行着无言的悲愤的呐喊。

在封江时担任平海军舰枪炮官的蓝园中尉回忆道："看着一艘一艘的军舰和商船逐渐浸水、倾斜，终于沉下，最后我们亲爱的'老通济'渐渐下沉了，我心中无比沉痛……"

许多海军官兵都哭了。

与之形成鲜明对照的是欧阳格，只见他的嘴角上浮现出得意的笑容，轻蔑地对身边的萨福畴说："拔了毛的公鸡，我看他还神气什么！"

第一批自沉的军舰理论上应该都是舰龄过大准备报废、弃之不足惜的军舰，但事实上这批自沉的军舰多半仍有相当大的价值。只不过蒋介石听信欧阳格、萨福畴等人的谗言，以为这几艘军舰和浅水炮舰都是无用的破船。

当蒋介石得到海军部关于自沉军舰的详细报告之后，甚感惋惜，尤其是得知大同舰和自强舰这两艘适宜长江作战的炮舰，以及民国十九年（1930）在上海造船所改装之后的战斗力情况，连连顿足，知道是中了欧阳格的计，愤怒之心油然而生。以后欧阳格以贪污罪被蒋介石下令枪毙，萨福畴闲置不用，多少有沉船的因素在其中。同时也有学者指出：海军在长江作战的战术规划上，并没有一个完整的概念，所以才会在仓促之间自行放弃适合长江作战的良好舰只。

兵舰沉江的同时，行政院、交通部征集来的回安、新平安、大赉、通利、茂利二号、宁静、源长、瑞康、通和、嘉禾、遇顺、广利、鲲兴、醒狮、华新等 15 艘商轮，总吨数 37000 多吨，各就各位，相继沉入江水之中。（但在行政院拨充江阴防御工事开列的清单上为商轮 20 艘）

自沉作业从早晨一直进行到傍晚才初告结束，陈绍宽部长始终在平海舰桥上默然督导自沉作业。入夜之后，待第一批舰船自沉作业全部完成后，面部表情严肃的陈绍宽对陈季良说：

"季良兄，江阴前线指挥舰队作战的任务就交给你了，多保重！"

陈季良握住陈绍宽的手："厚甫，你也保重！"两人相互敬礼后，陈季良下船登岸。

陈绍宽下令："升旗返航！"

平海号军舰调头，各舰船一齐鸣号，溯江西上，护送陈绍宽部长返回南京。

当夜，陈绍宽在海军部给蒋介石的电报中说：

> 窃奉钧座面谕："就海军中酌拨军舰数艘，填塞江阴以下港道，其尚需用之船只，则征集商轮拨用"等因。奉此，遵由本部抽拨通济、大同、自强、德胜、威胜、武胜、辰字、宿字八艘舰艇，并征集回安、新平安、大赉、通利、茂利二号、宁静、源长、瑞康、通和、嘉禾、遇顺、广利、鲲兴、醒狮、华新 15 艘商轮，于本月 11 日晚在江阴下游开始工作，至 12 日夜业将以上各舰船在该处水道填塞完竣，并经电禀在案。此后如再征有商船，当随征随填，俾臻巩固。

自沉各舰艇的基本情况：

威胜舰

威胜舰为炮舰。民国十一年（1922年）在上海江南造船所制造，造价大洋31万元。隶属第二舰队，主要担负内陆江防巡弋任务。

该舰长205英尺，宽31英尺；装有3汽缸立式往复蒸汽机2座，水管锅炉2座，以煤为燃料，可产生马力2500匹之动力。最高速率可达16节，巡航为12节。该舰有木质桅杆1只，高90英尺，烟囱1个，位于桅杆之后方，船中后段之部分。另配备有柴油汽艇1艘及舢板3艘，分别悬吊于船中后段烟囱部位的左右两舷。

在武器配备上，该舰在舰首装配有英国制造、口径470毫米40倍之后膛炮1座；舰首上层，驾驶台前方装有日本吴港兵工厂制造、口径为80毫米40倍之后膛炮1座；舰尾则装有德国制造、750毫米29倍口径野战炮1座。舰首及舰首上层之炮为撞击式或电击式击发均可，而舰尾野战炮则为撞击式击发。

一般诸元：

舰材：钢质。

长度：205英尺。

宽度：31英尺。

排水量：930吨。

速率：最高16节，巡航12节。

马力：2500匹。

吃水：前6.5英尺，后8英尺。

煤舱容量：160吨。

储水量：19吨。

伡叶种类：双伡，每伡4叶（铜质）。

编制：官员15员，士兵78员。

武胜舰

武胜舰为炮舰，是由英国于1869年建造，来华后主要担任河内航务，1928年1月始收编为海军，隶属于测量队。

该舰长192英尺，舰宽27英尺，排水量740吨，吃水11英尺，舰上所用主机为 2 汽缸之蒸汽机，可产生 900 匹推进马力，航行速率最快为 11 节，巡航速率为 9 节。该舰体系由木质材料所建造，舰上也并未配置任何武器装备。1935 年该舰由于舰艇已老，即予以废置。1937 年 8 月海军为阻止日军出入长江，于是再征该舰，将其沉于江阴水道，以形成一阻塞线。

一般诸元：

舰长：192 英尺。

舰宽：27 英尺。

排水量：740 吨。

吃水：11 英尺。

速率：最快 11 节。

巡航 9 节。

德胜舰

德胜舰为炮舰。是我国上海海军江南造船所建造，造价为当时之大洋 35 万元。民国十一年（1922 年）服役，命名为德胜，编号为 29，隶属于海军第二舰队，主要负责我国内陆江防之任务。

该舰长 205 英尺，宽 31 英尺；装有水管锅炉 2 座，以煤为燃料，推动 2 座 3 汽缸往复蒸汽机，可产生马力 3000 匹之动力。最高速率可达 15 节，巡航为 12 节。该舰装有木质桅杆，高 90 英尺。烟囱 1 个，位于桅杆之后方。另配备有柴油汽艇 1 艘及舢板 3 艘，分别悬吊于舰之中后段之两舷。

该舰之武器配备，在舰首装配有英国制造、口径为 470 毫米 40 倍之速射炮 1 座；舰首上层装有日本制造、30 毫米 40 倍口径的速射炮 1 座；另舰尾装有德国制造、口径 30 毫米 29 倍之后膛炮 1 座。

前两者速射炮为撞击式电击式击发均可，后者则为撞击式击发。

一般诸元：

舰材：钢质。

长度：205 英尺。

宽度：31 英尺。

排水量：932 吨。

吃水：前 6.5 英尺，后 8 英尺。

速率：最高 15 节，巡航 12 节。

马力：3000 匹。

煤舱容量：160 吨。

储水量：14 吨。

俥叶种类：双俥，每俥 4 叶（铜质）。

编制：官员 15 员，士兵 78 员。

大同舰

大同舰为轻型巡洋舰，是福建马尾造船厂建造，引擎则由法国的 F. &Ch. de laMediderrance，LeHavre 公司设计制造。

1900 年完工成军，原命名为成安，编号为 26 号，担负保卫海疆的任务。

该舰长 267 英尺，宽 26 英尺 6 英寸，以两部蒸汽往复机推进，使用水管式锅炉产生蒸汽，以煤为燃料，最大马力可达 6000 匹，最高速度为 20 节。该舰共有 2 组桅杆，前桅杆位于驾驶台后方，铁质，高 85 英尺。后桅为木质，高 48 英尺，2 只烟囱位于 2 桅间。另外该舰配有小汽艇 2 艘及舢板 2 艘，分别吊挂于烟囱附近之左右舷。

该舰之首尾各装有 470 毫米主炮 1 门，后桅与烟囱间装有日制 30 毫米炮 1 门、57 毫米炮 2 门、高射炮 1 门，及 6 挺机枪。另外在其主甲板上原装有鱼雷发射管 2 组，后因故拆除。民国成立后该舰更名为大同，隶属于第一舰队。1930 年该舰曾奉命至上海江南造船所实施改装工程，于同年完工，继续服勤。

一般诸元：

全长：267 英尺。

宽度：26 英尺 6 英寸。

排水量：1050 吨。

吃水：11 英尺。

速率：最高 20 节，巡航 17 节。

煤舱容量：160 吨。

编制：官 20 员，士兵 148 员。

十五、长江在流泪

流泪的不仅是海军，对商船与民船来说，更是切肤之痛。有的民船，因为被政府强征，导致血本无归，失去生计的百姓叫天不应叫地不灵，哀号顿足，竟有随船的船民悲愤投江的惨事。

立秋刚过，白天依旧燥热，到了夜晚，秋风袭来，长江上已经有了些凉意。漆黑的夜，随着夜风，江面上传来一阵阵的马达声。

8月11日傍晚，江阴海军码头往下游驶去五艘船影。桅杆上悬挂着三角形的青天旗帜，旗中有个白色圆形旗章，内有青天色铁锚和波浪形海水图案，这是海军海道测量舰艇专用旗。前面依次是皦日、青天、甘露三艘海军测量船，后面为绥宁、威宁两艘炮艇。船队是奉海军部长陈绍宽之命，专门执行拆除南通下游航标任务的。

皦日舰1910年为江南造船厂所建造，造价为当时之大洋35万元。于1910年下水成军服役，命名为皦日，编号为52号。隶属于海军测量队，主要任务为负责近岸及航道的测量。

该舰长173英尺，宽25英尺，装有3汽缸往复式蒸汽机2座，水管锅炉2座，以煤为燃料，可产生马力800匹。速率最大可达13节，巡航为11节。该舰装有2支桅杆，前桅杆高75英尺，后桅杆高83英尺，均为木质桅杆。烟囱1个，位于前后桅杆之间船中段部分；配备有柴油汽艇2艘及舢板2艘，分别悬吊于船中段及船尾段的两舷。

皦日号的武器配备，在舰首装有2座英国维克斯厂制造，口径为370毫米30倍的机关炮，为撞击式击发底火；另在舰之两舷装有山东大沽厂制造的79毫米口径机关枪2架。

编制为官员18员，士兵76员，舰长为谢为良。他是此次拆除航标任务的总负责人。

紧随其后的是青天号测量船，主要负责近岸海域或各航道水域的测量任务。这是汉口合泰工厂所建造的，于1913年下水成军服役，编号87号。该船长145英尺，宽21英尺，装有火管锅炉1座，以煤为燃料，推动2座2汽缸往复式蒸汽机，可产生马力200匹。速度最高为8节，巡航速度为6节，该舰装有2支木质桅杆，前桅杆高55英尺，后桅杆高44英尺。有烟囱一个，位于前后桅杆之间。该舰配备柴油小艇1艘及舢板1艘，分别悬吊于船中段之2舷，在舰首装有37毫米33倍速射炮1座。

甘露号在测量舰船中是最大的一艘，排水量1396吨，航速10节，57毫米炮两门，37毫米炮一门。该舰有官兵120人左右。

绥宁艇为巡防炮艇。是上海海军江南造船所建造，造价为当时之大洋15万元。1933年2月下水成军服役，命名为绥宁，编号为17，隶属于海军巡防舰队。主要负责江海防区巡弋之任务。编制官佐7员，士兵37员。

该舰艇长128英尺，宽20英尺。装有火管锅炉1座，以煤为燃料；双汽缸往复式蒸汽机1座，可产生马力400匹，最高速率达9.5节，巡航速率为8节。该舰驾驶台后方装有1支木质桅杆，高42英尺，桅杆之后有烟囱1个。另装有舢舨2艘，分别悬吊于船中段之左右两舷。

该舰之武器配备有：舰首及舰尾各安装有英国制造、口径570毫米40倍之高平两用速射炮1座，该炮平射最大射程6000英尺，为撞击式击发。在舰首前端装有79毫米口径之机关枪2挺，在后望台装有相同之机枪1挺。

威宁艇为一艘巡防艇。是我国海军江南造船所建造，造价为当时之大洋13万元。民国二十二年（1933年）10月10日下水，民国二十三年（1934年）1月1日编队成军，命名为威宁，编号为18。隶属于我国海军巡防舰队，主要任务为负责江海防区之巡弋任务。

该艇长140英尺9英寸，宽20英尺。装有3汽缸往复式蒸汽机1座，及耶鲁式水管锅炉1座，以煤为燃料，可产生600匹之马力，最高速率达 11 节，巡航速率为 10 节。另装有木质桅杆 1 支，高 44 英尺，桅杆后方则有烟囱 1 个。在船中段之左右舷，各配置有舢板 1 艘，悬吊于吊架之上。

在武器配备上，该舰在舰首及舰尾各安装有英国制造、口径为 570 毫米 40 倍之高平两用炮 1 座，该炮为撞击方式击发底火，平射最大射程达6000 英尺。在舰首前端左右舷各安装有我国汉阳兵工厂制造，口径 79 毫米水冷式机关枪 1 挺。编制为军官 7 人，士兵 37 人。

因为在交战前夕，怕走漏风声，所有的舰船都不开大灯，借着微弱的灯光，在江上、岸上搜寻目标，将航道上的三角点标石、水准点标石、灯标、架标、桩标、浮标、测旗、暂用标柱、水尺等逐一拆除。

整整用去两天时间，舰船破坏了江阴周遭由西周、浒浦口、铁黄沙、西港道、狼山、通州沙、青天礁、刘海沙到长福沙、龙潭港、福姜沙一带的灯标、浮标、灯桩以及测量标杆，顺利地完成了任务。

接到报告后，陈绍宽长长舒了一口气，立即电告蒋介石：

> 窃奉钧座面谕："着即毁灭通州及通州下游航路标志"等因。遵经饬甘露、曦日、青天、绥宁、威宁等五舰艇于本月 11 日晚起将通州下游航路标志，次第毁灭，现以蒇事。理合备文呈报，伏乞鉴核备案。

第一批自沉封江工程虽然经过精密的测量，但是因为水流甚急，所以各舰下沉时多半被水流冲离理想原位，导致封锁线并不完整。当海军部发现封锁线并不完整而空隙甚多之后，9 月 10 日，又与交通部征用了公平、万宰、泳吉等三艘民轮沉入封锁线。以上总吨数为5817 吨。

在镇江、芜湖、九江、汉口等地缴获的日籍 4 艘趸船也先后被拖到封锁线凿沉。海军部又请行政院训令江苏、浙江、安徽、湖北各省政府紧急征用民用小船、盐船 185 艘，满载石子、石头和泥土，总计有 3094英方又 65020 石，又 2354 英吨石子，陆续填下，弥补罅隙，构成了一道牢固的江阴水下封锁线。

沉船封江工程同时也给船民、百姓带来巨大的灾难。据时任江苏省仪征县县长葛克信回忆如下：

　　1937年8月，日本侵略军发动八一三上海战争时，我任江苏省仪征县县长。仪征南滨长江，与当时的江苏省会镇江隔江相望。县境的十二圩，是淮盐的一大集散地，安徽、江西、湖北、湖南等省人民食用的淮盐多从这里运去，因此在十二圩江面经常停泊着几百只大大小小运盐的民船。这些民船为着代表它们的利益，处理有关共同的事务，设有总机构，名称为"十八帮公所"。从这个名称可以推想到其组织之复杂。这些船的运载量，最大的可载运几千吨，最小的也能载运五百吨；其长度，大者七舱，小者三舱；其造价，大者需二三万元，小者至少也要几千元。

　　八一三上海战争爆发后第三天，突接省政府密电，派专员杨兆熊、汪茂庆至仪征办理要务，要我到十二圩去等着，他们将直接到十二圩面洽。那时我因办理"兵差"，已经忙得不可开交，前一天就已接到一电，要仪征供应二万吨杨柳枝，还要运送过江，由运河送往前方。但是杨柳枝体大而轻，渡江时若遇小小贻误军务论处，又接此电，确实有点慌张。我到十二圩不久，那两位专员也由小轮船专送到来，他们的形色匆忙紧张，到后随即屏退左右，和我单独密谈。原来是：省政府奉海军部电，要求征集大船二百只，限三天内征齐，听候派用。省政府别无长策，所以把主意就打在十二圩江面的运盐船上来了。当时我认为这些船并不属于本县人民，仅仅是停泊在县境江面上的，只有以共赴国难的精神，激起船民的大义，但是交谈时必须说明用途期限，以及将来行驶的地段。不知道是他们不肯说呢，还是连他们也不明白，他们对这些应该说明之点只推说不能擅自解答，须待后命。

　　为了要选择大船，两位专员决定用第二天的全天工夫，要我跟他们一起到江里逐船查验，挑选妥当。这时停泊在江面的盐船虽有四百多只，可是已经装好了盐，等着开行的有一百多只，还剩三百来只，其中大船不过百只，要一下子挑齐将不可能。他们说："先去挑着再说。"于是我立即通过当地的魏区长星夜召集"十八帮公所"的董事及代表们开会，向他们急切地说明这件事的重要意义和紧急需要，请他们在抗敌救国的大义下，一致协助。当然有人提出用途、期限等问题，我们只能语意含糊地说是目前将装运军用品。有些船上住着船主的全家，妇女小孩一大伙，船也就是他们的全部财产。他们的顾虑很大，实际问题也的确不少。那些董事和代表们开了一整夜会，议论纷纭，但都激于爱国热情，最后仍一致同意应征。其次一项决定是：如有损失，须请政府酌情赔偿（这个决定非常重要），因而在天亮之后，他们继续开会，将各船的价值作了公评。

我们听了"十八帮公所"这些决定之后，认为第一个难关已经过了。一清早就乘小轮船到江面去查勘，直到夜晚，挑出了一百二三十只船。8月17日近午省政府专员们通知我说，续接指示，着将已选定的船只尽8月18日内开往龙潭装运水泥和石子。到这时候，我已猜到一大半：用这些船装载的水泥和石子，很有可能和船的本身一起成为构筑工事的材料。因而再一次召集开会，宣布这项任务，并要求各船妇孺暂时移居镇上，并将较值钱的财物尽可能搬运上陆，同时我令区长征用全镇一切公共房屋和空闲的房屋做好准备。在18日这一天内已办到八九成，这时候船户们也都有了一种预感，特别是妇女家属们有些已在哭哭啼啼，这种情况一出现，不多时候就由一家哭成了一路哭。很多大船上的红木床及家具，还有高的穿衣镜等，堆满了整个江岸。最大的桅杆价值要两三千元，我叫他们索性也拆下来，以免损失。19日那天，应征的船只都陆陆续续地开出去了，两位专员回省复命，却留下了一切的善后事宜，交给了"地方官"！

几天之后，这些船被凿沉构筑江阴封锁线的消息传开了。船主们悲痛地要求赔补，要求安家，要求贴发川资还乡。我只能一个电报接一个电报地代为呼吁。20天后，才又由那两位专员携来一笔现款，按照各船原估价值先发三成，其余部分给予书面证明。最后如何，我就不清楚了。

葛克信对国民政府的"片汤儿"政策还算有先见之明，为仪征县 100 余艘民船的船民减少了一次严重损失。有些县份征发的手段较差，以致民船在封锁线自沉时，竟有随船的船民悲愤投江的惨事。

那些大大小小的民船和在船上生活的男女老幼，被沉了船，或四处要饭，或自杀身亡，就连个花名册也留不下来，日后连个查阅的资料都没有，他们的命运才是最悲惨的。

附表1

1937 年 8 月 13 日在江阴被沉塞之商轮清单如下：

嘉禾	国营招商局	总吨数	1733
新铭	同前	总吨数	2133
同华	同前	总吨数	1176
遇顺	同前	总吨数	1696
广利	同前	总吨数	2300
泰顺	同前	总吨数	1962
回安	惠海轮船公司	总吨数	1377
通利	天津航业公司	总吨数	2260
宁静	宁绍轮船公司	总吨数	1693
鲲兴	肇兴轮船公司	总吨数	2455
新平安	通裕商号	总吨数	1524
茂利二号	茂利轮船公司	总吨数	1424
源长	中威轮船公司	总吨数	2264
醒狮	三北轮船公司	总吨数	2018
母佑	中国合众码头仓库公司	总吨数	1173
华富	华胜轮船公司	总吨数	3251
大赉	中兴煤矿公司	总吨数	1655
通和	和丰新记轮船公司	总吨数	1233
瑞康	寿康轮船公司	总吨数	2316
华新	华新公司	总吨数	2338
共计 20 艘，总吨数 37969 吨			

1937 年 9 月 10 日被沉塞在江阴的轮船

公平	国营轮船招商局	总吨数	2705
万宰	丁耀东	总吨数	1176
泳吉	大振航业公司	总吨数	1963
总吨数 5817 吨			

附表 2

1937 年 9 月 23 日，海军部、交通部开列闽江口、黄浦江、海州等处商轮清单

船名	所有人	总吨数	工事地点	征用机关	备考
靖安	三北轮埠公司	2145	闽江口	马尾要港司令部	
同利	共和轮船公司	461	闽江口	同上	
建康	王洪钧	371	同上	同上	
宁安	王振昌	928	同上	同上	
闽海			同上	同上	
华顺兴	邱允泽	286	同上	同上	
镇波	福宁茶叶轮船公司	431	同上	同上	
江门	太安公司	237	同上	同上	
福兴	达兴轮船公司	619	黄浦江	上海市警察局水巡总队	已由水巡队沉塞十六铺江面
三江	同上	460	同上	同上	同上
普安	海军部	4291	同上	同上	同上
富阳	三北轮埠公司	987	同上	同上	同上
利平	利平轮船公司	2095	同上	同上	原泊十六铺对开江面，八月二十三日被炮击中，现已沉没
中和	华通轮船公司	2032	同上	同上	现泊十六铺对开江面，塞断航路
中兴	中兴轮船公司	2558	同上	同上	同上
平济	直东轮船公司	1832	同上	同上	同上
安心	安通轮船公司	2931	海州	海州当地驻军	
益苏	中兴轮船公司	1834	同上	同上	
郑州	中国合众航业公司	1333	同上	同上	
徐州	同上	1646	同上	同上	
时和	公济轮船公司	同上	同上	同上	
以上共计轮船 21 艘，除闽海轮船吨数未详外，计总吨数 28988 吨					

附表 3

1937 年 9 月 23 日，海军部、交通部开列闽江口、黄浦江、海州等处商轮清单

船名	所有人	总吨数	工事地点	征用机关
新江天	国营招商局	3645	镇海	宁波防守司令部
大通	益祥轮船局	1097	同上	同上
福安	义安轮船公司	843	同上	同上
象宁	象山轮船公司	201	同上	同上
定海	定海轮船公司	260	同上	同上
姚北	三北轮船公司	241	同上	同上
海晏	国营招商局	1378	黄浦江	上海市警察局水巡总队
以上共计轮船 7 艘，计总吨数为 7665 吨				

十六、奇袭出云号

在抗日战争中，构筑江阴水下封锁线，使中国海军丧失了机动灵活地打击日本舰队的机会，而欧阳格电雷学校的鱼雷快艇主动出击，奇袭黄浦江上日本第三舰队旗舰出云号，一声巨响，虽然功败垂成，却值得青史留名。

1937年8月12日，从日本抵达上海的第一舰队军舰17艘，加上原来在淞沪停泊的日舰共30艘；除5艘停泊吴淞口外，其余二等巡洋舰川内、由良、名取、鬼奴及一等驱逐舰时响、白露、昔暮、有明、初霜、子日、若叶、初春共12艘，在下午6时前后陆续进入黄浦江。其中一艘日本巡洋舰高悬着海军大将旗，另一艘悬挂海军少将旗。各舰登陆的海军陆战队员约3000人。

据日本海军第三舰队司令官长谷川清战后发表的《长谷川沪战日记》披露：

截止到8月13日，日本在上海附近江上部队兵力如下：主队出云、第十六驱逐队；第一警戒部队：第十一战队；第二警戒部队：第八战队、第一水雷战队。

旗舰出云号停泊在日本总领事馆侧面的日本邮船码头，由日本第三舰队司令官长谷川清负责指挥黄浦江上的作战和日机空袭；而第十六驱逐队则泊于浦东日本邮船码头，专门攻击浦东的中国野炮阵地，并与旗舰出云号协助日本陆战队登陆作战。而担任第一警戒部队指挥官的第十一战队司令官谷本少将则于8月11日命令第一警戒部队的安宅、小鹰号两舰监视长江及黄浦江内的中国舰队，并令八重山、坚田、保津、二见、梅等舰监视撤除航路标志及机雷敷设、对空警戒；同时命令第二警戒部队势多、热海、比良、鸟羽、莲、栗等舰，监视黄浦江内水陆运输点。以安宅、小鹰为主，停泊黄浦江内，视必要时，小鹰可移动哨戒，司令官认为必要，亦可率安宅出动。驱逐舰八重山则巡弋于吴淞至通州下游。

与此同时，任第二警戒部队指挥官的第八战队司令官海军少将南云忠一，也于8月12日下达命令，把第二警戒部队分为三部，即第八战队为第一部队、第一水雷战队各一半分为第二部队和第三部队，按时自第一、第二、第三锚地及吴淞、上海分别交替巡弋。

而驻沪的中国海军又是如何应对的呢？

8月11日下午，海军部长陈绍宽接到驻上海高昌庙的海军练习舰队司令王寿廷的报告："日本海军派出第二舰队、第三舰队到中国海上集结，随时有大举入侵之可能。如果发生战争，我舰队应如何对策，是否能派舰予以支援？"

王寿廷（1888—1944），名敬椿，字寿廷，号漱汀。江苏镇江人。1908年冬毕业于南京江南水师学堂第六届驾驶班。曾在清海军联鲸炮舰、湖鹏鱼雷艇等任驾驶大副。民国建立后，任海军第一舰队司令部副官、宿字鱼雷艇艇长、利绥浅水炮舰舰长、永健炮舰舰长。1926年7月10日派任海容巡洋舰舰长。1927年3月12日参加国民革命军，仍任舰长。1928年4月当选为海军国民党特别党部委员。1932年1月18日升任鱼雷游击队司令。4月13日兼任军事委员会海军事务处处长。1934年2月17日升任练习舰队少将司令。1935年9月6日叙任海军少将。

陈绍宽自知手上能战的舰艇寥寥无几。他的欧洲之行本来就是去采购新式兵舰的，可是无一艘舰能够落实下来。他无奈地指示说："支援是不可能的，作为中国海军的官兵，就必须有为国效命、战死沙场的准备。你部要立即做好战斗准备，另外，给你一项重要任务，即要阻塞董家渡水道，以防敌舰溯黄浦江上犯，抄我陆军后路！"

王寿廷回答："我已经给小日本准备了一份丰盛的大餐，用普安号运输舰沉塞在董家渡怎么样？"

陈绍宽赞许道："就用普安，堵塞在董家渡绰绰有余。"

王寿廷："再布上水雷，管教它有来无回！"

当天夜里，驻沪练习舰队司令王寿廷召集驻沪各舰舰长开会："淞沪随时有爆发战争的可能。我驻沪海军须固守阵地，协同陆军作战。"

在王寿廷的指挥下，14日，驻沪海军将4291吨的大型运输舰普安号（一说为2305吨）沉塞于董家渡水道上。

接着上海市警察局水巡总队将征用的富阳、中兴、三江、福兴、新华安、平济、利平、中和、寿昌、中华渔等10艘商船，总吨数约13000吨，以及民生二号、民生六号、民生八号、民生九号等四只铁驳船先后沉塞于上海十六铺。

在黄浦江烂泥渡附近沉塞4艘收缴来的日本商轮，征用6艘轮船沉塞了江南造船所附近的航道。

到17日晚，驻沪海军又在黄浦江上游将日清轮船码头系留的日轮洛阳、瑞阳、长阳、南阳、襄阳、嵩山等6艘船，沉塞于江南造船所附近航道。在黄浦江口构成了三道防线，同时布放了一批水雷，以封锁淞沪各航道、港口，阻止日军乘舰溯江上犯包抄我陆军后路。海军的行动，粉碎了日军妄图速战速决、一个月占领上海的计划。

8月13日晨，日本陆战队登陆与我守军发生战斗。日本海军第八战队向吴淞炮台及上海市政府开炮轰击，第二警戒部队在第二驱逐队输送下，在外滩码头登陆。

是日，长谷川清向中国方面提出立即撤退保安队以及拆除停战协定地区内的军事设施的无理要求。在遭到中国方面的拒绝后，当晚，在八字桥附近，双方的军队开始炮击，淞沪战役打响了。

上午9时，日本召开内阁会议，决定向上海方面派遣陆军部队。双方调兵遣将，投入战斗。

8月14日，日舰比良、保津、热海、二见、栗等，均参加了当日的战斗，舰炮向中国阵地猛烈轰击，战况十分激烈。

也就在淞沪战争打响的第二天（即14日），设在江阴的电雷学校经军政部命令改编为江阴江防司令部，欧阳格任司令，徐师丹上校任参谋长。欧阳格非常得意，想要来一个惊天之举。

关于欧阳格出任江阴江防司令的任命，出自淞沪警备司令张治中的建议。在7月24日晚9时的卢沟桥事件第十四次汇报会上，张治中考虑到整个淞沪战场的全局，提议请给欧阳格以江防司令名义。

军政部长何应钦说："欧阳格不能统辖海军，双方积怨太多，尤其中央海军都属于陈绍宽的闽系。现在海军方面正拟呈请整理海军，请委座兼海军部长。将来长江有第三舰队，欧阳格不能指挥，所以只可给以江阴区江防司令名义。"说到这里，何应钦强调，"这是秘密的名义，现在不能公布，因此不发表。"

淞沪战争打响的消息传来，电雷学校快艇大队副大队长安其邦热血沸腾，他激动地说："江阴的水下封锁线基本已成，我们的军舰是不能主动开到上海方面去迎战了。"

"你说的不对。"透过大开的窗户，徐师丹指着江上的第一、第二舰队说："他们是出不去了，但我们进退自由。"

安其邦没明白："参谋长，你的意思……"

徐师丹与欧阳格相顾一笑，他走到作战地图前说："我们的鱼雷艇正好派上用场，你来看，这是内河，我们的鱼雷艇从这里可以绕过去，进入长江，再悄悄进入黄浦江……"

安其邦眼睛一亮："对！日本第三舰队旗舰出云号就停泊在黄浦江上，我们主动出击，神不知鬼不觉潜入到出云号的眼皮底下施放鱼雷，要是能炸沉"出云"号，那是什么劲头？"

欧阳格说："即使炸不沉它，也能吓它一大跳，对鼓舞士气还是有用的。让陈绍宽他们去当缩头乌龟，我们就是一把锥子、匕首，一下子就能脱颖而出！"

"对！"徐师丹点头："陈绍宽再想压制我们就没门了。"

欧阳格越想越得意，不禁击掌："这正是天助我也！"

他大声命令："萨副官，把史 102 号艇艇长胡敬端和文 171 号鱼雷艇艇长刘功棣叫来，我们研究一下行动计划。"

计划已定，欧阳格当即命令快艇副大队长安其邦率领史 102 号和文 171 号两艘鱼雷艇驶往上海，偷袭日本在沪的指挥机关——第三舰队旗舰出云号。

出云号是日本 1898 年从英国阿姆斯特朗船厂购买的装甲巡洋舰，1900 年服役，参加过 1905 年的日俄战争。该舰排水量 9750 吨；舰长

121.92 米，舰宽 20.93 米，主机功率 14500 马力，航速 20.75 节，装备 203 毫米炮 4 门，150 毫米炮 14 门，12 磅速射炮 12 门，2.5 磅速射炮 8 门，450 鱼雷发射管 4 具。在第一次世界大战后，概念与战力皆属老旧的出云号被纳入二线部队，1921 年 9 月 1 日变更为一等海防舰，在改装中拆除了旧式的燃煤锅炉，换装了 6 座燃油锅炉。由于其大吨位与重火力，因此成为二线部队的旗舰，并增设了水上飞机操作功能。

出云号巡洋舰在 1921—1931 年间，连续 6 次担任远洋航海训练舰。1932 年一·二八事变（日方称"第一次上海事变"）爆发，出云号奉命停泊在上海江面，成为第一外遣舰队的旗舰。

欧阳格、徐师丹与安其邦、胡敬端、刘功棣商量好偷袭出云号的方案后，两艇长受命，卸下艇上的机枪，再用帆布盖在艇尾安放鱼雷的滑槽上，将鱼雷艇伪装成两条渔船。

月明星稀，在芦苇丛生的河道里，两艘鱼雷快艇均关上主发动机，只开动副机，以尽量减少马达声响，夜行昼伏，由太湖绕行松江县境的支流，再转入黄浦江作战。史 102 和文 171 号白天藏在水边的芦苇丛中，等夜晚再继续前进，用灯光进行联络。

半途，文 171 号突然熄火，刘功棣命令水手用手电发出"我艇故障，需停机抢修"的信号，胡敬端与安其邦商量后，给刘功棣回了信号，让其修好后，在龙华集合，下令继续前进。史 102 号在胡敬端的指挥下，穿越在下游河湖港汊之中，按计划于 15 日晚到达龙华。

胡敬端与安其邦立即上岸，去龙华水泥厂，与先期到达的欧阳格等人研究具体的行动方案。

欧阳格说："茂先，怎么就你们来了，刘功棣呢？"

胡敬端回答："171 号在途中出故障了，要等修好后再与我们会合。"

欧阳格皱着眉说："嗨，出师不利，怎么就出故障了呢？"

安其邦倒较为乐观："估计问题不大，或许今晚就能过来。"

欧阳格："也好，等他们来了再行动。"他拿出一张照片，"这就是出云号，你们好好熟悉熟悉。明天你们去外滩实地侦查一下。另外，黄浦江董家渡已有沉船，你们熟悉一下航道，要绕过沉船区域。"

8 月 11 日起，上海一带受台风影响，天气恶劣，到 15 日，天空依然下着雨，南京路外滩一带行人不多。

下午 3 时许，身穿长袍的胡敬端和安其邦，手摇折扇，坐在汇中饭店三楼的咖啡厅里，胡敬端貌似悠闲地喝着咖啡，翻阅当天的报纸。安其邦用折扇作掩护，拿出皮包里的袖珍望远镜仔细地观察着，黄浦江烟雨蒙蒙，江面上舰船也是模糊一片，能见度很差。

在望远镜的移动中，安其邦发现十六铺封锁线外有敌炮舰巡防，外滩江面停泊多艘各国军舰和商船，环境比较复杂。他低声说："想要通过十六铺不太容易，离得太远，搞不好会打到他国的舰船，那麻烦就大了。"

胡敬端说："两个艇出击的目标太大，我看还是单艇出击为好！"

"好，等回去后再与教育长商量。"

此时天空传来隆隆的飞机声。抬头望去，只见我空军三架道格拉斯式轰炸机呼啸而来，在黄浦江上盘旋，对准日本出云号投弹、扫射，日舰上的高射炮对空展开猛烈的射击，炮弹射击空中，火光闪闪，黄浦江上不时激起数十丈高的水柱。我机旋即南飞，仅五分钟后，杨树浦一带高射炮声大作，绵亘约十分钟，我空军三架轰炸机钻出浓云，再度飞临出云号上空，实行轰炸，硝烟密布空际。此时，日机三架前来攻击，双方缠斗约十分钟，我机调头返航。

胡敬端看着远去的飞鹰，心里默默地说："兄弟，你们尽了力，看我们的吧。"他们记下了出云舰的位置，随即离开了汇中饭店。

当他们回到龙华时，天已黑了下来。此时，刘功棣的文 171 号已经赶到。

安其邦介绍了白天侦查的情况后说："我空军连续几天轰炸，"出云"号有所防备，敌人的炮舰在十六铺封锁线外不停地巡逻，两艘艇要想安全通过怕不容易。"

胡敬端说："教育长，是不是由我单艇执行？单艇行动不易引起敌方发觉，目标小，机动性更强，有胜算的把握。"

刘功棣一听就急了："原计划是两艘艇同时出击，你想争功也不能这样吧？"

胡敬端："这不是争功不争功的问题，是能不能完成任务的问题！我也

国殇
国民党正面战场海军抗战纪实

是考虑到171号出过状况，万一在执行中再出意外，岂不是误了大事！"

刘功棣："我艇虽然出了问题，但我们并不气馁，日夜抢修，并且没有耽误出击时间，凭什么不让我们参加？"

欧阳格："都别说了，我原来考虑两艇出击胜算更大，不谈171号出过问题，安大队长说的情况不能不考虑，万一被日本炮舰发现，艇毁事小，耽误我抗日大计这事必大，为慎重起见，我看还是单艇出击吧！171号还是有任务的，要负责接应。"

胡敬端说："请教育长和诸位袍泽放心，我保证完成任务！"

欧阳格："茂先，我批准你单艇出击，除了要给我电雷争光外，你我是江西同乡，还要给我江西人争气。"

胡敬端信心满满："教育长放心，敬端已抱不成功便成仁的决心，一定要让小日本尝尝我中华海军的厉害！"

欧阳格嘉许道："我中华海军都能像你这样，还怕打不赢小日本吗？"他吩咐，"来人，给我们倒酒，为我壮士壮行！"

当时我军已在十六铺一带黄浦江上设置了封锁线，谁知为了达到奇袭目的，史102号艇事先未与岸上陆军联系，因此沿途多次被阻并受到枪击。该艇不能通过，乃被迫返回龙华。

欧阳格亲自与友军取得联系后，1937年8月16日晚，史102号鱼雷快艇按计划由龙华开动副机，当晚8时许，借着夜幕掩护，史102号艇上面覆盖了伪装，悄悄驶向董家渡封锁线。

董家渡位于英美工部局越界筑路极斯菲尔路（今万航路）和极斯菲尔支路相交处。这条董家渡封锁线，是海军练习舰司令王寿廷指挥的自行凿沉多艘商船而设置的，目的是阻止日军舰队沿黄浦江上溯进入长江，由于史102号的船轻水浅，得以绕过露在水面上的沉船，迂回通过董家渡封锁线，利用黄浦江中立国家的舰船掩护，慢慢靠近十六铺码头。

日军炮艇上的探照灯灯柱不停地来回交叉掠过江面，如临大敌，史102号在胡敬端的指挥下，巧妙地闪转腾挪，避开探照灯的搜寻，穿过敌水上封锁线，经南京路外滩后即开动两部主机，全速向下游冲去。

史102号驶至外滩陆家嘴附近江面时仍看不清敌舰出云号的具体位置。胡敬端手腕上的夜光表的表针"滴滴答答"地走着，时间一分一秒地逝去。而如再推迟发射鱼雷，则可能使鱼雷失效而失去战机。发射兵焦急地问："出云号在哪？"

胡敬端的额头上冒出大颗汗珠，他把出云号位置图交给鱼雷发射兵："奇怪，白天就看见出云号的位置，夜里怎么就看不清了。"

发射兵说："不能再等了，敌人肯定已听见马达声，发射吧？"

胡敬端终于发现了出云号的模糊身影，下定决心："好！对准预定的方位，将一对鱼雷射出！"

在距出云号 300 米左右的江面，史 102 号调转船头，以顶角 50 度向其瞄准，鱼雷兵打开鱼雷槽中卡着鱼雷的固定机关，此时两枚鱼雷顺着鱼雷槽先后滑向水中，朝着出云号的方向闪电一般迅速而去。

"嗖"的一声，鱼雷飞射出去，直奔邮船码头一侧的英美烟草公司码头，"轰隆"一声巨响，该码头被炸塌一角，附近的平房纷纷垮塌，顿时烟雾弥漫。

紧接着又是"轰"的一声巨响，第二枚鱼雷带着浓烟烈火击中了出云舰边上的一艘保护出云的趸船，燃起大火，当即沉没。由于鱼雷的威力，波及出云舰尾部及螺旋桨伡叶受损受创。

在鱼雷的巨大爆炸声中，鱼雷艇也被冲击波所损伤，在回撤途中，遭到出云号尾炮的轰击，搁浅在九江路英租界外滩码头外档。

在胡敬端的指挥下，官兵立即将船上机枪弹药倾卸于黄浦江内，人员泅水隐蔽在码头下面，等到夜深人静才游上岸。这时，事先安排好的接应人员将他们接到租界内的汇中饭店，以后又转移到八仙桥青年会，历时月余才辗转返回江阴。然后泅渡隐蔽，竟得以安然脱身。

连续两天的《中央日报》上，出现了中国军队袭击出云舰的新闻。标题为：

> 我炮火压迫之下，出云舰负伤移防
> 尾部受重伤失去战斗力
> 现泊在公和祥码头停泊修理
> 日本驻沪第三舰队主力舰出云，停泊外白渡桥堍，利用租界为发号施令、攻击我军之总指挥机关，我方为避免波系租界，以致空

军不能尽量施展威力，将其摧毁，于是不得不改取妥善之策，予该舰以重惩。十六日晚九时许，于双方重炮声中，我方即以某项爆炸军器轰炸该舰，当即命中尾部，受损甚重，已失战斗力，该舰乃悄然移防，停泊下游公和祥码头江心……

鱼雷轰击所引起的大爆炸现场

为了保护我鱼雷艇不受损失，故各报均未明确报道是我鱼雷艇所为。

美国记者也以《扬子江上的战斗》为题，描述了这次精彩的袭击战。20日，军政部长何应钦致电欧阳格，谓："南京路外滩一役，我快艇官兵壮烈殉国，深为钦佩。虽未获成功，但已减敌舰骄横之气焰。尚望再接再厉，整饬部署，以竟全功。"

胡敬端也因这次袭击出云号而名声大振。

胡敬端，号茂先，江西丰城县（今丰城市）人。毕业于江西省立第二中学，投考电雷学校学生队第一期航海科，1934年毕业。1936年，奉派赴德国基尔快艇训练班和要塞炮训班。回国后任史102号鱼雷艇艇长。由于他的优异表现，后与黎玉玺、齐鸿章、胡嘉恒被称为从电雷学校出来的国民党海军"四大金刚"。

中国海军的这次出击，被称为"中国海军唯一的一次积极进攻手段"。

十七、首次交锋

日方通过出云号尾部的受伤情况，得知是中国鱼雷艇所为。鱼雷艇基地在江阴要塞，而中国海军舰队主力都在江阴，一场中日战争中激烈的空海大战就此爆发。

日本第三舰队司令官长谷川清受到惊吓，在他的概念中只有他打人，万万没想到会有人打他。遭此偷袭，一连几天惊魂未定，下令海军高度戒备。他搞不清这次袭击来自何方。

出云号在公和祥码头经过检查，得出的结论是遭到鱼雷的袭击，所幸未中要害，并不影响作战。

长谷川清倒吸了一口凉气，幸亏未被击中，否则就是"出师未捷身先死"。他的眼睛像要喷火，愤怒地挥动拳头，咆哮着要在长江中抹去中国所有的舰队。

长谷川清是日本福井县人。1903 年 12 月 14 日于海兵学校毕业，日俄战争时，参加黄海海战负轻伤。1914 年 5 月 27 日毕业于海军大学，历任驱逐舰舰长、巡洋舰舰长、战舰舰长等，第二舰队参谋、海军人事局局员、秘书官、第一水雷战队参谋、海军省人事局局员及第一课课长、美国大使馆武官参赞、横须贺镇守府参谋长、第三舰队司令官等。卢沟桥事变发生后兼任"支那方面舰队"司令官。经过调查，长谷川清得知袭击出云号的敌方舰艇来自江阴，于是铺开江阴及周边的军事地图，考虑打击的方案。

日军在进攻上海的同时，已派出大批谍报人员前往南京附近和上海至南京长江沿线各地，侦察中国军队的布防情况，并不时派出侦察机前往实地，核实谍报人员情报的准确性。

日本间谍在中国的活动就如蛆虫一般，无孔不入，这种情况蒋介石是很清楚的。在中日战争爆发后，蒋介石对庐山军官训练团的讲话中就一针见血地提出警告：

> ……各位因要特别注意，日本人绝不是好相识的！我们所见到的日本人，没有一个不是侦探，没有一个不是便衣队，法国人曾经有两句讲日本人的，一句话说：日本在外国的男人，没有一个不是侦探。还有一句话说：日本在外国的女子，没有一个不是妓女。但是他这些妓女，也统统是做侦探的。所以你们各位将领特别要知道，日本人无论和我们讲什么好话，没有一个不是要吃我们的血，没有一个不是来侦探我们的事情，要来灭亡我们国家的，我们一定要格外地当心！格外地防备。……须知，凡是他兵舰所到的，领事馆所在的地方，也统统被他无形的占领了……

同样，江阴的封江行动并没有逃过日本间谍的眼睛。受日本军部直接领导、总部设在上海的一个谍报组，派出了最得力的特务原田直三前往江阴。原田出生在中国天津的一个日本五金商人之家，从中国学校毕业后即被日特务机关招募，返回东京参加了两年的专门训练。此人对中国的历史、风俗、地理无不了解，更能操好几种方言，被誉为"中国通"。

原田戴着墨镜，一袭长袍，肩背褡裢，伪装成上海钱庄的账房先生，于8月上旬到江阴后，住进一家小店。借口世道不太平，来此催款要账。他每天都到江边观察中国海军的布防情况，有时还雇一只小划子，称到北岸去会朋友，将见到的海军舰艇位置、炮台位置默记于心，晚上回到客栈再悄悄绘成详图，派助手送给日军。

不到10日，日本海空军已经将江阴要塞的布防情况弄得一清二楚，并制订了具体的攻击方案，决定于8月22日对江阴水面的中国海军进行突袭。

为加强和巩固江阴水下封锁线，海军部派第一舰队司令陈季良中将率领海军主力舰宁海、平海、"应瑞、逸仙列阵于江阴阻塞线最前沿，各舰艇官兵日夜防守，严阵以待。

海军第二舰队司令曾以鼎率 海圻、海容、海琛、海筹 4 艘巡洋舰在沉船封锁线后方布防，其余小型舰艇则部署其后，随时支援，接应第一舰队。海军方面希望通过这种"堡垒"战术发挥巡洋舰主炮的远程打击能力，因而大型舰艇集体下锚，成为几近固定不动的水上炮台。宁海、平海、应瑞、逸仙 4 艘主力巡洋舰加在一起，有 19 门高射炮射角构成整个江阴阻塞线防空网。

此外，江阴江防区司令欧阳格协助担任攻守之责，在江阴要塞上还部署了高射炮和高射机枪阵地。这些阵地主要由电雷学校学员担任对空作战任务。

7 月下旬，中国海军电雷学校的第三期学生队（该期学员是 1936 年夏考入该校的）提前结束了在南京中央陆军学校的陆军训练，于 7 月 28 日乘电雷学校的同心号浅水炮舰赶回江阴本校。

8 月 13 日夜晚，电雷第三期学生队被紧急分派到黄山要塞东南麓的 9 个高射机枪阵地上，每个阵地配有两挺马克沁高射机枪，每个学生装备有一支新式步枪和一百多发子弹。两挺机枪分别架设在匆匆筑起的由交通壕连接的两个掩体内。当学生兵进驻阵地后，每天均有数批敌机沿长江北岸向西飞往南京进行轰炸，由于距离黄山阵地较远，无法射击，学生们只好把浑身力气都用于加固阵地和擦拭枪支上。

淞沪会战打响后，8 月 14 日上午 10 时，陈季良命令各舰进入一级战备，舰炮脱去炮衣，随时准备对空射击。

10 时 05 分，宁海舰防空瞭望哨报告："飞机 10 架，由上游向江阴飞来！"宁海舰立即拉响警报，这是自开战以来江阴遭到的第一次空袭。各舰闻警而动，水兵们纷纷跑向炮位，转动炮口，瞄准飞机，只待一声令下便可开火射击！就在这千钧一发之际，突然又收到"立即解除警报！万勿射击！"的命令，使已振奋到极点的官兵们大惑不解。原来，海军刚刚得到报告，中国空军一个机群（注：空军第五大队，即丁纪徐大队），自扬州机场起飞，经江阴上空飞往上海轰炸敌舰。消息传出，令水兵们啼笑皆非，总算避免一场悲剧。之后的几天，又不断有中国空军飞机经封锁线上空飞往淞沪战场，而几乎每次宁海号都发出空袭警报。虚惊几场，人心惶惶。因飞机速度极快，飞得又高，待发出警报后飞机已飞临上空，而这时才能辨别出是中国飞机。防空哨为此也大伤脑筋。

当时，中国海空军各自为战，彼此间并没有有效的通信联络。为避免因误会而导致悲剧，海军司令部与航空委员会会商，提出今后中国飞机再也不从江阴上空经过，因为几乎所有的海军火力都集中在江阴，万一弄出事来不好向国人交代。经数次会商，此事得以圆满解决：中国空军凡飞往淞沪战场参战的，都绕道向南或向北，不再出现在江阴上空。

在长谷川清的命令下，8月16日开始，日本海军的飞机不断地对江阴的各舰进行空袭，驻沪的淞沪海军机关、修船所、海军医院等地遭到报复性的轰炸。

是日，南太平洋生成的台风影响中国东南沿海，空中乌云滚滚，江中风狂浪高，气温骤然下降。上午11时，瞭望哨电话报告：封锁线外下游上空发现敌机7架向江阴飞来。要塞当即拉响警报，这一次真的是敌机袭来了。

水兵迅速跑上炮位，瞄准贴江面低飞而来的敌机准备射击。敌机却在数公里处突然拉起了机头，以近乎陡直的飞行姿态钻入浓密的云层。此时，浓云中正雷电交集，一片墨黑。日机飞行员不顾性命的举动惊呆了中国水兵们。只听飞机在云层中的轰鸣声和雷声混杂在一起，令人不辨方向。

片刻间，敌机突然从上游方向的中国防御阵地背后钻出，水兵们赶紧调转炮口射击。日机本为侦察而来，见中国炮火猛烈，不敢低飞，乃于高空掷下两枚炸弹后向北遁去，炸弹均落江中，未造成破坏。

8月19日上午7时30分，瞭望台报告：发现敌水上侦察机一架，在我舰队左舷上空飞行。陈季良立即令高射炮准备射击，但该侦察机盘旋一阵，即掉头返航向北飞去。11时，瞭望台又报告：有敌机12架（加贺号舰载机）在黄山炮台后方出现，黄山炮台也悬挂出报警信号。

片刻间，敌机出现在江阴上空。中国军舰与要塞对空火力齐发，织成密集的火网，共轰击15分钟，消耗弹药近万发。敌机慑于中国炮火威力，始终不敢低飞，队形亦被打乱。失去队形的日机围着江阴上空乱窜，12架飞机中只有两架仓促掷下炸弹两枚，均落于黄山脚下。之后敌机遁去。11时30分，警报解除。这是一次试探性的进攻。

8月22日，天气晴朗，初秋天气，格外清爽。黎明时分，太阳从长江口升起，照亮沉沉四野，江阴要塞的山峦、哗哗流淌的大江都沐浴在血红的阳光之中。

黄山下，宁海、平海、应瑞、逸仙4艘战舰一字排列在封锁线内，浪涛拍打着舰身，很有节奏地微微摇动着。

第一舰队司令陈季良起得很早，他做了几下扩胸运动，心想如此的好天气日机肯定会来轰炸的，未雨绸缪，要提前做好准备。迎着习习的江风，他登上宁海舰的甲板，命令舰副在该舰挂起指挥舰的旗舰旗帜。

第一舰队旗舰宁海号

上午8时，炮台发出紧急警报，瞭望兵报告：日军侦察机一架突入江阴我舰队上空侦察活动。

宁海舰炮首昂起，炮手们紧张地进行瞄准射击，敌机见状不妙，急忙转了个大圈，飞了回去。

陈季良对舰上的官兵说："来的是侦察机，后面一定会有大机群来的，立即做好战斗准备。"

大约在上午10时许，要塞上响起了巨大的防空警报声，8架日机借着阳光掩护从东向江阴上空飞来。少顷，敌机群便飞临要塞上空。陈季良下达了战斗的命令，各舰上的高射炮、高射机枪和要塞上的8.8厘米德制高射炮将来犯的日舰套在各自的瞄准环中，随着飞机的移动，炮位也迅速转动着方向。

敌机鱼贯俯冲而下，舱门打开，霎时，一枚枚炸弹呼啸而来，落在江中，"轰隆"、"轰隆"的爆炸声，激起冲天的水花。陈季良一声"打"的令下，一片火网腾空而起，天空中爆炸着点点白色的弹花，像夏天池塘中盛开的一朵朵荷花。

两架敌机投下炸弹，其中1枚炸弹投在距宁海舰约1000米的江面，掀起巨大的水柱，军舰产生了剧烈的颠簸摇晃。见中国军舰和炮台严阵以待，敌机知道空袭难以得逞，随即向下游方向飞去。

陈季良吩咐各舰检查弹药，做好再次迎击日机的准备。

当天下午4时5分，空袭警报撕心裂肺般地拉响了，在"隆隆"的轰鸣声中，自加贺号航母上起飞的敌海基第二航空战队九四式舰爆机12架已经飞临要塞上空，分成3个机群袭来，采取分头包干的战术，对江阴要塞、电雷学校和第一舰队各自发动猛击。

陈季良一声令下，旗语兵挥动手旗，向各舰发出对空射击的命令，各舰官兵迅速奔上炮位，飞快地转动高射炮和高射机枪，要塞炮兵和电雷学校学员也迅速调整马克沁高射机枪的角度，一双双警惕的眼睛密切监视空中。为保持队形，12架敌机分成两个攻击波次，在逼近要塞上空之后马上向黄山山顶的炮台以及山脚下的电雷学校快速掠击，俯冲投弹。

突然，黄山脚下电雷学校校舍工地上燃起大火，一时烈焰冲天。这是藏匿在电雷学校内的汉奸向日机发送的信号。日机6架在高空盘旋，担任掩护，以防止中国空军来袭，其余6架轻型轰炸机，歪斜机翼，依次鱼贯而下，对准汉奸指示的校舍目标俯冲投弹，一排排炸弹呼啸着从天而降。

就在第一架领队的敌机俯冲投弹的一瞬间，黄山附近所有的高射机枪，停泊在港内的鱼雷快艇，江面上的宁海、平海、应瑞、逸仙等舰上的高射机枪、高射炮以及阵地附近的炮八团所有的对空火力不约而同地怒吼了，"咚咚咚"、"突突突"……密集的炮火构成了巨大的火力网，一起向敌机开火。

一架敌机见久攻不下，气急败坏，斗胆低飞俯冲，向挂着指挥旗的宁海舰冲了过来，舰长陈宏泰命令大副亲自掌舵，巧妙地避开敌机投弹；同时高射炮指挥、军校毕业的见习生孔繁均、刘馥等配合默契，当敌机第三次俯冲下来时，一串炮弹击中敌机翼，顿时空中燃起一个大火球，敌机翻滚而下，粉身碎骨。第一舰队在要塞高炮兵的配合下，与一批批前来空袭的日机空战一个多小时，敌机始终被扼制，无法得逞。

靠近岸边炮台的平海舰立即与炮台协同对付这6架敌机，一时间天空烟花朵朵，爆炸声震耳欲聋。不一会儿，平海舰3号高射炮位在见习指挥官刘馥的指挥下，发出的一弹击中第3架敌机油箱，日机在空中冒出浓烟，一头扎进黄山炮台背后的树林中，大火冲天而起。海军官兵为抗战爆发以来取得的第一个对空战果所鼓舞，精神大振。

第一舰队司令陈季良向海军部呈报："8月22日，平海舰击落敌机一架。"

十八、铅刀小试

　　在密集的防空炮火中，黄山要塞上的防空炮火也击中了一架敌机，眼见机尾拖着长长的浓烟，坠落于电雷学校的校舍旁，炮台上欢声雷动。三名机组人员被烧成黑炭。欧阳格给他的学员颁发"铅刀小试"的锦旗。

　　中国海军内部虽然有派系之争，但面对日军的进攻，却又成了一个战壕里的兄弟。

　　在黄山要塞炮台坚持战斗的是同样身穿海军制服，但帽檐上没有"中华民国海军"字样的电雷学校的学员。在血与火的锻炼中，三四个人为一个战斗单位，熟练地操纵8.8厘米的防空炮，对准敌机的方向，自如地转动高射机枪，其熟练程度，丝毫也不比舰上的兄弟们逊色。

高射机枪准备射击

8月22日，敌机第一编队面对江面和两边山上四面八方向上射击的闪闪火舌，心惊胆战，前4架俯冲的敌机急忙拉起机头，向斜上方窜去，第5架飞机在向要塞俯冲时，被山头要塞上交织的机枪火网团团密密地包裹其中，油箱被击中了，顿时化为空中一团大火球，急速地坠落下来，机上的机枪仍然不停地向地面狂射着，"轰隆"一声巨响，敌机坠毁了，撞坏了电雷学校校舍的一角。紧跟其后的第6架敌机，见前面的飞机已着火，慌忙拉起机头，将炸弹扔在田野里后逃之夭夭。

在一连损失两架轰炸机之后，敌第一编队领教了中国军队的防空力量，其他的飞机放弃了攻击目标，慌忙向东逃逸。与此同时，第二编队仍不死心，马上进入攻击位置，目标为挂着旗舰旗帜的平海舰，一架接一架俯冲而下，炸弹一排排从天而降。

平海与姊妹舰宁海立即集中炮火向敌机群射击。

一时间，水浪和硝烟腾起，炮弹和子弹齐鸣。上对下，下对上，一场新的生死对决又开始了。

日机显然忌惮于平海舰上猛烈的炮火，瞬间队形散乱，掷下的炸弹都落入距平海号数十米的江中，激起壁立的水花。只有一架日机冒险向平海俯冲而来，但当这架飞机扑到平海舰中部上空时，却因投弹装置故障而无法实施攻击，只得加速爬升飞离。有两架敌机在中国军炮火射击下负伤，摇摇欲坠，与机群一起向南逃窜。

下午5时，警报解除。

防空警报解除后，电雷学校的学员顺着山路纷纷奔向山下的校园，去看被击落的敌机残骸。这是一架日本九四式轰炸机，机号为154，三名日本飞行员的尸体还在机舱内，被大火烧得血肉模糊不成人样。机身上弹痕累累，都是高射机枪留下的弹孔，大家激动万分。

欧阳格当然也很兴奋，当场对电雷学校的学员进行称赞，他说：

"人家在水上能打下飞机，我们在陆上同样也打下飞机，不相伯仲。电雷怎么啦？电雷丝毫不比人差。电雷的学生是不会给校长丢脸的。本教育长代表校长谢谢诸位！你们为国争光、创下佳绩，我要上报校长处，以资奖励。"

为奖励电雷学校学员在抗战中击落第一架敌机，江阴区江防司令欧

海军海道测量舰艇桅旗

阳格亲自授予一面绣有"铅刀小试"四个字的三角锦旗给他的学生们。

是日，海军驻沪司令部、造船所、军械处、电台站、飞机制造处、警卫营住地、仓库码头等先后被炸毁。正在造船所修理的永健号炮舰与敌机接火，展开对空作战，舰体多次中弹。

8月23日上午，皦日号测量舰在通州附近江面上继续执行破坏航行标志任务时，与敌第11战队旗舰八重山号轻巡洋舰和驱逐舰栂、莲等三艘军舰遭遇。皦日号舰长谢为良立即命令转舵，调头向上游驶去，敌舰紧追不舍，开炮轰击。

谢为良指挥舰上4门3磅炮一面开炮还击，一面利用熟悉的航道，闪转腾挪，避开敌方的炮弹。双方炮弹激起的水柱和机关枪的交叉扫射，不时地在江上形成一道道水幕。虽敌众我寡，尚能坚持。谢为良以对长江下游水下情况的熟悉程度，决定"玩玩日舰"，于是左弯右转，8字行驶，有意将日舰引向水浅地区。显然，八重山被皦日企图摆脱追击的动作给激怒了，开足马力全速追击，突然，舰身一震，虽然马达轰鸣，却原地不动，搁浅在浅水地区。眼看皦日号脱离大炮的射击范围，渐行渐远，八重山号舰长使劲捶打指挥台，命令通知海军飞机前来，一定要炸沉曦日号。

不久，敌轰炸机呼啸赶来，对曦日号俯冲投弹。舰上官兵转动两艇高射机枪奋勇还击，激战正酣，该舰后甲板突被一枚炸弹击中，"轰隆"一声，船体被炸了个大洞，水兵死伤甚多，高射机枪手已经中弹牺牲，但右手指仍旧扣在扳机上，直到打完最后一发子弹。

在熊熊大火中，该舰倾斜，逐渐下沉，官兵大部与艇一同殉国。这是江阴抗战海军舰艇在战斗中第一次壮烈的牺牲。但宁海号舰长陈宏泰却回忆那天是 8 月 26 日。这一天，日军第 11 战队的军舰第一次沿江上溯，驶近江阴要塞，来势汹汹，并向中国军舰开炮攻击，这是抗日战争中双方海军的第一次接触。

命 "……8 月 26 日晨 6 时 30 分，旗舰平海号令全军备战，我当即命我舰各战位的官兵各就各位，严整以待。此时，无线电报房得知正在下游作业的测量舰曦日号（500 吨，舰长谢为良少校）报告，称他们在通州水域见敌巡洋舰两艘由狼山水域上驶。紧接着，又看到炮台信旗，表明有敌舰 3 艘（据日方资料为第 11 战队旗舰八重山号轻巡洋舰和两艘驱逐舰拇、莲）正向我驶来。我立即命令舰上所有人员进入一级战备，密切注意敌舰踪迹，准备迎敌。第一次将和日军舰进行对射的年轻水兵们都很兴奋，擦掌摩拳。我复命令其沉着待战。至 11 时 25 分，炮台又另行通报：3 艘敌舰驶到通州江面时，将天生港码头摧毁后即转舵下驶。

我不禁为曦日号万分担忧，该舰在通州担任炸毁白茆沙航路标志作业，因敌舰经常在那一带活动，须以隐蔽状态工作。今晨，该舰很可能在刚才被敌击毁的天生港码头靠泊，看来凶多吉少。"

"当日稍晚些时候，消息终于传来，曦日号已于上午被敌舰击沉，舰上官兵大部殉国，不禁黯然。"

可能是陈宏泰回忆时间上有误，时间有 3 日之差，但陈宏泰与谢为良是好朋友，对于他的殉国，是非常难过的。

对于 8 月 26 日的战斗，陈宏泰记忆犹新：

"下午 2 时，敌水上侦察机两架由下游飞至我舰队上空盘旋侦察，经我舰发炮驱逐后遁去。3时10分舰队接瞭望台报告，敌机4架（仍为加贺的舰载机）由东来袭，立即以汽笛发出紧急警报。敌机4架分两部向我舰队袭击，高射炮及机枪对空猛烈迎击，炮台亦发炮拦截，一时敌机翱翔之声与枪炮爆炸声杂然并作。敌机投弹5枚，均落在平海舰舰尾附近，浓烟水柱，矗立如山。中国高炮炮兵在爆炸声中仍奋不顾身，精神百倍。敌机见不能得逞，乃转向下游飞去。飞越封锁线后，又向正在巡逻的我绥宁号炮艇投弹8枚，均落水中；绥宁号的20毫米厄立孔机炮亦发弹80余发，未中敌机。

张　入夜，连续传来警报两次，均未见敌机来袭，但全体官兵皆处在紧张之中……

永健号军舰

八重山号搁浅，估计一时半会儿也拖不到深水区。或许，陈宏泰把曒日号被日机击沉和8月26日的战斗两件事并成一天了。

是日，江阴电雷学校"史可法"181号鱼雷艇在江阴至南通江面巡逻返航时，与八重山等舰遭遇，经激战后被击毁。艇上官兵除中校教官马步祥失踪外，均泅水脱险。

由于江上舰队的各高射枪炮以及黄山要塞的对空火力构成整个江阴封锁线的防空网，敌机一时半会儿占不到便宜，反而有所损失。

8月26日战斗结束之后，日空军因见防空炮火猛烈，一时难以伤及中国军舰，而当时侵华飞机有限，还要轰炸南京和上海等地，遂暂时停止了对江阴地区的正面空袭；而是不时地越过江阴溯江西上，前往南京、扬州、句容、镇江、芜湖乃至汉口侦察或轰炸。江阴要塞的防空监视哨与海军舰队的瞭望队非常警惕，只要上海地区有日机西飞，要塞与舰队就施放防空警报。

8月24日，正在上海修船所船坞中进行修理的永健舰，被空袭的日机投弹炸沉，该舰的舰长为邓则勋中校。

这是抗战开始后中国海军损失的第一艘军舰。

永健舰资料

永健舰为炮舰，上海海军造船所制造。于1911年（清宣统三年）开工制造，民国四年（1915年）下水，民国六年（1917年）成军，命名为永健，编号为62，隶属海军第一舰队，担负起保卫海疆及内陆江防的任务。

该舰长205英尺，宽29英尺6英寸，为钢质舰身。有3汽缸直立式蒸汽往复机2座，及火管锅炉2座，以煤为燃料。可产生1350匹马力之动力，最高速率可达12节，巡航速率为10节。该舰装有铁桅杆1只，高109英尺6英寸，烟囱2个。另配备有用煤做燃料之小火轮1艘（即救生小艇），及舢板3艘，分别悬吊于该舰中段之2舷。

该舰之武器装备在舰首装有英国制4英寸50倍后膛炮，舰尾装有英国制3英寸50倍速射炮各一座。在舰中之中段前部亦装有470毫米50倍英国制速射炮2座，舰之中段后部亦装有该型炮2座，分别位于舰之中段2舷。另在驾驶台前方装有英国制370毫米43倍机关炮2座及舰尾装有英国制40毫米40倍高射炮1座。所有各炮中，除舰首及舰尾之4英寸、3英寸主炮高射炮为电击发外，其余各炮均为撞击方式击发。

一般诸元：

舰材：铁质。

长度：205英尺。

宽度：29英尺6英寸。

排水量：860吨。

吃水：前 11 英尺。

速率：最高 13 节。

马力：1350 匹。

装甲：3 英寸。

煤舱容量：170 吨。

储水量：70 吨。

叶种类：双侔叶，铁质，每侔叶 3 叶片。

编制：官员 19 员，士兵 121 员。

十九、日本调整战术

　　月黑风高，几架日机小偷般地光顾江阴，在探照灯巨大的光柱下显形，匆匆扔下炸弹就溜。日机的行为使中国海军产生了错觉和误判，四十多天的江阴江水平静，难道是日空军在中国舰队面前知难而退了？

　　平静的江水，使人们几乎忘了还有惊涛骇浪。

　　敌机在月黑风高的天气，也会偷偷夜袭中国舰队，但由于海军严格的灯火管制，加上日机不敢在有月亮的晚上起飞，万一被江阴的瞭望哨发现，再被探照灯罩住，显然不妙。于是日机赶在无月无星的日子出动，再加上缺乏必要的夜间轰炸训练，无一命中，有惊无险，也没有引起舰队方面高度的重视。

　　在这一阶段，日本方面开始进行战略调整。七七事变（日本将其称为"华北事件"）以后，日本奉行不扩大方针。因为此时日本主要的战略方向是对北方的苏联。

　　日军主力在华北进攻凌厉，很快夺取北平、天津，并向保定进攻，中国军队节节败退。如果日军再沿平汉线南下，打到郑州、武汉，中国将被割裂为东西两半，形势严峻。中国军队在上海的主动出击，打乱了日本的战略部署，日本被迫将其主力转移到上海方向来。

　　8月14日，中国军队在上海主动出击，大打出手，而对手只有日本海军陆战队和海军第三舰队。15日，蒋介石下达总动员令，宣布全国进入对日抗战阶段。

　　是日，日本海军第三舰队发表声明：

　　　　今日上午10时，中国飞机十几架竟敢非法对我舰船、陆战队队部及总领事馆等处进行轰炸，暴戾已极。此前帝国海军曾一忍再忍，今则不得不采取必要而有效的一切手段……

至此日本改变了原来的不扩大方针，"华北事件"演变成为"日华事件"。中日间全面战争开始了。

日本迅速调整部署，决定将第3、第11师团从国内港口出发，派到上海，将华北中国驻屯军的独立第六飞行中队派往上海附近，归上海派遣军司令官指挥。并明确指定："歼灭华中方面的敌航空力量主要以海军担任，陆军派遣一部飞行队。"

日本海军第3舰队以主力协同陆军登陆，以一部舰只在杭州湾及扬子江下游佯攻。

8月23日，日本上海派遣军第11师团抵达川沙口，并在炮火掩护下，开始强行登陆；第3师团亦在吴淞登陆。但由于中国军队在淞沪集中了大量的军队，日军陷入了苦战之中。此后，后续部队陆续来援。

从8月15日到8月底，日本海军航空队对上海、南京、南昌的反复轰炸，8月22日日机对江阴的空袭，当属于佯攻计划的范围。

由于日本在华北到华中攻击的范围过大，加之其飞机不敷使用，所以一度对江阴的攻击限于停顿状态。9月下旬，敌五个师团约20万人，炮300门、战车200余辆、飞机200余架都已到达淞沪地区。此时，攻占江阴，再上溯夺取南京，令中国彻底屈服的图谋就变得非常清晰了。因此，日机大规模空袭江阴，一举消灭中国海军舰队的战术开始实施了。

而中国海军各舰则忙于张罗炮弹补给，并没有及时改进战术，尤其是增强海军对空射击和防空的能力；而战舰仍然锚泊于原地，跨兵种协同与舰队内部协同依旧不见成效。有人甚至还产生了盲目的轻敌思想，认为小日本空军也不过如此。从8月下旬到9月中旬，中国海军一直处在战备和休整之中。

据日本海军作战档案记载，8月底，第3舰队就已经根据多次侦察所得的情报和试探性的进攻，制定出了一整套进攻江阴要塞的作战方案，决定：

9月20日之前，主要是以袭扰为手段，给支那海军造成精神压力，使其长期处于紧张中；自9月20日起，要使用优势的空军力量（加贺号和第2联合航空队）围歼江阴水面的中国海军，务必一鼓荡平。攻击的主要目标是彻底摧毁平海、宁海这两艘中国海军最大的轻巡洋舰，从历史上抹掉中国海军！

于是，日本空军对决中国海军的江阴大战拉开了帷幕。

长谷川清提醒加贺号上的舰载机部队："要特别留意敌舰的防空炮火！"

显然，他对两舰的防空炮火的凶猛程度是有一定认识的。

9月20日上午7时13分，瞭望哨报告：下游发现敌机！

海军各舰列阵以待。7时16分，敌机两架飞至中国舰队上空盘旋，各舰开炮猛击，敌机即爬升高度，隐入云层，又不时俯冲下来扫射投弹。双方相持30分钟后，敌机投弹5枚，落在宁海和平海两舰之间水面，随即向东返航。

下午3时，海军总司令陈绍宽中将乘中山炮舰到江阴要塞视察，并召集各舰长至中山舰开会。在询问近几日战况后，陈绍宽告诉各位舰长："据我方的情报，日本海军将于近几日，对我江阴要塞实施大规模的攻击，战斗将会极为惨烈，请各位舰长回舰后做好准备迎敌，要抱定殉国的信念，决死抵抗！"

各舰长也都很清楚，自8月13日至今约40天的防空战，肯定是大战的前奏。江阴是南京唯一的水上屏障，必然要遭到敌人更为凶猛的攻击，这只是个时间问题。大家纷纷表示誓与舰共存亡。但是，只提出一个问题，即各舰舰上的防空炮火的弹药应随打随补。陈绍宽答应：尽量请后勤补给。

大战前夕的江阴水面上，微风轻拂，波澜不惊，月色如银。军舰随着江水的拍击轻轻摇晃着。

一个充满诗意的夜晚，却因为战争变得充满火药和血腥味。各舰都在抓紧时间擦拭枪炮、检修轮机、清理弹药，枕戈待旦，准备与日寇进行一场生死血战。

是夜10时，敌机又来袭，防空哨未发出警报，待听到轰鸣声时，敌机已出现在军舰的头顶上。因是日有月,各舰遂根据机影进行反击。敌机向海容、应瑞舰投弹,应瑞被落在前段右舷外的两枚近失弹破片损坏了舱面铁板与前炉烟囱计十余处,其余无损。一场虚惊,更使空气紧张。在月夜下,官兵大多不能入睡,甲板上到处有人在向江面远处和空中眺望。9月21日,阴雨,不适合空袭,日第3舰队中止了当天的攻击计划。

9月22日,天气阴沉无风,江阴战役中最残酷的战斗拉开了序幕。

此番日机有备而来,志在必得,而且在数量上占了绝对优势。

日本海军加贺号航空母舰的舰载机和第2联合航空队联合攻击江阴要塞和海军主力舰只。日军兵力火力大大优于我,加贺号航空母舰舰载机有轰炸机42架,第2航空队为陆基航空兵,有轰炸机30架、战斗机24架、攻击机12架,敌机再不像过去那样,几架、十几架前来空袭,此次黑压压一片,大有黑云压城城欲摧之势头。

日军的战斗目的有二:一是消灭中国海军舰队;二是企图冲破江阴封锁线。

一场生死恶战开始了。上午10时20分,瞭望台发出空袭警报,各舰炮位随即进入一级战备。5分钟后,传来紧急警报,片刻18架敌机出现在视野中,由下游向宁海、平海两舰左舷方向扑来——这是属于日军加贺号上原陆基第2联合航空队第12航空队的九二式舰攻机12架和九五式舰战机6架。

两舰舰舷的机炮立即调整射击位置,将炮口对准钻过江阴峡口几乎呈水平状超低空扑来的敌机。日军此次采用的是集团轰炸战术,18架飞机组成紧密的队形扑向平海和宁海舰。海军各舰与江阴要塞立即展开对空猛烈炮击。日军机群在火网中突然分编为两队,第一队由东南向西北,第二队由北而南,以人字形大编队向舰队两面夹击过来。

第一队日机冒着猛烈炮火扑向舰队上空,坚决保持队形并禁止个别投弹。平海、宁海、应瑞、逸仙舰与要塞的防空火炮猛烈射击,均未能击落敌机。第一队日机渐渐逼近并降低高度,终于到达舰队上方的攻击阵位。

日本飞机首先围攻挂着旗舰旗帜的平海舰,第一批10多枚60公斤炸弹呼啸而至，落在平海舰与宁海舰之间的江中，冲起一阵红光，继之以天崩地塌的一声爆炸，激起巨大的水柱，竟将平海全部船影遮住。这些落在平海左舷的近失弹虽然没有伤及舰体，但是破片对甲板上的人员和仅有薄弱装甲防护的装备造成了巨大损害。

近失弹是指没有直接命中舰体，而落在军舰附近在海水中爆炸的炮弹。如果是纯粹的炸药爆炸时，周围的空气会迅速膨胀产生冲击波，这种冲击波的冲击力会对物体或人体造成损坏或伤害。同样质量、同样性能的炸药，如果是在水中爆炸，产生的冲击力是在空气中的800倍，所以深水炸弹无须直接命中潜艇，只要在一定的距离内爆炸就能致潜艇于死地，同样在水中爆炸的炮弹也能对水面舰只的水下部位造成损伤。

几架飞机轮番扫射、投弹。枪林弹雨中，平海舰官兵在舰长高宪申的英勇指挥下，集中火力，浴血奋战。击退日机一轮攻击，新的一轮攻击紧随而来，几乎不给中国海军以喘息之机。

激烈的战斗从上午9点持续到下午3点多。平海舰长高宪申在舰桥上指挥时，被一块弹片击中腰部，血流如注。

"高舰长负伤了！"两名水兵上前扶他，由于形势万分危急，高宪申拒绝下火线，对着水兵大喊："不要管我，你们快去，对准日本狗狠狠地打！"

他忍着剧痛，令人找来绷带，将腰部紧紧包扎，坐在甲板上继续指挥。

高射炮指挥见习生高昌衢亲自操作，连续开炮，奋不顾身，被俯冲而来的日机的机枪击中，壮烈牺牲，血染炮位。炮手周兆发左臂中弹，他用一条白毛巾扎住伤口，仍使尽全力紧张装弹，继续射击。

平海舰的舰尾又被近失弹碎片击中，第1炮位见习指挥孟汉霖亲自操炮，被敌机打中，殉职在炮位上。右舷机枪手头部负伤，汽艇舵手二等兵郑礼湘看见机枪无人操作，奋不顾身地冲向机枪，手握到枪柄时胸部即被击穿，壮烈牺牲。再次扑身向前抢枪的帆缆中士严祖冠也被破片击中殉职。正修理机枪的枪炮上士张玉成身负重伤。

是日，全舰官兵伤亡惨重。在对战中，共击落击伤日机5架，被平海舰击落的敌机，拖着长长的黑烟，歪歪斜斜地栽进福姜沙的江中。

平海舰伤亡如下：

"舰长高宪申弹中腰部，伤重。高射炮指挥见习生孟汉霖、高昌衢，上士陈得贵、中士严祖冠、张朗惠，下士谢道章，列兵郑礼湘、王云吉、黄顺忆等阵亡。一等兵周兆发重伤殒命，军需员叶宗亮死难，其余重轻伤者23人。当晚将伤员从事料理后，仍严阵以待。"

作为日机第二攻击目标，宁海舰舰首锚链舱受损，第二高射炮位被破片摧毁，前部米舱开始浸水，舰尾亦被多块破片击中，两名士兵负伤。

第一攻击波转瞬即逝，中国军炮火未能击中敌机。第二队日机见第一波攻击得手，从上游钻过云层，以平海为目标再次进行水平投弹。20余枚炸弹分别落在应瑞舰前后以及平海、宁海舰之间。

这次投弹也击伤了应瑞舰，致使该舰的左鱼雷发射管被击穿，前桅与舰侧铁板被击穿十余孔，并有士兵三员负伤。

中国防空炮火仍无斩获。11时30分，警报声再次响起，加贺号上海基第2航空战队的6架九六式舰战机片刻便飞临要塞上空，首先向宁海号发起攻击。此时中国海军各舰高炮存弹量已经不足，但仍英勇地开火迎击。在弹幕中敌机被迫提前投弹，数十枚250磅重型炸弹均落在宁海、平海两舰附近，无一命中。但是这批重磅炸弹的威力却使宁海军舰的船舷及甲板被击穿10余孔，水兵4人被炸成重伤。平海舰轻重伤十数人。

下午4时30分，敌第2联合航空队第12航空队的九二式舰攻机6架与九五式舰战机3架再次来袭，攻击矛头仍是平、宁两舰。我海军以炮火远距组成拦截火网，打乱敌队形，使敌机无法接近俯冲投弹。敌机只得高飞钻入云端，向海容、海筹、应瑞舰仓促投弹，但均未命中。后敌机将剩余炸弹全部投入江阴县城进行报复，中国无辜平民伤亡数十人。

9月22日这天，从早上8时至下午5时，中国集结在江阴水面的诸舰和岸边炮台的官兵作战达9小时，平海号军舰消耗高射炮弹265发，机枪弹4000余发；宁海号军舰消耗高射炮弹400余发，机枪弹8000多发。敌机的空袭未造成太大损失，仅平海舰阵亡5人，伤23人。该舰遭到日机70余架次的轰炸后，多处负伤，底舱进水。

陈季良命令全力救治伤员，由于该舰舰长高宪申伤势严重，即被海军小艇送往南京海军医院进行治疗。

陈季良组织人员连夜抢修破损的军舰。

当晚，陈季良司令在逸仙舰召开各舰舰长会议，会上，有舰长提出："请司令官降下中将旗，以减少目标。"

陈季良说："你这叫什么话？你还不如直说让我逃跑得了，降下指挥旗谁来负指挥之责？"

"敌机火力太强，各舰是否可以见机行事？"

"都给我坚守在水下封锁线前，谁要向上游撤退，谁就是方伯谦第二！"陈季良掷地有声。

陈季良还命令平海舰副长叶可钰接替高宪申指挥。

是日，陈绍宽致蒋介石《海军舰队在江阴对空作战》代电中报告：

> 密。本上午 11 时及下午 1 时，敌机多架围攻我驻澄舰队各舰，与之抗战多时，敌机始去。计平海舰左右舷钢板被弹（击）碎，炸穿数十处，并门窗玻璃破碎颇多。应瑞舰左右鱼雷（管）炸穿一孔，前桅及左舷钢板被炸多处。是役，平海舰长高宪申腰部受伤多处，情势颇重，平海舰官员阵亡两人，士兵阵亡三名；应瑞舰官员伤两人，宁海舰士兵伤两名。谨闻。

顺便解释一下，什么是代电，即民国时期以快速传递邮件代替电报的一种公文。抗战时期代电多的原因，主要是怕电报被日本情报机关破译。

二十、中日海空大对决

> 日本决心抹掉中国的海军舰队。噩梦，终于降临到中国海军的头上。旗舰平海、宁海两艘主力舰被毁，陈季良移驻逸仙舰，再度挂起指挥旗，与日寇作殊死的战斗。不久，中国海军元气大伤，舰队几乎已不存在。

9月23日，决战终于爆发。敌机不但数量增加，而且从早到晚，轰炸几乎未曾间断，同时改变了战术，先以十余架飞机由高空自南向北飞经电雷学校及黄山要塞上空，横越江面，吸引中方火力，分散我军注意力；然后大批飞机沿江自东向西低飞，先集中轰炸宁海号，次及其他各舰。

清晨5时，下游监视哨突然报告：日军十余艘军舰正向江阴前进！

经过一夜的抢修，平海旗舰挂起了备战的战旗，备战的笛号在江阴江面回响着。这一激动人心的场面令江上所有海军军舰上的官兵士气大振，也令两岸炮台上的官兵欢声雷动。

平海、宁海与逸仙舰三舰官兵冲上甲板，在炮位中镇定地等待舰队对决。然而，日舰只推进到长山附近就折返了，中国海军官兵莫不感到万分失望。上午7时，平海舰挂旗令各舰收炮。

10时30分，瞭望台报告：敌侦察机两架在宁海右舷上空盘旋，但距离较远。指挥部预料今日必有恶战，便命令各舰提前开午饭，同时命令水兵抓紧时间休整，准备决战。下午1时55分，防空警报声响起，2时5分，紧急警报再起，几分钟后，敌第13航空队的12架九四式舰爆机自舰队右后方的西面袭来，距离尚远，实际上右舷这个机队只是牵制机队，所以只在远方盘旋待命；同时左舷又发现敌机14架（第13航空队的九六式陆攻机），左后方则有一个20架敌机的编队，自加贺号起飞的九四式舰爆机和九六式舰攻机各 8 架，九六式舰战机 4 架；舰尾方向还有作为要塞火力压制的敌 12 航空队 9 架九二式舰攻机和 3 架九五式舰战机在虎视平海、宁海两舰。可见日军已决心通过这仗一劳永逸。

由于日前平海、宁海等舰击落击伤了几架日机，日本航空兵多次研究了宁海、平海舰的性能、武器设置，对其构造已十分熟悉。从 9 月 23 日起，敌机六七十架有重点地开始围攻中国舰队主力平海舰和宁海舰，又一场恶战开始了。

一时间，要塞至江面上空硝烟弥漫，水柱冲天。

在这场血与火的恶战中，已经没有任何退路，舰艇上密集的防空炮弹、高射机枪子弹，狂风暴雨般地从下而上，将敌机包裹其间；疯狂而下的炸弹、毒如蛇蝎的机枪子弹，打在舰体上铿锵作响，火星四溅，我舰队官兵已无退路，只有视死如归，抱定与兵舰共存亡的决心，坚守岗位，血战到底。中国军舰的高射炮兵急忙开炮迎敌，但难以抵挡敌机的轮番轰炸。日机冒着猛烈的炮火，一架接一架地向中国两艘主力舰俯冲投弹，但无一命中。反而有一架敌机被炮弹直接命中，拉着一斜溜长长的黑烟，坠入江中。

第一波攻击结束后，敌机又分散成十余个小队，由四面八方向宁海俯冲而下，大量炸弹随之落在军舰四周。宁海舰舰长陈宏泰临危不乱，急令高射炮专打空中敌机；高射机枪改为平射，对付俯冲低飞的飞机。

大量密集的近失弹也使宁海舰薄弱的舰体遍体鳞伤。

宁海号舰长陈宏泰回忆道："……当时弹雨纷纷落在我舰首以及舰桥左右甲板上，距我的指挥位置仅数米，爆炸在江中的炸弹激起的水柱烟尘，高过我舰桅杆。弹片横飞，烟幕蔽日，我舰前段左右舷被洞穿多处进水。据报告，锚链舱首先涌进大量江水，紧接着，粮舱、弹药舱、帆缆舱都被淹没，水深及膝。这时，由于剧烈的爆炸，舰身猛烈摇晃，舰桥指挥室内的航海仪器全被震碎。报务房的水兵亦冲上舰桥向我报告，无线电发报和各种仪器都已不能使用。倒在指挥室舱口的航海员林人骥中尉被敌炸弹片击头部，半个脑袋已不知去向，满地都是鲜血和灰白色的脑浆。这时，左右舷的两个机群已接近我舰，不断俯冲投弹，我高射炮和高射机枪的水兵不顾伤亡猛烈射击。2点40分，旗舰平海发出启锚的命令，准备向上游撤退。但我舰因锚链舱被毁，无法执行命令。敌机见我舰已不像其他舰尚可行动，遂群起围攻。我舰在此种情况下，又击落敌机两架。我舰已受重伤多处，前甲板布满了小则数分，大则三四寸直径的弹洞，最大的被炸弹直接命中的弹孔直径达12寸。这时全舰的电话都已不通，水兵们纷纷上来报告：鱼雷舱、机舱同时大量进水。我急令堵漏队堵漏。但水势太猛，只得将上述两舱水密门关闭。这时，又有人报告各水兵舱全部着火，又急令救火队救火。是时，舰上已是一片混乱……"

下午3时30分，宁海舰进水已经甚多，舰体向右倾斜。如再在此处挨炸，军舰沉没就只在转瞬之间了。舰长陈宏泰命令："向上游转移！"

大副报告："起锚机已经损坏，无法拉上来。"

"斩断锚链！"

轮机兵江铿惠下士在横飞的弹片中，操起一把消防斧冲上舰首，抡起大斧，对准锚链销"铿铿"几声，火星四溅，锚链销被砍断了。

随即主机启动，"宁海"在硝烟中向上游蹒跚驶去。由于进水过多，舰身向右舷和舰首方向倾斜，只能勉强航行；因轮机和指挥系统受损，操作亦极不灵便。敌机群见宁海受重创，更是组织了十余机跟踪轰炸。当时舰上各炮位的炮手伤亡惨重，高炮弹库也开始浸水，但陈舰长下令所有勤杂士兵尽量补入炮位，奋战的官兵没有一人离开自己的岗位。枪炮上士陈永湘面部遭破片击伤，一面拭血一面换枪管，若无事然。枪炮员刘崇端在各炮位间巡视，一旦有炮手负伤需后送，就亲自代为操炮，直到新炮手补入，维持了军舰的火网密度。

帆缆中士陈秉香与一位引港员配合操舵，向上游快速蛇行。日机哪肯放过志在必得的机会，继续穷追猛打。就在宁海起锚后20分钟，前桅右后方直接落下一颗炸弹，桅杆顿时倾倒，水柜与一根烟囱全毁。同时，下望台与海图室半毁，前三足桅被轰毁了一足，左舷的高射炮与轴皮被炸飞，右舷的鱼雷炮损坏，悬挂的舢舨4艘也全毁，机舱严重浸水，舵机也开始失灵。

轮机长姚法华上尉跑上舰桥，向一直坚持在指挥位置上的陈舰长报告："锅炉舱、前后风机舱全部进水，枪炮副军士长陈耕炳在指挥炮击敌机时，被敌击中胸部，当场阵亡。"

陈宏泰正准备下命令，一颗炸弹在指挥室左门口爆炸，弹片穿过他的左腿肌肉，又钉入指挥室的墙壁镶板中，顿时，陈宏泰左腿血流如注。正在指挥室中的几名军官大惊失色，连忙上来搀扶，陈宏泰脸色刷的一下变得苍白，但他推开左右，用手支持在指挥台上，大声下达着舵令。

副舰长甘礼经大叫："来人，快把陈舰长抬下去，我代行指挥！"他扶住舵轮，命令："对准敌机开火！"

枪炮官陈嘉桦、军需员陈惠、枪炮员刘崇端等军衣被弹片和鲜血蹂躏得破烂不堪，负伤多处，鲜血直流，仍裹伤奋战。

这时，机关枪指挥、见习生孔繁钧冒着随时被敌机击中的危险抢上前去，自己充当射手，打出一串串愤怒的子弹。

此时，敌弹如雨，舰上水兵已经死伤过半，高炮前、后段指挥陈惠与陈嘉桦均重伤，相互裹住伤口，继续战斗。枪炮上士某氏被一块弹片削去了半边脸，鲜血染红了半个身子，仍然在炮位上坚持着；枪炮军士长林树椿、枪炮员刘崇端则拖着流血的身子瞄准、击发。

但不多时，炮弹即已告竭。舰长陈宏泰的脚边已流了一大滩血，虽然经卫生员紧急处置，但因大血管被炸断，力不能支，晕倒在指挥室内。后经副舰长甘礼经中校等人一再

宁海舰遭日机轰炸而搁浅

规劝，才同意去接受治疗。

此时，"宁海"舰舱中进水，已经开始下沉，敌机3架仍不散去，在空中对它轮番扫射投弹。士兵们奋不顾身，在齐腰深的水中抢护炮弹。二等兵叶民南，在即将被水淹没的弹药舱底，捞出一颗高射炮弹，飞快跑上舱面，装填入舰尾高炮，待敌机再度俯冲时，突发一炮击中敌机尾部。敌机这才护卫着受伤的飞机，向东面返航。

4时30分，宁海号为保全舰体，驶入水浅的八圩港，并在北岸搁浅，横倾10度，江水漫过甲板，舰首耸立出水面，舰尾被淹没在水下。

天渐渐暗淡下来，夕辉照在残破的宁海舰上，鲜血、尸体、江水、污泥……宣告了战斗的激烈和残酷，一场惊心动魄的战斗结束了。

这艘2526吨的日本造巡洋舰从此结束了它的抗日生涯。伤痕遍布舰身，高高的塔台45度倾斜着，静静地依靠在离岸不远的淤泥之中，前甲板双联主炮依旧向前昂立，似对侵略者作着无声的轰击。

敌机向它投弹约150颗，而宁海发炮700余发，消耗枪弹5000发，官兵62名伤亡，其中枪炮副军士长陈炳耕、上士陈金魁、下士任积兴、一等轮机兵郑迪柏、一等看护兵韩亨瑞、一等兵杨意和、一等兵董小文、二等信号兵张再裕、二等轮机兵何礼育、二等兵沈长雨（自通济调来）、三等轮机兵郑守钰、三等兵刘志成、列兵陈芝生、列兵江元桂等19人殉国，轻重伤者43人。

再看平海舰英勇抗敌：

因为平海挂着指挥旗，所以成为日机重点攻击的目标之一，日军急欲将其一举击沉，使中国舰队群龙无首。

已有多次迎战经验的平海舰枪炮官们熟练地组织起对空火网，打散了编队带头俯冲的前几架领头机，后续的日机随即在惊慌中失去方向感，俯冲队形，四散逃开。然而有一队敌九四式舰爆机仍然突破舰上炮火拦截，向第3高射炮位俯冲而来。

第3号位枪炮见习指挥刘馥指挥炮手调整角度拼命向为首的敌机开火，终于将之击伤。敌机摇晃着爬升，投下4枚60磅小炸弹，掠过军舰后在左舷20米外江面爆炸，将3号高射机枪震坏。后续的第2号机再无勇气完成俯冲，没冲到攻击位置就爬高，将炸弹丢在平海舰数十米外的

平海号军舰

江面上。

　　第 4 架敌机紧跟着第 3 号机的航路。在第 3 号机被击落之后，我第 3 炮位的射手在兴奋中停止了射击，第 4 号敌机乘机缩短了距离，投下 4 枚近失弹。平海舰舰体在巨大的震波中被震出江水，然后再重重地落在江面上。第 4 号敌机又向我舰俯冲扫射。

平海舰航海官林人骥

宁海舰枪炮副军士长陈耕炳

突然，左侧高射机枪停止了射击。

副舰长叶可钰急得大叫："机枪！机枪！"

机枪手回答："枪管打红了，出故障了！"

只见机枪指挥官刘馥冒着枪林弹雨冲到露天的高射机枪前进行抢修，机枪时续时断，就在这时，敌机扫射，打断了高射机枪的纵轴，刘馥顾不上多想，双手抱起滚烫的枪身，皮肉在炽热的钢铁下，烧灼得吱吱作响，鲜血顺着手指滴答滴答流在甲板上。刘馥忍着剧痛，让枪炮手继续射击。

刘馥的精神鼓励了全舰官兵奋力杀敌。

此时平海舰新补充的100枚空炸榴弹已将用尽，所以各高炮连穿甲弹乃至照明弹都用上了。

就在此刻，"轰隆"一声巨响，一枚炸弹击中了平海的指挥塔，弹片横飞，反弹击中了航海官林人骥的头部，脑浆迸裂，鲜血四溅，喷在陈季良的中将军服上。陈季良擦了擦脸上的血迹，顾不上壮烈成仁的林人骥，继续指挥各舰反击。

在指挥塔内受伤的还有副舰长叶可钰，他被弹片击中，鲜血直流，依然在坚持战斗。

然而生死时刻，舰上的炮弹用罄，2时40分，平海号发出撤退信号后向上游水道驶去。

日机见机会来了，对平海及跟进的逸仙舰改用9机编队、水平集体投弹。

日机在其上方来回投下两批250磅炸弹，准确地落在平海舰四周附近，该舰舰体被爆炸的碎片屡屡炸中，在日机的围攻下，共计6枚炸弹直接击中了舰身，左右舷及舱底被炸开裂，钢板外翻，大量江水涌入，叶可钰副舰长下令一面抽水，一面航行，水兵们虽经奋勇堵漏，无奈裂口太大，军舰的下沉已经无法控制，挣扎到江北十二圩的浅滩搁浅。舰上的官兵均被威宁舰救走。

后来有人回忆到，平海号所有的牺牲官兵的遗体，均在各炮位下面，负伤者亦全是在战斗中挂彩。全舰所有官兵在23日的大战中，均未离开其战斗岗位一步。

在力量悬殊的战斗下，是役，我平海、宁海击落敌机4架。其中有两架敌机低飞，被我击中，敌机机体碎片散落在平海后望台上有十余片。

宁海舰和平海舰是当时中国舰队绝对主力舰只，是中华民国海军的骄傲。

宁海舰是 1930 年 12 月 5 日，由当时的海军部次长陈绍宽中将与日本兵库县播磨造船厂厂长松尾忠二郎，签订宁海巡洋舰造舰合约，造舰费用为日币 432 万元。该舰有 4 部混

在平海舰上牺牲的高昌衢

烧式锅炉，每两炉共用一排烟管，在甲板上结合成一大烟囱。主机为 3 部往复主机，推动 3 根主轴，速率 23.12 节，以 12 节航行，续航力可达 5000 海里。

一位海军军官，其背景为水上侦察机宁海1号

基准排水量 2526 吨，舰长 109.8 公英尺，宽 11.98 公英尺，吃水 4.04 公英尺。

舰上的武器由日本海军工厂制造。配有 140 毫米 50 倍双联装炮塔主炮，前甲板一座，后甲板二座。760 毫米 40 倍高仰角防空炮分装于舰桥前 1 门、舰桥二舷各 2 门、舰中二舷各 2 门，及后主炮正后方 1 门，合计 6 门。烟囱两侧设 530 毫米双联装鱼雷发射管各 1 座，其他计有水雷投射架 2 座，机枪 10 挺，击留水雷扫具一套。

此外在宁海舰上还搭载水上侦察机一架，由爱知飞机工厂制造，命名为宁海 1 号。

1931 年 10 月 10 日举行下水典礼，1932 年 8 月 26 日由播磨造船厂驶抵上海外海。9 月 1 日正式编入海军第一舰队战斗序列，也成为该舰队之旗舰。之后，1932 年，江南造船厂用宁海号备用引擎和福建所产杉木，仿造了一艘山寨版的宁海即平海号。

1931 年 6 月 28 日由海军部代理部长陈绍宽于上海江南造船厂主持开工仪式，平海舰的设计蓝图绝大部分采用宁海舰的设计图，造船经费为 458.8 万元，装设武器火炮及弹药需款 396 万元，后因中央政治会议削减预算，总造价仅 764.2 万元。

平海舰排水量为 2448 吨，长 109.8 公英尺，宽 11.89 公英尺，吃水 4.04 公英尺。该舰有 140 毫米 50 倍口径双联主炮 3 座，760 毫米 40 倍口径防空高仰角炮 3 门，570 毫米单管炮 4 门，机枪 4 挺，530 毫米双联装鱼雷发射管 2 座。

开工不久，相继发生九一八事件和一·二八事件，受其影响，江南造船厂向日本播磨厂订购之锅炉等设备无法顺利交货，致使工程进度严重滞后，一度被迫停工达半年之久。直至 1935 年 9 月 29 日始完工下水。期间中国工程师叶再馥发现日方配重设计不合理，遂及时调整设计，加大该舰底部压舱重量，改小上层建筑，使平海的平衡性大大改善。

平海舰于 1935 年 9 月 30 日抵达日本相生港，实施舰上的武器安装工程。但平海号抵达日本实施安装武器时，中日关系已很紧张，日本政府对该舰的武器进行了限制，使原计划之 4 门 570 毫米单管炮及 4 挺高射机枪无法顺利装舰，而且防空高仰角炮使用的高倍望远镜亦实行管制供应。

由于该舰无水上飞机的设置，所以将第二主炮向后挪移。到 1936 年 6 月 18 日平海号完工出厂，驶抵上海。

有了这两艘主力舰，陈绍宽稍有底气。

宁海首任舰长由原海容巡洋舰舰长高宪申上校接任，副长为一级少校，全舰官兵 361 员，包括军官 33 员，预备军官 9 员，士官 97 员，士兵 222 员。

等平海号列入海军第一舰队序列后，高宪申又接任平海号舰长，而宁海舰长由陈宏泰接任。

1937 年 9 月 23 日海空恶战后，陈绍宽得到汇报，心情十分沉重，他在致蒋介石电中，报告平海、宁海两舰被敌机炸伤的情况：

> 密。本午后，敌机两次共五十余架次围我舰投弹百余枚。平海左右舷及舱底被炸，钢板裂开，进水猛烈，现已驶靠浅处，试行堵塞，宁海舰被炸进水，现搁在浅处。谨闻。

被日机炸伤而搁浅的平海舰

陈绍宽另一封代电中报告蒋介石：

> 密。本军主力舰队奉命防守江阴，并担任堵塞工事。旋值上海发生战事，各舰艇员兵日夜防守，并时与敌机苦战，计历四十余日。

敌机来袭时，或经击退，或经击落，各舰艇尚无甚大损伤。但至本月22日上午11时至下午5时，敌以多量飞机来江阴向各舰轰炸，平海等舰均大受伤，员兵亦多伤亡。23日下午3时许，敌机五六十架又来江阴以巨量炸弹向我各舰轰炸，历时甚久。经各舰员兵奋勇苦战，以敌机众多，平海、宁海两舰卒被敌炸中要害，进水不已。宁海舰沉搁浅处。平海舰一面抽水，一面航行，中途亦因进水过速，沉搁浅处。其余各舰或机件被弹震坏，或船底震伤漏水。是役各舰员兵均有伤亡，而宁海舰员兵伤亡最多，或立时阵亡，或随船下沉，或受重伤毙命。伤亡确数俟查明续报。所有本军主力舰队抗战情形谨电奉陈，伏乞钧察。

在9月23日保卫江阴封锁线的战斗中，陈季良率领的海军第一舰队将士，不畏牺牲，与敌浴血奋战，显示了中国人民抗战的决心和英勇气概。是日，各舰官兵死伤近百人，是抗日战争期间最激烈的一次海空战斗，也是我海军官兵伤亡最多、最壮烈、最惊心动魄的一次战斗。

江阴之战后3年，海军总司令陈绍宽依然刻骨铭心。他在《纪念伟大的九二三》的文章中写道："九二三是中国海军抗战史上最值得纪念的一页。……谁都知道，在这次倭寇对我侵略的武力中，最有把握的，是他的海军。但自江阴封锁线在我海军手中树立以后，情势却为之一变，因敌要用舰队从扬子江上驶，就必须破坏我封锁线，要破坏我封锁线，就不能不歼灭我英勇之海军！

"说到九二三，未必便是中国海军作战精神的最高表现。但我可以告诉大家，站在中国民族的立场上一分子的海军，确已秉承数千年垒积的精神，在'如何而后可以保我祖宗遗留之广大土地，如何而后可以保我繁衍绵延生生不息后代之子孙，如何而后可以保我独立自主之国权'的训示下，尽过它的'无可旁贷之职责'了。但我们并不敢以此而即为后日建军的保证，我们只怀着以九二三的精神而为日后物质建设基础的抱负。为民族前途计，我还希望大家对海军下一个建设的决心。

海军今日为民族而牺牲了。在未来，它将为着民族而建立起来。"

在江阴要塞之战后，为了疏通江阴航道，也为了变废为宝，1938年2

月日军打捞队对沉没的平海号进行打捞。在经过近 20 天的作业后，平海号终于浮起。据说在底舱中发现一名中国海军军官的遗体。当时这具遗体是在平海号后部弹药库侧面舱室内发现的，而当时舱房门从里面反锁着。日方坚持说是平海号舰长高宪申的遗体，属于自杀。有一个参加打捞的日军大佐矢田说：

昭和九年（1934 年）5 月 30 日，日本海军元帅东乡平八郎在东京逝世。中国海军派出高申宪等前往吊唁，参加葬礼。是时矢田与高宪申见过面，因此他坚持说这是高宪申的遗体。后日本海军以海军葬礼将其埋葬。

日军打捞平海舰

根据海军的规矩：军舰沉没时，该舰的高级将领应该与舰同沉。这个传统来自大英帝国海军，而中国海军都是学习英国的，因此，自甲午海战中，北洋海军凡被击沉的军舰管带均无弃舰逃生者。也有人相信这种说法。

但据 1939 年 1 月 5 日，陈绍宽在给蒋介石《签报海军抗战著有功绩》的呈文中称："海军少将前海军厦门要港司令高宪申（前系海军平海军舰舰长）、海军少将海军总司令部舰械处处长陈宏泰（前系宁海军舰舰长），均在江阴抗战甚力，著有功绩，且身受重伤，现均派有任务。"

可见高宪申当时并没有自杀于平海舰中，而是因为 9 月 22 日海战负重伤被送往南京海军医院。

有没有可能是副舰长叶可钰呢？也不可能，因为陈绍宽在签报《海军抗战著有功绩》的呈文中也提到"海军少校布雷队队长（前平海舰副长）叶可钰……现仍继续工作"。

至于日本方面所说的那名反锁舱内"自杀"身亡的军官到底是谁？被日海军葬在何处？不得而知。

姊妹舰宁海号也同时被日军打捞浮起，进行了修复。1938 年 7 月 11 日日军以"第 261 号令"将两舰改列为海防舰兼海军兵学校的练习舰，并将宁海改名御藏，平海改名见岛。1941 年 12 月，太平洋战争爆发，日本造船厂工期繁忙，两舰的改装工程便延搁下来，分别泊在相生与佐世保港，充做港区浮动宿舍。

1944 年日本在南洋已渐露败相，由于舰艇损失太快补充不及，便把脑筋动到此两舰上，将舰级由海防舰改回为二等巡洋舰，并在 6 月 8 日将御藏（即宁海）改名为五百岛；6 月 10 日将见岛（即平海）改名为八十岛。原 140 毫米主炮换装为前后各一门高平两用 127 毫米炮及 5 座三联装 25 毫米机炮，并装上雷达（22 号及 13 号电探）。于 1944 年 6 月 28 日征召五百岛、9 月 25 日征召八十岛派赴前线参战。

五百岛（宁海）号在 1944 年 9 月 19 日于御前崎南方八丈岛被美国潜艇 Shad 号击沉。

八十岛（平海）号，编入日军第一输送战队并担任旗舰。1944 年 11 月 25 日在吕宋岛被美国海军飞机击沉。

二十一、强悍的逸仙舰

　　以孙中山之名号命名的逸仙舰是一艘强悍的军舰，1929 年开建；1937 年 9 月 25 日，在江阴抗战中以前主炮轰掉两架日机，后被日舰炸沉。该舰在 1938 年被日军打捞，改成练习舰，易名为阿多田；抗战胜利后回归中国海军序列。1949 年退往台湾；1954 年参加猫头洋海战；1958 年退役；1959 年被拆毁。

　　9 月 25 日清晨，前来突袭江阴要塞的日机突然发现，逸仙舰上飘扬起中将旗，这是陈季良第二次将旗舰移驻到"逸仙"舰上。

　　日机立即将逸仙旗舰作为攻击的主要目标。

　　加贺号上起飞的日军海基第 2 航空战队又以九四式舰爆机、九六式舰攻机各 8 架，在九六式舰战机 4 架的掩护下，更番攻击逸仙舰。弹片横飞，子弹如雨，该舰在陈季良率领下沉着应战。

　　4 门高射炮轮番向敌机轰击，但由于一连两天的战斗，高射炮弹消耗殆尽，逸仙舰用仅剩的 99 枚空炸榴弹进行还击。

　　逸仙舰也是 1929 年由上海江南造船厂自行建造的轻型巡洋舰，排水量只有 1500 吨，全舰结构均以软钢为材料。无论在装甲程度和战斗力方面均逊于平海舰。

　　日机调整战术，采用低飞的方法，躲过舰上高射炮的仰角，紧贴江面进行轰炸、扫射，置猛烈的高射炮于无用之地。而舰上的机枪亦无法对来袭的日机予以致命性的打击。在舰长陈秉清的指挥下，舵手忽左忽右，大幅度地转动船舵，左右躲闪，利用激起的水柱和弥漫的硝烟，躲过第一轮日机的攻击。但舰上的还击也因此大受影响，准确度下降。

　　陈季良观察了不利的形势后，当机立断，对舰长陈秉清说："用主炮对准前方，予敌以迎头轰击！"

在陈秉清指挥下，指挥官将150毫米主炮瞄向日机来袭的前方水天线处，很快，几架日机迎着逸仙舰低飞而来，一声令下，几发炮弹带着浓烟烈火呼啸而出，敌机万万没想到对方会用主炮平射，惊得四散飞开，但是跟在后面的一架敌机来不及规避，没躲过巨弹的恐怖射击的威力，红光一闪，当即被炸得粉身碎骨，随滔滔江流向下游漂去。

逸仙舰打落一架敌机后，全舰士气大增，再接再厉，准备迎击日机的第三轮攻击。

显然，日机被逸仙的抵抗激怒了，很快调整队形，用高空投弹和低飞扫射相结合的战术，气势汹汹，再度冲向逸仙舰。

兵来将挡，水来土掩。

逸仙舰还是用前主炮和高射炮、高射机枪同时对付。在敌机的轰炸下，江面上不时掀起巨浪，江水沸腾，像开了锅一样。

天空不时爆炸起莲花般的烟团，突然，又一架日机被150毫米的主炮击中，机身燃起熊熊的大火，机尾拉着浓浓的黑烟，歪歪斜斜地栽入江中。

此役，逸仙舰共计击落了两架日机。

（根据日方史料为一架，似为第二联合航空队第12战队的一架九二式舰上攻击机，驾驶员寺田）。

激战中，由于该舰没有装甲，一英寸的软钢船壳无法承受重磅炸弹的攻击，一枚炸弹落在前甲板上，剧烈的爆炸将逸仙舰的大轴炸断，舰体大量进水。

陈季良被巨大的气浪震倒，他对扶起他的二副说："我不要紧，赶快组织弟兄们抢修堵漏！"

日机见逸仙舰受伤起火，又发动新的一轮攻击。该舰再次中弹，舰身左倾，舰首炮与舰尾炮都被炸毁。陈季良被弹片击中腰部，血流如注，摔倒在甲板上。官兵们劝陈季良快撤，陈季良怒喝道：

"不！我们还剩十几发炮弹，我们要和敌人拼到底！"

他顽强地站起来，大吼一声："中国军人最好的归宿，就是与敌人战死在最后一刻！"

陈季良将军的精神感染了全舰官兵，官兵们坚持战斗，直到把所有的子弹打光。逸仙舰因中弹多处，舱内大量进水，终于倒沉于鱼目洲岸边。

在战斗中，舰上官兵牺牲 14 人，重伤 8 人。捐躯的烈士分别是上士叶国祯、中士董承发、郑美榕，列兵郑云梅、潘小喜、曹得志、林永春、孙顺发、胡冠军、欧阳毅、刘得洪、林友云、杨树林、王文元。重伤和轻伤的官兵 8 名，包括舰队司令陈季良在内。

逸仙舰

是日，陈绍宽报告逸仙舰被敌机炸伤情况，电曰：

　　密。海军第一舰队司令陈季良率逸仙舰在江阴附近指挥堵塞，并受辑伤亡员兵之际，敌机 17 架忽于本晨 8 时半来攻。该舰被炸伤，进水不已，搁于浅处，极力救援。但该舰伤势颇重，恐将沉没。员兵伤亡颇多，确实人数查明续报。谨闻。

在另一封电报中，陈绍宽报告了击落敌机的战报：

　　密。有［25 日］未、有申两代电计蒙垂察。兹查本月 23 日本军舰队在江阴与敌机抗战，击落敌机 4 架，25 日在江阴附近击落 2 架，均是落于江中，随流漂去。谨闻。

逸仙舰是南京国民政府积极建设海军，自行建造的轻型巡洋舰。由上海江南造船厂承造，造价为大洋 300 万元，1929 年开工，由设计师叶再馥设计，1930 年下水，次年完工、成军，以先总理孙中山的号命名为逸仙，编号为 96 号，隶属于第一舰队。

该舰长 270 英尺，宽 34 英尺，全舰结构均以软钢为材料。舰内装有 3 座桑呢克罗福特水管锅炉，并以 2 部 3 汽缸立式往复蒸汽机带动 2 只螺旋桨，最高可产生 4000 匹马力之动力，最高速率可达 19 节，巡航速率亦有 12 节。该舰装有 2 根桅杆及 2 根烟囱，前桅杆高 96 英尺，为铁质；后桅杆高 58 英尺，为木质。2 根烟囱位于前后两桅杆之间。舰中段 2 舷悬挂柴油小汽艇 2 艘，及舢板 2 艘。

武器方面，该舰首装有荷制克虏伯 150 毫米 50 倍主炮 1 门，最大射程 24500 公英尺；舰尾装有日制阿摩士庄 14 生 50 倍主炮 1 门，最大射程 17600 公英尺；驾驶台之前，两烟囱之间，后烟囱与后桅杆之间，及后桅杆之后均各装有荷制克虏伯 750 毫米 40 倍高射炮 1 门（共 4 门），最大射程 13500 公英尺。舰尾另装有英制哈乞开斯 470 毫米 50 倍自动速射炮 1 门，最大射程 6600 码。舰上无鱼雷发射管，亦无装甲。

一般诸元：

长度：270 英尺。

宽度：34 英尺。

排水量：1500 吨。

吃水：前 12.4 英尺，后 9.6 英尺。

速度：最高 19 节，巡航 12 节。

马力：4000 匹。

编制：官员 22 员，士兵 160 员。

逸仙舰太强悍了，它的历史远未终结。日军占领江阴后，派出打捞人员将其打捞出水，最初准备赠送给汪精卫政权，可是由于战争不断扩大，日军舰船捉襟见肘，于是将逸仙舰尾部增加一层舱室，改做日本海军兵学校的练习舰，并改名为阿多田。

1945年日本战败后，被迫将"逸仙"舰归还。不久，逸仙舰的火炮被换成两门127毫米（5英寸）美制舰炮。逸仙舰重新列入中国海军序列，隶属海防第二舰队服役。

1949年解放军渡江之时，该舰停泊在江阴炮台下，一度被迫对解放军打出白旗表示投降。但随即该舰利用夜暗逃脱到上海，后随国民党迁台。

1953年5月24日14时，国民党海军逸仙号炮舰和一艘马达炮艇从大陈岛出动，经南、北泽海域向猫头洋航行。逸仙舰以烧煤为动力，有两根直竖大烟囱，吐着黑烟，因此老远就被解放军护渔编队发现。

开封舰舰长袁单承遂立即指挥启锚迎击，率开封舰位于菜花岐岛附近机动，以14节航速向小鹅冠山岛前进。不久，开封舰雷达发现方位230度、距离10海里处的逸仙舰，舰长袁单承在指挥台上下达开火命令："左舷60度，距离81链，爆破弹，预备——放！"

"轰轰——"该舰后两门100毫米舰炮吐出橘红色火光，海面升起水柱，弹着点超越逸仙舰。逸仙号虽然装备了两门127毫米美制舰炮，火力不弱，但突然遭到打击，没有还击就调转航向180度，加快航速向东南方撤离逃走，烟囱喷吐出的浓重烟雾在海面拖出一条烟带。开封舰加速，猛烈开火。同时，逸仙号一面以后主炮开火拦截开封舰，一面加速逃窜，不久就消失在小鹅冠山岛以南。

1958年，逸仙舰退役。1959年，该舰被拆船商买走解体。

1937年9月月5日，在逸仙舰即将沉没之时，陈季良即命第一舰队驱逐舰建康号舰长齐粹英，率舰赶来救援，并令第二舰队司令曾以鼎率楚有号赶赴江阴接防。

陈绍宽在楚有号炮舰上

建康舰是艘小型驱逐舰，又名灭雷艇。在途经江阴龙梢港时，突遇日机十余架围攻，当即在舰长齐粹英、副长严又彬的指挥下，与敌机展开激烈的对战。

由于火力有限，该舰舰长命令所有步枪加入对空射击，一时间，弹片迸发，鲜血横飞，在敌机轮番轰炸下，该舰中弹8发，各部损坏甚多，各舱同时进水，随即倾斜下沉。

陈绍宽向蒋介石汇报建康舰被敌机炸沉电：

> 密。本军建康舰本月25日在江阴附近工作，适遇敌机多架来袭。该舰员兵与之抗战多时，终因敌机众多，被其炸沉。该舰舰长受伤，员兵亦伤亡颇多，详情容续报。谨闻。

建康舰是1909年清朝海军大臣载洵与萨镇冰赴欧洲考察海军时，向德国硕效厂订造的，1913年完成来华；同时订造的还有豫章、同安两艘驱逐舰。建康舰计价62965镑；豫章、同安各57965镑。

建康舰船身长198英尺，舰宽21英尺3寸，排水量390吨，吃水5英尺7寸，每小时速率32海里。三脱汽立2副，水管汽锅4座，实马力6000匹，配阿式12磅炮2门，阿式三磅炮4门（高射炮），鱼雷管18英寸鱼雷管两个，载煤量8吨；全船配员兵60员名。

在江阴之战中，舰长齐粹英、副舰长严又彬、航海员孟维洸等人在瞭望台上指挥时，皆被炸成重伤，机炮副军士长钱维铿、雷机副军士长张铸黄、帆缆中士徐孝发以及列兵任礼华、陈贞铭、陈森应、林森深、郑龙昌、丁步高等9人阵亡，其余员兵重轻伤者28人。

至此，第一舰队主力舰平海、宁海、逸仙、建康等主力舰皆被日机炸沉，这是抗战中，中国海军最悲壮的三天。可谓弓裂矢摧，断刀折戟。

1937年10月，日本海军战报："经我军两个月来的英勇作战，于淞沪圣战前撤往江阴，并于彼处集结的支那海军，被击沉击伤共25艘，伤其兵员数千人。目前，这支军队已不复存在了。"

看着中国海军主力舰被一艘一艘炸沉，躲在要塞的堡垒中观看中日海空大战的江阴要塞区司令欧阳格的脸上却浮现出颇为得意的神态，对身边的萨福畴说："不料陈某的海军，竟也有今日。"

萨福畴奉承地说："还是教育长，不，司令高见，要没有海军军舰下沉充作阻塞的主意，中央海军也不至于这样惨不忍睹吧？"

欧阳格得意非凡："江阴沉船的最大好处，是阻挡日舰不能从长江进来，攻打上海的后路，仅此一点，委座是非常认可的，谁能说什么？谁又敢说什么？你赶快去集合一帮人。"

萨福畴问："司令，要人干什么？"

欧阳格："他们的船搁浅了，高射炮谁抢到就是谁的，还不懂吗！"

果然，平海、宁海被炸搁浅在浅滩上后，欧阳格的兵一拥而上，把舰上的高射炮都拆卸拿去。他向蒋介石汇报后，得到蒋介石的夸奖，认为将这些高射机枪设置在炮台上对防空大有好处。

是日，日空军还对中国海军的其他舰只实施攻击。

电雷学校"史可法"34号鱼雷快艇在江阴要塞上游江面与敌机激战后被炸弹击中，舰长姜翔翱、叶君略以下官兵全部英勇牺牲。

当时，蒋介石的军事总顾问法肯豪森将军带着一批人，冒着雨点般的炸弹，坚持在江阴要塞的炮台上观看了这场惊心动魄的海空大战。

有人劝他："总顾问，看看就行了，这样下去太危险了。"

法肯豪森激动地说："不，我要看下去，其实一开始输赢就没有悬念，但我看的是中国的抗战决心。第一次世界大战时，我德意志帝国海军与英国海军在北海海战，有如此激烈的战斗。以后我还没见过有如此激烈的海空大战。四艘主力舰与近三百架次的空军能对抗三天，实在了不起！"

随行的德国军官说："照这样下去，中国海军很快就要打完了，这场抗战还能持续多久？"

法肯豪森反驳说："你的观点不对，中国的海军、空军包括陆军都能被打完，但是这个古老的民族是打不完的。中国有句古话，我很欣赏，叫楚虽三户，亡秦必楚！"

德国军官耸耸肩，表示没有听懂。

法肯豪森坚定地说："按通俗的话说中国就算最后剩下三户人家，但打败日本的仍必定是中国！"

二十二、海圻舰传奇

　　主力舰损失殆尽，蒋介石却再次手令："沉塞大舰，从速办理。"有40年军龄以上的海圻、海容、海筹、海琛四大舰卸炮沉塞江阴，以防止日舰从长江水道攻击南京。

　　海圻是一艘什么样的舰船？它在海军中有何种地位？

　　眼看我海军主力舰队损失殆尽，江阴封锁线有被日军打通的危险，1937年9月20日，军事委员会委员长蒋介石即电海军部部长陈绍宽：

　　"海圻、海琛、海容、海筹等凡年在四十以上之大舰，须将其炮卸下，准备沉没，堵塞长江各段之用。如三日内拆卸不及，则连炮沉塞亦可，务如期办到，以示我海军牺牲之精神。"

　　蒋介石说的"海"字打头的四艘大舰，舰龄均在40年以上。

　　甲午战后，北洋舰队覆没。清政府亟谋重振海军，最后一次掏出国库银向英国、德国购买了以"海"字开头命名的五艘巡洋舰，称为"五海军舰"。

　　1896年5月，由总理衙门致电出使德国大臣许景澄，在德国伏尔铿厂订购海筹、海容、海琛巡洋舰三艘（即穹甲快船）。派员曾宗瀛、林鸣埙监造。每艘计价16.3万镑，于1898年来华。船身长314尺，舷宽40.8尺，排水量2950吨，吃水19尺，每小时航行速率19海里半，三脱汽立机二副，烟管汽锅四座，实马力7500匹；配克式十五生炮3门，又克式十生半炮8门，克式六生炮2门，哈式三十七密里炮4门，马式八密里炮5门；鱼雷管一个，载煤量580吨，载淡水量270吨；全船配员兵263名。

　　1896年11月，由海关总税务司赫德向英国阿姆斯特朗（Armstrong-Shipbuilding Co）埃尔斯维克船厂订购了海圻、海天两艘巡洋舰。参加甲午海战的北洋舰队的定远、靖远号与日本的浪速、吉野号，以及出云号等都出自该厂。

清廷派出程璧光、林国祥、卢守孟、谭学衡、陈镇培、黎弼两监造。每艘计价32万磅。船身长424尺（120.7米），舷宽46.8尺（14.22米）；排水量4300吨，吃水20尺（6.096米），每小时航速24海里；配三脱汽立机二副，烟管汽锅四座，实马力1.7万匹；阿式8寸炮（203毫米）2门，阿式4寸7（120毫米）炮10门，阿式40密里（机关炮47毫米）炮12门，阿式37密里机炮关4门，马式7密里（18英寸口径）炮六门，鱼雷管5个，载煤量990吨，载淡水量337吨；全船配员兵445名。

海圻与海天两舰以其体形大，航速快，火力强，成为清末海军的主力舰，和前述的海容、海筹、海琛，合称"五海军舰"。

当海天、海圻二舰回国时赶上了意大利强租三门湾事件。1899年年初，意大利向清政府提出租借三门湾的要求，清政府断然拒绝；同时起用叶祖珪、萨镇冰等前海军将领，做好备

意大利方面也派出三艘军舰到中国沿海游弋，事件进入一触即发的临战状态。

5月30日，清政府命令北洋军舰出海巡哨，但不敢松懈，命沿海地区加强防范。11月20日，清政府命令叶祖珪率海圻、海天等北洋诸舰南下。意政府最终放弃了对三门湾的要求。

1904年4月23日，管带刘冠雄奉命率海天舰从烟台出发，赶赴江阴装运军火。24日，军舰在海上遇上了大雾天气。因刘冠雄的妻子生日即将到来，他要赶在生日前抵达上海寓所为其做寿，于是命加快航行。25日凌

刘冠雄在袁世凯当中华民国大总统后任海军部长。此图为1912年3月，刘冠雄与汪精卫（左）、钮永健（右）等人在北京合影

晨,海天舰驶至长江口外舟山鼎星岛附近,军舰撞到了礁石上,损毁沉没。刘冠雄按罪当杀头,经袁世凯缓颊,遂得以无事。

这样,"五海"军舰成为"四海"军舰。从1896年算起,到1937年,这些军舰舰龄都在40年以上。尤其是海圻舰曾代表清政府远赴欧洲和美洲,是中国军舰当中的光荣之舰。

海圻号

海圻舰在中国海军史上是一艘充满传奇色彩的军舰。该舰是中国第一艘以访问英国、美国、墨西哥、古巴等国而完成环球航行的大型军舰;该舰是清政府海军中唯一一艘全舰官兵都剪掉辫子的军舰;在该舰环球航行期间辛亥革命爆发,该舰全体官兵在舰长程璧光带领下毅然投入革命队伍——出国时舰旗还是清朝的黄色青龙旗,归国时已变成了中华民国的五色旗。

从此,海圻舰木秀于林。直到20世纪30年代,尚为民国海军核心主力舰。抗战前夕,该舰属于第三舰队(渤海舰队,基地在青岛,司令沈鸿烈)序列。

1909年海圻率海容舰赴南洋,访问了香港、新加坡、雅加达、西贡等地。

1910年,英国国王爱德华七世病死,乔治五世继位,英国政府举行加冕仪式，同时举行海上阅兵式。为此，英国向各国广发邀请。清王朝也得到了这一邀请，决定派遣贝子（清代宗室爵位，次于贝勒）载振为庆贺特使，海军巡洋舰队统领程璧光作为庆贺副使，率海圻号军舰赴英参加典礼活动。当时，墨西哥等南美国家发生大规模排华事件，清政府遂特派海圻号转赴访问美国、古巴与墨西哥，多少有点"炮舰政策"的象征。

1911 年 4 月 24 日，海圻舰从上海杨树浦军港起锚远行。（此前，特使载振晕船，改乘火车走陆路前往欧洲。）

出国期间，全舰官、生、兵均按月领取比国内多一倍的双薪，仿照英国海军军服样式定做了军服。经过两个多月的航程，海圻舰经印度洋入红海，过苏伊士运河，再进入地中海，途经新加坡、科伦坡、亚丁港、塞得港和直布罗陀五大海港。进入大西洋后，海圻号进入英吉利海峡，至 6 月 20 日，终于驶抵朴次茅斯军港。6 月 21 日，海圻号与各国前来参加受阅庆典的军舰以及英国皇家海军的舰队，在斯匹赫德水域集结完毕。程璧光统领、汤廷光管带及随员立即同车前往伦敦，与应邀出席典礼的清政府特使载振、驻英大使刘玉麟等会合。

6 月 22 日上午 10 时 30 分，加冕庆典隆重举行。英王乔治五世和玛丽王后同乘由 8 匹白色高头大马牵引的四轮大彩车，离开白金汉宫，前往位于坎特伯雷教区的西敏寺接受加冕。国王身着深红色的礼服，彩车四周派有 20 名仪仗兵护车，彩车近旁还有 8 名年轻英俊的侍卫官护驾，紧随彩车的是皇室高级人员的车队，担任殿后的有 20 名宫廷卫士。不过半小时的路程，沿途所经街市派出 5 万部队担任警卫，数十万群众一起拥上街头，夹道欢呼，争睹新王与王后之风采。这一盛况确实也令程璧光等人大开眼界。

6 月 24 日，乔治五世国王偕玛丽王后在斯匹赫德水域校阅多国舰艇编队。上午 11 时许，乔治五世国王与玛丽王后在海军第一大臣的陪同下，与各国专使及本国阁员并皇家贵族，乘着大型豪华游艇 3 艘，自朴次茅斯港徐徐驶出。中国特使载振和程璧光统领应邀乘英王所在的第一艘校阅艇观看海上校阅。

当 3 艘校阅艇驶出朴次茅斯港口时，英国皇家海军旗舰施放礼炮一

海圻舰舰长程璧光

响，接着，所有参阅舰艇按规定时间间隔，同时鸣炮 21 响。霎时，隆隆炮声响彻海面。

英王乘坐校阅艇校阅军舰，经过海圻时，甲板上军乐队高奏英国国歌和中国国歌，官兵肃立致敬。奏乐完毕，官兵们一齐挥动军帽，三呼"Hurrah！"（万岁）！乔治五世国王与玛丽王后频频挥手含笑答礼。

隆重壮观的海上校阅式进行了 1 小时 20 分钟。回港途中，乔治五世国王及玛丽王后接见了率舰赴英参加舰队校阅的中国海军统领程璧光，并向其颁赠纪念"加冕"银牌。

英方还为所有参阅的外舰指定了对应的陪访舰。担任海圻号陪访舰的是英国皇家海军大西洋舰队旗舰威尔士亲王号战列舰。舰队司令官杰利科中将驻舰指挥。当晚，杰利科中将在威尔士亲王号上设宴招待程璧光统领、汤廷光管带及官生以上人员。25 日，程璧光也在海圻号设宴答谢杰利科中将及威尔士亲王号舰长等来宾。

6 月 22 日，英国皇家海军为庆祝英王加冕，也为了加深各国海军之间的友谊与交流，还在朴次茅斯港举办了一次多国海军田径运动会。海圻舰的官兵虽与奖牌无缘，也算是与各国海军同场竞技，增加了情感。典礼活动结束后，海圻舰转往"出生地"阿姆斯特朗埃尔斯维克船厂进行维护保养。

1911 年 7 月下旬，海圻舰从英国朴次茅斯军港出发，开始横跨大西洋的航行，于 8 月 10 日抵达美国纽约港，成为第一艘完成大西洋航行的中国军舰。

程璧光一行随即前往华盛顿、波士顿一带进行外交活动，拜会美国总统，而后重返纽约。其间，中国海军派出仪仗队，列队前往纽约哥伦比亚大学附近，向美国前总统格兰特的墓地敬献了花环。

离开纽约前，程璧光还参观了正在承造中国巡洋舰飞鸿号的美国纽约海军造船厂。

结束了对美国的访问，海圻船开往南美诸国，第一站到达古巴哈瓦那。海圻靠港的那天，成了整个古巴华侨的节日，"古巴侨民扶老携幼来观祖国之海军，古巴人亦以为壮观"。程璧光觐见古巴总统时，表达了中国对古巴的友好情谊；古巴总统再度重申绝不歧视华侨。

海圻舰在访问墨西哥前夕，清政府驻美、秘、墨、古大臣（即公使）张荫棠与墨西哥政府交涉，墨政府已就排华事件正式向清政府赔礼道歉，偿付受害侨民生命财产损失计310万墨元，安置受难侨胞；又正值墨与邻国发生战事，因此，经请示清政府，中止前往，海圻遂在百慕大群岛略作停留，返回英国，再沿来时航线回国。

海圻舰官兵向美国前总统格兰特的墓地敬献花环

1911年10月，当飘扬着黄龙旗的海圻舰进入英国港口后，一个爆炸性的新闻在舰上传开——辛亥革命爆发了。当时，海圻舰上的三副黄仲立刻在年轻军官和下层士兵中进行组织宣传，并运动舰上官兵向程璧光请命，要求宣布海圻参加革命。紧接着，为防止哗变，程璧光召集全舰官兵到甲板上表决，称："汝等日来谈论，我已知之，汝等任何人如欲回国参加革命者，请到右舷，不赞成者左舷，待我唱出一、二、三时，按个人意志决定行动"。结果"一、二、三"数完，所有人都到了右舷。此后，程璧光宣布同意参加辛亥革命。但他并没有立刻率军舰回国，而是留在英国等待与观察局势发展。直到中华民国南京临时政府宣告成立，换上了五色旗的海圻舰才从英国起航，踏上了漫漫的回国之路。

1912 年 5 月，历经 30850 海里航程的海圻舰回到上海，全舰官兵除水兵王福乾等四名病故外，全部回到中国。而此时的中国大地已不再是帝制时代。

1913 年 5 月，民国海军部向大总统呈文，为海圻舰官兵请奖：

> 查我国海军方在幼稚时代，前因经费困难，故从无远驶欧美各洲之举。迨前清末叶因英国加冕盛典，特派海圻赴贺。旋因墨国内乱，复派赴美镇抚华侨。往返需时一年余，计程万余里，使我国国徽飘扬于异地，实自海圻始。

在抗战前夕召开的国防会议上，蒋介石决定沉船封江后，陈绍宽见其下令沉塞的各舰都是第一、第二舰队的主力舰，非常不满，曾经质问："为何沉塞的都是第一、第二舰队的军舰？其他舰队又当如何？"

为了平息陈绍宽和闽系海军的情绪，在第二次下达封江令时，蒋介石特地将属于第三舰队的海圻与海琛两舰调来江阴。

海圻、海琛既然属于渤海舰队，它们的锚地应该在青岛，怎么又能开赴江阴呢？

原来民国成立后，海圻舰是属于第一舰队的。1913 年，程璧光任袁世凯北京政府海军高等顾问。海圻号被编入第一舰队。"二次革命"时，海圻参与了进攻吴淞炮台的行动，并中弹受创。8 月 13 日，吴淞炮台在袁世凯的海陆军联合攻击下失陷。8 月 24 日，袁世凯命令进攻南京，"海圻"舰也鞍前马后，参加了夺取南京的战斗，属于北京政府麾下的"有功"之舰。

1916 年，云南、广东等地爆发护国运动。4 月中旬，袁世凯派陆军第 12 师在塘沽上船，南下镇压。由海圻、海容舰护航。4 月 20 日，船队到达温州海面时遇雾。海容号将运兵船新裕号撞沉，船上七百余名官兵遇难。由于帝制遭到全国的反对，6 月 6 日，袁世凯病死。继任大总统黎元洪任命程璧光为海军总长。

1917 年 5 月，时任海军总长的程璧光，因不满段祺瑞拒绝恢复临时约法的行径，愤然辞职。6 月 9 日，程璧光亲率舰队抵沪。23 日晚，孙中山在远东第一富翁哈同的私人花园——爱俪园设宴邀请程璧光共进晚餐，程璧光与孙中山是同乡，两人频频举杯，相谈甚洽。

7 月 1 日，张勋率"辫子军"进京，拥立清废帝溥仪，悍然宣布复辟帝制。孙中山决定共同讨逆，反对帝制。

7 月 3 日，孙中山在上海法租界莫里哀路 29 号寓所再次邀请程璧光和林葆怿等海军将领商讨大计。程璧光慷慨激昂地表示："坚决反对清朝专制复活，至海军全体誓不承认帝制。"孙中山心情沉重地对海军将领说："这不但是共和与帝制之争，还是全体国民反抗武人专制之争。"会后，他们通电全国，开始南下护法讨逆。

7 月 6 日，孙中山与廖仲恺、朱执信、何香凝等人乘海琛号军舰由上海启程赴广州。22 日，程璧光、林葆怿率第一舰队的海圻、永丰等 7 舰在上海吴淞口起锚，驶入东海。舰队一字排开，鱼贯而行进在万顷碧波的大海上。从此，永丰舰正式加入国民革命的行列。8 月 5 日，舰队到达广州，与那里的永翔、海琛、楚豫各舰共同组成广东军政府护法舰队。程璧光通电全国，提出拥护《临时约法》、恢复国会、惩办祸首等 3 项主张。9 月，孙中山在广州就任中华民国军政府海陆军大元帅，程璧光就任广东军政府海军总长。

10 月 23 日，广东潮梅镇守使莫擎宇突然叛变，宣布归顺北洋政府，并与福建督军李厚基勾结进攻惠州。海圻、永丰、豫章等军舰协同陆军讨逆反击。在隆隆的炮火支援下，护法军攻克潮汕，击溃了叛军。不久，海琛、永丰等舰在闸坡海面一举俘获龙济光叛军的数艘军舰，切断了龙军的海上运输线。

然而，不幸的事情发生了。1918 年 2 月 26 日，程璧光从珠海岛乘艇过江，在长堤码头上岸时遭凶手狙击身亡。凶手是桂系军阀陆荣廷、莫荣新所遣。孙中山闻讯哀痛不已，亲批治丧费 3000 元，并嘱胡汉民执笔撰写讣电。3 月 1 日，非常国会颁令程璧光国葬荣典。遗体于 1919 年 1 月安葬于江苏宝山（今属上海），并在广州珠江江畔铸立铜像，以示纪念。

1922 年 4 月，广州军政府财政困难，海圻等舰上闽籍官兵图谋叛乱，并扬言有反对者杀后抛海，一时人心惶惶，官兵纷纷离舰避祸。孙中山派温树德、陈策等接管黄埔北洋舰队。温树德等率小船偷载士兵上舰，舰上官兵内应，经过六个小时枪战，闽籍官兵死达三十余人，黄埔内海圻、海琛、肇和、同安，白鹅潭所泊永丰、永翔、豫章、楚豫等舰，均被占领。全部闽籍官兵被解除武装，舰长被关押。事件平息后，孙中山任命温树德为军政府海军司令兼海圻舰长。

1922 年 5 月下旬，孙中山在北伐问题上与广东省长陈炯明发生矛盾。6 月 22 日，陈炯明叛变，炮轰观音山大总统府，孙中山避难永丰舰，指挥各部与叛军作战。

7 月 8 日，温树德等接受陈炯明 26 万元贿赂后，令海圻、海琛、肇和三艘大舰升火起锚，离黄埔外驶。7 月 9 日，孙中山率永丰等舰攻击车歪炮台，进驻白鹅潭。

8 月 9 日，孙中山离开永丰舰，经香港赴上海。所有黄埔军舰均被温树德接收。

1923 年 1 月，陈炯明被讨贼军击败。2 月，孙中山重返广州。因温树德谋叛，5 月 30 日孙中山下令免去了温树德的舰队司令职务。海军"一律暂由本大元帅直接管辖"，同时任命吴志馨为海圻舰长。不久，温树德收到同乡吴佩孚的密使带去的 50 万元专款，收买海军军官，于 10 月 30 日策动永翔、楚豫、同安、豫章四舰开赴汕头。

12 月 18 日温树德通电宣布："海军原为护法南来，现在法统重光，任务将告结束，率队北上，微特为护法始终之表示，且为南北统一之先声；愿南方同志，早息纷争，速促国家统一。"温树德率海圻、永翔、同安、肇和、海琛、楚豫等舰离开汕头，于 1924 年 1 月上旬抵达青岛，投奔北洋政府。

3 月 22 日，曹锟以总统名义任命温树德为渤海舰队司令，以叛逃六舰组成渤海舰队。9 月，温树德再晋升为直系控制的北洋政府海军副总司令。这就是海军青岛系的肇始。

1922 年第一次直奉战争以奉系的失败而结束。张作霖力图扩充军力，建设海军。东北海防舰队舰队长初为凌霄，1926年1月改为东北海军司令部，由沈鸿烈任中将司令官。

1924年第二次直奉战争后，直系战败。渤海舰队又成为没娘的孩子，只得归附张宗昌。张宗昌调温树德去北京海军署任署长，委军长毕庶澄为渤海舰队司令；不久，又任命吴志馨为舰队司令。

随后，渤海舰队主力舰海圻入旅顺口日本船厂修理。时东北舰队的镇海舰也在此修理。在沈鸿烈的运动下，该舰归附东北海军。之后，沈鸿烈又乘海圻舰去青岛，将渤海舰队整个接收。东北海军在接收渤海舰队后实力居全国海军第一。

1928年东北易帜后，因为当时中央海军为闽系控制，蒋介石不愿意闽系的势力太大，暗中阻挠，不肯将东北海军收归中央。

1931年九一八事变后，东北海军孤悬青岛，军费减少。1932年，东北海军的高级将领打算夺取青岛、烟台等地的行政权，以增加东北海军的地盘，筹集军费。但沈鸿烈以军人不干涉政治为由不予同意。东北海军的部分将领乘沈鸿烈来崂山之际，将其软禁，推荐凌霄代理司令。此即为"崂山事变"。当时，以海圻舰水兵第一分队副队长关继周为首，组织了一支二十多人的士兵敢死队，冲进崂山，将沈鸿烈解救出来。沈登上海圻舰，升上司令旗，重夺东北海军控制权。

关继周等营救沈鸿烈后，自恃有功。同时沈鸿烈此时兼职青岛市长，军饷有着。这些人向沈鸿烈提出青岛港务局长、公安局长等人事要求，遭到沈鸿烈的拒绝。

6月25日，关继周与海圻舰长姜西园等人，率海圻、海琛、肇和三舰出走，直奔广东，于7月25日抵达珠江，受到广东军阀陈济棠的欢迎。此刻，陈正与蒋介石叫板，三大舰投奔门墙，不禁喜出望外，遂改编为粤海舰队。但陈济棠想控制南下三舰，对南下东北籍官兵的待遇越来越差，同时慢慢撤换东北籍军官，企图夺取三舰的控制权。1935年6月15日，东北籍官兵决定再次带舰出走，归顺南京。

7月12日，海圻、海琛舰抵达南京，名义上归还第三舰队建制

（东北舰队），但由军政部代管，暂住长江协防，不让海军部陈绍宽等染指。

据第三舰队海琛舰舰长张凤仁回忆："1937年7月，我在南京担任防务。日本的四艘驱逐舰突然泊在了我两艘舰（即海圻、海琛）的对面。我们请示军政部，结果回答是不要放第一炮。这种情形是很困难的，四艘驱逐舰对着我们放两条鱼雷，船就会沉掉。我们派人上船问他们什么意思？说现在七七事变，虽未全面抗战，但是你们已是敌人了。我们为了自卫，会用实弹对向你方，以防不测。所以请你们走开。之后，他们的四艘驱逐舰就开走了。"

抗战全面爆发后，海圻与海琛、海筹、海容，共同被列入江阴沉船名单。后奉令拆除船上的大炮，9月25日晨，四大舰被打开舱底水门，自沉于江阴水下封锁线。

第二批自沉军舰名单：

海圻巡洋舰（江阴自沉），舰长唐静海上校，副长刘乃沂中校，协长许世钧中校，轮机长邱崇明中校（第三舰队）。

海琛巡洋舰（江阴自沉），舰长张凤仁上校，副长吴支甫中校，轮机长陈精文中校（第三舰队）。

海容巡洋舰（江阴自沉），舰长欧阳劼上校，副长杨道钊少校，轮机长黄辉如少校（第一舰队）。

海筹巡洋舰（江阴自沉），舰长林镜寰上校，副长郑翊汉少校，轮机长黄辉如少校（第一舰队）。

海军部长陈绍宽即呈蒋介石：

窃奉9月20日军事委员会委员长蒋手令：海圻、海琛、海容等凡年在四十以上之大舰，须将其炮卸下，准备沉没，堵塞长江各段之用。如三日内卸拆不及，则连炮沉塞亦可，务如期办到，以示我海军牺牲之精神。等因奉此。遵饬海圻、海容、海筹、海琛四舰遵照办理。正在拆卸各炮之际，复奉委员长谕，以近两日来敌机轰炸我主力舰队，情形紧张，恐有冲破我江阴防御工事之企图，应将该四舰速行沉塞，增强该处防线。等因。遵饬圻、容、筹、琛四舰，即将已卸各炮搬移后，经于本晨拂晓沉塞完妥，理合备文密报，伏乞鉴核备案。

　　谨呈行政院院长蒋。

海军部部长陈绍宽（印）

二十三、蒋介石发火了

　　第一舰队元气大伤，陈绍宽不得不命令曾以鼎乘楚有舰赶赴江阴接防。楚有舰挂起指挥旗，但该舰是一艘 40 年舰龄的小炮舰，在日机狂轰滥炸面前能抵挡一阵吗？

　　而身负重伤的陈季良回到南京后，蒋介石为什么竟要下令将其枪毙呢？

　　当逸仙舰被日机炸沉时，陈绍宽命令在南京的第二舰队司令曾以鼎，率楚有舰赶赴江阴接防。

　　曾以鼎，字省三，福建闽侯人。生于 1887 年，比陈绍宽大两岁，是闽系海军核心人物。

　　曾以鼎早年在烟台海军学堂第二期驾驶班学习驾驶，毕业后任海圻号巡洋舰见习官，后任电雷学校正教官，1914 年 5 月 30 日补授海军上尉，10 月升任应瑞号练舰教练官，1915 年选派赴英国留学，1917 年 12 月 21 日晋授海军少校。1918 年 3 月 28 日任永健炮舰舰长。10 月 19 日获颁六等文虎章。1921 年 6 月 7 日调任江利炮舰舰长。9 月 5 日获颁四等宝光嘉禾章。12 月 18 日晋授海军中校。1922 年 6 月 27 日被免职后转投皖系段祺瑞，并策划海军永绩、海筹两舰在上海独立。1923 年 4 月 9 日出任上海海军领袖处暨独立舰队（司令林建章）参谋长。1924 年 5 月 7 日调任靖安号运输舰副舰长。1925 年

海军第二舰队司令曾以鼎

1月30日晋授海军上校。2月11日升任海容巡洋舰舰长。1927年3月12日随部加入国民革命军。9月任鱼雷游击舰队少将司令，1929年2月27日兼任海军编遣办事处（主任委员杨树庄）委员，1931年1月1日获颁三等宝鼎勋章。1932年1月18日升任海军第二舰队少将司令。1935年9月6日叙任海军少将。1936年7月9日获颁国民革命军誓师十周年勋章，11月12日获颁四等云麾勋章。1937年8月兼任长江江防司令部（总司令刘兴）少将副总司令。

行前，陈绍宽约曾以鼎面授机宜。

"陈季良负了重伤，要转到南京来治疗，他的指挥由你来接替。"

曾以鼎得意地说："我总算当上第一了！"

陈绍宽："临危受命，你怎么还是这样大大咧咧的？"

曾以鼎揶揄道："胎里带的，改不了的。"

曾以鼎与陈绍宽为人严谨、行事端方的个性大相径庭。他出身于书香门第，背景很好。其祖父曾兆鳌是道光二十年（1840年）进士，外祖父黄光周是道光二十五年（1845年）进士，其父曾宗诚是清光绪二年（1876年）举人，大哥曾毓隽是北洋时期活跃于政坛的交通系要角，曾任交通总长。曾以鼎为人豪爽，生性豁达，烟酒诗书，无一不好。

陈绍宽对曾以鼎说："省三兄，第一舰队快打光了，眼看日军要冲过江阴封锁线，形势不容乐观。"

曾以鼎虽然对海军抗战所抱的希望不大，面对险峻的形势，却很淡定。看到陈绍宽眉头紧锁，他却哈哈一笑：

"国家养兵，就用在国家危难之时，马革裹尸我们做不到，但是把我们的军舰填在江阴水下，也不是什么难事。你放心，小日本是打不光中国海军的，即便真打光了也好，我们一同扛枪上陆，海军改做陆军司令！"

陈绍宽不禁也乐了："想得倒美，蒋委员长可没有这么大的度量让你我来做陆军司令，当光杆司令吧。"

曾以鼎不服气："那有什么，光杆司令可以打游击啊，也能杀死几个小鬼子！"

一句话提醒了陈绍宽，他拍着曾以鼎的肩膀说："对，军舰打光了，

二十三、蒋介石发火了

我们就打游击！"

曾以鼎愕然："你当真准备去打游击？"

陈绍宽点头："对呀，我们要转换一下脑筋，我们过去总强调吨位，太看重军舰了，少一艘就像挖心挖肺，多一艘比得个大元宝还开心。现在主力舰都没了，连楚有舰都要顶上了。你想过没有，这能抵挡多久呢？"

曾以鼎安慰陈绍宽："没关系，江阴已经填了十几艘军舰了。"

陈绍宽说："十几艘军舰，谁能像你这样没心没肺。"

曾以鼎："那有什么办法？"

陈绍宽："我们可以用我们的方式打游击……"

曾以鼎眼睛一亮："水雷？"

陈绍宽挥动着拳头："水雷！我们用水雷打游击！"

曾以鼎："好办法！舰没了我们还有水雷，总能炸他个舰毁人亡！"

陈绍宽握着曾以鼎的手："老兄，多保重，注意安全，我等你一起去打游击。"

曾以鼎告别陈绍宽，大步流星出了海军部。

回到舰上，他立即命令起锚，楚有舰挂起海军少将的指挥旗，迎着猎猎江风，向下游驶去。

常言道：瘸子里挑将军。楚有舰能当将军吗？

楚有排水量只有 745 吨，4.7 英寸主炮 2 门，3 英寸炮 2 门，2 磅炮 1 门，高射机枪 2 挺，是艘小炮舰。

该舰是 1895 年由日本川崎厂建造，同一批类型的炮艇还有楚豫、楚泰、楚同、楚观、楚谦，1897 年 2 月到 10 月陆续来华。每艘约日元 45.5 万元，船身长 200 英尺，宽 29 尺 6 寸，吃水 8 英尺。每小时速率 13 海里，实马力 1350 匹，全船配员 86 名。

和陈绍宽死对头的欧阳格在 1922 年 6 月孙中山广州蒙难时，先登上的就是楚豫舰。该舰为孙中山的座舰，舰长就是欧阳格。孙中山后又转登永丰舰。

到 1937 年，"楚"字号舰也都是有着 40 年船龄的老"古董"了。

楚有舰驶往江阴，曾以鼎与陈季良办理了交接手续，开始指挥第一舰队残余的舰只。

曾以鼎的命运还不如陈季良。当"海军少将"的指挥旗出现在楚有舰桅上之后，立即引起日本水上侦察机的注意。

日本第三舰队司令长谷川清听到汇报后，反问："是楚有舰吗?"

得到的回答是肯定的。

长谷川清一再告诫海军航空兵要注意宁海、平海两舰凶猛的防空炮火，对于楚有，他只是用一根手指不经意地划了一下："这种产于明治时代的小炮艇还有存在的必要吗?"

日军决心要在长江中消灭中国舰队，打通江阴封锁线。从9月28日开始，一连两天，日机连续对楚有舰进行了四次围攻。

在曾以鼎的指挥下，楚有及第一舰队所有火力展开对空射击，以做最后的一搏，然而在日机的轮番攻击面前，只有招架之力。只战了约个把小时，该舰即被炸弹击中，舰底进水。舰长郑耀恭请示曾以鼎，曾当即命令该舰驶向岸边浅水处搁浅，曾等登小船撤离，并令官兵拆卸船上的火炮和高射机枪。第二天上午8点多，正当官兵继续拆卸时，突然防空警报拉响，日机俯冲，向楚有投弹，在爆炸声中，该舰不断抖动着下沉。官兵们紧急撤离，在弹雨中，重伤2人，轻伤16人，楚有这只日本生产的小炮艇，终于沉没在滔滔的江水之中。

9月30日，海军部代电：

> 行政院蒋院长钧鉴：密。俭（28日）晨10时，敌机数架来袭江阴，向楚有舰掷弹。经该舰抗战约历1小时，被弹炸伤，舰底进水不已，拖搁附近浅处，拆卸炮械。正在工作间，艳（29日）晨8时许，敌机复来掷弹，该舰又被炸中，遂致下沉，员兵重伤者2人，轻伤者16人，尚有失踪者，恐系漂流，正在调查中。谨闻。陈绍宽叩。卅辰。

蒋介石听说楚有舰被炸沉的消息，勃然大怒。一迭声命令姚琼："去叫陈绍宽立即来见我!"

"是是是!"姚琼不知蒋介石为何大怒，于是急忙退出来，给陈绍宽打电话，让他立即赶到四方城官邸来。

四方城在南京中山门东郊，这里有蒋介石的另一处官邸，因这里绿树成荫，防空性能较好，蒋介石一般在这里指挥抗战。

陈绍宽得到委员长的紧急召见，哪敢怠慢，立即驱车赶往陵园官邸。一进大门，只见姚琮面色谨慎在那里迎接，低声说："厚甫兄，委座在发脾气，小心一点。"

陈绍宽丈二金刚摸不着头脑，进客厅时大声喊了声："报告！"

蒋介石一抬头，见是陈绍宽，反问："报告要那么大的声音？我的耳朵不聋。"

陈绍宽心里别扭，依旧大声回答："报告委座，卑职每次来都是这样报告的。"

蒋介石气恼地说："好了好了，你就是常有理。"

"不知委座紧急唤属下何事？"陈绍宽的声音低了下来。

蒋介石问："陈季良在哪里？"

陈绍宽回答："陈季良腰部受了重伤，正在海军医院治疗！"

"治疗？他用得着吗？"说着蒋介石把一纸命令拍在桌上："拿起立即执行！"

陈绍宽拿起命令一看，当时只觉得浑身的血直往头顶上涌，差点没把肺气炸了："什么？临阵逃脱？就地枪决?！"

蒋介石说："怎么？到现在还要护你的闽系海军？"

陈绍宽气愤地说："我闽系海军怎么啦？陈季良又怎么啦？为抗战我闽系海军主力舰都快拼光了，海军将士忠勇报国，死伤数百。陈季良为抗战身负重伤就换来了就地枪毙的下场?！天理何在？人心何在？作为委员长你公平何在!!你枪毙一个陈季良不要紧，你会寒了广大海军将士的心!!!"

蒋介石提高声音："你还振振有词？有人汇报，陈季良临阵脱逃，敌机围攻，他吓破了胆，从旗舰宁海逃到平海号上，又逃到应瑞，复逃逸仙，眼睁睁看着四大舰被炸，这样还不算临阵脱逃？这样畏敌如虎的舰队司令难道还不该就地正法?！还敢在此狡辩！"

陈绍宽不依不饶："委座，你从谁那里得到报告，其实我不用猜就知道是谁，委座，兄弟阋于墙外御其侮。我们是有毛病和错误，但抗战期间，一切都是为了抗战的胜利。陈季良这个舰队司令是合格的，他最先在平海号上挂起司令旗，在遭到日机围攻，该舰被炸成重伤后，只得转移到逸仙舰上，他当即命令挂中将旗，继续指挥抗战。当时就有人劝他去掉司令旗，他说，'没有司令旗我怎么指挥舰队战斗？司令旗在，中国的舰队就在，对敌是蔑视，对自己的人是个鼓舞。'之后，逸仙舰又被炸沉了，而陈季良腰部被弹片击中，受了重伤，是我把他调回后方，让曾以鼎去接替他的指挥任务！这样的海军舰队司令怎么啦？就要被你枪毙吗？而且这个混蛋的报告者就不知道，陈季良根本就没在宁海和应瑞上！"

蒋介石气哼哼地说："嘿！没逃到应瑞？这是你说的，你去查明处理吧！"

陈绍宽气呼呼地走了。

对着他不服的背影，蒋介石拍着桌子大叫："你要尽快给我一个交代，否则你和陈季良一样，都难逃军法！"

这时，姚琮拿着一份文件，小心翼翼地汇报："委座，这是法肯豪森总顾问在江阴前线发来的代电，刚翻译好的……"

蒋介石一把抓过："总顾问的电报中是怎么说的？"

他迫不及待地看了起来。

法肯豪森在这封电报中，高度地评价了淞沪战役。他说：中国军队在他们第一次出击之后打得如此勇敢，以致使日军想要占领上海或强行攻击长江要塞江阴的企图不能得逞。电报对江阴作战的评价为："这是第一次世界大战后，我所看到的海空军最激烈的战斗！"

蒋介石看后击节道："好啊，非我嫡系能有如此勇敢杀敌的精神，不是黄埔胜似黄埔。"

姚琮趁机说："委座，厚甫那里怎么说？"

蒋介石所答非所问："这个电报你是不是早就看了？"

姚琮承认："我也是在你们谈话时看的……"

蒋介石不满地："为什么不早点提醒我？"

姚琮嗫嚅着："你不正在气头上嘛。"

蒋介石转嗔为喜："晚上你提醒我，给厚甫打一通电话，安慰安慰就是。"

姚琮答应着出门，后面却传来蒋介石咬牙切齿的声音："让我去给陈绍宽说好话？哼！欧阳格、欧阳格……"

深夜11点，海军部部长办公室的电话铃突然响了，陈绍宽一接电话，里面传来蒋介石热情的声音："厚甫兄吗？还没有休息吧？"

"委座不也没有休息嘛。"陈绍宽不卑不亢地回答。

"厚甫兄，误会，误会，代我安慰陈季良。"蒋介石倒是很诚恳。

"好的，委座，我会代表您安慰陈季良的……"

"厚甫，你还有话说出来。"

"我只是希望委座慧眼识人，不要再被蒙蔽，做一些亲痛仇快、不利于抗战的事情。"

"好的，好的，再会！"蒋介石放下电话，坐在那里生气。

宋美龄过来："大令，这么晚了，还不休息？生谁的气呢！"

"一个欧阳格，一个陈绍宽，别再犯在我手里！"蒋介石愤愤地说。

二十四、布雷行动

主力军舰打完了，海军怎么办？陈绍宽要造水雷，以不对称的方式抗击日本舰船。欧阳格也要造水雷，两家争项目、争经费，可谓中日大战背后的战争。

一个漆黑的秋夜，中国蛙人携带水雷去炸黄浦江上的出云号，虽然功败垂成，也让松井石根心惊胆战。

中国海军大量船只自沉或被炸沉于江阴阻塞线后，陈绍宽和曾以鼎定下的用水雷炸敌舰船的计划提上了议事日程。

陈绍宽召集江南造船所监造官曾国晟等海军军官开会，研究如何对敌进行出击的方案。

曾国晟（1899—1979），字拱北，福建长乐县人。1917年考入福州海军学校航海第2届，后奉令全班转入吴淞海校学习，编为烟台航海第13届。1920年，曾国晟在通济舰上实习时，舰长就是陈绍宽。他于1921年3月毕业，就在舰艇上任职，任三副、大副、舰长、陈绍宽的副官等职，无役不从。1923年攻打厦门胡里山炮台和西征攻打宜昌附近李宗仁的阵地，他都在陈绍宽身边。时任楚有舰副长的曾国晟在紧急处理边炮故障时，由于未关好驾驶台铁门，导致对方的开花弹的弹片直击驾驶台顶上的铁板，陈绍宽却镇静自若，令曾国晟钦佩不已。

1934年曾国晟升海筹舰副舰长。1935年，中山舰舰长出缺，时任陈绍宽副官的萨师俊和曾国晟都想去中山舰任舰长，经过再三斟酌，陈绍宽同意萨师俊去代理中山舰舰长。根据曾国晟对技术方面的钻研态度，陈绍宽先让曾国晟担任自己的副官。1936年，陈绍宽又任其为江南造船所监造官。为了发展修船事业，陈绍宽派曾国晟监督，在上海修建了可供修理两万吨级舰船的最大船坞。

当时，欧阳格讥笑说："海军这帮老爷就知道靡费公帑，现在世界经济不景气，哪有那么大的船进坞来修？这个船坞完成后养鱼还行！"

孰料船坞建成后，不但中国自己的船进坞修理，还有几艘外国大型轮船也来修。一次，陈绍宽在船坞内笑着对曾国晟说："这里没有养鱼吧！"

陈绍宽对出席会议的海军军官说："我们海军今后的主要任务就是布雷。在座的诸位都是学习技术出身的，对制造水雷的原理大致都知道，我们要自造水雷。我们要在敌舰船出没的地方都布满水雷，让日本人寸步难行。不能因为欧阳格他们袭击了出云号失利，我们就不行动了，我们比他们有条件。"

曾国晟说："现在江南造船所造船是不可能了，但是部分设备还在，还能修船，还能研发制造水雷。"

陈绍宽说："江南造船所已经成为日军重点空袭的目标之一，必须另择安全地点设水雷制造厂。我委任你为水雷厂厂长，江南造船所和海军军械处的优秀技术员由你来挑选，参加研制、设计、制造水雷。"

曾国晟说："部座的考虑的确比我们周到，这样您看行不行呢？水雷制造厂办公处设在上海重庆南路海军联欢社，而试制水雷工场放在哪里最安全？"他有意不往下说了。

陈绍宽笑了："看来对这些你早就考虑过了，别卖关子了，谈谈你的想法。"

曾国晟也不好意思地笑了："我想把试制水雷工场放在南市佛庙大殿的后面。"

一句话，让全场气氛活跃起来，大家议论纷纷。

陈绍宽点头："这个点子不错，可以考虑。佛门的暮鼓晨钟和朗朗诵经声倒是能掩护工厂五金加工的声响。"

曾国晟说："佛门弟子都是爱国的，能给予大力支持，我打算让他们担负望风把门的任务。"

陈绍宽："也不必牵扯佛门弟子进来，太多的人参与，容易被无孔不入的日本间谍发觉。我们这么多和尚头，穿上袈裟就行了嘛！"

临行前，陈绍宽又给了曾国晟一项重要的任务："不但要制雷，而且要负责沿江的布雷工作。"

说干就干，在曾国晟的领导下，海军第一座造雷厂就在纷飞的战火中建立起来了。翻砂车间把铁水倒在范中，浇铸成外壳，之后再按比例，装上梯恩梯炸药，最后再装配电源线。白天日本飞机轮番轰炸南市，每当夜幕降临，员工们只能在堵得严严实实的车间里加班加点干活，经过不断地发现问题、解决问题，第一颗水雷终于研制成功了。

曾国晟带着水雷的样品和设计图纸，赶赴南京向陈绍宽汇报，仔细讲解制造原理。为保险起见，陈绍宽与海军部一批懂技术的人员，带着水雷样品到下关江心洲附近去验证水雷的威力，还特地邀请了军政部军械司的人员，但没有告诉他们是海军生产的水雷。

海军用小艇拖来一条年久失修的破旧的驳船，给水雷接上了电线，只见曾国晟抓住开关，往下一按，只听见惊天动地一声巨响，驳船被炸得四分五裂，大大小小的碎片伴随着高溅的水花飞上半空，参观的人目瞪口呆，突然爆发出一阵热烈的掌声。陈绍宽高兴地说："国晟，有了这个'大西瓜'，就够一船日本鬼子吃得饱饱的。"

曾国晟："部座，这只是小意思，我们下一步造些威力更大的家伙，让出云号也尝尝中国'西瓜'的厉害！"

陈绍宽对军械司的负责人说："诸位，感觉如何？"

那位负责人伸出大拇指："好样的，没想到这样厉害！不知是出自哪国高人的杰作！"

陈绍宽指着曾国晟介绍说："就是这位年轻的江南造船所监造官曾国晟设计的！"

"了不起，真是了不起！要不是亲眼所见，我真不敢相信，以为是德国或者英国造的呢。"

"那好，我海军部现在就要上马，大批量制造这样的水雷，还请阁下在何部长面前多多美言，给予经费上的大力支持。争取第一批制造出 500 枚威力巨大的水雷！"陈绍宽这才点出了主题。

"一定一定！兄弟我义不容辞。"

陈绍宽让副官拿出海军部的公函，郑重地交给曾国晟："明天，你去军政部向何部长进行汇报，请领制造经费。"

第二天，曾国晟来到军政部面见部长何应钦，向其汇报制造水雷的过程，以及实验的情况。此时的部长何应钦却可怜兮兮的，皱起眉头："曾老弟，难办啊！"

曾国晟一看要黄，忙问："部长何出此言？"

何应钦："你们陈部长胃口不小啊，张口就是 500 枚，按造价，虽然比进口水雷要便宜很多，但是你不当家哪里晓得柴米贵喔。枪械要钱、枪弹要钱、什么都要钱……"他双手一摊，"我又不是孔部长，就是孔部长也不能随意从银行拿钱吧。"

曾国晟焦急地说："何部长，我们海军的主力舰都打完了，江阴封锁线能不能守住就指望水雷了。"

"老弟，你说的情况我如何不知？"他拿起案头一份报告，"这是江阴区江防司令欧阳格的一份报告，委员长已经批过，送到我这里，也是要造 500 枚水雷。老弟，你来坐我这里，我看你怎么办？"

曾国晟："委座是怎么批的？"

何应钦："我念给你听，欧阳格所请承制 500 枚水雷，并掌握该项经费，请研究。蒋中正。"

曾国晟据理力争："部长，这不符合委员长在庐山讲话的精神，委员长说：如果战端一开，地无分南北，人无分老幼，皆有抗战之责！既然都有责任，再说我们又有技术力量……"

"打住！光你们有技术力量，别忘了，人家也是留过洋，学潜水艇鱼雷的！"说到这里，何应钦态度又缓和了："不是有这么一句话嘛，熟人多吃四两豆腐！"

曾国晟却来了脾气："蒋委员长是电雷学校校长，欧阳格又是教育长，常称电雷是海军的黄埔，有本事让你们黄埔一家去打走日本人。"

"好了好了，别一口一个黄埔黄埔的，我也是黄埔总教官，不要太激动。昨天，军械司已经向我汇报了你们水雷试验的结果。这样吧，二一添作五总可以了吧！"

曾国晟没听懂："什么意思？"

何应钦说："一家一半，欧阳格他们二百五，你们二百五。"

曾国晟："太难听了，什么叫二百五。"

何应钦："你不要管好听不好听，我们丑话说在前头，你敢不敢代表海军部跟我签一个合同，到时完不成任务或达不到质量要求，军法从事！"

曾国晟："我当然敢，现在就签！"

何应钦："那好，委员长那边我去摆平，就说时间紧，一家完不成任务。但是，话别说那么满，干事时要常摸摸你的脑袋！"

曾国晟信心满满："放心吧！保证完成任务！"

何应钦拿起笔和纸："我现在就给你写函，我只能给你们一千元法币一枚。去军需署领经费吧。"

南市寺庙里外来的和尚突然增多，每天的斋饭也需多加一口大锅，令采买的和尚不免负担加重，多有怨言，引起了日本间谍机关的注意，决定派人前往打探。

突然间来寺庙进香的香客比平时多了一倍，和尚们也忙碌许多。但庙里的主持却发现有些行动诡秘的香客在寺庙中四下乱窜，像是在寻找什么秘密。于是他立即报告了试制工场里的负责人。

几天以后的一个雨夜，一群海军司令部警卫营的士兵戒严了寺庙周围，两辆带车篷的军用卡车来到寺院的后门，一批人员紧张地将车间的设备、生产水雷的铁锭、装着木箱的黄色炸药统统搬上卡车，在手电筒灯光的引导下，军车穿过大街小巷，来到枫林桥的海军海道测量局院内。

这里靠近法租界，一旦遇到意外，便于马上转移到法租界。枫林桥工场设备非常简陋，工作危险度极高，但参加试制的海军官兵没有一人退缩。

造水雷需要用蒸汽溶药锅溶化梯恩梯黄色炸药，当时这种锅买不到，曾国晟提议：用特大号铝锅顶替。参加试制的海军军官都经过海军学校严格训练，知道这样做是违反操作规程的，稍有不慎就有可能殉职，但是为了抗战，他们只得将生死置之度外。中国第一批水雷就是在这些不怕死的海军技术人员手上研制出来的。

第一批水雷造出来后，曾国晟想先在董家渡布放，加强封锁线，以防日舰溯黄浦江西进危及江南造船厂，并抄袭我上海守军后方。

为此，曾国晟驱车来到位于龙华的上海警备司令部，求见警备司令杨虎。

杨虎令其进来，奇怪地问道："不知阁下来有何公干？"

曾国晟说："卑职根据海军部陈部长的指示，要在董家渡进行布雷，怕与贵处有误会，特来通报。"

杨虎不解："怎么，你们海军又来布雷？"

曾国晟说："杨司令，怎么叫又来布雷？"

杨虎说："电雷的欧阳格已先在该处布雷了。你们不知道？"

曾国晟为难地说："卑职并不知道欧阳格他们在董家渡布雷之事，也不知道应该怎样向陈部长交差。"

杨虎说："交差的事好办，你到董家渡实地勘察，如果欧阳格没有布雷，或所布的密度不大，你再布也不迟。"

曾国晟要求："贵处最好能派员随我一起去勘察，也好证明才是。"

杨虎点头："合情合理。"他当即命令身边的参谋，"你陪同他们去。"

杨虎的参谋、曾国晟和两名水手，利用黄昏之时，划着一只乌篷船，扮作收网的渔民，前往董家渡水域进行勘察。他们很快就发现水面上漂浮着一些油桶，油桶外面涂着柏油。

"这就应该是欧阳格他们所布的水雷了。"

上海警备司令杨虎

"当心，别触上了，让自己人的雷炸死那才冤枉！"

曾国晟经过仔细观察后，发现油桶是连接着一根电线的，他小心翼翼地剪断了其中一只油桶上的电线，命令水手捞了上来，接着他们又剪断了几根电线，连续捞上几只，满载而归。带回去撬开油桶上的铁盖一看：里面只有一些炸药末，没有发火装置，因此，所谓的水雷上的电线不能点火，根本就不会爆炸。

"这是糊弄鬼的嘛！欧阳格在董家渡和江阴布的就是这种水雷，毫无用处！"

曾国晟将水雷放在杨虎面前，气愤地说。

杨虎挠着头说："会不会是个意外？"

杨虎的参谋说："司令，我可以证明，我们一共捞了四只油桶，个个都是这样的，确实不能通电。"

曾国晟："司令如果还不信，认为是由我们与欧阳格的矛盾所致，可以自己派人去调查。"

"砰——"

这时淞沪右翼军副总司令官黄琪翔在座，看到眼前的水雷，狠狠地往桌上砸了一拳，骂道："混账！"

黄琪翔出身于保定军校第六期炮科，在北伐时期是著名的铁军——第四军军长，后因为与蒋介石政见不合，成为反蒋派，流亡德国。1936年西安事变后，应他在保定军校时的学生陈诚的邀请回国，与蒋介石捐弃前嫌，担任训练总监部炮兵监，负责炮兵训练事宜。淞沪开战后，任张发奎第8集团军副总司令。不久陈诚担任第9集团军总司令后，组织右翼军，黄琪翔改任右翼军副总司令。

1937 年，黄琪翔在南京住宅院内，与国共两党谈判代表合影。

左起：张群、叶剑英、郭秀仪、黄琪翔、周恩来、朱德

他拿起油桶上的电线摔打着："制造这种假水雷的人就该枪毙！"

杨虎说："琪翔兄，你说话要负责任哦，这是委座的亲信所为，枪

毙？你枪毙谁去？"

黄琪翔气愤地骂道："老蒋成天就知道发展他的黄埔系，他手下的那帮人目高于顶，贪污腐化，置国家民族大义于不顾，大发国难财，这样下去，抗战前途堪忧。"

曾国晟气愤地说："两位司令官，这关系到国防大计，你们一定要向委座汇报！"

杨虎敷衍道："行了，我们会的，你该布雷布雷，该汇报汇报，就这么着吧。"

曾国晟连夜从上海赶到南京，向陈绍宽报告，要他请蒋查办欧阳格。但是陈绍宽却投鼠忌器："我已经数次和委座谈过欧阳格的问题，但委座认为这是派系之争。多一次汇报就多一分引起委座的不快，不好办呀。"

"不好办就不办？让欧阳格继续制造这样的水雷？在江阴我们那么多兄弟就白死了？等日舰大摇大摆地通过江阴封锁线，做替罪羊的还是我们！"

陈绍宽想了想说"这样，你立即去江阴，在那里捞几只水雷，再向江防总司令刘兴报告，看他怎么个说法。"

曾国晟随即去江阴向刘兴报告欧阳格制造假水雷事件。

刘兴说："有这样的假水雷，江防等于不防，但事情太大，我向参谋总长汇报吧！"

刘兴虽然说要向上反映，但心里明白疏不间亲的道理，还是决定明哲保身。

曾国晟返回上海，继续秘密进行生产和敷设水雷的工作。

日援军在吴淞登陆，占领江岸阵地后，夹击宝山，9月7日攻陷了宝山县城。

是晚，黄浦江两岸的水雷四下开花。在爆炸声中，供日军登陆使用的浦东新三井第三、第四码头，江边的趸船以及2艘巡逻汽艇被炸毁或炸沉。

次日，供日军登陆使用的码头改在海军码头，不久海军码头也被水雷炸毁，爆炸引起一连串的反应，岸上堆积如山的军用品多被炸毁，波及运输汽艇多艘被毁。

海军布雷队出发，在日本舰船经过的航道上布设水雷

　　由于上海方面中国军队的抵抗越来越激烈，战局迟迟没有进展，日本上海派遣军司令官将华北方面军十个大队转入上海派遣军。到9月下旬，敌军到达淞沪的部队计有第3、第11、第13等师团，以及第9、第16、第101师团各一部共10万人，炮300门，战车200余辆，飞机200余架。

　　上海派遣军司令官松井石根大将和第三舰队司令官长谷川清连日来在出云号上开会，协调双方的行动。

　　消息传来，陈绍宽秘密指示曾国晟等，再次组织袭击出云号。

　　9月29日凌晨2点，曾国晟派出特务兵王宜生、陈兰藩等，穿上潜水衣，携水雷3具，泅水到黄浦江中，穿过层层封锁，逐渐接近出云号。

　　由于欧阳格的鱼雷艇袭击出云，并使之受了轻伤，长谷川清下令高度戒备，在出云周围建立了防雷网，以防被再度袭击。

　　当潜水兵泅至出云附近时，只见舰上照明灯不停地交叉摇动，在巨大的光柱照射下，水面各个方位一览无余。王宜生等虽在水面以下，但携带的水雷和自身泅水，产生了一圈又一圈的涟漪，被舰上的哨兵发现，慌忙对着水中开枪，很快，船尾的机关枪也"哒哒哒"地响了，不停地扫射着，情急之中，王宜生等只得将水雷推往出云的方向，在距该舰90多米处，水雷即被防雷网挡住，王宜生立即接通电线，水雷当即爆炸，随着惊天动地一声巨响，日海军铁驳船4艘、小火轮10艘遭重创，防御物均被炸毁，出云舰尾部也受了轻伤。

此时，松井石根、长谷川清等日本陆、海军将领和外交首脑刚开完军事会议，回宿舱房，在剧烈的摇晃中受惊不小。翌日，出云号军舰急忙驶出港外。

对于这次袭击，9月30日海军部有代电致蒋介石：

> 行政院蒋院长钧鉴：极机密。本军在淞沪等处秘密工作，经于元未代电（即9月12日下午未时的电报）密陈在案。该项工作人员不断进行，艳（29日）晨四时半左右，谋炸敌之出云旗舰，因附近水流甚急，将近目的地时，即被敌舰发觉，开枪扫射，致未能迫近敌舰，将其炸沉。相距该敌舰仅及一百码（约90米）即须爆发，免为敌人所夺。但其爆炸力甚猛烈，敌舰出云号舰旁之防御物悉受损坏，舰体受震动，似亦有损伤。除仍继续秘密工作外，谨闻。陈绍宽叩。卅戌（即30日晚9点多）。

10月4日凌晨4时许，海军又派出两路行动队员，各驾小船谋炸浦东新三井栈海军码头，和停泊在黄浦江上的敌海军第11战队旗舰安宅号。在极度艰难的环境下，特务兵越过几道警戒线迫近敌舰时，被敌舰哨兵发觉，以机关枪扫射，两名特务兵失踪。而在浦东的行动队员得手："计炸沉浮船两节，毁铁码头船一座，船内存有军需物品。现该段已无敌方码头。"

随着战局恶化，中国海军在撤离淞沪战场时，用自制水雷把苏州河沿岸桥梁、梵王渡铁路桥等破坏。直至11月13日以后，高昌庙海军司令部等地失陷，但中国海军在沿海及上海附近各港汊择要敷设水雷，加上黄浦江上的3道封锁线，敌舰艇屡被炸伤炸沉，使日本海军不能大胆前进。

二十五、海军改炮兵

不管中国海军如何英勇血战，等待他们的命运就是覆亡。主力舰队成为日机的靶子，一艘接一艘，损失殆尽。到 1937 年 10 月上旬，连自沉带被日机炸沉，十多艘战舰消失了。失去了军舰的海军转身成了炮兵。

9 月下旬开始，海军主力舰相继在日机空袭中被炸毁或沉没后，剩余的各舰艇并没有接到撤退的命令。陈季良走后，剩余舰船在曾以鼎的指挥下，不避艰险，担负着防守任务，并多次击落空袭的日本飞机。

长江下游青天、湖鹏、湖鹗、江宁等舰艇在日机多次空袭下，先后在龙梢港、鳗鱼沙、鲥鱼港、炮子洲等处被炸沉。

10 月 4 日海军部致蒋介石代电：

行政院蒋院长钧鉴：密。本月冬（1）日，青天测量舰及湖鹏鱼雷艇在江阴附近起卸逸仙舰械件之际，被敌机多架掷弹炸沉，死伤员兵人数容查明续报。谨闻。陈绍宽叩。支（4 日）辰。

10 月 7 日海军部致蒋介石代电：

行政院蒋院长钧鉴：密。本军江宁炮艇拖石船前往江阴防御线，办理增加填塞工作，于歌日任务完毕回航之际，在江阴附近遇敌机多架，与之抗战多时，卒被敌机炸沉。谨闻。陈绍宽叩。阳辰。

10 月 10 日海军部致蒋介石代电：

行政院蒋院长钧鉴：密。本军湖鹗鱼雷艇在江阴拆卸鱼雷炮毕，于虞（7）日下午 5 时航至鳗鱼沙，被敌机 6 架掷弹 12 枚，船身洞穿进水，船首下沉。士兵伤亡，查明续报。谨闻。陈绍宽叩。蒸已。

10月13日，绥宁艇在仪征县十二圩被日机炸成重伤。

10月14日海军部致蒋介石代电：

　　行政院蒋院长钧鉴：密。本月13日上午10时及下午1时，敌机多架在十二圩上空向绥宁炮艇掷弹，该艇艇首及机舱上向铁板，均被炸坏，无线电房、驾驶房发火，救援无效，士兵舱亦全毁，舱底进水，艇首下垂，员兵死伤人数容查明续报。谨闻。陈绍宽叩。盐（14日）申。

　　10月中下旬，在江阴水面上，严重受损的军舰还有应瑞舰。

　　应瑞号是一艘重2460吨的轻型巡洋舰。该舰是清末海军大臣载洵与副大臣萨镇冰在英国订购的。民国二年（1913年）来华，它与姊妹舰肇和一样，成为海军的练习舰。该年7月海军部为该两舰的到来特意设置了练习舰队，但很快就在海军中将郑汝成的率领下，参加了镇压"二次革命"的战斗，向上海制造局的讨袁军发动炮击，之后随练习舰队司令饶怀文前往南京的大胜关，在夺取南京的战斗中立下汗马功劳。在护国战争时，肇和舰在革命党策动下，发动起义；而应瑞佯装起义，后突然向肇和发炮，将其击成重伤，该舰上的国民党员陈可钧、王揖等受伤被俘，押赴北京英勇就义。直至1930年6月2日，国民政府发布命令，追赠陈可钧、王揖为海军少将，陆亚生、王楷、叶有贵、刘元红、王大拱、何汉元为海军少校。

　　该舰在北伐战争中，随杨树庄等脱离北京政府，参加国民革命军，原属练习舰队。1932年淞沪战争与1933年"闽变"中均驶往战区戒备。抗战初期隶属陈绍宽的第一舰队。

　　1937年9月23日，江阴海空大战时，应瑞舰各部位铁板被击伤多处，但没有伤及要害。

　　25日晨6时，应瑞舰开往江阴堵塞线协助海圻舰与海琛舰之自沉作业。9时半，应瑞舰装载由两舰撤退的作业官兵返回南京时，途中遭到日机两次轰炸。下午4时，一个日机9机编队发现了应瑞舰，其中两机折回向应瑞舰投掷炸弹两枚，落在军舰右舷水中，使全舰剧烈震动，车轴舱漏水。被击伤之后应瑞舰当晚抵达南京。

10月7日，应瑞舰奉命到采石矶拆卸船上武器，将拆卸下来的舰炮安置在沿江要塞中，以巩固江防。但进度缓慢，不幸为敌机侦查到所在方位。

10月23日上午9时20分，应瑞军舰被日机发现，7架日本轰炸机向应瑞舰俯冲轰炸。该舰在舰长陈永钦指挥下，组织了微弱的对空还击，因高射机枪和主炮正在拆卸，可谓在做无效的抵抗。

该舰左侧前段煤舱被命中一弹，前望台右侧的渣油柜也被引燃起火，接着锚链、舵齿轮、电灯机与总保险线均被震断，舰底被炸穿，舰首右前方开始浸水。不久，应瑞舰的前望台左侧与右前段又各中一弹，总水管炸裂，火势延烧到前药弹舱，军舰开始向右倾斜。下午5时半，应瑞舰沉没于采石矶。舰上官兵由甘露号救起。

23日下午，陈绍宽致蒋介石代电：

> 行政院蒋院长钧鉴：密。本早9时，敌机7架乘应瑞舰在采石矶搬卸火炮之际，数次向该舰投弹多枚。该舰力与抗战，卒被敌弹炸中要害，立时发火，首段焚毁，舱底被炸成穿，经员兵抢救多时，旋因毁伤过重，倾斜下沉，员兵死伤颇多，确数容查明续行具报。谨闻。陈绍宽叩。漾（23日）。

除了海军正在与敌战斗外，电雷学校的鱼雷艇也在行动。

11月13日，一艘日舰在南通进行岸轰。欧阳格派出史108艇冒着空袭的危险越过封锁线前往突袭，但是还没抵达南通就被活跃的日军机队发现并击沉，随舰督战的电雷学校总教官马步祥中校年纪较大，与轮机兵叶永祥在落水之后殉职，其余艇员获救。

追晋海军上校马步祥，浙江省东阳县人，烟台海校、鱼雷枪炮学校卒业。历任镇海舰中尉补副，海琛舰上尉炮正。1931年九一八事变后，任海军青岛青年教导队副总队长，1933年调升海圻舰中校副长，后随舰南下广东，调任黄埔海校副校长。1935 年调为鱼雷学校教官，嗣由欧阳格延揽，出任电雷学校总训练官。

1937 年 3 月，马步祥带领电雷学校第二期学生与学兵 200 人，乘自由中国号舰进行远洋航行训练。该舰舰长由主任教官刘勋达担任。自由中国号自江阴出发，出长江口后沿海岸线南下，经我国定海、福州、厦门各港口后，又途经香港、海防、顺化、西贡、新加坡、槟榔屿、泗水、山打根、坤甸等地。待返航时，八一三淞沪抗战已开始。该军舰无法回到江阴，只得停泊香港。学生和学兵在总训练官马步祥、主任教官冉鸿翮率领下，经陆路回到江阴参加抗战。

海军要塞炮兵阵地

马步祥殉职后国民政府感其忠烈，追晋海军上校。为抗战时期海军于国内战场殉国之最高阶军官。

江阴封锁线保卫战，中国海军舰艇和官兵损失惨重，除了被日机炸沉的军舰外，只剩下少数舰艇还在执行特殊任务或从事军事输送，随时往来于江阴，屡遭日机的空袭。

11 月中旬，江防司令部接军政部来电："暂守江阴候令撤退，中正"；紧接着又接军政部来电："将新炮准备拆到后方安装，铁驳一到即行起运。应钦"。

曾以鼎接到两封电报，怕影响军心先是想保密，后来因要准备拆运新炮，必须松地脚螺丝，无法向士兵保密。本来要塞司令许康的几句口号，在官兵中激起了与要塞共存亡的决心。如此一来，我军军心就有所动摇。当时许康煞费苦心地向他们说明情况的变化，才把军心重新稳定下来。可是，等了几天也未见到军政部派来的铁驳。

这时，接军政部电："固守江阴。中正"，再也不提铁驳起运新炮之事。同时又接到京沪卫戍总司令部的代电："英美法苏都同情我与日军作战，并予以协助，平汉线我军已收复保定，正向北挺进；津浦路的我军已收复沧州，谅京沪之敌不敢深入。"不久，军政部又来电报："死守江阴。中正"。

这个星期的变化之大，已让人感到事态的严重，电报由"暂守江阴，候令撤退"到"固守江阴"而"死守江阴"；新炮的地脚螺丝，由紧而松，又由松而紧。官兵的思想，由稳定而浮动，又由浮动而稍稳定。尽管如此，绝大多数的官兵仍抱有与要塞共存亡的决心。

11月26日，日军占领无锡。两天后，常州亦告失守。

江阴县城是一座江防古城，黄山属群山之冠。战国时，江阴属春申君黄歇封地，故名"黄山"。山在距城区2.5公里的长江边，是长江的狭隘处，素有"江海门户"、"锁航要塞"之称。黄山有席帽、马鞍、龙头诸峰，平均海拔高91米。登山之顶，北望靖江，与孤山对峙；周围山峰，绵延30余公里。由长江边的巫山、君山、黄山、萧山、长山组成的江阴要塞，控制着仅有1500米宽的江面。

10月2日，挂着中将指挥旗楚有舰被日机炸沉后，曾以鼎便将第二舰队司令部转移到江阴县城中的江防军司令部。

有人劝道："陈司令接连换了几艘舰，您才沉了一艘舰就上岸了，也不怕非议？"

曾以鼎说："这样做或能为我们海军保存一些血脉。再说，我是江防副司令，为什么不能去司令部指挥？没有军舰我就是炮兵司令。"

国民政府军事委员会鉴于单凭军舰无法抵御日军的进攻，决定无船的海军官兵登陆，退守长江两岸，将舰炮卸置岸上组建炮队，对敌舰实施腰击。

曾以鼎在江阴的主要任务是，指挥一支由"海"字各舰拆卸的四门8英吋舰炮所组成的炮队。

10月29日，首先组成了海军太湖区炮队，任命罗致通为队长，下辖5个分队，共210名队员，配置在江阴、浦东、太湖各处，队部驻扎苏州，并调平明、捷胜号巡弋湖内，以防日舰由吴淞口顺水进入太湖。

罗致通在抗战前原为745吨楚同舰舰长，1935年年初曾在福建东部连江县与叶飞的闽东红军作战。半年前，他奉命带领楚同舰开进可门港，"围剿"红军，副长王清少校命丧红军之手，但终于将红军游击队逐出连江地区。罗致通中校改任1050吨大同号轻巡洋舰舰长，副长由曾侍瑄上尉担任。楚同舰由林建生任舰长。

抗战军兴，大同舰成为海军在江阴第一批自沉的牺牲品。之后，失去了军舰的罗致通成为太湖区炮队队长。中国海军被迫改变保卫江阴的阻塞策略，从在江阴要塞战斗中被打沉的各舰艇上拆卸下大炮，组成重炮队，将舰炮安装在长江两岸阵地上，以炮台火力阻击日舰溯江西进。拟以江阴的巫山、六助港、长山、黄山、萧山为第一道防御线，镇江的大梁山、岘凉山为第二道防御线。

因上海战局变化，炮队只完成巫山炮台工事，安装120毫米舰炮4门，由逸仙舰舰长陈秉清任队长。在江阴炮台总台部下分设第一、第二炮队，担任巫山、靖江六助港防御，封锁江面，构成保卫江阴封锁线的第二道防御阵地，兵力77人。其余各处炮台未及建成。11月9日，海军又组成镇江区炮队，并扩充了江阴炮队。

11月上旬某日上午10时许，日舰5艘，驶到封锁线外抛锚，准备向我要塞射击。我军萧山的甲四台早已发现敌舰，以测远机严密注视，测得敌舰距我炮为12800公尺，随着一声"放"的口令，4发炮弹齐出，正落在敌舰甲板上，而敌舰的炮弹也落在我萧山前面的江中。甲四台即又连续快放4发，只见敌舰中弹起火，迅速起锚逃走。

11月30日上午8时半，日本舰艇5艘先后从下游上驶进至六助港，被巫山炮台发现。在陈秉清队长的指挥下，4门大炮打出4发炮弹，击中一艘敌舰，燃起浓烟。

敌舰当即还以颜色，弹如连珠一般，落在巫山炮台上，当即将第三炮台击毁。第一炮台旁也落了一颗炮弹，我炮兵有人负伤。双方炮战持续到 11 时许，敌两舰先逃，其余三艘还在犹豫，被我炮台第 7 发炮弹击中一舰，该舰受了重伤，只见敌海军官兵慌乱弃舰，纷纷跳上救生艇逃命。其余两舰一边向巫山炮台开炮还击，一边分左右靠拢该伤舰，扔过缆绳夹拖着而逃。

被炸各舰艇资料：

湖鹗、湖鹏等舰都属于排水量只有 96 吨的鱼雷艇，艇上前有 3 磅炮一门，后甲板上有 1 磅炮一门，此外还有 14 英寸鱼雷发射管三只，每小时速率 23 海里。这是 1907 年湖广总督张之洞从日本川崎船厂购来的"爷"字辈鱼雷艇。当时每艘合日金 38 万元，船身长 135 英尺，舷宽 15.6 英尺，全船配员 34 名。

江宁艇资料：

江宁艇为一巡防炮艇，为上海海军江南造船所建造，当时合大洋 15 万元。1932 年下水，1933 年元月编队成军，正式开始服役，命名为江宁，编号为 14，隶属海军巡防舰队。主要担负我国江海防区巡弋之任务。

该艇长 128 英尺，宽 20 英尺。装有火管锅炉 1 座，以煤为燃料；2 汽缸往复式蒸汽机 1 座。可产生 400 匹马力，最高速率达 10 节，巡航时为 9 节。该舰装有木质桅杆 1 支，高 42 英尺，烟囱 1 个，位于桅杆之后。另装有舢板 2 艘，分别悬吊于船中段之左右两舷。

在武器配备上该舰舰首安装有英国制造、口径为 570 毫米 40 倍之高平两用炮 1 座，平射最大射程为 6000 码，为撞击式击发，舰尾装有与舰首相同之炮 1 座。另在舰首前端装有口径 79 毫米机关枪 2 挺，后望台装有相同之机关枪 1 挺。

一般诸元：
舰材：钢质（装甲 2.5 分）。
长度：128 英尺。

宽度：20 英尺。

排水量：300 吨。

吃水：前 6 英尺，后 6.5 英尺。

速率：最高 10 节，巡航 9 节。

马力：400 匹。

煤舱容量：63 吨

储水量：30.5 吨。

伡叶种类：单伡 4 叶（铜质）。

编制：官 7 员，士兵 37 员。

应瑞巡洋舰资料：

该舰是清末海军大臣载洵与萨镇冰在英国威克斯厂订购，派员李和、黎弼良监造。于 1913 年来华。计价 20.4 万镑。船身长 330 尺，舷宽 395 尺，排水量 2460 吨，吃水 13 尺，每小时速率行 20 海里；特而本机 3 副，水管汽锅 6 座，实马力 6000 匹；威式六寸口径炮 2 门，威式四寸口径炮 4 门，威式三寸口径炮 2 门，威式三磅炮 6 门，马式一磅炮 2 门；十八英寸鱼雷管 2 个；载煤量 550 吨，载淡水量 255 吨；全船配员兵 230 名。

二十六、江阴、南京失守

法肯豪森说："只要中国军队守住上海，守住江阴，战争便有希望。"

但是蒋介石并没有在江阴投放太多的兵力，只有东北军两个师把守，而且海军、陆军与要塞守卫又没有很好地配合。担任长江防御的海军主力舰覆没，上海失守，江阴很快沦陷。

早在中日开战前，蒋介石的德国军事总顾问法肯豪森就指出，中日必有一战。只要中国军队守住上海，守住江阴，战争便有希望。

江阴要塞由海陆军共同防守，这里部署了海军舰队，陆上有要塞司令许康，有江阴区江防司令欧阳格，均归江防总司令刘兴指挥。

江阴要塞是由参谋本部城塞局派出的工程处负责计划，由德国顾问指导设计施工。以君山、黄山炮台锁住江面，东面的狼山、福山为屏障，构成东南扇形阵地，筑有永久国防工事。整个要塞装备 100 多门火炮；7月下旬，军政部兵工署又赶运来 8 门德制 8.8 厘米高、平两用半自动炮，弹药、观测、通信设备齐全。4 门装在东山，4 门配置萧山。这种火炮被命名为"甲炮"，射高 6000 米，射程 9000 米，平射最大射程 14500 米，在当时两用炮中算是较先进的。不久，又运来 4 门 15 厘米口径的加农炮，命名为"丙炮"，配置在西山，弹重 50 公斤，有穿甲、爆炸两种，最大射程 2200 米。这几组先进的炮，由陆军炮兵学校要塞科负责组织训练，德国顾问指导，与海军炮队协力防守要塞。

原来在 9 月底，蒋介石决定在江阴成立江防司令部，任命陆军第 15军团军团长刘兴为总司令。

刘兴，字铁夫，湖南祁阳人，保定军校第二期出身，与同期同学周澜并为湘中实力派唐生智手下大将，北伐后期为第 36 军军长。1929 年蒋冯战争刚结束，与蒋介石一边的唐生智突然反蒋，很快兵败下野。刘兴与唐生智共进退，闲居数年。1932 年，蒋介石与唐生智再次合作，唐生智对刘兴说："老蒋要我们做什么，我们就做什么，总要取得实力再说。"

1933 年 5 月 21 日，蒋介石成立南昌行营，委任刘兴为南昌行营第三厅厅长，主管团队编练。6 月，蒋介石任命刘兴兼任中国国民党赣粤闽湘鄂北路剿匪军官训练团筹备处主任，着手筹办军官训练团。刘兴以庐山海会寺、万杉寺、归宗寺一带为营址，轮训军官。刘兴后任永丰守备司令，旋任赣粤闽湘鄂北路第三守备区司令。1934 年，刘兴任第二绥靖区司令。1935 年 4 月 5 日任中将。1936 年 2 月，蒋介石委任刘兴为贵州绥靖公署主任，刘兴辞不就职，经朋友劝说，他才由南京飞抵贵阳就职。不久，刘兴调任湘鄂赣边区绥靖公署主任，1936 年升任第 27 军军长，辖第 46 师（师长戴岳）、第 53 师（师长李韫珩）两师。

抗战爆发后，刘兴率第 46 师赶往淞沪前线，旋升任第 15 军团军团长；9 月被军委会发表兼任江防军总司令，10 月 22 日加授陆军上将衔；缪徵流第 57 军划归刘兴指挥。

10 月之后，江阴地区乃至南京、芜湖以下整个长江的江防任务，由江防军司令部负责。江防军司令部有权统率长江地区的陆海军与各要塞，包含陆海军等部队，协力防守。但当时的空军、海军与陆军也没有统属关系，各行其是。江防军司令部实际的负责区域为南京以下的江段，成为首都防卫的前哨。

不要以为成立江防司令部，蒋介石对江阴就很重视了，其实他对江阴的重视程度远不如上海。

为保卫淞沪地区，蒋介石陆续调了近 30 个军，其中嫡系部队包括中央军胡宗南第 1 军、李延年第 2 军、黄杰第 8 军、罗卓英第 18 军、王敬久第 71 军、孙元良第 72 军、俞济时第 74 军、宋希濂第 78 军等，还有不少杂牌部队。

蒋介石认为，淞沪地区有近 70 万的部队，即使抵挡不住日军的攻势，还有吴福线和锡澄线两道重要的国防线，然后再轮到江阴。

第 57 军是东北军部队。西安事变结束之后，1937 年 1 月第 57 军调往河南周口进行整编，1937 年 6 月整编结束。该军由原来的四个师缩编为两个师。缪徵流任中将军长，常恩多与霍守义分别为第 111 师与第 112 师师长。

卢沟桥事变爆发后，第 57 军从周口、太仓等地步行前往漯河，乘火车经郑州、开封、徐州至邳县，强行军到淮阴布防。淞沪战争打响后，统帅部电令第 57 军以第 111 师进驻南通，防止日军登陆向苏北入侵，令第 112 师火速驰援江阴。

8 月下旬，霍守义师长率部自靖江渡过长江，并向江防军总司令部刘兴报到，随即刘兴命令该部工兵迅速炸毁锡澄公路上的桥梁，所部第 334 旅固守青阳、南闸、澄江一线，主力控制于花山 241 高地，作为第一线；第 336 旅李德明旅长则率少数兵力驻防江阴城，该旅第 671 团许赓扬部负责县城西郊及部分城防，第 672 团万毅部及师工兵营、辎重营、山炮连、骑兵连控制于君山南侧，作为全师的总预备队。

8 月下旬，黔军何知重第 103 师配属于江防军。何知重师长即率第 103 师主力赶往江阴。刘兴命令第 103 师赶赴南通浏河镇刘海沙布防，阻止日军登陆。何知重师长只留下第 618 团第 3 营在江阴常阴沙构工备战，亲自率全师赶往浏河。

可见，属于江阴的江防部队都是舅舅不疼姥姥不爱的杂牌军，再加上被打残了的海军和欧阳格的电雷部队以及要塞司令许康的部队。指挥系统众多，叠床架屋，再加上兵力不足，江防军只能以江阴要塞为中心，对江阴地区进行布防，对江阴防务有重大影响的无锡、常州都没有纳入江防军的防线。

1937 年 10 月间，何知重第 103 师奉命撤出上海战场，调往江阴县，归江防军司令刘兴指挥。师部和直属部队驻扎在江阴县城内，其余三个团驻扎在江阴县福兴街至南通县城对江的南岸隐蔽待命。该部到达江阴县城的第二天，唐生智在夜间亲至江阴县城，指示该部严密监视江中日舰行动，以防日军登陆。

当何师第 618 团第 3 营在常阴沙积极构工之时，日海军在此江面活动频繁。每日均以炮艇逆江上驶，侦查长江两岸地形与兵力配置，并在江面上每隔 1 至 2 公里处设置浮筒航标，为进攻江阴要塞做必要的准备。

第 3 营赵旭营长奉命派出破坏组破坏航标，破坏组乘夜利用小木船逼近浮标，用 12 磅鹤嘴锄、大十字镐砍劈浮标，但砍了 4 个小时仍然无法破坏浮标的金属外壳。赵营长只好向师部请领黄色炸药，终于将这些浮标炸毁。次日早晨，日军发现浮标被毁，于是向两岸进行报复性滥射。万式炯团长见配属的 82 迫击炮够不到敌舰，大为愤怒，于是呈报师部请求支持。江防总司令部马上派来炮 8 团一个重榴炮营（辽造 150 重榴炮 12 门）进行反击，击伤日舰一艘。此后日舰即采用以 3 舰向江边阵地制压炮击、1 舰布标方式设置浮标，国军则继续于夜间爆破浮标（后期由电雷学校学员担任）。

11 月 5 日，日本第 10 军以 3 个半师团的兵力，在其中国方面舰队（辖第三、第四舰队）的掩护下避开乍浦中国海军炮队的防御区，从防守薄弱的金山卫登陆，守军侧背受敌。于是中国军队全部撤离淞沪地区。

日军占领上海后，上海派遣军司令官松井石根大将即兵分三路向南京进犯。左路沿太湖以南经泗安、广德向芜湖进攻，以截断陆路交通；中路沿京杭国道经宜兴、溧阳、句容向南进攻；右路沿京沪铁路攻占无锡、江阴、镇江等地，进攻南京。同时，海军拟沿江西上，突破江上封锁线，进攻南京，截断水上交通。所以，江阴要塞是日军必争之地。日军司令官松井石根决定：如果江阴要塞的敌人进行顽抗而不能迅速攻占，则予以封锁。

11 月 16 日晚，在沉沉的黑幕之中，借着几盏昏黄的灯光，国民政府主席林森率国民政府文官处、参军处和主计处三处的官员、随行医生和国府侍卫队、军乐队等乘着十数辆轿车、卡车来到下关码头。

海军第二舰队永绥号炮舰正升火待发。

永绥舰为一浅水炮舰，该舰

国府主席旗

系 1928 年上海江南造船所建造，在安放龙骨时，陈绍宽曾亲自到场参加安放仪式。1929 年 1 月 27 日，在永绥号炮舰下水典礼上，陈绍宽发表了充满希望的致词，他说："今天是永绥军舰举行下水典礼的日子。民国以来，尤其是北伐成功，国民政府实施建设新政以来的新计划造成的军舰，连永绥才有两艘。在永绥之前造成的，是咸宁。五个月以前，已经在这里下水。跟着永绥而建造的，是民权，正在这隔壁的船槽里，架好龙骨开了工。我们希望，照这样不断绝地来建造一艘一艘的新舰。我们希望，从今天起，一往直前地把新海军建设起来。我们希望，大家指导我们，帮助我们，把建设的事业积极进行起来……"

永绥舰编号为 69，属于海军第二舰队，巡弋于长江下游及东海海域，担负起保护海疆的任务。

该舰长 225 英尺，宽 30 英尺，使用煤为燃料，以 2 部往复式蒸汽机推动，可产生 4500 匹马力，最高航速可达 18 节；舰上装有 160 毫米炮 1 门，470 毫米炮 1 门，30 毫米炮 3 门及 4 挺机枪，无鱼雷发射管；全舰共有 2 支桅杆，均为木质，前桅高 92 英尺，后桅高 65 英尺，2 只烟囱位于前后桅之间。该舰配装有舢板 2 艘及小汽艇 2 艘，均分别悬吊于中段之左右舷。

永绥舰上挂起了"国府主席旗"。

舰长傅成率领大副和舰上部分官兵站在旋梯两旁。见林森一行到来，傅成快步上前敬礼，大声报告："我是永绥舰舰长傅成，奉海军部命令，护送林主席前往重庆，全体官兵恭迎林主席一行登船。"

林森拱拱手，说："这次有劳诸位了。"

傅成说："护送林主席赴渝是我等的荣幸，恭请林主席登舰！"

林森一行上了甲板，各人皆进了舱房，忙着整理行李等物品。跟随林森赴渝的政府职员与水兵将携带的物资装运上船，已是 17 日的凌晨。水兵解缆，马达轰鸣，一声汽笛，军舰缓缓离岸，林森等人不断向岸上送行者挥手致意。船离码头越来越远，只有林森站在船尾，凭栏而立，凝望着黢黑的挹江门模糊的轮廓。在凛冽的江风中，他如银丝般的长须飘动着，参军长吕超将披风披在林森的身上，劝道："主席，江风大，身体要紧，回舱房休息吧！"

林森执拗地："不，我要再看看首都南京，我老矣，持久抗战不知何年能将倭寇打败，今生再回南京，不作此想矣！"

吕超的眼睛湿润了："主席，我们一定能取得抗战的胜利，您也一定会回来的。"

孰料，林森一语成谶。此番离去，山高水险。林森无儿无女，孑然一身。1943年5月12日，林森从重庆林园坐车进城，去接受加拿大驻华大使呈递国书。途中与一辆美国卡车相撞，林森受伤，被送进医院后始终昏迷不醒，于1943年8月1日撒手西归，这是后话。

永绥舰在傅成的指挥下，劈波斩浪，向上游驶去，消失在茫茫的黑夜之中。经过五天五夜的溯江航行，永绥舰抵达长江咽喉之地——湖北宜昌。在这里，林森一行换乘卢作孚民生公司的轮船民风轮继续上驶；永绥舰则赶往下游，此时，该舰又有新的战斗任务，它将作为海军的旗舰，在抗战中继续发挥更大的作用。

永绥舰

11月20日，国民政府发表宣言称，暴日举兵西向，逼我首都，挟其暴力，要我为城下之盟，兹郑重宣布："国民政府兹为适应战况，统筹全局，长期抗战起见，本日移驻重庆。此后将以最广大之规模，从事更持久之战斗，以中华民族之众，土地之广，人人本必死之决心，以其热血与土地凝结为一，任何人力，不能使之分离。吾人外得国际之同情，内有民众之团结，继续抗战，必能达到维护国家民族生存独立之目的。"

11月下旬，日军从太仓、常熟进犯大义桥、杨舍等地，围攻江阴的目的已十分明显。25日，无锡失守。松井石根命令第13师团及集成骑兵队（所谓集成骑兵队是10月8日以骑兵第3、第9、第17、第101大队合编而成，森五六中佐担任指挥官），封锁江阴要塞，准备进攻。

此时，江阴等地的中国海军、陆军和要塞炮兵正以血肉之躯，阻挡日军的前进脚步，争取时间，以保证首都的机关、物资进行战略性大转移。

日军第13师团开始由锡澄公路向江阴要塞区的背后进攻要塞。是日，敌炮兵向江阴城关附近的君山进行试射，我要塞炮台这时正在搜寻敌之炮兵阵地未及还击。下午，我长泾方面的步兵报告：敌火炮已进入阵地。我利用步兵作为前进观测所，一面观察敌军动态，一面指挥我要塞炮兵射击。26日上午，敌炮兵向我黄山要塞炮台射击，我黄山炮台还击，我东山、西山炮台同时还击；双方炮战，甚为激烈。约10时，敌升起两个气球，进行方位交会法向我要塞射击，我要塞炮台亦予还击，敌我展开激烈的炮战。在敌炮弹中，含有部分瓦斯弹落在我要塞阵地上，由于炮台都在高地上，江风吹送，瓦斯不能久留，因而受害不大。可是敌两个气球却对我要塞的危害颇大，经测远机测得敌气球距离为1.7万米，我炮台其他火炮的射程都达不到，只有丙炮射程能达到，但又不知敌气球基地位置，只好瞄准敌气球射击，仅射击了两回，敌气球即自行下降而消失，敌炮兵也停止射击了。

这时，我前线步兵报告：敌炮兵正向无锡方向移动。28日上午9时许，在薄雾中见远方无锡方向又升起两个气球，听到炮声，但未见敌炮弹落在要塞炮台上，询问我前线步兵，才知道敌炮兵是向无锡方向变换阵地，避免我要塞炮火的压制，转向我步兵阵地射击。几天来的战事，都是我要塞炮火与敌炮兵火力展开炮战，敌空军很少活动，那两个气球又是危害我前线步兵的东西，测它的距离，距我有2.2万米，我丙炮最大射程也只有2.2万千米，为破坏敌气球，曾请求南京派飞机来协助，去电后未见飞机到来，只有让它肆虐。敌炮兵阵地后移，火力转向我前沿阵地，我步兵受敌炮火的压制，伤亡较大，呼叫我要塞炮兵压制敌炮兵火力。因距离远无法支援，步兵只得于29日晚向后转移。次日上午，

二十六、江阴、南京失守

211

敌炮火又追袭我前线步兵新阵地，我方又退守南闸附近。这时敌人的重火器亦有所增加，轻型坦克已在前沿阵地出现。要塞炮台的火力，为压制敌之重武器火力，战斗甚为激烈。从战况判断，江阴东北方面，似非敌之进犯方向，乃将第103师调江阴城防，并有花山、齿山的永久机枪掩体侧射火力，以协助第112师，该师已逐渐退到江阴城壕作为依托。

28日凌晨，敌第13师团一部进入江阴南部地区，向松井石根报告："附近的敌人正向西部退却。"松井石根当即命令：第13师团攻占江阴。

真正守卫要塞战开始了。东方将白，日军两架气球腾空升起，悬在天空不动，坐在气球上的观测者用望远镜窥视我方师、旅指挥所以及各个阵地位置，用无线电话通知地面火力，向我阵地猛轰，日空军也按照弹着点狂轰滥炸。地面进攻日军则抽调最精锐一个旅团，附伪满一个步兵师，由南、东、西三面分成三个纵队，以坦克前导、正面猛攻、两翼迂回的战术，向我阵地猛扑。东北军官兵自从九一八事变以来，积压在心中的国恨家仇，终于等到了发泄的一日，官兵敌忾同仇，视死如归，不怕牺牲，坚守阵地，打退了日军一次又一次的疯狂进攻，阵地安然无恙。该军牵制了敌寇西进企图，为友军部队赢得时间在镇江、金坛、常州等地布防。当时南京统帅部拍来了嘉奖电，电文如下："刘兴总司令转霍守义师长，该师坚守要塞，奋战多日，使后方友军从容布防，南京可保无虞矣，特电嘉奖。"战斗越演越烈，不得已将总预备队第672团万毅部全部调入江阴县城，并责令该团长万毅固守县城。

日军的观测气球，每日东方发白便悬空中，我军无空军参战，无可奈何。飞机的轰炸、重炮的轰击在君山南北两侧倾泻了难以计数的炸弹。师指挥所驻在君山北侧山脚下的一村庄，已被炮火夷为平地，霍师长率领参谋处人员，不得不进入掩蔽部继续指挥战斗。

江阴城的战况更是惨烈，日军飞机投弹与地上炮火的轰击，把江阴城墙炸塌数处。城内守军可以看见城外日军坦克掩护着步兵向我县城一次又一次攻击，通宵达旦都是军号声、喊杀声、枪炮声。夜间则火光冲天，映为白昼，日军也一反夜间不战斗的惯例，破天荒夜间照样向我猛扑，我官兵视死如归，多次形成白刃战。君山以南以东两面战况如火如荼，全江阴的保卫战，已达到白热化。

残酷的战斗持续到 12 月 1 日，火线传来电话，纷纷向师长告急，要求增援。师长手中已经没有预备队了，原作总预备队的万毅团全部用在江阴城内，就连师属的工兵、辎重等营也都投入战斗。这时日军主力和炮兵集中攻击江阴县城，飞机也大肆轰炸。第 103 师派出一营策应第 112 师，该师师长霍守义在守城战斗中被炮弹炸伤。日军猛烈攻击，江阴守军不支。

下午 6 时，战况十分紧张，江防军总司令刘兴召集各军、师长及要塞司令开会，讨论对付战局之策。第 112 师师长霍守义提出：我们步兵与敌人激烈战斗了一个星期，伤亡很重，既无部队来接替，又无部队补充，要求撤走。第 103 师师长何知重也有同样要求，电雷学校教育长欧阳格表示：走也可，守也可；江阴要塞司令许康则表示坚决不走。

会上"走""守"坚持不下。适南京要刘兴接电话，刘兴接了电话回来说：不必争论，上级命令撤出江阴要塞，撤退的办法如下：（一）从现在起（晚 8 时），要塞炮兵火力，向江阴西门外射击，掩护步兵突围，到 12 时为止；（二）12 时后，要塞进行破坏，破坏完毕，从靖江方面向镇江撤退；（三）江防司令部准备快艇和船只，载总司令部向南京撤退。

各部队受命后，按撤退命令行事。第 112 师主力撤到江北，留一个营占领江阴县城，掩护第 103 师从江阴县城西向武进方向突围，务须在夜间行动，拂晓前离开完毕。

当晚，第 112 师全师突围，突围时的战斗格外激烈，日军用坦克封锁西南的退路，而背后则是长江，该部被打散了，后经收容，撤到南京。

是夜，许康的要塞炮兵在支援步兵突围的任务完毕后，开始破坏要塞。多年建造起来的要塞一旦破坏，心实不忍，又不能资敌，只得狠心破坏。先将两架 6 米基线的实体视测远机和两架 2 米直径的探照灯，由山顶推下，然后破坏火炮。由于支援步兵突围时，射击速度较快，改装后的火炮，有的炮身前端已被炸掉一截，破坏比较容易。唯甲炮和丙炮不易破坏，将炮口堵塞上泥土发射，炮身仍然是完好的，只好又派人到军机械库去拿硫酸，把硫酸倒入弹药膛，使甲三台、甲四台和丙一台浸蚀，成为废炮。许康到各个山头检查一番，在山上看到日军的轻型坦克已沿黄山脚下公路向萧山行驶。早晨 5 时左右，许康等乘最后一趟轮船驶向靖江，傍晚到达泰兴宿营。

12月1日，日本陆军由陆上向江阴进攻。是晚，我海军炮队接到掩护步兵从江阴撤退的命令后，以猛烈的炮火支援陆军突围，一直坚持到了2日晚10时，在大部分守军撤离后，各区海军炮兵才毁炮破坏炮台，依次后撤，转移防地，继续抗战。

12月2日，日军占领江阴要塞。

江阴战役自11月27日开始，至12月1日结束，浴血苦战五昼夜，经我军艰苦奋战，杀伤日寇正规军近两千人、伪军四五千人，阵地前血肉狼藉，遗尸遍野，消耗了日军大量兵员与物资，牵制了敌军西进，达到了消耗战预期目的。江阴一仗，打得天昏地暗，日月无光，神哭鬼嚎。第112师自师长霍守义以下伤亡官兵一千数百人。

江阴战后，军事委员会发来电报，令第112师各旅、团长每人写一篇战斗详报原卷寄到军委会。万毅团长的详报中有这么一段话："江阴守备部队，江阴江防司令，要塞司令，长江下游海军司令，兵团指挥司令……名目繁多，互不协调，指挥系统不清，司令之多就不知道哪个司令管哪个司令。"

这可以说道出了国民党在抗战中的弊端。叠床架屋的机构、互不统属的编制和互不配合的作战方式，最终导致了江阴作战的失败。

此时，江阴要塞区司令欧阳格和参谋长徐师丹等人从江阴突围过江，步行到达南京，在下关中国银行分行设立了司令部。

12月上旬，日军分三路向南京进击。欧阳格奉命率领一个中队快艇配合唐生智参加南京保卫战。全中队停泊在燕子矶下草鞋峡三台洞附近江边，用树枝、芦苇伪装隐蔽起来。草鞋峡位于幕府山北麓江滩和八卦洲之间，是长江中一条狭长的江岸，弯多水急，形似草鞋，故名草鞋峡。

该中队为"文天祥"中队，是从黄山港撤至南京的。拥有4艘英制鱼雷快艇，中队长由文171号艇长刘功棣兼，文42号艇长黄云白，文93号艇长吴士荣，文88号艇长谢宴池。每艇配有2枚尾槽发射式鱼雷（直径45公分）、2枚深水炸弹、4挺机枪。此时，鱼雷已压气调试，处于待发状态。

欧阳格坐镇下关，通过电台与快艇中队及海军联系，派参谋杨维智亲自把"如遇日舰立即攻击"的手令送到快艇中队。命令每晚派出2艘快艇巡逻，监视江面。欧阳格命令快艇中队"必须击沉敌舰一两艘，否则必遭舆论斥责"。

这是什么意思呢？欧阳格已经意识到自己所布的水雷形同虚设。一旦有人向上汇报，后果将不堪设想。因此，非常希望能击沉一两艘日舰，这样一俊遮百丑，不但无错，而且有功。所以他命令快艇出击。中队晚出晨归，寻找战机，护卫着江面。

12月6日晨，军事委员会委员长蒋介石和钱大钧以及随从连同送行者，分乘十数辆小轿车从黄埔路官邸出发。秋冬之交，梧桐叶在西风中凋零，厚铺街衢，益显凄清。

黄埔路上，除了武装部队站岗外，还有一队队荷枪实弹的武装部队在巡逻。车队到中山东路左转出了中山门，没有直趋中山陵，而是绕经卫岗到陵园新村。此时，行车渐缓，在这一片绵延的小山岗上，一幢幢党、政、军高级官员的郊外别墅，昔日车水马龙冠盖云集的所在，而今已是人去楼空，或许将在战争中变成瓦砾废墟。蒋介石神情抑郁，面显惆怅。车队折返经四方城，又看到绿树掩映中的小红山别墅（现称美龄宫）。蒋介石百感交集，不能自已。之后，一行数十人登上中山陵，蒋介石首先进入灵堂，脱帽肃立于中山先生遗像前默哀。俯首默哀良久，委员长面容憔悴，四周静寂无声。参与谒陵者，无不黯然神伤，隐闻啜泣之声。其时真有钟山含黛，江湖呜咽，满目凄怆，悲恸难已之状。出得灵堂，步下石阶，蒋介石还肃立回首，再次凝望祭堂大门。这一刻真有"别时容易见时难，酸辛滋味压心头"之感。

日军上海派遣军总司令松井石根
举行占领南京入城式

谒陵过后，蒋介石车队直趋

大较场飞机场。蒋介石一行登机离京，移驻庐山。

8日，南京外围的汤水镇、汤山、栖霞山、淳化镇、秣陵关、牛首山等外围阵地均陷于敌手。守军退守复廓阵地。

12月9日，南京保卫战正式打响。局势越来越紧，南京城危在旦夕。日机在江面上疯狂轰炸舰船，守城部队开始撤退。

12日晚10点多种，欧阳格同杨维智乘一条帆船赶到快艇中队，命各艇横排成一列阵形，以最快速度冲过敌人火力网，在大通铁板洲待命。

13日凌晨1时左右，快艇中队冒着敌人的炮火冲过下关江面，向上游驶去。

为了进一步摧毁中国海军，日本飞机整天在江面上空追踪轰炸，任何目标都不放过。

日本海军军舰通过江阴封锁线，驶向南京

12日早晨，在芜湖江面上英国的浅水炮舰蜜蜂号、瓢虫号，以及商轮瑞和号均遭到攻击。

下午3时，日机在南京上游约25英里的和县江面上，把美国炮舰巴纳号炸沉，舰长休琪斯、美驻华大使馆秘书艾奇逊等50人被救，死伤26人。另在芜湖江面的美孚火油公司油船美平、美夏、美安号也被炸沉。

再说日军占领江阴后，当即派飞机在沉船区域进行轰炸，企图炸开一条航道，使其舰船能通过水下封锁线。经过几天的轰炸，加上在水下实行爆破，经过潜水员清理水下部分障碍物，终于开通了一条仅供单只船通过的航道。

12月12日，日军4艘驱逐舰通过了江阴水下封锁线，驶抵南京江面，在距离长江封锁线1500米左右时，我乌龙山要塞开炮，向敌舰进行阻止射击，当即一艘敌舰中弹起火，其余日舰立即转舵回驶到封锁线以外。是日，日军从陆路进攻，相继占领了紫金山、幕府山、老虎山，乌龙山的后路被切断。日舰再度进犯幕府山附近江面，向要塞进行猛烈的炮击。要塞大部分火炮被其摧毁，无法还击，任凭日舰逞威。

12月13日，在火光和浓烟中，南京沦陷。日军随即在南京展开一场惨绝人寰的大屠杀，30多万居民和放下武器的军人被杀害，尸积如山、血流成河。

第二部　不屈的要塞

二十七、"固若金汤"

　　蒋介石在南昌主持的军事会议上，做出了保卫大武汉的决策，同时决定在长江两岸厚置兵力，沿江节节抵抗。在马当、湖口等要塞区设立水下封锁线。海军布雷队敷设水雷，蒋介石、白崇禧亲临马当要塞视察⋯⋯

　　经过江阴海空大战，中国海军受到惨重的损失，蒋介石决定重新整合海军，调整机构，撤销有名无实的海军部，在战时首都的汉口设置海军总司令部，隶属军政部管辖，海军重新洗牌，剩余舰只重新分配序列。

　　1938 年 1 月 1 日，国民党中央常务委员会第六十二次会议在重庆举行。会议议决，兼行政院长蒋中正辞职照准，选任孔祥熙为行政院长，所遗行政院副院长一职，选由张群继任。

　　国民政府调整中央行政机构：（一）改实业部为经济部，建设委员会及全国经济委员会之水利部分，与军事委员会之第三部、第四部均并入该部；前军事委员会之农产调整委员会、工矿调整委员会，改隶经济部。（二）铁道部并入交通部，全国经济委员会之公路部分亦并入交通部内。（三）卫生部改隶内政部，全国经济委员会之卫生部分，并入卫生署。（四）海军部暂行裁撤，其所辖事务，并入海军总司令部办理。

　　新成立的海军战时总司令部下设参谋、军衡、舰械、军需四个处及秘书、副官办公室等接管海军部业务。原海军部长陈绍宽任总司令，原常务次长陈训泳为参谋长，陈季良为第一舰队司令，曾以鼎仍任第二舰队司令兼江防总司令部副总司令。第三、第四和练习舰队撤销。第一舰队仅存中山等炮舰 8 艘，"宁"字炮艇 6 艘，以及测量、运输等辅助舰船共 20 余艘。第二舰队有永绥等炮舰 6 艘，"胜"字炮艇 9 艘及鱼雷艇等，共 20 余艘。

经过一个月的整编，1938 年 1 月 31 日，陈绍宽将海军整编情况汇报给蒋介石：

"窃查海军第一舰队、第二舰队、练习舰队，海军海岸巡防处、海军海道测量局等所属各舰艇，其间因抗战而先后沉毁者，均经具报，并因紧缩起见，将该海军练习舰队司令部、海军海岸巡防处、海军海道测量局等暂行裁撤，亦经呈各在案。兹因调整及便利指挥起见，将其余各舰艇，分别另行编队：计中山军舰、永绩军舰、江元军舰、江贞军舰、楚观军舰、楚谦军舰、楚同军舰、楚泰军舰、甘露测量舰、克安运舰、定安运舰、义宁炮艇、正宁炮艇、长宁炮艇、咸宁炮艇、肃宁炮艇、崇宁炮艇等，均编入海军第一舰队；永绥军舰、民生军舰、民权军舰、咸宁军舰、江鲲军舰、江犀军舰、公胜测量艇、诚胜测量艇、顺胜炮艇、义胜炮艇、勇胜炮艇、仁胜炮艇、海宁炮艇、抚宁炮艇、绥宁炮艇、湖鹰鱼雷艇、湖隼鱼雷艇等，均编入海军第二舰队，以资统率。鉴核备案。"

最初四个月的中日战争，以中国军队的节节败退，首都南京的陷落而告终。但是日本并没有看到所期待的妥协，而是中国军民再接再厉的奋起和抵抗。中国进入了长期抗战的艰苦阶段。日本也逐渐被拖入中国坚决抵抗的泥沼，越陷越深，难以自拔。

新的政治、军事中心在武汉建立起来。国共合作进一步加强，在武汉召开了首届国民参政会，一致通过《抗战建国纲领》，加紧准备持久作战。统帅部对国民党正面作战部队做了重新部署，在长江南北、平汉路东西划分 4 个战区负责陆上防务，陈诚负责保卫大武汉任务；空军集中于汉口和南昌负责防空；海军负责长江流域防务。

1937 年 12 月 18 日，军事委员会委员长蒋介石在南昌主持军事会议。

他说："南京失守了，日军下一步的行动，即要北上先打通津浦线，之后转陇海线向郑州，再南下武汉为其作战目标。据判断，日军侵袭武汉的路线有三条，即：一是以一路沿陇海线西进图取郑州，以断我平汉线之联络，同时安阳方面之敌沿平汉线南下，以夹击黄河北岸之我军。二是以一路由合肥经六安、潢川趋信阳，以图截断平汉线，再转南下进逼武汉，或待陇海一路占领郑州后，再沿平汉线南下取信阳、武胜关，同时以一路由合肥、六安经商城、潢川，再南转麻城、黄安，与平汉线之敌会攻武汉。三是以一路沿长江北岸经大别山脉南麓，由安庆、太湖、宿松、黄梅，与海军协同而会攻武汉。但无论敌采取哪一路，都想采取速战速决的方法。但是，我们偏偏不让他速战速决，我们要努力抵抗，迟滞敌人，以空间换时间。而敌最快的路线即溯江西上，直取武汉，因此，我们除了在长江两岸厚置兵力外，海军要立即在马当、湖口一带设置水下封锁线。一切战局都要围绕着保卫大武汉来进行。"

为了阻止敌军沿江上犯武汉，军事委员会做出决定，再度实行封锁马当。在马当一带两岸都是山冈，在军事委员会制订的作战计划中规定："如敌借兵舰掩护，冒险突破封锁线，沿江深入时，内外围部队应就近以有力部队协同歼灭之。"

马当（今马垱）地处江西彭泽县境内，是长江最重要的要塞之一，长江在这里江流一分为二，江中沙滩将左水道变得十分狭窄，淤塞不通。右水道流经马当山下，为主要航道，此处为长江中游最狭窄处，宽不及500米，水流湍急，形势险要，马当矶位于长江南岸，是江边一座突兀100多米高的孤峰。矶头穿入江中，悬崖绝壁，与江中的小孤山遥相对峙，成掎角之势。此处江面狭窄，水流湍急，形势险要，形成一夫当关、万夫莫开的天堑要隘。

1937年冬，国民政府军事委员会为阻敌西进，力保九江、武汉安全，专门成立长江阻塞委员会，负责此项阻塞工程的设计和施工任务。根据统帅部指示，在江西省政府的直接领导下，成立江防委员会。其工程是在长江中心横贯两岩构筑一拦河坝式的阻塞线。为使水上交通不致中断，在南岸留下一个仅可通过一只船体的缺口，使船在航标指引下，照常航行。在岸边垒成一个一个的石塔，一旦战况紧急时，就投石沉江，以阻碍敌舰前进；并用麻绳绑上竹筒浮在江上，用以缠绞敌舰的轮叶。同时在两岸山峰险要构筑炮台、碉堡、战壕等工事，水面布置3道水雷防线，前后共布雷1500余枚。同时配置重兵防守。马当要塞由江防要塞守备队第2总队、第43军第26师一个营、守备第1营和第2营，以及炮兵第8团、第41团、第42团各一部等守备；马当下游之黄山、香山、藏山矶及下隅坂、黄栗树、马路口等，由江防军第16军第53师和第167师守备。

此外，第21、第27集团军各一部和第23集团军唐式遵部分守江北的怀宁和江南的东流，以随时策应。

遵照军事委员会命令，海军原江阴、太湖、镇江等区炮队改组为马当、湖口、田家镇和武汉等区炮队，担任要塞战。在马当的娘山、牛山、鸡公嘴等处修筑要塞阵地，共安放了舰炮8门，以原应瑞号练习舰舰长陈永钦为炮队队长，担任指挥任务，配置了海军炮队队员223名。另有海军陆战队一个团的兵力，共同防守各炮台。同时，加紧组织海军布雷队，从12月14日开始，海军布雷队分别在东流、马当及阻塞线前后，布放固定式和漂游式水雷，并毁除从安徽获港到江西九江之间各航路标志。

马当水下封锁线，沉船的桅杆比比皆是

陈绍宽驻在汉口，以永绥号炮舰为旗舰，统率海军各部队作战；陈季良设司令部于民权炮舰上，负责武汉下游防务；曾以鼎指挥部设于前线九江，负责指挥马当区、湖口区炮队和布雷队工作，并调来海军陆战队第1旅4个团，协守南浔路。

为防止日军从侧后登陆攻击马当炮台，国军又用钢筋混凝土在马当

陈绍宽与民权舰舰长刘焕乾

以东的香口、长山构筑阵地，拱卫马当，组成马当要塞体系。

马当的堵塞线由江防总司令部主持，曾在江阴要塞工程处的傅方衡、沈鸣荣，也来马当修建要塞工程，总司令刘兴命令城塞局的一个工程处负责施工。但这里江流速度比下游更加湍急，结果一船又一船的石头、石子源源不断地向江中倾倒下，即被卷走，修筑这条新堵塞线工程异常艰难。

与此同时，江防司令部在两岸筑起堡垒，配以炮队、陆战队防守，马当炮台建于1938年春，以陈永钦为总台长，邓则勋为总台附，下辖一、二、三炮台，各装大炮2门，有口径15生（厘米）的，有口径12生（厘米）的。海军布雷队在官洲港道、东流及马当之夹水道敷设水雷。此外江上还有"宁"、"胜"各炮艇轮流巡弋，防止敌舰上驶。

日军也没有闲着，其陆军的主攻方向是津浦路正面的徐州，对于长江方面则派飞机袭扰，常以3架或6架为一组来空袭马当，轰炸阵地和码头。

1938年3月27日，从云层中突然钻出敌机3架，向江上封锁线附近正在巡逻的义胜号炮艇俯冲投弹，实行轰炸。

该炮艇是艘排水量只有 350 吨的小炮艇。除前甲板有 9 磅炮一门，后甲板有 6 磅炮一门外，还有两挺高射机枪。该艇在舰长熊兆的指挥下，一面进行还击，一面利用不时激起的比船桅还要高的水柱，左右躲闪，屡屡避开飞机的轰炸。

时间一长，终于一枚炸弹落在望台前，在爆炸中，副舰长马士秉背部受伤，一名信号兵也被烧伤，望台燃起熊熊大火，滚滚浓烟，腾卷空中。

敌机飞行员见义胜号被炸中，再加上要塞的重机枪也不停地对空射击，担心被打落，于是转头飞走了。

此时，艇长熊兆大喊："快！别让大火烧到火药舱！"在他的指挥下，全艇官兵用水龙、拖把等物奋力灭火，经过 5 个多小时的连续扑救，该艇除了火药舱外，其余均焚毁无余。

海军总司令陈绍宽经常乘旗舰永绥舰从汉口下驶，视察马当前线，指导备战。

军令部长徐永昌多次来过马当，对要塞工程十分熟悉，他多次向蒋介石做了汇报。

蒋介石当然清楚马当和江阴要塞的作用同样重要。江阴一失，南京必然不守；而马当一丢，武汉必然放弃，于是很重视马当要塞。

1938 年 4 月初的一个晚上，蒋介石亲自来马当要塞视察。为避免敌机轰炸，要塞的施工一般都在夜间进行。红日西沉，暮色降临，江岸灯火齐明，江面上也闪烁着点点渔火，映照周围十余里夜空。站在江边，徐永昌向蒋介石指着忙碌的人群，说："委座，工程任务急，工人和海军士兵一起投入施工，很辛苦。"

蒋介石说："很好，水陆配合，有这样的钢筋水泥修筑的防御阵地，敌寇是进不了武汉的。"

蒋介石问随同视察的工程人员："这个要塞工程是谁设计的？是怎样的一个结构？"

徐永昌汇报说："第一次工程设计是海军宿将沈九渊提出来的，共分上、中、下三层结构：底层——用铅丝构成大网，网内铺树枝柳条和乱石，拌水泥凝固，逐段投沉江底，其后绕铅丝缆和苎麻辫，加以紧密连接，并在上游处用铁锚拉住，在下游处加用木桩砸入江底，以固定地不被水流冲激所撼动；中层——用大型铁锚和巨石、乱石，放置在大帆船和铁驳里，再以水泥凝浇，沉列在中层之上，借铁锚齿和大石块锋尖作为暗礁，其上加布水雷，坝面约低于水面两米左右。如敌舰溯江直闯而上，则一方面将被水雷轰击，另一方面触于礁石，而遭致命打击。"

蒋介石听了徐永昌的汇报，满意地说："海军宿将沈九渊，要记一大功，马当要塞是他天才的杰作，溯江而上的日本人，要攻进武汉，除非抽干长江里的水！"

视察完毕，蒋介石顾不上休息，召开军事会议。参加者有军令部长徐永昌、第16军军长李韫珩（兼任马湖区要塞总指挥）、马当要塞司令官王锡焘、第2总队长海军鲍长义等人。王锡焘向蒋介石介绍了各炮台火力配备的情况及兵力安排。

要塞司令王锡焘向蒋介石简单地介绍了马当要塞司令部之上，还有一个马湖区要塞指挥部，指挥官由第16军军长李韫珩兼任，指挥马当、湖口两个要塞地区的作战。第313团部署在香口到东流以南的江边阵地，防止敌人在这一带登陆，该团团部设在太白湖东北端的黄寄树。其他部队，有的在马当西南地区，有的在太白湖南面，有的在彭泽地区。炮台火力，司令部下辖有一个守备营。

蒋介石说："有什么问题吗？"

王锡焘说："委座，您是炮兵出身，要塞炮兵原是兵舰上的炮手，直接瞄准射击是熟悉的，间接瞄准射击，只听说过，没有实践。在阵地上见不到目标……"

蒋介石对徐水昌说："要督促要塞部队加强要塞作战技术训练，此项工作军令部要亲自派人抓，正好利用这个机会，派员指导炮兵练习赋予射向和标定射向等间接瞄准的技术。江防要塞守备司令部要强化训练，提高人员的战斗素质。"

李韫珩介绍了马当、湖口两要塞地区作战部署。蒋介石听得认真，并指示部署在香口到东流以南江边阵地的第313团，要特别注意有可能日军强行登陆，并当即命令该团移至太白湖东北端的黄寄树。蒋介石还一一询问了马当西南地区、太白湖南面和彭泽地区兵力部署的情况。

马当要塞的上级是马湖区要塞指挥部，由第16军军长李蕴珩任指挥长。李蕴珩是黄埔二期生，所属第53师第313团部署在香口，第60师、第167师部署在太白湖和彭泽县城。

参加会议的要塞工程人员傅方衡、沈鸣荣说："我们希望战争再晚一些才好，掩体刚脱模，水泥还没有完全干透。"

蒋介石说："我也这样希望，但是就怕日本人等不及。要塞工程还要抓紧！"

蒋介石还慰问了担任马当、湖口要塞江防任务的第2、第3总队和陆战队支队第2大队的官兵。他们是原海军第三舰队的官兵。

第三舰队在抗战前驻在青岛，第三舰队司令沈鸿烈兼青岛市长。

沈鸿烈（1882—1969），字成章，湖北天门人。18岁中秀才入日本海军兵校学习，同年加入中国同盟会。1911年夏毕业回国，加入清朝海军，由海军楚观舰候补员起步，先后担任清政府军咨府参谋部海军局科员。1911年10月参加辛亥革命，曾任海军统领、宣慰使，参与策动长江下游清廷海军起义。1912年，任中华民国南京临时政府海军部军机处参谋。1913年，调任北京参谋本部海军局上校科长。1916年3月，派任赴欧洲观战团海军武官，随英国舰队参加对德作战。后又出访美国。1918年10月回国，兼任陆军大学海军教官。1920年10月，调任吉黑江防舰队参谋，后任参谋长。1922年8月，调任张作霖公署航警处长。1923年7月，升任江防舰队中将司令。1925年，出任东北联合航务局董事长。1926年11月，奉命率江防舰队抵青岛，与渤海舰队合编为东北渤海舰队，被任命为舰队副司令。1927年7月，任海军第一舰队司令，11月升任海军副总司令、代总司令。东北易帜后，1930年9月，蒋介石将东北海军编为中华民国海军第三舰队，沈鸿烈被任命为第三舰队司令。

实际指挥舰队的是舰队副司令海军少将谢刚哲。管辖定海、永翔、楚豫、江利、镇海、同安、海鸥、海鹤、海清、海燕、海骏、海篷等舰艇。其中，最大的运输舰镇海号排水量1400吨、定海号排水量900吨，其余永翔号排

第三舰队司令沈鸿烈

水量 860 吨、楚豫号排水量 745 吨、江利号排水量 565 吨、同安号排水量只有 390 吨。

1937 年 12 月 18 日，日本陆军参谋部下达了进攻青岛的指令。沈鸿烈闻讯后，下令将日本在青岛的九大纱厂、啤酒厂、四方发电厂、铃木丝厂、丰田油厂、橡胶厂、自来水厂以及青岛港的船坞及其他机械设备炸毁。谢刚哲奉海军部命令，将舰只上的武器拆下，又将二十多艘舰船沉于青岛港主航道中。

青岛沦陷后，第三舰队海军官兵和海军陆战队的一部分人员随沈鸿烈在山东打游击；另一部分人员，由副司令谢刚哲率领到武汉附近地区整顿，命名为江防要塞守备司令部，下辖三个总队和一个陆战支队第二大队，该大队是炮兵。第三舰队的海圻、海琛和肇和三只兵舰上的炮火被拆下，沉在江阴附近。海军官兵携轻重武器组成第三总队，戍守武汉外围的江防；第二、第三总队和陆战队支队第二大队，担任马当要塞和湖口要塞的江防任务。第二总队有三个步兵大队，防守长山已构成的要塞防御地带，联结有 8 个钢骨水泥的重机枪掩体；另有第三总队的第一大队，部署在香口江边一带，以四七海炮控制这一带的江面。

第三总队大队长为康肇祥和陆战第二大队大队长金宝山，统归第二总队长鲍长义指挥。

鲍长义，1926 年葫芦岛海军学校第一届毕业生，原是海军第三舰队少将副司令，驻在山东青岛。抗战初期，鲍长义奉命拆下舰上火炮，把舰船沉在海湾堵塞航道，以阻止日军登陆。然后率部来到九江，海军当做陆军用，被编入马当要塞守备部队，率所属 3 个大队约 2000 人就驻守在长山阵地。

要塞守备司令部下辖的第二大队，有日造三八式七五野炮 8 门，弹药有一个基数，以四轮卡车载运。在日军攻进徐州之前，所有火炮就进入了长山南面洼地中的遮蔽阵地。

蒋介石勉励鲍长义说："你们过去是第三舰队的，现在抗战了，希望你们精诚团结，不分畛域，协力守住马当要塞!"

阻塞线工程经过两次施工才告完成。1938 年初夏，战事吃紧，马当要塞进行了第二次施工。由于春汛江水涨，长江水位不断上升，第一次工程原设计的高度不够，势必要加高。工程设计是在第一次施工的基础上，再加筑乱石层，其方法与底层工程大致相同，并在最上层将面抬高，于是，江防委员会向三北等公司征购大铁驳轮数艘，内装乱石拌水泥凝固，凿穿后沉于底层，船面同样装设暗礁，并布水雷。

马当要塞对外声称：固若金汤。

二十八、马当失守

苦心经营的马当要塞为何在短短的 5 天之内就丢失？是防守的海军炮队玩忽职守？剩余的舰艇是藏匿还是做不屈的抗争？

为了保卫武汉，国民政府最高统帅部制订了武汉会战的作战计划。

海军的具体任务是，破坏长江下游航运，配合陆军固守马当要塞，在鄱阳湖以东迎战日军，阻敌溯江向九江集中，并在长江沿线各要点节节抵抗。

海军投入了 40 多艘舰艇参加武汉会战。陈绍宽先后以第二舰队的永绥炮舰（600 吨，舰长傅成）、咸宁炮舰（460 吨，舰长薛家声）和江犀浅水炮舰（140 吨）为旗舰，往来于马当、汉口、岳阳、长沙等地指挥作战。

日本大本营在 1938 年 5 月下旬，制订武汉作战方案：

一、华中派遣军在 6 月中、下旬占领安庆，做好以后的作战准备。占领安庆后，编好属于华中派遣军的第 11 军，由该军担任沿扬子江作战。

二、华中派遣军另派第 13 师团占领寿县、正阳关、六安附近，然后进行以后的作战准备。6 月底将第 2 军（约两个师团在 7 月底前置于华北方面军指挥）转属于华中派遣军，再加上第 13 师团，担任沿淮河作战。

三、华中派遣军应在安庆及寿县附近分别为直接协助两军第一线的飞行团建立基地，并在蚌埠、庐州附近为空军轰炸部队建立基地。

四、华中派遣军应在安庆及寿县、正阳关、六安附近，为两军的第一线建立补给基地。

1938年5月下旬徐州陷落后，日军沿陇海铁路，猛扑开封、郑州。6月8日，蒋介石命令第一战区所部在郑州花园口掘开黄河，黄河泛滥，随即影响到淮河也跟着泛滥，淹没河南、安徽、江苏三省十几个县，打乱了日军的进攻计划。日军遂改变战略，调集主力沿津浦路南下，集中在长江一线，西溯长江攻取武汉。

敌舰是如何进入长江的呢？

原来，日军在夺取江阴半个月后，用飞机在江阴水下封锁线炸开了一个仅能通过一艘军舰的狭窄航道，又动用潜水员、打捞人员一千多人，昼夜打捞、清除水雷和沉船，以图扩充航道，使更多的舰船能上驶南京、武汉。

直到1938年2月，才打开一个较大的缺口，让吃水较深的舰只试行通航，由第11战队、第1、第11水雷队等部组成扬子江部队，实施溯江西上进击武汉的计划。

6月1日，华中派遣军命令第6师团，从庐州附近行军南下攻占安庆，命令波田支队协同海军沿扬子江溯江攻占安庆。

3日，日海军以大海令120号下达命令：中国方面舰队司令长官应协助陆军攻占安庆附近。

7日，波田支队的波田重一少将指挥的台湾步兵第1、第2联队及台湾山炮兵，从镇江出发，依次在芜湖下游集合。在海军的护卫和领航下，溯江而上，11日半夜进入安庆下游约20公里附近锚地。

12日凌晨3时，冒着大雨，波田支队兵分两路，同时在安庆北岸与南岸登陆，向该地发起进攻，激战至下午6点，日军占领了安庆飞机场，紧接着冲进安庆城内，与守城军激战。

6月13日，安庆被日军占领。日本大本营决定确立主力沿扬子江前进的方案。兵分三路，一路从大别山南下，两路沿长江南北两岸西进，合攻武汉，江南一路成为其主攻方向。

6月18日，日本大本营发布大陆指令，并以大海令122号，下达给中国方面舰队，准备攻占汉口。根据该命令："华中派遣军应利用安庆作战的战果，与海军配合，伺机占领黄梅、九江一线。"

日本海军在华舰队调集了欧号、燕号、夏岛号、那美沙号等小型舰艇编成第一扫雷队，沿长江西上，支援两岸作战。

华中派遣军命令波田支队配合海军继续由扬子江溯江行动，占领湖口地区。

波田支队的先头部队（台湾步兵第2联队、山炮一个中队为基干），于6月22日由安庆启航，向马当要塞前进。

向安庆进攻的日本舰队

我海军炮队利用短暂的停战，抓紧时间练习间接瞄准的技术。

是年5月间，军政部派原江阴要塞探照灯台台长杜隆基到武汉江防要塞守备司令部陆战队支队第二大队任少校大队附，负责训练这个大队官兵的要塞作战技术。杜隆基于同年5月7日到达马当要塞前线阵地，立即对前线阵地上的海军官兵进行间接瞄准的训练工作。

是年夏，正值长江水位上涨，便于军舰航行。日本海军乃集结兵力向皖、赣进攻，于是马当、湖口地区告急，长江方面战况趋于紧张。

6月1日，日本华中派遣军命令第6师团从合肥附近南下进攻安庆，并由波田支队协同海军沿长江溯江会攻。波田支队也向安庆发起进攻。

是日上午，第一舰队的崇宁、长宁两艘炮艇在鄱阳湖内巡弋，突然有敌机数架飞到头顶，分别向崇宁、长宁两艇投弹，水面激起冲天的浪花。两艇上的高射机枪也吐着火舌予以还击，空中飘散着朵朵白色硝烟，敌机将机头拉起，掠过两艇上方，盘旋而去，突然从云端中钻出，又俯冲而下，对准两艇投弹。在猛烈的爆炸中，长宁艇弹药舱被炸弹震漏，机件损坏，士兵多人受伤。崇宁艇也受了轻伤。

11 日，日舰 40 余艘、商轮 13 艘、汽艇 80 余只、木船数百只，载着波田支队，在空军掩护下，大举进攻安庆。12 日，安庆失陷。

6 月 13 日，参谋总长白崇禧对安庆的陷落感到震惊，从武汉前来马当要塞视察，面对日机的屡屡空袭，白崇禧千叮咛万嘱咐："安庆失陷，日军很快会窜到这里，务必注视敌情，万不可轻心。我相信你们海军能出色地完成任务，要注视敌情，和陆军互相配合。"

但是，马湖区要塞总指挥、第 16 军军长李蕴珩却把白崇禧的话当成耳边风。

6 月 10 日，李韫珩下达命令，在后方彭泽县城举办为期两周"抗日军政大学"，召集第 16 军的副职军官和连排级干部、要塞区炮队及马当、彭泽两地的乡长、保长参加训练，学期两周。

李韫珩还要求海军守要塞部队派员参加。此时，日军军舰就在要塞区以外，大敌当前，负责第二总队的鲍长义对李韫珩所搞的花架子很反感，回复说："军情紧急，江防要塞炮兵备战训练当紧之时，第二总队和陆战第二大队、第三总队的第一大队的连、排长们，日夜守卫在前线阵地上，无法参加抗日军政大学学习。"

抗战时期，蒋介石与白崇禧（右）、何应钦（左）在武汉合影

李韫珩非常不高兴，但也无法反驳他们提出的理由，因此海军们都没有参加抗日军政大学的训练。

6月17日，在长山指挥部观察所内，杜隆基用大倍数望远镜，观察到东流一带江面，出现日军舰艇于封锁线和布雷区以外游弋，紧接着用舰艇上装配的小口径火炮及机关枪无目的地对水面轰击扫射，企图以火力探寻雷区位置。偶尔有漂浮的水雷被击中，爆炸的浓烟水柱冲上几十丈高。在长山阵地观察部用音测断定，日军舰艇离长山阵地约在三万米以外。

一连数天，日军无以数计的弹药泼向江面，被击中爆炸的水雷均有数十起。但日军始终按兵不动。要塞部队紧绷的神经都松弛下来。

6月21日，敌舰开始向马当要塞窥伺。

6月22日，日驱逐舰驶进马当江面，向要塞开炮射击，掩护敌汽艇十余艘，向马当及长山炮台进攻。鲍长义命令各分台等敌艇靠近后，一律用子母弹射击。该炮弹射向敌舰后，许多子弹倾泻而出，铺天盖地。当即就有敌3艘汽艇被炸沉，其余皆调转船头而去。敌舰遂与炮台展开激烈的炮战，我方炮台亦有损失。

6月23日，日军舰艇9艘在日机的掩护下，自安徽东流方向驶进马当要塞，被要塞炮兵击退。我空军三次飞东流轰炸，日舰3艘中弹。

是日，要塞守备部队接到马湖区要塞指挥部的通知：抗日军政大学定于6月24日上午8时举行结业典礼，各部主要长官、上尉以上军官都收到了请柬，届时参加，会后即在司令部聚餐。

接到请柬的军官们认为，江面上到处都有水雷，岂是日本人一时半会儿能肃清的？马当是何地方？一夫当关，万夫莫开之地。况且自抗战以来，中国军队普遍因伙食缺油，寻不着口福，开会事小，打打牙祭才是正事。于是都欣然决定前往。

陆战队第二大队少校大队附杜隆基也接到通知，因总感觉不该离开阵地，一闪念便放弃了去参加结业典礼。

当日下午，主要防守部队第16军第313团连以上的军官，结伴从长山阵地前公路经过，去马当镇参加抗日军政大学的结业典礼。其中不少人在马当镇上过了一夜，其原因是好久没闻见女人的气息了。

暮色沉寂，江面上传来江水阵阵扑打岸边的声响，要塞各阵地显得很安静，一夜平安无事。

24日拂晓时分，观察所里的杜隆基一觉醒来，按照惯例拿起电话与第三总队防守香口江面的第一大队联系。奇怪，电话怎么摇也不通。接着他又与第16军第313团联系，电话仍旧不通，难道线路出了问题？于是他派出联络兵，一面查检线路，一面徒步前往联系。

杜隆基心觉不安，预感到有意外发生。他在观测所用望远镜观察了一会儿江面，雾气蒙蒙，一片混沌。随之他又观察四周，也是迷茫不清。不一会儿，在薄薄的晨雾之中，隐约觉得江岸上有部队行动。杜隆基顿起疑心。

"江防部队的指挥官基本上都去了马当镇，怎么会有部队调动？难道是……"

想到这里，杜隆基头皮发麻，挎上手枪，正准备出去看个究竟，这时，联络兵气喘吁吁地冲进来报告："香口街上满是日军，多得数不清！"

杜隆基和观测所里的人都惊呆了。这说明日军夜袭了香口，由此判断第三总队第一大队已全部被日军消灭！

观测所里的气氛顿时沉重而紧张起来。日军是从哪里登陆的呢？是什么时候登陆的呢？事不宜迟，杜隆基马上通知长山阵地做好战斗准备，自己与几个留守军官在指挥所研究应付措施。

清晨，雾气渐渐散去，杜隆基在观测所内观察到香口街上日军正在整队。原来，日军在汉奸的指引下偷偷上岸，用刺刀捅死第三总队第一大队的士兵，没开一枪，就占领了香口。

杜隆基的电话直接打到马当要塞司令部：

"我是陆战队支队第二大队少校大队附杜隆基，找王司令，有十万紧急军情报告……"

要塞司令部总机回答：

"王锡焘司令去参加抗日军政大学结业典礼去了。"

杜隆基真急了，吼道：

"找其他负责人！"

总机回答："司令部除两个值班参谋外没有负责人。"

杜隆基一个劲儿又往马湖区要塞指挥部要电话，还是打不通，急得他跺着脚骂娘。

话务兵提醒："可以用无线电联系。"

晕头转向的杜隆基用拳头捶着头："我怎么把无线电给忘了。"

他当即用无线电向谢刚哲司令报告了日军登陆的情况，谢刚哲深感情况严重，下令："不惜一切代价，一定要堵住敌人，决不能让日本人通过长江封锁线！"

原来，整个马当江防前线，除镇守长山阵地的鲍长义海军陆战队第2总队外，竟然没有一个排以上的军官在岗在位。一名已当了汉奸的受训保长立刻把这一重要情报传送给了日军，日军遂决定趁此机会进攻。

炮声隆隆。

上午8时，日军开始炮击长山后洼地的中国海军炮兵阵地。中国炮兵反击，双方展开炮战，互有损失。

战斗开始不久，第313团的士兵挡不住日军的进攻，开始沿长山阵地前的太白湖公路溃逃。杜隆基用枪拦住两名逃散下来的士兵："哪部分的？到底怎么回事？"

一士兵说："313团的。小日本是在今早4点左右，乘小艇偷偷上岸的。"

另一士兵："日本人一上岸就用机枪扫射我们的阵地，班长被打死。排长和连长参加结业典礼去了。我们连里只有一个代理排长和一个司务长。我连的阵地不到十分钟就被日本人占领了。"

杜隆基又接连询问了一些溃逃的士兵，情况大致相同。

进攻马当的日军是来自台湾的波田支队，司令官为波田重一少将。日军乘橡皮艇于拂晓同时从不同地点偷偷登陆。第313团的团部黄寄树遭到日军袭击，伤亡惨重，日军登陆已势不可当。日军源源不断地登陆，向南沿江岸扩张。波田支队占领香山后，在香山反斜面设立炮兵阵地，向长山阵地轰击，鲍长义命令所属炮兵还击，双方展开了激烈的炮战。上午，波田重一组织步兵突击组，从太白湖口向长山阵地进攻。这时，日军步兵组成三个突击组，抬着重机枪，从太白湖的水荡里向长山阵地发起突击。太白湖口至江边约有800米宽，纵深约600米，原是一片水稻田，由于长江涨水，漫上江边堤圩，灌进水田，变成湖荡，形成长山防守阵地的一道屏障。

日军突击部队的士兵一进湖荡，半截身子就陷于水中，无法有效地使用他们的轻重机枪，火力减弱，长山阵地中国守军的火力铺天盖地而来，日军突击部队的士兵和机枪手纷纷栽入湖荡之中，无一生还。是日上午，日军连续组织两次突击，下午又组织了两次，均以敢死队面目出现，全部被长山阵地守军歼灭于湖荡中，鲜血染红了大片水田。

日第11军派出军舰、飞机向长山阵地轰击、轰炸。中国空军也从南昌、武汉机场起飞，奋勇迎战。一时间，长山阵地陷入了海、陆、空立体火网和弹雨之中。

日军海空陆军向要塞阵地发动进攻时，只有为数不多的要塞守备部队在阵地上与敌人作战。

此刻，第16军和马当要塞司令部的各级指挥官都在参加军政大学的结业典礼，直到下午3点左右才会餐完毕。

第二总队长鲍长义终于要通了第16军军长李韫珩的电话，向其报告敌情："敌人多点登陆，正向纵深发展，十万火急。"

李韫珩将信将疑地说："你们海军是不是谎报军情？怎么我没有接到我的部队的报告。"

鲍长义说："香山、香口早被敌人占领了。"

李韫珩更加怀疑地说："香山、香口是我的部队防守，你太不沉着了，你到底看见敌人没有？"

鲍长义吼道："我们阵地都被敌人打乱，人快死了一半，还说我没有看见敌人？你说香口是你的部队，你的部队为什么把炮搬到香山上向我的炮兵射击？岂不是笑话？你们有炮兵吗？"

李韫珩哑口无言。

当时，正在田家镇视察的白崇禧，得知日军在马当要塞登陆后，立即用电话命令驻彭泽的薛蔚英第167师，率部从澎湖到马当的公路兼程赴香山增援。

这时，鲍长义也向李韫珩请求增援，李韫珩回答："好了，我派第167师增援长山。"

放下电话，李蕴珩对第167师师长薛蔚英吩咐："既然这样，部队上去了也不过多顶几天，马当要塞还是一个丢。"

薛蔚英心领神会。

彭泽县城至马当的直线公路是15公里，薛蔚英以躲避敌机轰炸为由，绕行太白湖东的崎岖小路。齐装满员的全师人马在小路来回磨蹭，40多公里的路程竟然3天都没走完。鲍长义望眼欲穿，总不见援军的踪影，除少量空军支援外，他们几乎是孤军作战，以一个总队（团）抵抗日军一个支队（旅团）和海、空军的疯狂进攻。而实际上，日军一个联队（团）的火力配置，就超过了中国军队的一个军。

24日下午，中国守军正与日军陆军激战时，日海军炮火突然停止向要塞轰击；香口登陆的日军仍在组织突击队，以轻重机枪向长山阵地突击。中国守备部队集中火力将日军压于湖荡之中。杜隆基在观测所内，看见中国飞机9架由宿松方向飞临敌舰上空，敌舰火力齐向飞机射击，中国飞机在高空投弹之后，转向宿松方向飞去。待飞机一走，日军舰炮火又向长山阵地射击。

25日，日军舰在江面上有所增加，火力增强，长山阵地已被炸得七零八落。香口的日军也不断地扩充，拼死组织突击队，要冲过长山阵地前的湖荡，却一次次地失败，湖荡中浮起一具具日军尸体。

是日，中国空军飞机一次次轰炸江上敌舰，当其第一次飞临敌舰上空，敌舰无所察觉，舰上炮火仍在向我阵地射击，我机却向敌舰投下炸弹，炸起的水柱飞溅，遮住敌舰，只听得炸声隆隆，震撼江面，飞机则向望江、宿松方面飞去。溅起的浪花消失后，在阵地上遥望敌舰，有的中弹起火，有的中弹下沉，我阵地上的欢呼声响彻云霄，大大鼓舞了我军士气。

战斗沉寂了个把钟头，敌又以残余海军炮火向我长山阵地射击，但火力已大为减弱了。

与此同时，敌在香口的陆军越聚越多，多次企图从湖荡里向我长山阵地突击，但均未得逞。敌人的飞机低空飞掠长山山头，反复轰炸扫射。正巧在我炮兵射击敌舰时，炮弹飞越长山之巅，碰着敌机，敌机顿即在长山上空爆炸，人机俱毁。人们误认为这架敌机是被我炮兵击中的，阵地上的我军步兵鼓掌欢腾。这一讹传，又一次鼓舞了我军士气。

江面告急。

上午9时20分，日本海军兵舰不顾一切地闯进要塞江面布雷区，在封锁线外向长山防御阵地猛烈轰击，起先仅以舰首有限火力轰击。日军每艘军舰，舰首不过两三门火炮。军舰全赖横侧舰身发挥火力作用，它将舰身横转过来，舰首、舰尾的火炮以及舰侧身的边炮可以同时射击，这是军舰发挥火力最理想的势态，调转炮口又可用另一侧的边炮射击。但是，横着的军舰目标太大，容易被击中。于是，日军采取一种S形游弋姿势，向长山阵地轰击。

日军共出动9艘军舰，每一次S形游弋轰击，就有近200发炮弹落在长山阵地上。长山遭日军一天轰击之后，部分阵地被摧毁，人员伤亡甚大。

在猛烈的炮战中，杜隆基用观测镜遥望江面，只见敌巡洋舰中弹起火，各舰慌乱不堪，有的中弹下沉；鲍长义愈加兴奋，用旗语通知各分台发挥舰炮的威力，乘机予以痛击。敌巡洋舰在两艘驱逐舰的挟拖下，向下游逃跑，其余各舰也纷纷向下游窜去。

战斗结束后，鲍长义清点人数，不禁黯然。扼守长山一带的步兵、炮兵，与日军海陆军鏖战数日，伤亡甚多而得不到增援。他屡次向马湖区指挥官李韫珩请求派兵增援，得到答复是援军已经出发，却总不见人影。

25日下午6时05分，蒋介石从武汉来电，对江防守备司令部第二总队和陆战支队第二大队全体官兵传令嘉奖；6时12分，武汉卫戍总司令陈诚来电传令嘉奖；其后，江防要塞守备司令谢刚哲传令嘉奖。

各级嘉奖电报，对堑壕中的士兵都鼓舞巨大。但事实的残酷却不是嘉奖电可以解决的：炮队伤亡太多，战斗力减弱，急待补充。

下午7时以后，敌炮兵和海军炮火增强了火力，加上敌空军轰炸扫射，我军牺牲惨重，控制太白湖口公路的两个重机枪掩体已被敌海陆炮火轰坏，长山要塞防御工事也已被摧毁。

6月26日一早，日军绕到要塞后方展开攻击，迫近马当要塞，各分台极力抵抗，但在敌海陆空军猛烈的夹击下，包围圈逐渐形成，就像套在脖子上的绞索，越勒越紧，枪林弹雨，让人几乎喘不过气来。长山阵地几门大炮被摧毁，炮手死伤一片，炮兵陶弈宝、林正惠等人在战斗中牺牲，血浸炮位。时近中午。这时，敌步兵从公路上向我长山阵地突击。长山阵地上的炮兵已控制不住太白湖口公路，敌军在海陆空军的配合下突进我阵地。各炮台之间缺乏掩护的步兵，无法击退冲上来的日军，情况万分危殆，这时，马当要塞司令王锡焘感觉形势不对，此人在北伐战争时是唐生智第 8 军炮兵团团长，对炮战十分熟悉，当他听到敌机的轰炸和敌舰的炮击几乎覆盖了炮台上空，而我方还击的炮声稀稀拉拉，于是他要通了鲍长义的电话："鲍总队长，你那怎么样了？"

"已经没有几门炮了，长山阵地被敌切为数段……援兵何时能到？"

"别管援兵了，实在不行就将炮炸了，把炮闩掩埋，立即突围。"

炮弹已尽，又无法补充，炮兵也只好以步枪应战。鲍长义命令撤退，炮兵将拉线后的手榴弹扔进炮膛，破坏大炮，把炮闩埋在炮台下。战士们用步枪相互掩护着，把三门野炮装上汽车，转移阵地；总队部见敌已突入阵地，也只得向后转移；残余官兵也退了下来。在鲍长义指挥下，互相搀扶，在机关枪的掩护下，杀开一条血路，突围而去。

日军对最后的要塞施放化学毒气弹，许多人中毒，有的窒息身亡，有的全身溃烂，南岸的要塞相继陷落。

二十九、军法无情

马当要塞的丢失，将战时陪都武汉暴露在日军面前。蒋介石极为震怒，海军炮队是保卫要塞的，负有守土之责，丢失阵地当受到军法严惩，他们能逃过军法的严惩吗？

蒋介石对马当要塞寄予厚望，不料却这么快丢失，为此大发雷霆，下令务必夺回。

李蕴珩也意识到事态的严重性，慌忙组织所属第 53 师、第 60 师、第 167 师全力反扑。尽管第 16 军官兵英勇顽强，奋不顾身，但此时波田支队反客为主，已经占据有利地形和钢筋水泥工事，构建了坚固的岸陆阵地，又有军舰、飞机的炮火支援，立稳了脚跟。双方反复冲杀，拉锯争夺。

6 月 27 日，武汉卫戍总司令陈诚自湖口致电蒋介石：

"已着罗卓英第 19 集团军总司令督率第 16 军、第 49 军及第 10 师、第 16 师等部迅速恢复香山、马当要塞阵地而确保之。"并许愿：攻克香山及马当要塞区赏大洋 5 万元；如有作战不力，畏缩不前者，即以军法从事！

然而，白花花的大洋与严厉的军法都已经无法阻挡日军的前进了。

海军炮队残部在第二总队长鲍长义率领下，于 6 月 27 日到达彭泽县流泗桥附近，将近中午，敌机 3 架前来袭击彭泽县。他们当即卧倒，却发现有一人身穿白色衣服，在高岗上喊叫，很快，一幢军用仓库被敌机炸毁。大家都感到奇怪，鲍长义命令一名排长："你带一班人过去，看看是怎么回事？"

排长带着几个人登上高岗，经过搜索，发现有一个防空掩体，里面藏有 3 名汉奸，并备有收发报机一部。

这位排长气极了，当即推弹上膛，3 个汉奸吓得跪下，磕头如捣蒜，连连哀求"饶命",排长骂道:"都是你们这样的狗汉奸才使马当丢了!"

"啪啪啪"三枪,将3人打死。

鲍长义等即向湖口方向前进,在湖口三里街,只见第三总队总队长康肇祥率队赶来,两下合兵一处,走了没多远,就被驻扎在该地的川军第26军郭汝栋部阻拦,禁止溃兵通过。鲍长义与康肇祥决定:鲍长义和陆战第二大队队长金宝山两人去武汉海军总司令部汇报情况,第二、第三总队和陆战支队第二大队都由康肇祥指挥。

第26军一个营长模样的人走过来,拍打着海军炮队的3门日造三八式野炮:"这个玩意儿不错,留给老子打日本龟儿吧!"

他一挥手,十几个兵上来就推。

康肇祥说:"你们尽管拿去就是,反正没有炮弹,我们留着是个累赘。"

一个四川兵说:"没有炮弹算个锤子!"一窝蜂散了。

6月29日,波田支队一面顶住第16军的猛烈反攻,一面努力扩大战果,日军在彭泽县将军庙登陆,攻陷彭泽。

是日,日机连续对马当江面进行轰炸,以爆破方式打开马当阻塞线,炸开并疏通了长江航道。

7月2日,日军波田支队进攻湖口,守军第26军郭汝栋部与敌鏖战甚烈……

敌军增兵后,终于绕过鄱阳湖,切断南浔路,攻陷九江。

7月4日,敌舰进到湖口,迫近该处炮台。时陆军已陆续后撤,海军各炮队以敌舰被我马当雷区阻隔下游,既无目标,无从发挥火力,再加之炮台所装海炮都是固定在炮位上,无法将各炮移转到后方。在不得已的情况下,派特务兵据守山头,在敌机的轰炸下,战士们都抱着必死决心,与敌相持。但敌陆军向炮台发动进攻,众寡悬殊,山头无法扼守,而炮台炮位复被敌机轮流投弹。旋敌军愈迫愈近,向我炮台猛攻,炮台守兵力量单薄,至最后之时始将炮闩忍痛拆卸,退出了阵地。炮兵连损失甚重。

是日,日陆军攻占湖口县城。

7月初,由于战况日趋紧张,湖口的第26军通知,凡无战斗力的部队及溃兵，速速离开战场。

这样，康肇祥率海军炮队才得以离开湖口三里街，沿鄱阳湖边从鞋山过湖，到了庐山脚下海会地区。

当时俞济时的第74军部队驻在德安一带，知道海军这群人手里有野炮，也想捡个洋落儿，于是派人将海军炮队拦住，说："蒋委员长有命令，抗日的部队，不准过湖来；凡过湖来的，一律缴械，官兵收编。"

康肇祥集合校级军官商议："武器交与不交？"

大家七嘴八舌："我们没有什么武器，仅有3门没有弹药的野炮。"

康肇祥说："我们带有武器。"

杜隆基说："我看交出武器为好，省得找麻烦！"

于是他们将携带的武器、野炮和炮队士兵都交给第74军。该军派人将康肇祥一行送到南昌。

坐镇南昌的第一兵团总司令薛岳，命令在列车上挂了几节车厢，把海军炮队官佐转送到武昌，同时安排了两位军官"护送"康肇祥。康肇祥并不知道等待他的将是什么，一路上，与两个军官谈笑风生。

7月13日中午，列车到了武昌宾阳门，两位军官即将康肇祥和海军官佐"护送"到武昌阅马场附近的一个巷子。

大伙儿进屋一看，里面有人看管，这才知道是看守所。当时海军炮队的这批人就被关押进去，被当作犯人看待。康肇祥被单独关押。

武汉是长江边上著名的大火炉，天气炎热，如同蒸烤一般，十几个人住在一间小房子里，闷热难耐。大家抱怨说："早知如此，就在马当战死算了。"

7月16日开始审问，房间里的人一个一个被传去审问。晚间8时左右，有人叫："杜隆基！"

杜隆基到楼上一看，门上写着"军法执行总监部审判厅"几个字。

军法官问了杜隆基的姓名、年龄、籍贯。

杜隆基问："为什么关押我们？是什么案由？"

军法官说："作战不力、擅自溃退。"

杜隆基心想，如果按此八个字，重则杀头，轻则坐监。于是申辩说："我们的部队，不是作战不力的部队。"

军法官问："死到临头，就剩一张嘴了。有何为证？"

杜隆基说："6 月 25 日傍晚，我部接到蒋委员长传令嘉奖的电报，怎能说我们作战不力呢？"

军法官又问："可记得电报字号？"

杜隆基："我们正在紧张战斗，只知道有这两份电报，没有记它的字号，你们一查就知道了。"

军法官："那你们溃退又怎样解释呢？"

杜隆基："溃退是事实，我们从 6 月 24 日早晨与日军作战，直到 26 日上午，上级指挥官没有派一兵一卒前来支援，弹尽力竭，阵地被敌切成数段，伤亡惨重，不得已而退出阵地。"

军法官："这样说来你没有什么责任了？"

杜隆基："有责任也推脱不掉。"

军法官："我们问了一天，没有人像你这样讲的。"

杜隆基："他们是海军，不知道陆军作战的情况。"

军法官："他们是海军，你呢？"

杜隆基："我是陆军，是学要塞的，派到这个部队来训练要塞作战技术，遇上战争，义不容辞地要参加战斗。"

法官们问到此处，离开了法官席位，下来询问马当作战的细节。杜隆基无拘无束地和他们交谈起来。

军法官拿起一份文件，拍打着说："这是第三战区司令长官顾祝同的电报，我念给你听听：'康肇祥率部先行，以致影响全局。'你还有什么话说？"

杜隆基："康肇祥防守的地区是湖口要塞。他指挥的第三总队的二、三两个大队是没有参加战斗就离开阵地，的确有错，但不能说是他影响的全局。影响全局的是第 16 军，李军长是马湖区的最高司令官，是他坐视马当要塞和长山要塞防御地带的危急，不派部队增援，使其丢失，这才是真正的责任之所在！"

军法官："一派胡言！李军长不是派了第 167 师师长薛蔚英前往增援嘛。"

杜隆基："那也叫增援？救兵如救火，几十里的路程第 167 师三天都没有到!"

军法会审，就此结束。

一个陆军军官的证言，使被羁押的海军官佐逃得性命。

7月18日下午，看守所将康肇祥等12位校官收监外，其余海军官佐都被送到江汉师管区军官队收容。到江汉师管区军官队后约三四天的时间，江防要塞守备司令部将这一批官佐要回司令部，另行分配，大部分留在第一总队继续工作。

随后，第16军军长李蕴珩遭撤职查办，8月15日，军法总监部判处第167师师长薛蔚英死刑，在武汉执行枪决，该师番号也被撤销。

薛蔚英，山西省离石县人，1904年生。1924年，薛蔚英在山西省国民党地下组织的推荐下报考了黄埔军校第一期，顺利地通过了入学考试。刚刚入校几个月，他就跟随黄埔学生军参加了平定广州商团叛乱的战斗。在1925年2月的第一次东征中，薛蔚英随军参加了战斗。1925年9月，薛蔚英升任国民革命军第1军第1师第2团第2营少校营长，并于10月率部参加了第二次东征。毕业后任黄埔军校入伍生队区队长，国民革命军第1军21师排、连、营长，第167师补充团上校团长，保安第6旅副旅长。1938年2月2日，薛蔚英任国民党第8集团军第167师师长，为防止追击日军利用淮河大桥，奉令指挥部下将淮河大桥用炸药彻底炸毁。

蒋介石是在挥泪斩马谡？还是敲山震虎？

然而，最耐人寻味的要数欧阳格被杀事件，这又成为民国史上一个未解之谜。

1938年3月，正当海军努力经营马当要塞时，从南京突围而出的欧阳格突然被蒋介石下令撤职并扣押，但是军法部门始终没有对其进行审判。之后，他竟然携带全家远赴香港"治病"。

1938年12月，重庆的国民党副总裁汪精卫突然飞昆明，并转赴越南河内，又在香港《南华日报》上发表"艳电"，主张与日本媾和。一时间，香港成为汪派一伙的大本营。

或许欧阳格怕惹上与汪精卫的纠葛，于是主动回到了重庆。就像一只飞出牢笼的金丝雀，盘旋了一圈又飞了回来。1941 年 8 月 2 日，欧阳格终于等来了一纸死刑通知书，没有审判、没有申述，甚至与家人都来不及再见上一面，就被押赴刑场执行枪决。这一年，他 42 岁。从 1926 年参与"中山舰事变"起，到被处决，他跟随蒋介石整整 15 个年头。

欧阳格夫妇与子女合影

三十、继续亮剑

海军只剩下为数不多的炮舰和炮艇，剩余的舰只是藏匿？还是继续战斗？

海军第二舰队司令曾以鼎激励将士说："我们绝不能再让敌人南下武汉，又来一次像南京那样的兽性，残杀我们数十万的无辜兄弟姐妹。我们一定要坚守阵地，寸土不让，坚持循着抗战到底，直到最后胜利这一条路走下去！"

在保卫马当要塞的日子里，海军除了炮队与敌展开殊死的搏斗之外，第一舰队和第二舰队的舰艇也在与敌奋战。海军各布雷艇加紧后方的布雷工作，夜以继日，在湖口段布下了300多具水雷。海军第二舰队司令兼江防总司令部副总司令曾以鼎深感责任重大，率领前沿海军冲锋在前。他经常激励将士说："我们决不能再让敌人南下武汉，又来一次像南京那样的兽性，残杀我们数十万的无辜兄弟姐妹。我们一定要坚守阵地，寸土不让，坚持循着抗战到底，直到最后胜利这一条路走下去！"

6月24日，敌机9架在马当江面发现正在执行布雷任务的威宁炮艇，当即一架一架俯冲投弹，掀起一道道水墙，在艇长李孟元和轮机长傅宗祺的指挥和操纵下，忽左忽右，来回躲闪，并用舰首和舰尾两门570毫米高平两用炮和舰首前段左右两挺79毫米机关枪予以猛烈的还击。

敌机先后投弹40多枚，大多落在威宁艇四周，浪花高溅，直上舰桅杆，突然一枚炸弹呼啸而下落在艇上，在猛烈的爆炸下，弹片横飞，李孟元和傅宗祺受伤，血流如注，士兵3人当即阵亡，其余14名官兵受伤。舰体被炸出多处弹孔，头目舱燃起浓烟烈火，江水无情地涌进船舱。

李孟元忍着剧痛，大喊："赶快救火！"

躺倒的士兵们纷纷坚持爬了起来，拿起水龙、拖把等物件向烈火扑去，在官兵的奋力扑救下，大火终于熄灭。

6月25日，义宁炮艇在湖口白镇巡弋时，遭到9架日机的袭击，在轮番轰炸中，该艇被炸伤，艇长严传经殉职，轮机副军士长汪景翰，列兵李孝勋、陈再框、陈再枢、任礼海、杨依雅等相继阵亡，其余官兵重伤、轻伤者8人。

为国捐躯的义宁艇艇长严传经

6月29日，执行布雷任务的崇宁艇，在湖口附近遭敌机轮流轰炸，在与敌交火中，崇宁艇受伤；义宁艇在战斗中受创甚重，拖赴汉口修理。长宁、崇宁炮艇又分别前往武穴、田家镇一带担任防务，遭敌大量飞机轰炸，相继沉没。

是日，陈绍宽向蒋介石汇报战况：

本日上午，崇宁、长宁两炮艇在鄱阳湖内巡弋之际，敌机数架先后两次向该两艇投弹。长宁药弹舱被炸弹震漏，机件损坏，士兵受伤。崇宁损伤尚轻微。再有日（25日）义宁炮艇在湖内工作，被敌机炸伤，艇长严传经及员兵六人均阵亡，并轻伤员兵数人。谨并电闻。

在保卫马当和附近的战斗中，表现神勇的有第二舰队的咸宁炮舰。该舰舰长为薛家声，副舰长为陈嘉栐。

7月1日，咸宁炮舰奉命在九江北港布设水雷，任务完成后，该舰经九江驶向田家镇，航行到火焰山附近，瞭望台的水兵发现东南有一溜小黑点，像几只飞鸟，稍待片刻，原来是敌机 7 架，猛扑而来。舰长薛家声立即发出战斗警报，高射炮手根据敌机方位，迅速转动炮身，严阵以待。当敌机怪叫着俯冲下来时，高射炮火光阵阵，开始怒吼，敌机一排排投弹，上与下的激烈交锋开始。

就这样你来我往，咸宁舰且战且走，敌机先后投弹 40 余枚，该舰火药舱、锅炉舱、头目舱、士兵舱都被敌弹击中，包裹在浓烟烈火之中，伤亡惨重；有的士兵被烧死了，有的成了火人在甲板上打滚，有的干脆跳进长江里。该舰中段机器和锅炉舱被弹片击穿了数十个弹洞，江水汩汩地涌了进来。薛家声对副长陈嘉枬大喊："你组织人灭火堵漏，我来对付这些狗杂种！"

他命令前炮瞄准再打。面对敌机的疯狂肆虐，舰首大小不同口径的高射炮和高射机枪均短暂地停止射击，对准迎面而来的敌机进行校正瞄准，"咚咚咚咚——"所有火力一起发威，吐射出愤怒的炮弹，一架敌机拖着长长的黑烟栽进江中，激起小山般的浪花。不一会儿，高射机枪又命中一架敌机，该机歪歪斜斜地落在武穴南岸的山脚下。其余的敌机都惊呆了，拉高机头，转头飞去。

陈嘉枬跑来，兴奋地说："狗日的吓跑了。"

薛家声眉头紧蹙："他们是去搬救兵了，一会儿还会来，你一定要让水兵们坚持到武穴。"

他大声命令："全速前进！"

并站在舵手旁，不断发出指令，舰体倾斜，但奋力挣扎着，艰难地向武穴码头前进，终于靠上原日清公司码头。薛家声组织一部分人搬运牺牲者的遗体和抢救伤员，一部分人抢修受伤的舰体，进行堵塞工作。

时间不长，16 架日机隆隆飞来，当它们发现停泊在武穴码头上的咸宁舰后，立即怪叫着俯冲下来，展开疯狂的

帆缆副军士长郑玉章

报复。

生死关头，薛家声亲自指挥舰上的炮火对空射击。此时敌机早已领教了咸宁舰的厉害，不敢俯冲，只是在高空投弹。60多枚炸弹纷纷落在码头的趸船和水中，咸宁奋勇开炮百余发，在激烈的炮战中舰体再次被横飞的弹片击中，舰长薛家声与副舰长陈嘉栋都身负重伤，官兵多人倒在血泊之中，江水泛红。

此时，执行布雷任务的长宁艇已到武穴，见咸宁舰燃起浓烟烈火，立即靠上码头，跳下来十几个水兵，投入咸宁舰的灭火和救助伤员的行动中。

此时，码头上到处是冲天烈焰，在断续的枪炮声和一连串大爆炸中，咸宁舰发生大爆炸，在熊熊大火中被焚毁，沉入水中。码头上的趸船也被敌机炸沉。

是役，全舰官兵92人，其中，电官庄亮采，帆缆副军士长郑玉章、上士陈世昌、邵国兴，列兵林长汉、朱法祖、江礼祥、张银官阵亡。其余重伤、轻伤者52人。

咸宁号炮舰

咸宁舰为炮舰，为南京国民政府成立后国内自行建造的多艘舰艇中之第一艘军舰。由上海海军江南造船所承造，造价大洋80万元，1927年开工，1928 年 8 月下水，1929 年 8 月完工，并成军服勤，命名为咸宁，编号为 89，隶属海军第二舰队。

该舰长 180 英尺（1 英尺约 0.3 米），宽 24 英尺，全舰结构均以柔钢为材料，舰内装有两座以煤为燃料之水管锅炉，推动 2 部 3 汽缸往复式蒸汽机，可产生 2500 匹马力之动力，最高速率可达 16 节，巡航速率为 12 节。

该舰装有两只桅杆及两只烟囱，前桅杆高 78 英尺，后桅杆高 47 英尺，均为木质。两只烟囱位于两桅杆之间。另外，该舰配备有汽油引擎之小汽艇两艘及舢板两艘，均悬挂于舰中段之舷。

该舰艇首装有日制阿摩士庄 3 英寸 40 倍速射炮 1 门，最大射程 8000 公英尺；前瞭望台装有日制哈乞开司 840 毫米 40 倍高射炮 1 门，最大射程 7000 公英尺；舰首左右舷装有英制哈乞开司 570 毫米 43 倍速射炮各 1 门，最大射程 4000 公英尺；后瞭望台装有瑞士制品欧立肯 20 毫米 60 倍高射机关炮 1 门，最大射程 2000 公英尺。该舰未备鱼雷发射管，亦无装甲。

一般诸元：
长度：180 英尺。
宽度：24 英尺。
排水量：418 吨。
吃水：前 6 英尺，巡航 12 节。
马力：2500 匹。
编制：军官 15 员，士兵 77 员。

7 月 1 日，长宁艇奉令从鄱阳湖调至九江，当航行到武穴途中，遭到 7 架敌机环攻，在艇长林良缪指挥下，用舰首和舰尾的两门 570 毫米高平两用炮和两挺水冷式高射机枪猛烈开火，将敌机击退。在战斗中，车轴舱被炸弹击中，船体多处漏水，经水兵奋勇堵漏，该艇勉强到达了武穴原日清公司码头，但此时码头停靠的咸宁舰火药舱被敌机炸弹击中，燃起熊熊大火，情况非常紧急。艇长林良缪果断地决定派水兵前往施救，而该艇前驶到利济码头，疯狂的敌机又发现利济码头上的长宁艇后，立即展开攻击，在激战中，有一枚炸弹击中驾驶室，轮机长谢仲冰肋下和小腿前部均被弹片击中，这时锅炉起火，舰体下沉。在艇长林良镠的指挥下，官兵们放下左右舷的舢板，撤离该艇。新月初上东山，长宁艇于晚上8时沉入滔滔的江水之中。

列兵卢长河、王逸京等阵亡；其余官兵重伤、轻伤者8人。

这批"宁"字号炮艇，排水量只有300吨，都是1934年由海军江南造船所建造，次年下水。原隶属于海军巡防舰队，海军奉命整编后，隶属第一舰队。

长宁艇资料：

长宁艇为一巡防炮艇，为上海海军江南造船所制造，造价为当时之大洋15万元。于民国二十三年（1934年）6月14日下水，同年9月1日编队成军，命名为长宁，编号为24，隶属海军巡防舰队。主要负责江海防区守卫巡弋之任务。

该艇长140英尺8英寸，宽20英尺。装有耶鲁式水管锅炉1座，以煤为燃料，推动1座3汽缸往复式蒸汽机，产生600匹马力之动力，最高速率达11节，巡航速率为10节。在驾驶台后装有木质桅杆1支，高44英尺，桅杆之后则有烟囱1个。另配备有舢板2艘，分别悬吊于船中段之左右舷。

在武器配备上，该艇在艇首及艇尾各装有英国制造、口径为570毫米10倍之高平射两用炮1座，该型炮平射每分钟可发射12发，为撞击式击发底火，平射最大射程为6000码。另在舰首前段左右舷各装有我国汉阳兵工厂制造、口径79毫米之水冷式机关枪1挺。

一般诸元：

舰材：钢质。

舰长：140英尺8英寸。

舰宽：20英尺。

吃水：前6.5英尺，后7英尺。

排水量：300吨。

马力：600 匹。

速率：巡航 10 节，最快 11 节。

煤仓容量：70 吨。

储水量：34 吨。

侔叶种类：单车 4 叶（铜质）。

编制：官 7 员，士兵 37 员。

三十一、雷霆一击

海军总司令陈绍宽亲临前线，效法三国时期东吴大都督周瑜夜探曹操水军大营，单舰夜探湖口敌舰队。7月14日深夜，海军鱼雷艇上演了一出轻骑绝杀，雷霆一击，将日军中型舰鸥号一炸两截，机舱内人员全部死亡……

7月13日，为阴历六月十六，俗话说：十五的月亮十六圆。

是日晚10点多，一艘浅水炮舰从田家镇方向顺流而下，驶向湖口。该舰乘风破浪，掀起两米多高的浪花，舰首两侧有永绥二字。

原来这正是海军总司令陈绍宽的座舰。

湖口方向，岸边灯火犹明，码头边停靠着几艘日军的布雷舰，舰上灯光通明，与岸上交相辉映。

此时，骄横无比的日军认为，不堪一击的中国军队绝不敢杀回马枪，他们在庆祝胜利，喝酒的、唱歌的、手舞足蹈的，就像在自己家中庆祝生日晚宴一样热闹。他们做梦也没有想到中国海军总司令陈绍宽专程前来侦察敌情。

年近天命之年的陈绍宽，身板硬朗，精力旺盛。尽管军舰在风浪里颠簸得厉害，他仍稳稳地站在甲板上，用望远镜仔细观察着日军的布防情况。

永绥舰舰长傅成是一位经验丰富的老海军了，他多次执行重要的任务，是陈绍宽信得过的优秀将领。他走出驾驶舱，来到陈绍宽的面前："司令，是不是转舵了？"

陈绍宽执拗地："再往前去！"

傅成："太危险了，前面就是彭泽了，万一被日舰发现进行拦截……"

陈绍宽："小日本的造舰技术再厉害，还没有造出来能抓住我陈绍宽的军舰的。"

傅成："总座，《三国演义》中的东吴大都督周瑜夜探曹营水师，您是否也要夜探敌营？"

陈绍宽："是的，周公瑾尚有此胆量，而我堂堂中华民国海军总司令为何不敢？"

傅成："小卒子还有几个，还没到拼老将的时候吧！"

陈绍宽："这关系到国家的命运，必要时拼上老将也值。"

说话间已接近湖口江面，傅成提醒道："这一带有我们布放的水雷，水下还有拦网，不能再往前去了。"

陈绍宽仔细观察长江南岸的灯火，半晌他将手中的望远镜递给傅成，指着远处几艘军舰的模糊的轮廓："那艘双桅的军舰极有可能是日军的扫雷艇。日本扫雷艇在攻占马当、湖口的战斗中不但对我要塞进行猛烈的炮击，而且清除水雷，恢复航道都起了相当大的作用。我们一定要炸沉它。为了让明晚的快艇偷袭计划顺利完成，我们就要尽可能多进行侦查，多搜集情报。"

原来，时值欧阳格的电雷学校奉令取消，将适用于作战的部分快艇移交海军总司令部接收。7月初，鉴于长江战事紧张，海军总司令部赶快将所接收之快艇一部整理就绪，停泊于蕲春港。

湖口失陷后，海军所设封锁线仍具有相当大的价值，所布水雷亦有力量。敌舰溯江上驶，触雷爆炸者时有所闻，日舰不敢冒险轻进，仅以小型舰艇从事活动，且多为扫雷舰艇，大中型舰只依旧不敢上溯长江。7月9日以后，湖口方面始发现敌之中小型军舰。

陈绍宽亲自前往湖口实地侦察后，次日，海军总司令部命令以快艇文天祥中队执行袭击湖口日本扫雷舰的任务。大敌当前，原来势同水火的闽系与欧阳格电雷系捐弃前嫌，一致抗敌。袭击的具体任务由文93号执行。

当夜，文93号在艇长吴士荣的指挥下，以每小时18节的高速，乘风破浪，行进在长江之中，在快接近湖口江面时，已是凌晨，他们关掉了发动机，顺流而下，用帆布遮挡着，借着手电微弱的亮光对着地图，寻找敌舰的方位。经中队长刘功棣和艇长吴世荣观察与商议后，调转船头，将船尾的鱼雷发射器对准了目标，调试了鱼雷发射管的气压装置，一声令下，"刷——"、"刷——"两枚鱼雷一前一后，风驰电掣般地钻入水中，带着"丝丝"的必杀之气，向黑乎乎的敌舰飞去，此时，正在锚泊的敌舰显然没有丝毫防备，鱼雷飞速前进的"嗤嗤"之声，被该舰瞭望塔上的水兵发现，赶紧拉响警报，黑夜中江面上回旋着鬼哭狼号般的汽笛声。但已经来不及了，"轰隆"一声巨响，发生了大爆炸。

之后，文93号迅速开机，在水中转舵，两侧浪花飞溅，艇身画了一个美丽的大弧线，向上游方向驶去。日舰立即捕捉到中国鱼雷快艇的位置，纷纷开炮还击，其中，鸟羽、势多两舰是日军专为长江作战而设计的超浅吃水炮舰，担任警戒，轮机没有熄火，立即发动，起锚前进，凶猛的舰炮一个劲地追射。文93号四面弹如雨下，舰艇在行驶过程中，多处中弹，人员亦有受伤，但因为速度快，依然迅速敏捷地逃出了火网，日舰追击不及，暗夜中又怕有埋伏，不敢深入，只得望着快艇消失在黑暗之中。

对这次鱼雷艇袭击，陈绍宽在《海军抗战记事》中有简单的记载，略谓：

"……7月初旬，本人鉴于长江战事紧张，敢将所接受之快艇一部整理就绪，于是月14日密令快艇文93号向驻泊湖口江面之中型舰发动袭击，予以命中。任务完成后，负伤回航。是役该艇员兵均稍受伤，艇身亦中数弹。"

仅此而已，至于敌什么中型舰，炸成什么样，都无记载。笔者认为，在这次战斗中不存在闽系海军和电雷系之间的矛盾，也不是陈绍宽故意隐瞒鱼雷艇的功绩，只是由于当时在深夜，加上处于敌炮火的严密监视之下，快艇采用打了就跑的战术，他们只知道命中，并不清楚战果，因此未有明确记载。

2010年5月，山东画报社再版了萨苏先生的《国破山河在——从日本史料揭秘中国抗战》一书，书中对鱼雷快艇的湖口袭击事件做了突破性的揭秘。

作者在日本搜寻抗战史料时，意外地发现了一则战斗报道。下面是该书第 107–108 页的描述：按照日本战史学家福田三郎在《小舰艇战时损失研究》一文中的考证，这条被中国海军文 93 号鱼雷艇击伤的日本军舰，应该就是日本海军的欧号布雷舰。只不过，这次战斗的战果并非击伤，而是将欧号炸成两截，尾段舰体沉没，前段舰体抢滩搁浅。按照国际海军作战的战果统计惯例，这是一个典型的击沉战例。

鸥舰属于日本海军燕级特别炮舰，1929 年由大阪铁工厂樱岛船社建造，标准排水量 450 吨，满载排水量 512 吨，装备 80 毫米炮、40 毫米炮各一门，13 毫米机枪两挺，可载水雷 120 枚，并有敷设及扫雷装备。最初设计用来担任军港防潜任务，因日本海军受《华盛顿海军条约》约束，在排水量宣传上竭力隐瞒实力，这型舰一度对外称作"反潜敷设艇"。但根据国际上 300 吨以上为舰的标准，称其为艇并不贴切。实际上该舰由于舰内空间大，设计上体现了多面手的特点，可以承担反潜、扫雷、布雷、布缆、对岸炮击等多项任务。对华战争爆发之后，日本海军看重其功能全面、马力大、吃水浅的特点，将其从佐世保镇守府调入侵华舰队，投入对中国军队的溯江作战。

"此战，因为没有料到文天祥中队高速而来的江上夜袭，正在锚泊的鸥号措手不及，尾部被文 93 号击中一雷，当即炸成两截，机舱人员全部死亡。剧烈的爆炸将其前后锚链扯断，鸥号前部舰体漂流江中，只是在姊妹舰燕号的救助下，才得以搁浅宛家滩，将舰上幸存官兵救下。此时，

被击沉搁浅于彭泽宛家滩江段的鸥号，可以看到它被炸成孔雀开屏状的尾部

发现中国快艇来袭的其他日舰纷纷还击，特别是鸟羽、势多两舰因担任警戒，轮机没有熄火，立即捕捉到文93号鱼雷艇，并进行猛烈追射。中国鱼雷艇虽然连连中弹，但因为速度快，依然敏捷地逃出了火网，日舰追击不及，暗夜中又不敢深入，只得作罢。"

17日，海军总司令部再次派出史223号及岳253号两艘鱼雷快艇，向湖口敌舰夜袭，中途因陆军补助工程处所布下的阻拦网，流出原位，致使史223号俥叶被缠绞，因而沉没；岳253号亦受伤，出师未捷，铩羽而归。

尽管如此，敌舰发现我鱼雷快艇的两次行动，其扫雷艇时时处于我快艇威胁之中，深感忧虑。如果再有扫雷艇被袭击的情况，势必会影响到整个进攻武汉的计划，于是展开报复行动，复派遣其空军沿江低飞，四下搜索，一旦发现快艇踪影，势必扫穴犁庭而后快。

7月21日，日本海军侦察机飞行到湖北东部、长江北岸，素有"吴头楚尾"的蕲春附近，发现有快艇桅杆露出水边的树丛，认为这就是快艇驻泊地，盘旋几圈，立即东飞。我快艇当即启碇，离开藏身地，前行不久，即有日机数架临头，俯冲投弹多枚，而快艇全速前进，并不断左满舵，右满舵，以S形躲避敌弹，虽未直接命中，但因弹落甚近，文42号及文88号两艇均受震损伤。

8月1日，据报有敌舰数艘越过九江，企图破坏我武穴雷区，海军总司令部调岳22号、颜161号两艇准备出击，刚出根据地即被敌机侦悉，敌率队来袭，岳22号被炸下沉，颜161号受伤。

是月底，日军分兵两路对广东前线发动进攻。右翼第18师团向从化一带的余汉谋所部发动进攻；左翼向花县进攻，余汉谋所部抵挡不住，节节后退。为加强广东沿海防守，海军总司令部奉令将鱼雷快艇移交广东江防司令部配用。就这样，快艇部队结束了在长江中游袭击敌舰的任务。

三十二、艰难的布雷

　　不对称的战争是弱者向强敌的抗争，正所谓你打你的，我打我的。一枚水雷就能炸沉一艘敌舰，更重要的是迟滞了日军向武汉的进攻，用空间换取时间。我海军在布雷行动中也付出了惨重的代价。就在这时，陈绍宽对军事委员会大发雷霆，究竟是为了什么呢？

　　马当与湖口的陷落，使武汉受到了极大的威胁。

　　蒋介石将阻挡和迟滞长江上日舰的希望，寄托在海军的布雷上。海军总司令部将抗敌的重心转移到紧张的布雷行动上来。只有在航道上大量布雷，才能阻止敌舰逼近武汉。因此，制造和布下更多的水雷，成为海军工作的重中之重。

　　6月27日，蒋介石命令陈绍宽："先将田家镇水道布雷一岸。"一岸系指在长江南岸，当时还有少量的外国船和撤退的物资需要通过田家镇港口运往武汉。

　　陈绍宽致电军令部中将次长熊斌："查如用水雷封锁田家镇港道，只

将目标对准武汉的日军舰队

需两三天即可办妥。本日已奉委座谕：'先将田家镇水道布雷一岸'等因。现拟于29日起开始将该段南岸港道敷设水雷，除外交手续已请外交部办理外，其中有关航政各机关应请军委会通令靠北岸航驶，以免危险。"

为什么呢？就是因为当时的长江中还有英、美等列强的军舰与商船，中方也有运输船往来运输，在航道上布下水雷有可能伤及无辜，因此陈绍宽特别提出上述声明。

6月30日，海军在鄱阳湖口之兔子山、鲸鱼山、姑塘等处布雷，以防日舰自鄱阳湖西渡匡庐，直取南昌。

海军总司令部制定了以下计划："在长江中游沿湖口、九江以上各重要水道间，凡在不妨碍我军事交通及第三国利益之下，均以次划作雷区，实行封锁"的作战策略。海军的各种小型运输艇、小火轮都改装成为布雷船，担任水上布雷的任务。布雷任务非常艰险，往往会遭到敌机扫射和投弹，而布雷用的运输船和小火轮除了带有少量的轻机枪和步枪之外，没有火炮和高射机枪，根本没有防御敌机的能力，牺牲的概率极大。但很多水兵都抱着"出不入兮往不返"的决心，坚决要求参加布雷任务。

日本海军面对中国海军的布雷行动也采取了反制的措施，派出水上侦察机沿江面低空飞行，一旦发现江上有运输船和小火轮的踪迹，立即予以炸沉。因此，在7、8两个月间，有十多艘布雷船在敌机的轰炸中葬身鱼腹。

损失最大的要数崇宁、绥宁和海宁号3艘炮艇。

崇宁炮艇是一艘排水量在300吨的小炮艇，有6磅炮2门，高射机枪3挺。该炮艇艇长叶水源。1938年7月3日，崇宁艇在田家镇一带执行布雷任务，被敌机发现，进行俯冲轰炸，该艇被炸沉。列兵杨思昌、林吉官、曹池元、黄邦正等牺牲。

崇宁艇资料：

崇宁艇为一艘巡防炮艇，由上海海军江南造船所建造，民国二十三年（1934年）2月17日下水，同年6月1日编队成军，命名为崇宁，编号为21，隶属海军巡防舰队，主要任务为担负我国江海防区安全巡弋之任务。

该艇长 140 英尺 7 英寸，宽 20 英尺，装有 1 座 3 汽缸往复式蒸汽机，1 座耶鲁式水管锅炉，以煤为燃料，可产生 720 匹马力之动力，最高速率达 11 节，巡航速率为 10 节。在驾驶台后方装有木质桅杆 1 支，高 44 英尺，桅杆之后方有烟囱一个。另在舰中段之左右两舷悬吊有舢板 2 艘。

该艇之武器配备有：舰首及舰尾各安装有英国制作、口径 570 毫米 40 倍之高平两用式炮 1 座，该炮之射速为每分钟 12 发，平射最大射程为 6000 公英尺，为撞击方式击发底火。另在舰首前端左右舷各装有我国汉阳兵工厂制造、79 毫米口径之水冷式机关枪 1 挺。

一般诸元：

艇材：钢质。

长度：140 英尺 7 英寸。

宽度：20 英尺。

排水量：281 吨。

吃水：前 6.5 英尺，后 7 英尺。

速率：最高 11 节，巡航 10 节。

马力：720 匹。

煤舱容量：700 吨。

储水量：34 吨。

侘叶种类：单侘 4 叶（铜质）。

编制：官 7 员，士兵 37 员。

7 月 13 日，绥宁炮艇又遭厄运。在江阴抗战时，绥宁被敌机炸伤，后被拖进修船厂进行大修，等修好后撤离南京，辗转到武汉。不久，该炮艇重返前线，担任了布雷任务。

该艇拖运装满水雷的驳船在湖北黄石港遭到敌机多架的轰炸。在艇长曾伟的指挥下，用 6 磅炮和高射机枪进行了猛烈的还击，打退了敌机的两次围攻。而该舰体被弹片击中多次，穿孔无数，机器损毁，在敌机第三次轰炸中，船底被弹片击穿，江水大量涌进船舱，随即沉没，40 多名官兵大部分受伤或阵亡。其中阵亡者有列兵 2 人，姓名不详。

三十二、艰难的布雷

绥宁艇资料：

绥宁艇为一巡防炮艇，系上海海军江南造船所建造，造价为当时的 15 万元。民国二十二年（1933 年）2 月下水成军服役，命名为绥宁，编号为 17，隶属海军巡防舰队，主要负责江海防区巡弋之任务。

该艇长 128 英尺，宽 20 英尺。装有火管锅炉 1 座，以煤为燃料；双汽缸往复式蒸汽机 1 座。可产生马力 400 匹，最高速率达 9.5 节，巡航速率为 8 节。驾驶台后方装有 1 支木质桅杆，高 42 英尺，桅杆之后有烟囱 1 个。另装有舢板 2 艘，分别悬吊于船中段之左右两舷。

该艇之武器配备有：艇首及艇尾各安装有英国制造 \ 口径 570 毫米 40 倍之高平两用速射炮 1 座，该炮平射最大射程 6000 公英尺，为撞击式击发。在艇首前端装有 79 毫米口径之机关枪 2 挺，在后望台装有相同之机枪 1 挺。

一般诸元：

舰材：钢质。

长度：128 英尺。

宽度：20 英尺。

排水量：300 吨。

吃水：前 6.5 英尺，后 7 英尺。

速率：最高 9.5 节，巡航 8 节。

马力：400 匹。

从海军总司令陈绍宽致蒋介石的电报中，可以大致了解布雷艇和运输船的损失情况。

7 月 13 日：

绥宁布雷舰（艇）因拖运水雷于元日（13 日）在黄石港三次遭敌机多架肆炸，机件毁坏，舰（艇）体穿孔无数，以致进水甚猛，遂即沉没。员兵死伤人数查明续报。谨闻。

湖口失陷后，鄱阳湖守军立即陷入了孤立的状态，形势岌岌可危。

7月9日，据报敌小型舰已开至姑塘，海军总部命令海宁炮艇急开鄱阳湖内吴城附近丁家山一带扼守，严加警戒。敌舰侦知我海军有准备，未敢继续向前推进，于是派出飞机多架搜寻，并于7月14日向我海宁艇连续两次发动猛烈的空袭。海宁艇前后各有一门570毫米高平两用炮及79毫米高射机枪3挺，在十数名炮手猛烈的还击下，敌机数次俯冲，继而又拉高机头，数十枚炸弹落在该舰周围，后在我炮弹将罄之际，倏尔俯冲投弹，终因众寡悬殊，该舰被炸焚烧，继而下沉。

陈绍宽致蒋介石电报：

海宁炮艇寒日（14日）在鄱阳湖内吴城附近巡弋时，被敌机多架两次肆炸，烧焚沉没。员兵死伤人数俟查明再行陈报。谨闻。

该艇除去壮烈牺牲的官兵外，其余均上舢板，留在鄱阳湖内坚持战斗，组成布雷队。海军总司令部亦派出指挥人员前往南昌主持布雷工作。9月13日，该布雷队在赣江吴城水面布下水雷数十具，防止日舰侵入。直到1939年3月，南昌会战期间，海军总司令部装运水雷一百多具，分布在鄱阳湖水道及赣江各水道，给日军水面舰只以很大的威胁与沉重的打击。

海宁艇资料：

海宁艇为一巡防炮艇，由上海海军江南造船所建造，造价为当时10万元。民国二十一年（1932年）下水，民国（1933年）年元月成军服役。名为海宁，编号为15，隶属海军巡防舰队，主要任务为负责江海防区巡弋之任务。

该艇长128英尺，宽20英尺，装有火管锅炉2座，以煤为燃料，装有2汽缸往复式蒸汽机1座。可产生马力400匹，最高速率达10节，巡航速率为9节。装有木质桅杆1支，高42英尺，烟囱1个，位于桅杆之后。另装有舢板2艘，分别悬吊于船中段之左右两舷。

该艇之武器配备有：在艇首装有英国制造、口径为 570 毫米 40 倍之高平两用炮 1 座，该型炮平射之最大射程为 6000 码，为撞击式击发；艇尾装有相同之炮 1 座。另在艇首前端装有口径 79 毫米机关枪 2 挺，后望台装有相同之机关枪 1 挺。

一般诸元：

舰材：钢质。

长度：128 英尺。

宽度：20 英尺。

排水量：300 吨。

吃水：前 6.6 英尺，后 7 英尺，

速率：最高 10 节，巡航 9 节。

马力：450 匹。

煤舱容量：63 吨。

储水量：30.5 吨。

侔叶种类：单侔 4 叶（铜质）。

编制：官 7 员，士兵 37 员。

艇长为何乃诚。

江贞舰副舰长张秉燊

被日机炸沉的还有永平轮。该轮为一商轮，被海军征集作为装载水雷的布雷船使用。

陈绍宽在致蒋介石电报中称："本早该轮在田家镇附近布雷时，被敌机数架炸沉，其他雷驳损失、人员死伤情形，俟查明再行陈报。谨闻。"

7 月 20 日，27 架敌机对岳州方面实行空袭，专以我海军舰队为其攻击目标。是日，天气格外炎热，日机在强烈的阳光下，分批从高空俯冲投弹，海军各舰组织火力，与陆炮配合构成防空火力网。水面、天上火力交织，双方相持1个多小时，日机遁去。

在激战中，海军民生、江贞两舰伤重，舰舱进水，机件损坏亦多，遂移位搁浅。其他舰只均有损伤，3艘载有海军器材配件的民船损失更大。江贞舰副长张秉燊殉职。

> 张秉燊（1894—1938），福州人。马尾海军学校毕业。曾任海军枪炮长、副长等。

民生舰副长林赓尧被敌机弹片击中负伤。在这次战斗中，我海军官兵伤亡数十人。

是晚，利用战斗间隙，民生、江贞两舰抓紧堵漏抢修，之后民生继续防守岳州，江贞被派往参加武汉保卫战。

因前线战事吃紧，7月下旬日军加紧对长江两岸的进攻，日海军也多次上溯九江附近，我海军遂与敌展开保卫大武汉之前哨战。陈绍宽乘坐第二舰队湖隼雷艇（艇长高鹏举）到九江前线视察，亲自指挥布雷行动。8月4日，黄梅失守；8月9日，梁聿麟率湖鹰雷艇，奉有紧要使命赶往前方工作，在兰溪地方适与敌机作遭遇战，大量敌机在两次环攻下，被投炸弹及燃烧弹多枚，该艇被炸毁，人员大多阵亡。

准备布放长江的漂雷

8月24日，瑞昌相继失守后，沿长江两岸战事愈趋激烈，海军专门布下固定水雷阻止敌舰西上，尚属消极防御，于是采用更进一步之积极办法，布放浮雷，进行伪装，沿江顺流而下，向敌舰迎头痛击，稍一接触，水雷即发生爆炸。"使敌舰于仓皇急遽之中无法躲避，收效必更伟大。唯执行此项工作尤为艰险，盖必须探测敌舰停泊或经行地点。在相当之距离与时间内，方能获得所希望之成效。"于是海军总部组织布雷别动队数队，专任是项工作，秘密分别出发。一队曾越出数道雷区，到达距敌舰仅数公里之江面，冒万险而进行敷布工作，立将敌舰炸沉及炸伤各一艘。另一队则绕道出大通、贵池，奇袭敌舰，以完成此重大艰巨之使命。

7、8月两月间，海军的布雷艇在日本飞机的轰炸下葬身江中就有十多艘，还不包括亟须修理的，海军已无法完成日益紧迫的布雷任务。

而此时敌海军已前进到黄石附近，离武汉近在咫尺。没有布雷艇就无法大量布雷，无法阻止敌舰上驶。

10月17日，陈绍宽致电蒋介石，设法改装布雷船。电曰：

> 令一亨字第5455号令一亨鄂代电敬悉：窃查布雷舰艇被敌机炸沉后，已设法陆续将小轮改装布雷船，以应急需矣。谨复。

这里的"令"指军令部，是负责作战的部门，"一"是一厅，"亨"指一厅二处。蒋介石的军事电报多由该厅的各处发出，因此，这封电报是陈绍宽发给"令一亨"的代电，回复"第5455号令"的内容。由此可以看出当时海军布雷艇奇缺的情况。

三十三、"陆海冲突"

何应钦签署了一道命令，下令追查海军在马当要塞中失守之罪责。

陈绍宽勃然大怒："陆军一向望风披靡，未战先溃。马当失守已一个月，在这一个月前后，并无一艘敌船闯过封锁线，不追究陆军责任，反而追究海军责任，是何道理？"

他还气愤地说："如果有人向蒋委员长建议，只要坐在板凳上，两手拿着蒲扇，捐一捐就可当飞机去打敌人，他也会信以为真。"

湖口丢失，九江危急。1938 年 7 月 20 日，陈诚由南昌抵九江，后由星子转观音桥赴莲花洞，并设行营于莲花洞，亲自指挥保卫九江。

7 月 23 日，日军在姑塘登陆。凌晨，日军波田支队七八百人分乘汽艇七十余只，在日舰十余艘的掩护下，由湖口驶入鄱阳湖鞋山附近，分两路向西岸姑塘以北地方强行登陆，遭李汉魂部各隘守军强烈抵抗，日汽艇被击沉十余只。至天明，敌机二十余架凌空轰炸，投弹四百余枚，敌舰复以排炮轰击，李部沿湖阵地悉遭破坏，预备第 11 师崩溃，乃调第 15 师一团由左翼增援，调第 70 军第 128 师会攻姑塘，均遭敌阻。由星子北进之第 190 师，在吴障顶止步不前。反攻未能奏效，姑塘终陷敌手。

7 月 24 日，日军进攻九江。姑塘陷后，波田支队与第 106 师团会同进攻九江。是日拂晓，第 106 师团在海军炮舰及第三飞行团海空掩护下，以一部在胡家、马家附近湖岸，主力在殷家庄登陆，经塔顶山南侧地区，向九江西南攻击前进。同日，李汉魂下令撤退三角地带之第 3 师、第 15 师、第 155 师沿湖部队，分三路向南转击，敌以突受腰击，其势顿挫，九江形势暂趋和缓。

7 月 25 日晨，日舰开始炮击九江。11 时直驶九江江面，飞机猛烈轰炸并投燃烧弹焚毁市区，旋由马厂湖及洋油厂分途登陆，且抄至上八里坡。我第 8 军左翼极受压迫，九江侧背更属危险，第 4 军赶到未能立即投入战斗。25 日夜，日军冲进九江城内，同李汉魂部守军展开激烈巷战。守军奉命向牛头山、金官桥、钻林山至成湖之线转进。

7 月 26 日，在马当要塞丢失一个月后，九江失陷。

8 月 3 日，南浔会战开始。九江陷后，日华中派遣军司令官畑俊六率三十余万人溯江窥武汉；而以第 101 师团、第 9 师团、第 27 师团、近卫师团一部，配合波田支队，兵舰八十余艘，飞机数十架，水陆呼应，从湖口、九江南下，图先略德安、南昌，再西趋长沙，歼灭长江南岸第九战区军队，截断粤汉路，对武汉形成大包围。第九战区第 1 兵团总司令薛岳率第 25 军、第 70 军、第 8 军、第 4 军、第 64 军、第 74 军、第 66 军，担任星子一带湖防至南浔正面金官桥、德安等地之守备。是日，盘踞九江之日军第 106 师团向金官桥一带攻击，薛岳所部第 70 军、第 8 军、第 4 军迎击来犯之敌，发生激战。

同日，日机 68 架袭武汉，在机场附近投弹数十枚。中国空军与苏联空军志愿队起飞迎战，在武昌及黄石港上空激战，击落日轰炸机 1 架、驱逐机 11 架。同日，日机 28 架炸汉口机场，弹落人口稠密之居民区，居民死伤颇多。

战事的逆转，令蒋介石十分恼火，于是迁怒于陈绍宽："海军就知道要钱，是怎么制造水雷的？那么多的水雷为什么阻止不住日军？"

军事委员会何应钦等人见蒋介石发火了，于是开始找陈绍宽的岔子，抓不住小辫子就揪耳朵，于是何应钦下令追查海军丢失马当的失职之罪。事情起因还与欧阳格有关。原来，早在江阴失守以后，南京相继失守。当时就有人质问："江阴既有阻塞线，又布有水雷，为什么都不管用？敌竟如此通行无阻？"这样一来，遂令全国舆论哗然。

陈绍宽与何应钦的矛盾由来已久，早在 1928 年，由扩建江南造船所一事开始的。

江南造船所原为清末上海制造局（即兵工厂）的一个车间，北伐成功后，国民党接收该局，划归军政部管辖，后改属于海军部，成为独立的造船企业。

陈绍宽任海军部部长兼江南造船所所长后，本想扩建厂房，并在制造局内空旷的两炮台原址建海军医院。此事商请于军政部，公文往返数次，未得应允。陈绍宽派科长王学海（留德，学水鱼雷，军政部中层官员多系其留德同学）前往疏通，亦不得准。最后陈绍宽忍无可忍，只要与何应钦见面，就极力与之争论，闹到翻脸。最后，蒋介石出面摆平，同意在江南造船所院内建立海军医院。陈绍宽如愿以偿，但却因此得罪了何应钦。好在当时两人同是部长，事情还好办一些，而现在何应钦成了陈绍宽的顶头上司，情况就不一样了。

这时海军将领纷起责难，陈绍宽更是拍案而起。军事委员会认为，这只是派系之争，想隐瞒糊弄过去。不料，陈绍宽拉着杨虎、黄琪翔、刘兴等将领和参谋总长程潜，指控欧阳格玩忽职守，贪污中饱。他拿出欧阳格制造的水雷为证，说："政府花了大价钱就只制造出这些根本不会爆炸的水雷，怎么能阻挡日军？"

军事委员会又派人去军需署查账，果然有欧阳格所领制造水雷的大宗经费没有报销，就是说欧阳格拿了钱，却到期无法交货。既然无货，那么钱又到哪里去了呢？

蒋介石见事情搞大了，为平息民愤，只得下令将欧阳格扣押起来，又将电雷学校解散，所余快艇归到陈绍宽海军的名下。这样一来，军政部长何应钦和欧阳格一派就更不平衡，伺机报复。

马当失守一个月以后，何应钦签署了一道命令，下令追查海军在马当要塞中失守之罪责。

命令送到陈绍宽的秘书王则潞处，王担心陈绍宽的脾气，于是趁其不在，悄悄放在他的办公桌上。

天很热，温度在 40 度以上。

陈绍宽从外面回来，一面脱去军便衣，只穿着海魂衫；一面拿起大蒲扇轻轻扇着，秘书王则潞给他递上一杯凉开水。

陈绍宽一边喝一边说："天太热了，都说南京是火炉，在南京几年我还能忍受。汉口比南京还要热，你摸摸，桌子、椅子哪里不是烫的？"

突然他看见了桌上的印着军事委员会大红抬头的命令，放下杯子，拿起一看，不禁勃然大怒："什么狗屁命令！陆军负责陆上，海军负责江上，敌人是陆上前进的多还是水上前进的多？"

他抓起笔筒里的毛笔，在军委会的命令旁批复："陆军一向望风披靡，未战先溃。马当失守已一个月，在这一个月前后，并无一艘敌船闯过封锁线，不追究陆军责任，反而追究海军，是何道理？"

之后，他把命令交给王则潞："拿去重新抄一份附上去交给何大老爷！"

王则潞犹豫着，想劝又不敢。

陈绍宽一瞪眼："还不快去！"

正巧曾国晟来请示军费问题，听见陈绍宽在发脾气，没敢进去。见王则潞出来，一把将其拉到一边，悄声问："老总在和谁发脾气？惊天动地的？"

王则潞委屈地说："还不是军委会的大佬，总是找海军的岔子，搞得老总大光其火。"

曾国晟问："又怎么啦？"

王则潞："何应钦给我们穿小鞋，要追究海军丢失马当要塞的责任。"

曾国晟："老总怎么说？"

王则潞把命令交给曾国晟："你看，这么强硬的措辞，就不能婉转一些？军委会的命令未必是蒋委员长交办的，但如此呈复，不得罪人？万一犯在人家手里，以后什么事情都不好办。你去劝劝老总，他听你的。"

曾国晟摇头："未必，老总脾气一上来，谁都不听。"

王则潞："总不能火上浇油吧？"

曾国晟想了想："这样，我用签条写一段语气和缓的劝语，贴在复稿那一段火辣辣的文字旁边，你再送阅老总。"

于是，曾国晟拿笔写了一段劝解的文字，大意为：在人屋檐下，不得不低头，关系搞僵了，以后请领经费就更困难云云。写完后贴在陈绍宽的文字旁，让王则潞送了进去让陈绍宽过目。

不料，盛怒未消的陈绍宽狠狠撕下小条，厉声说："不准更动一字，即报上去！"

曾国晟连忙进去，说："老总，消消气，小不忍则乱大谋。"

陈绍宽拿起桌上的一沓信件："你来得正好，你看看这些告状信，都是军委会、军政部转来的指责海军的'罪状'，什么布雷没有炸毁日本的船只，反而使沿江的渔民、船民受害等。"

曾国晟看后，说："那要我们海军怎么办？不布雷不行，炸死人又不行，这抗的什么战？我们已告知百姓不要进入雷区，可是偏偏有人不听，出了人命又来追究我们的责任。"

陈绍宽气愤地说："如果有人向委员长建议，只要坐在板凳上，两手拿着蒲扇，掮一掮就可当飞机去打敌人，他也会信以为真。"

曾国晟忙着撤火："老总，这些话以后还是少说为妙，免得……"

陈绍宽干脆推开窗子："怕什么？我不但要在这里说，还要到大庭广众去说！"

军事委员会的命令被陈绍宽回复后，一个字不改地送了回去。何应钦看后居然没有下一步追究的动作，然而双方的梁子却越结越深，军委会中的当权者对陈绍宽更加反感。

1938年年底，蒋介石及国民政府下令海陆空军呈报抗战有功者，以便颁给青天白日勋章，并惩处抗战不力者。

1939年1月5日，海军总司令陈绍宽签报海军抗战卓有功绩及依法审理中之官员，如下：

（一）谨将海军抗战卓有功绩官员，择优胪列：

海军中将第一舰队司令陈季良，前率舰队在江阴奋勇抗战，著有功绩。现仍率队在宜昌一带，布置江防。

海军少将第二舰队司令曾以鼎，自抗战以来，率舰队、炮队、雷队，先后在江阴及长江一带，担任江防，努力抗战，卓有功绩，现仍率队在荆河布防。

海军少将前海军厦门要港司令高宪申（前系海军平海军舰舰长）、海军少将海军总司令部舰械处处长陈宏泰（前系宁海军舰舰长），均在江阴抗战甚力，卓有功绩，且身受重伤，现均派有任务。

海军中校海军总司令部军衡处铨叙科科员曾国晟，自抗战以来，淞沪江浙及长江等处所用水雷，均系该员发明，并由其负责制造，极著成绩，现仍继续工作。

海军少校布雷队队长（前平海军舰副长）叶可钰，布设沿江及浙省流域水雷，既著功绩；而前在平海军舰副长职内，抗战尤为勇敢得力，现仍继续布雷工作。

海军少校布雷队队长韩廷杰（第6布雷分队队长），所有长江布雷事宜，均系该员负责办理；并督率布雷队员兵执行，甚著功绩，现仍继续工作。

海军上尉周仲山、郑天杰，担任布放沿江漂雷，均甚勇敢，著有功绩，现仍继续工作。

（二）谨将现在依法审理中之海军军官职名并所犯事由，分别列呈：

海军上尉洞庭区炮队队员高鹏飞，未奉主官命令，擅自撤退。

海军上尉洞庭区炮队队员李有蠢，擅自离去职役，有亏职守。

由国民政府办公厅上将主任贺耀祖转蒋介石。蒋介石批示：如拟。

1月6日，国民政府办公厅主任贺耀祖代电，请陈绍宽再斟酌并加报抗战有功人员名单。

1月8日，呈请核颁青天白日勋章予海军抗战有功绩人员。

为海军抗战卓有功绩人员，请准各给青天白日勋章，以示策励。

鱼（6日）电敬悉，遵查海军中将第一舰队司令陈季良，海军少将第二舰队司令曾以鼎，海军少将前海军厦门要港司令高宪申，海军少将海军总司令部舰械处处长陈宏泰，海军中校海军总司令部军衡处铨叙科科员曾国晟，海军少校布雷队队长叶可钰、韩廷杰，海军上尉周仲山、郑天杰等九员，自抗战以来，均著有功绩，拟请俯准各给青天白日勋章，以示策励。是否有当，敬乞核示。

该函由贺耀祖转呈蒋介石，蒋介石批示："如拟"。还是遵照陈绍宽的意见办理。

然而，因为军事委员会的掌权者对海军的打压与歧视，到抗战结束，海军只有两位获得青天白日勋章。一位是海军中将、海军江防司令、原东北海军舰队司令沈鸿烈；另一位就是海军总司令、一级上将陈绍宽。

青天白日勋章

曾以鼎、高宪申、陈宏泰、曾国晟、叶可钰、韩廷杰、周仲山、郑天杰等无一人上榜，更不要说战功卓著、1940年病逝在重庆的海军中将陈季良。而宋美龄眷顾的空军包括航空委员会秘书长、航空委员会主委、空军前敌总指挥周至柔，空军第一路司令张廷孟，空军第五路司令王叔铭，航空委员会副主委毛邦初，空军上尉周志开，上尉高又新等，有八位赫然在列。他们皆为中央航校毕业或黄埔军校毕业，除宋美龄无一例外。而获得青天白日勋章的陆军人数最多，约176人。这也与国民党内的派系斗争及何应钦等人打压海军不无关系。

三十四、武汉陷落

为拱卫战时陪都武汉，海军在田家镇、葛店的各炮台浴血奋战。海军布雷队在此又立新功，成功地阻止敌舰上驶。但是，武汉还是沦入敌手……

自马（当）湖（口）失守以后，日军派遣大批兵舰直趋九江、瑞昌、武穴等地，从水路直逼武汉。而长江北岸之日军由合肥经六安，攻占大别山麓的潢川，直逼信阳，从平汉路进窥武汉；长江南岸的日军在海军配合下，由安庆、太湖、宿松、黄梅进攻武汉。此时武汉防务渐形吃紧。

自从上年12月，中国军队退出首都南京之后，武汉已成为中国政治及军事中心，在整个战略与政略上，有坚决保卫之价值。所以在配备马当、湖口各要塞区防务之时，另拨海炮一部分在武汉前卫之田家镇分台装置，构成长江第三道防御线。

田家镇要塞位于九江上游65公里、武汉下游150公里的长江中下游北岸，与对岸的半壁山、马鞍山互相依托，是武汉三镇的门户。田家镇号称"楚江锁钥"，地势十分险要。由于两山夹峙，长江到此突然收窄，两岸相距只有500米左右，故有"划船过江十八桨"之说。

清末太平军和清军曾先后在这里修建要塞和炮台，其地形以山锁江，湖泊连接。东北是黄泥湖，西北是马口湖，两湖中间有一条宽三四里的隘路，连接要塞腹地。隘路以北是松山，高地延绵10余里，相对高度不过三四百米，却十分陡峻，浓密的植被下间或裸露着灰褐色岩石。

为了保卫大武汉，军事委员会在田家镇和葛店设立武汉区炮队，炮队队长方莹、副队长承嵋贤。海军总司令陈绍宽拨付给其一部分海军舰炮（重舰炮8门及较轻火炮十余门）。

田家镇为前卫，炮台设在南北两岸。南岸宅山有葱郁的树木掩蔽，又有民房可供住宿，交通方便；而北岸象山则一片旷野。南北各安装的舰炮为德国克虏伯式15生（厘米）8尊，射程为1万米。南岸设一、二两炮台，由原海圻舰长唐静海、海琛舰长张凤仁等率兵防守。北岸设三、四炮台，由原海筹舰长林镜寰（后因病由原江防司令部副参谋长彭瀛接替）等防守。总台长最后由原马当炮台总台长陈永钦接任，全部人员197人。此外，还配备田家镇游动炮兵（江防部队野炮2个营），装备有日造31式野炮8门、奥造史高德野炮2门、沈造14式77毫米野炮12门。另有105毫米轻榴弹炮4门、20毫米高射炮4门、37毫米战防炮6门；还有由司令梅一平少将负责指挥的海军守备队。

葛店炮台是武汉的咽喉要地，海军总司令部派前任宁海舰长方莹为第一总台台长，前任永绥舰长程峄贤为第二总台台长。总台附由郑奕汉、陈赞汤担任，下设三个分台。

1938年5月下旬，军事委员会副委员长冯玉祥来要塞视察后，建议调陆军精锐驻守要塞附近，并由陆军将领全面负责该地区防务。

1938年6月，自安庆、九江失陷后，日军沿江西犯，田家镇成为拱卫武汉的最后一道屏障。日军认为："九江至汉口之间，筑有最复杂阵地的地方就在此处，其北面山地筑满炮台，前面的长江非常狭窄，众多隐蔽炮台使溯江部队绝对难以接近。"

7月初，军事委员会调第57师担任田家镇要塞守备，毕业于保定军官学校第九期的中将师长施中诚任田家镇要塞守备司令。接着任命第2军中将军长李延年任田家镇要塞北岸守备区司令。李延年率第9师（师长郑作民）于7月中旬到达田家镇，以第57师担任对东南正面防守，以第9师担任对北、西正面防守。要塞守军以中央军两个师为主，加上海军炮队。除在田家镇整备要塞阵地以外，

军事委员会副委员长冯玉祥

还在九江至田家镇之间的长江两岸，设置了码头镇、武穴、富池口、半壁山和马鞍山等多处炮兵阵地和要塞，并在江面上广布水雷，形成了大纵深的防御体系。

海军总司令部在田家镇、葛店设立武汉区炮队的同时，还将九江以上、汉口以下各航路标志逐段毁除，以阻敌舰西犯。马湖吃紧之际，为保卫我长江南北两岸作战之联络起见，随将田家镇—半壁山间，蕲春—岚头矶间，黄石港—石灰窑间，黄冈—鄂城间，均划作主要雷区，各区附近并分别划成补助雷区甚多。先后布雷封锁，计共布下一千五百余具，另于两岸适当地区构成掩护阵地，俾资联系。团风、阳逻、谌家矶各段亦筹划封锁，并调遣军舰驻防武汉，另指派永绩、中山、江元、江贞、楚观、楚谦、楚同、民生等八艘军舰，担任驻汉军事委员会之运输工作，用利军运。各布雷小轮在敌机不断轰炸下，不分昼夜，奋勇进行。

平明、水平、楚发、远东、三星、达通、万利、楚吉、临昌、飞鸢等各布雷船均因执行此项工作，相继被炸沉于蕲春、田家镇、新洲、苇源口、李家洲、余家洲、石灰窑、道士袄各处，储雷驳船亦复被炸不少。

7月31日，日军进攻武汉的华中派遣军溯江部队在旗舰安宅号上召开了有关攻略汉口的华中派遣军、第3舰队、第11军、第11战队和波田支队等部队的各参谋幕僚会议。

在会上，华中派遣军司令官畑俊六和中国方面舰队司令长官吉川古志郎签订了《关于攻占汉口作战陆海军协定备忘录》。备忘录中规定："第11军攻占黄梅、九江附近后，在瑞昌、德安一线依次集中兵力，准备以后的攻击。以后，以一部溯扬子江而上，又沿其两岸前进，直接攻占武汉地区的要地。第3舰队以其一部配合陆军溯江部队，尽快打开扬子江水路顺次到达上游，做好进击汉口的准备。尔后以主力打开扬子江水路，一举攻到武汉前面将其攻占。"

日军第6师团于8月2日攻占黄梅，又为攻占田家镇要塞做准备。

九江陷落之后，敌舰即于二套口、新洲一带从事活动，有进窥田家镇之图谋。嗣知我戒备严密，未敢冒险行动，于是改变其沿江西犯计划，而采取进攻广济，期抚田家镇之背，切断田蕲交通，进而威胁武汉之策略。

日第11军于8月23日发布命令："第6师团应于8月31日从黄梅附近出发，击败当面之敌后向广济附近前进，准备下一步的作战。随着进入广济附近，可急速以有力的一部攻占田家镇附近，以利舰艇的溯江。对此，海军航空部队应予协助。"

8月26日，日本海军以田家镇为目标的溯江作战正式开始。在飞机、舰炮掩护下，强行溯江上行，但长江两岸中国炮兵的固定或机动炮击，使日本海军的排雷除障作业极为困难，前进缓慢。

9月7日，在敌第6师团的攻击下，广济失陷，敌以大军由广济西南继续挺进；另由武穴方面出兵，两路夹击，我向田家镇猛犯；日军复以飞机、舰炮，连日向马头镇猛轰，掩护扫雷。

第6布雷分队队长、海军少校韩廷杰，率领布雷队员越出田家镇—半壁山、蕲春—岚头矶、黄石港—石灰窑数道布雷区后，过富池口，潜伏在宿松鲤鱼山待机行动。他们探知敌舰多在新洲之南抛锚，并于停泊之处均用铁丝网为防卫物，以防我水雷鱼雷之袭击。该队遂决定在敌舰上驶巡弋之时，推算布放漂水雷的最佳时间，等候敌舰离开铁丝网之后，予以迎击。

9月8日晚11时许，在鲤鱼山下游，突然响起巨大的爆炸声，并发现火光闪烁，在夜空中分外耀眼。得知是敌舰已上驶，在龙坪—武穴间，向马头镇炮击。

布雷别动队立即从鲤鱼山出发，乘小艇进至离敌舰约数公里处，将水雷拖抵中流。此时，敌舰探照灯不时地照射江面，布雷队冒着被敌发现、船毁人亡的巨大危险，沉着地进行布雷工作，所幸未被敌察觉，终于在翌日凌晨3时许，将任务达成，安全回航。

是日新洲江面即发出巨大之响声，探知我方所放水雷发生效果，炸沉两艘敌舰。

9月10日，日本海军舰只一面扫雷，一面强行上溯至武穴附近江面，与武穴镇守军的炮兵部队激烈炮战。14日，沿长江南岸推进的波田支队和海军陆战队登陆，攻占了江南岸边的（瑞昌县属）马头镇。马头镇与武穴隔江而对，间距3000米，马头镇失守，日军得以由此隔江炮击武穴，并掩护海军舰艇在江上的扫雷作业。经连续几天飞机轰炸、舰炮和岸炮的猛轰，武穴镇被炸成一片废墟。从马头镇方向看，武穴完全笼罩在一团烟雾火海之中。马头镇既失，南岸顿入危险状态，武穴一带雷区无法控制，敌遂得以任意扫雷，江防形势顿告吃紧。同时田家镇北面形势亦渐趋严重，我海军炮台守军严加戒备，等到敌舰迫近，予以痛击。

马头镇的失陷，致使江南富池口要塞告急。田家镇要塞遂奉命将77野炮2个连及仅有的105轻榴弹炮、75高炮各1个连，调赴加强富池口要塞的火力。由此使田家镇要塞的机动炮兵有所削弱。

18日，有敌舰两艘驶至晒山附近，各台海军官兵操炮瞄准，突向敌舰发炮两发，弹着点均落敌舰左右舷。敌舰震慑，亟转舵下退。后据探报，其中有一艘负伤下逃。

20日，敌旗舰八重山号率第24分队驱逐舰4艘在雨雾迷蒙之中，掩护汽艇11艘向田家镇炮台进犯，进入北岸炮台舰炮8000公尺射击范围内，北岸炮台官兵8炮齐发，水面上不时掀起巨大的水柱，形成幕墙。但由于目测不准，均未击中，敌舰也开炮还击，双方展开激战。沿岸的炮兵也开炮支援，敌舰不支退出。北岸炮台轻伤数人。

海军炮台

21日，有敌汽艇14艘上驶扫雷，海军炮台发挥威力，待敌迫近时，突发子母弹，无数子弹飞向四面八方，立即将其8艘击沉，其余6艘狼狈向下游遁去。

22 日，敌浅水舰率汽艇十数艘上驶，企图突破田家镇之要塞阵地。沿江部队纷纷以轻榴弹炮轰击，惜弹着点不甚准确，致使敌舰冲入我海炮 6000 米射击范围以内。炮台立发子母弹向敌轰击，其中有一发炮弹在敌 4 艘汽艇中爆炸，敌舰艇惊慌失措，相继掩护撤退。

23 日，敌以沿江正面要塞炮台，守卫甚严，且火力强大，一时难有进展，于是敌汽艇在上巢湖附近企图偷渡，又被北岸炮台发现，立即击沉其中的两艘。此时，敌因屡屡进犯北岸田家镇均未得手，于是改变计划，先攻取南岸。

是晚，南岸守军撤退，富池口要塞随之失守。该处要塞系由江防守备第一大队担任作战，配备武力与北岸炮台相当，为赣北主要阵地。该地陷落之后，北岸要塞不唯失去策应力量，且因敌占据南岸后，在富池口选择高地安装炮位，以田家镇炮台为目标，不断开炮轰击。我方炮台在敌炮瞰制之下，顿时处于不利状况。但是炮台官兵仍终日坚持在敌大炮飞机下，英勇顽强，继续抗战。

在田家镇一段，海军布雷队布下的固定水雷数量已达 400 多具，防御力量不能说不强。只可惜南岸守军撤退，失却联络，致被敌军控制高地，对南岸炮台发炮，使我时时处于敌威胁之下；同时田家镇后路被敌陆军切断，陷入重围。每当黑夜降临，敌人在南岸进行扫雷，情势益趋急迫。

25 日，敌以海陆空军全力进犯田家镇要塞。敌机终日投弹轰炸，而江上的敌舰依仗其大炮射程远，亦屡屡发炮协攻，田家镇第一、第四两分台均于是日被炸。此时敌陆军已进抵崔家山，敌之汽艇亦渐向富池口活动。虽被我炮台击沉数艘，但敌已越迫越近，我炮台坚决抵抗，对敌实行不间断炮击，阻其前进。

26 日，敌由崔家山、黄谷脑各处向我守军阵地猛冲，马口湖亦告失守，形势非常严峻。是日晚，我炮台开炮，向富池口、吴王庙各处频繁轰击，但仍未能挽回危局。

其时田家镇实已处于四面包围之中：东南之敌已由上洲头登陆，北面之敌进至黄谷脑，离炮台均不及三千码；西来之敌与我隔湖剧战于东址一带，南向之敌向半壁山推进。生死关头到了，各炮台官兵坚决死守，互相勉励，裹创再战，同仇敌忾。

27日，我海军炮台在四面敌军的重重包围中，愈显孤立，但是威力犹存，一举击沉窜入黄莲洲之敌汽艇两艘。太阳落山，激战犹酣。这时敌汽艇十余艘乘我炮台与南岸敌军炮战之机，突向我炮台猛袭，企图冲破我之要塞阵地。形势万分紧张，我炮台守兵用机关枪、步枪向敌密集射击，敌伤亡甚重，其余纷纷向后逃窜。是日晚，我炮台向上巢湖频发警戒炮，于上洲方面，亦发炮甚多，以防止敌人偷渡。

28日，敌集海空军全力再度向我炮台猛犯，弹落如雨，我炮台炮位亦被击坏，死伤惨重。同时有敌汽艇二十余艘企图在盘塘登陆，我炮台死力抵御，敌汽艇退去，重新组织再攻，又被打退。我炮台坚持达数小时。敌陆军与空军掩护汽艇进攻，火力猛烈异常，压制我炮台无法还击。敌军在盘塘附近强行登陆，进至冯家山，离我炮台仅数百公尺。我炮台指挥官将兵力集中，官兵都进入沿江战壕之中，用机关枪、步枪继续阻击，阵地前一片火海。

从9月17日起，至28日止，平均每日敌舰炮对我炮台发炮500余发，飞机投弹在千枚以上，田家镇核心之海军工事暨各炮位及指挥所等

准备在长江布防的50磅水雷

阵地全毁，一片废墟。至此，我海军炮台以消耗战阻敌的目的已经达到，是日晚，乘黑夜掩护，奉令撤退，剩余官兵抬着重伤员，轻伤员相互搀扶，向后方转移。台员陈耀宗因炮弹巨大的爆炸声浪，致其精神失常，

在撤出时掉队，被敌杀害殉职。南岸炮兵向阳新方向撤退，北岸官兵则向木桐镇集中待命。田家镇炮台从此不守。

就在田家镇危急之际，为增强防务，海军总部曾派员冒险于半壁山以下加布多量水雷。同时另派布雷别动队，装载大批漂流水雷，兼程赶到田家镇布放，向敌舰迎击。该队到黄石港时，得知鲤鱼山已失，我炮台正与敌激战，且敌沿江火力猛烈，运载水雷的驳船无法通过，遂令其改在黄颡口至沙镇间布放水雷 120 具，与敌舰队展开游击战。

田家镇失陷十天，两岸守军尽撤之后，敌舰担心遭到水雷的袭击，尚逡巡于田家镇附近，不间断地用舰炮对水面做盲目远射，希望击爆水雷，而不敢深入。

我海军在田家镇至苇源口之间已布有水雷 560 余具，而黄石港—石灰窑间，黄冈—鄂城间，及团风—白浒镇、阳逻—谌家矶间，各已划定雷区及补助区，也完成封锁工作，沿江层层阻塞，处处有雷，令敌胆寒。

在武汉的门户葛店一带，除了配备坚强之防御工事外，还构筑有视发沉雷区，并设立了观察所、瞭望所多处，以监视敌舰之活动。视发沉雷工程浩大，海军担任监工任务各员兵在敌机不断轰炸下，坚持布雷工作，不少人在轰炸中殉职。

10 月下旬，敌采取大迂回行动，武汉突受威胁，葛店顿时陷入三面包围之中。是月 22 日，敌舰由三江口溯江上驶，触我水雷被炸沉两艘后，余均不敢前进。乃改用巡洋舰、炮舰，以远射程炮向葛店炮台轰击。我炮台亦猛烈还击，阻其前进。

10 月 23 日，大批日舰沿长江北上，新洲失守。10 月 24 日，统帅部下令放弃武汉，并令撤退外围部队。

前线吃紧，海军总司令陈绍宽于是日清晨由汉口乘永绥舰赶往葛店，指示作战机宜。是日午后，情况益趋严重，敌妄图在赵家矶登陆，被我炮台击退，敌汽艇 4 艘被击沉。

陈绍宽与要塞当局认为葛店在战略上已无守卫价值，决定放弃。但黄鄂区要塞第一分台台长方莹说："我的大炮还能发炮，我的仓库还有炮弹，只有怕死的才撤退。"

他指挥官兵们继续与敌血战。炮台的台座被炸烂了，官兵们用肩扛着滚烫的炮筒装弹向敌人发射……

午后，观音山发现敌之便衣队，我炮台各炮队队长犹自督率炮兵向敌发炮。支持至是日17时许，炮台发现我方指示退却标志，炮台官兵均奉命撤退，只剩下方莹、郑奕汉、江家驹、观察员黄顺祺及炮兵等17人，但在敌机盘旋搜索下，无法转移，为吸引敌人，掩护部队撤退，总台长方莹只得鼓起勇气，继续作战。

当最后一枚炮弹发出后，日步军已攻到了炮台下，方莹这才下达了撤退的命令，他自己是最后一个撤离这座炮台的中国军人。

方莹，福州人，出身于海军世家。其叔方伯谦，是清朝北洋水师济远舰管带、中军左营副将，是近代中国自己培养的第一代海军将领之一，曾主持修建了第一座由中国人自己设计、修筑的海防炮台——"威远炮台"，也是中国海军中唯一参加过甲午中日黄海海战中丰岛和大东沟两场海战的将领。丰岛海战后，曾获光绪帝传旨嘉奖；但在大东沟海战失利后，李鸿章等北洋水师实力派为逃避当时舆论对主和避战政策失败的谴责，为推卸指挥失误的责任，便以方伯谦为替罪羊，制造了方伯谦冤案。

方莹早年进入上海吴淞海校。1915年方莹从海校毕业后，先在保民练习船见习，不久被任命为保民练习船二副。1917年，方莹又转入南京海军鱼雷枪炮学校学习。毕业后，先后担任过定安、楚有、自强、宁海等舰舰长。1936年出任海军引水传习所上校所长，也是著名的海军将领。

在炮台全毁的情况下，方莹派郑奕汉前往指挥部汇报，郑在中途遭日军袭击而不幸牺牲。直到夜色已深，各炮官兵才将炮闩拆卸，整队分别后撤。此时日军已蜂拥而来，后路已断，方莹只得率领余众向江边撤退，沿芦苇丛西上，终于发现有一艘帆船，在和船老大商量后，立即扯篷上驶。当他们看见汉口码头时，不约而同都松了一口气，谢天谢地，终于脱离危险。就在船将靠岸时，方莹发现码头上的日本膏药旗和头戴钢盔的哨兵，这才知道汉口已经陷落，大家的心一下子都提到了嗓子眼儿。方莹暗暗叫苦，只得急令转舵，但已被日本哨兵发现，鸣枪喝令帆

方莹，出身于海军世家，其叔方伯谦，是近代中国自己培养的
第一代海军将领之一。（左一为方莹）

船拢岸。在这种情况下，方莹等事先已将武器扔入水中，并换上便衣，但有一支手枪遗落在船上，被日本兵搜到。再加上这些人都穿着国军军装，日本哨兵穷凶极恶地咆哮着："谁是长官？不说统统死啦死啦的有！"

在万分紧迫关头，为保护战友，第二分台台长江家驹不顾个人安危，挺身而出："我是长官，与这些人无干，我跟你走！"

江家驹，福州人，马尾海军第一届航海班毕业。（1995 年，原国民党海军少将方莹将军的夫人与女儿根据方将军临终遗嘱，专程从美国回大陆拜访江家驹，感谢他在抗战时期不顾个人安危，拯救整个国民党江防炮台司令部人员的义举。）

日本哨兵如获至宝，大叫："你的上岸！你们统统留在船上，不准逃跑！"

江家驹上岸后，立即被日本兵押着而去。

方莹眼瞅着江家驹的背影，内心感动万分，强忍泪水，趁日本哨兵离去的瞬间，立即指挥船家离岸继续向上游驶去，待日本哨兵发现时，他们已经离岸，在枪声的伴随下，船越行越远，终于脱离危险。后来江家驹寻机逃出生还，1940 年 1 月初，沿途步行，经过千辛万苦，终于到达重庆。陈绍宽大力表彰，升其为江鹃军舰副长。

葛店失守，武汉藩篱已撤，亦于同日沦陷。当晚，陈绍宽亲率驻汉办事人员乘永绥舰离汉上驶。

由于担心我军舰在武汉上游从事布防工作，24日，敌机终日不断在金口以上、城陵矶以下的全航道往来搜索，任意狂炸。

10月21日，永绩、江元两舰分别在新堤、岳州遭日机空袭，激战中，永绩舰重伤搁浅，江元舰壳多处被炸坏，无线电被炸坏，航海员何博元腿部受伤，士兵多人受伤，所幸机器未失灵，后强行驶离脱险。

10月25日，武汉失陷，武汉卫戍总司令陈诚坐镇江犀舰。江犀舰为排水量仅有140吨的浅水炮舰，舰长是杨道钊。陈诚坐镇江犀，往来武汉上游荆、湘两河（江），指挥继续抗击，命宝塔洲、新堤、临湘矶、道人矶、城陵矶、簰洲、监利、藕池间各段加速布雷；勘察陆上地形，构筑防御阵地，划为辅助雷区。

海军派出布雷艇和舰船逐段撤除荆湘河航行标志，饬令城陵矶等处海军炮台严密防范。

日军占领武汉后，派一部继续推进，从蒲圻进至路口铺车站。不久，守军奉令后撤，将受伤的民生、江贞舰自行焚毁。

民生舰资料：

民生舰为浅水炮舰，为北伐完成、国民政府建都南京后，积极建设海军，国内自行建造之多艘舰艇之一。由上海江南造船所承造，1930年开工，1931年完工下水并成军，命名为民生，编号为92，隶属于第二舰队。

该舰长205英尺，宽26英尺，全舰结构均以镀白铅之软钢为材料。舰内装有一座水管锅炉，并以2部3汽缸立式往复蒸汽机带动2只螺旋桨，最高可产生2200匹马力之动力，最高速率可达16节，巡航速率亦有12节。该舰装有两支桅杆及两支烟囱，前桅杆高79英尺，后桅杆高49英尺，均为木质。两支烟囱位于两桅杆之间。另外，该舰配备有汽油引擎之小汽艇2艘及舢板2艘，均悬挂于舰中段之两舷。

该舰舰首装有日制阿式120毫米45倍速射炮1门，最大射程15400公英尺；舰尾装有法制斯乃得100毫米45倍速射炮1门，最大射程7900公英尺；前瞭望台装有日制哈式80毫米40倍自动速射炮1门，最大射程7000公英尺，舰首另装有英制麦式75毫米43倍速射炮2门，最大射程

4000 公英尺；后瞭望台装有瑞士制欧立肯式 20 毫米 60 倍高射机关炮 1 门，最大射程（仰射）3000 公英尺。该舰无鱼雷发管，亦无装甲。

一般诸元：

舰长：205 英尺。

舰宽：26 英尺。

排水量：505 吨。

吃水：前 6.5 英尺，后 6.5 英尺。

速率：最高 16 节，巡航 12 节。

马力：2200 匹。

编制：军官 15 员，士兵 81 员。

舰长为郑世璋。

江贞舰资料：

江贞舰为清末购进的小炮舰，排水量 565 吨，船上有 4.7 英寸炮一门，3 英寸炮一门，3 磅炮 4 门，高射机枪 4 挺。舰长为郑耀枢。该舰于 1938 年 7 月 20 日在城陵矶附近因重伤而搁浅，我驻岳阳、城陵矶一线部队因日军进攻而后撤时，担心该舰落入敌手，而自行焚毁。

此时，因遭日机轰炸重创而搁浅于新堤的永绩舰，也接到毁舰命令，舰长曾冠瀛令水兵在舰上泼浇汽油，放火焚烧。此时日军已至，遂登舰灭火，并拖于江南厂修复，后于 1940 年 5 月 22 日，交给汪精卫伪国民政府海军作为旗舰兼做海军官校练习舰使用，改名为海兴号。抗战胜利后，该舰被国民党海军接收。1949 年 4 月 23 日，在长江下游的永绩舰被解放军炮火轰炸致残，后被打捞，经修复重新武装，更名为延安舰，编入中国人民解放军华东军区第六舰队（护卫舰支队），作为浙江沿海一带巡逻舰船使用。

1957 年 10 月 15 日，中苏两国签署了《苏联援助中国协定》，规定苏联对中国在火箭和航空等新技术方面予以援助。1959 年 4 月，苏联将 C—2 导弹样品交付中国组建海军导弹部队。当年 6 月 12 日，某海防导弹 23 试验基地首次对海上靶船进行实弹射击，但以失败而告终，充当启动导弹试验靶舰的延安舰幸免于难。1964 年 7 月 11 日，延安舰再次充当启动导弹试验靶舰，所幸未被击中，再一次免遭厄运。之后延安舰默默停泊在大连港。1970 年除役，完成了它的传奇经历。1979 年，延安舰上的"老爷"锅炉不远千里被运到山西新绛县酿酒厂，安装后成为酿酒锅炉。

永绩舰资料：

永绩舰为一炮舰，系由江南造船所制造。1911 年（清宣统三年）开工制造，1915 年下水，1918 年成军，命名永绩，编号为 63，隶属于海军第一舰队，担负起保卫国家海疆的任务。

该舰长 205 英尺，宽 29 英尺 6 英寸，装有 2 座 3 汽缸立式蒸汽往复机，以及 2 座火管锅炉，以煤为燃料，可产生 1350 匹马力之动力，最高速率可达 13 节，巡航速率则为 10 节。该舰装有铁质桅杆 1 支，高 110 英尺烟囱 2 个。配备有烧煤小火轮 1 艘及舢板 3 艘，分别悬吊于该舰中段两舷。

该舰之武器装备有国制之 4 英寸 50 倍及 3 英寸 50 倍主炮各 1 门，分别位于舰首驾驶台前及舰尾部分。舰的中段前后之二舷装有英国制 470 毫米炮共 4 座。驾驶台前方另装有美国制 370 毫米炮 2 座及舰中段之后方装有 400 毫米炮 1 座，其中 370 毫米炮为机关炮，400 毫米炮为高射炮，除 4 英寸及 3 英寸主炮为电击发外，其余各炮均以撞击方式击发。

一般诸元：

舰材：铁质。

长度：205 英尺。

宽度：29 英尺 6 英寸。

排水量：860 吨。

吃水：前 11 英尺，后 12 英尺。

速率：最高 13 节，巡航 10 节。

马力：1350 匹。

装甲：3 英寸。

煤舱容量：170 吨。

储水量：83 吨。

叶种：双俤叶，铁质，每俤叶 3 叶片。

编制：官员 19 员，士兵 121 员。

在我陆军撤离武汉之时，海军中山、楚同、楚谦、勇胜、湖隼各舰艇均于同日与敌机遭遇，发生恶战。楚谦、勇胜、湖隼三舰艇伤痕累累，且战且走，均突出重围；楚同舰被敌机炸伤于嘉鱼附近，而中山舰与敌抗战最为激烈。

国殇
国民党正面战场海军抗战纪实

三十五、永远的中山舰（之一）

中山舰原名永丰舰，功勋卓著。以孙中山避难该舰和蒋介石间关赴难而闻名。1925 年 3 月 12 日，蒋介石策动的"中山舰事变"也是中国现代历史的转折点。从那时起，就已为国共分裂与厮杀埋下伏笔。

1894 年 9 月 17 日，在黄海上北洋水师与日本舰队惊天动地地打了一场恶战。战斗持续了 5 个多小时。由于指挥失误，弹药不足，北洋舰队损失惨重。邓世昌等八百余名官兵伤亡，5 艘军舰沉没。

第二年元月下旬，日本联合舰队又向北洋水师基地威海卫发动猖狂进攻。当时，军港内泊有北洋水师军舰 15 艘。在刘公岛对面的日岛上，有炮台 1 座，火炮 4 门，清军水师指挥官萨镇冰在此岛担负防守任务。

萨镇冰冒着炮火，在炮台上指挥士兵还击日军。战斗到最紧张时，炮台上士兵中弹牺牲，萨镇冰将大辫子往脖上一缠，亲自操纵速射炮轰击日军，直到炮台被日军炮火摧毁时才撤退到刘公岛。北洋水师在强大的日军面前，英勇抵抗，终因弹尽援绝，提督丁汝昌服毒自杀，洋员浩威假借其名义起草了投降书。

萨镇冰

2 月 17 日（光绪二十一年正月二十三），渤海湾刘公岛上清水师提督衙门内浓烟滚滚。日本联合舰队司令长官伊东祐亨站在旗舰舰桥上，指挥他的舰队耀武扬威地驶入威海卫北洋水师军港内。陆战队登上刘公岛，降下了清政府大龙旗，升起日本太阳旗。镇远、济远等 10 艘军舰被日军掠去，北洋水师全军覆灭。这一天，成为中国海军史上最耻辱的日子。

3 月 12 日，清政府下令裁撤海军衙门，并裁撤北洋海军的编制。

萨镇冰亲历了这一幕屈辱悲惨的场面，将眼泪咽进肚里，暗自立志：重新购舰置炮，重建中国海军。

> 萨镇冰，字鼎铭，1859 年 3 月 30 日（清咸丰九年二月二十六日）生于福建闽侯。其祖先萨拉布哈是色目人，佐元朝皇帝创立基业，深受元帝器重，后落籍福建。萨镇冰 10 岁时考入马尾船政学堂学习驾驶，毕业后在扬武、海东云等兵船上服役。1877 年 3 月，萨镇冰为总理船政大臣沈葆桢（林则徐的女婿）所派，赴英国格林尼治皇家海军学院学习航海，成为中国近代第一批海军出国留学生。1880 年毕业后回国，先任兵船大副，威远、康济号管带等，并补北洋海军精练左营游击。1899 年，萨镇冰任北洋水师帮统，兼任海圻巡洋舰管带。

为了重振海军，清政府于 1909 年任命载洵与萨镇冰为筹办海军大臣。萨镇冰将南北洋海军收归为一，将四十余只大小军舰分为"巡洋"、"长江"两个舰队，设统制部，萨镇冰为统制，掌握了海军大权。8 月，载洵、萨镇冰乘船赴欧洲各国考察海军、订购兵舰。翌年，载洵与萨镇冰又赴美国、日本访问，订购军舰。

两次出访，萨镇冰向英、德、美、日等国共订制了 12 艘军舰。除了 3 艘军舰因购款纠纷而中止合同外，其余 9 艘先后来华，其中就有永丰、永翔号炮舰，为日本国制造。但是，海军部还未来得及与这些将要来华的"宁馨儿"见上一面，便在 1911 年的辛亥革命中，随着清政府一起訇然垮台了。

1913 年，永丰号、永翔号从日本来华，交给北洋政府海军部。永丰舰为钢木结构的炮舰，长 62.1 米，宽 8.9 米，排水量 780 吨，吃水深度 2.4 米，主炮、副炮 8 门，船员编制 140 人。它与永翔号一起被编入海军部下属第一舰队序列。

1913 年 7 月，孙中山、黄兴等革命党人发动"二次革命"；8 月 24 日，袁世凯命令海军总长刘冠雄率海圻、海容、永丰等舰抵达南京江面，掩护北洋军在下关等地登陆。在北洋海军的强大火力压迫下，讨袁军最后遭到失败。

袁世凯稳定了独裁统治后，于 1915 年 8 月起，紧锣密鼓地复辟帝制活动，并宣布 1916 年为洪宪元年。很快，蔡锷、李烈钧、唐继尧等在云南发动护国战争。护国军攻入四川等地。海军总司令李鼎新联合第一舰队司令林葆怿率第一舰队和练习舰队加入护国军，从福建北驶上海。永丰舰亦随之抵沪，揭开了永丰舰新的一页。随即追随程璧光南下广州，加入护法军政府的序列。

在此期间，永丰舰跟随广东护法军赴海南，参加讨伐段祺瑞亲信、两广巡阅使龙济光的战斗。1918 年 5 月，由于护法军政府内部矛盾日益尖锐，孙中山被迫辞去海陆军大元帅职务，离开广州前往上海。第一次护法运动宣告失败。

1919 年，粤军决定回师讨桂，孙中山派孙科到澳门以特派员名义成立办事处，策动在粤海陆军起义。冯肇宪被任命为策动海军起义的督察长，参加第三小组"夺舰"行动，负责夺取江固号炮舰。7 月 15 日，冯肇宪等已联络好江固舰上的内应，准备午夜夺舰。但是晚 10 时许，获悉此次行动计划的一批绿林中人提前将舰自省河东堤劫走，冯肇宪等人以为计划暴露，只好取消行动。此次夺舰虽未成功，但冯肇宪却由此与孙科在广东海军中的亲信陈策建立了密切的联系，进而得到孙科的信任。

1920 年 8 月，援闽粤军奉命回师广东，将桂系军阀赶回广西。同年 11 月，孙中山由上海重返广州，恢复军政府，宣布继续护法。1921 年 4 月，在广州召开的国会非常会议上，孙中山当选为中华民国非常大总统。

1922 年 4 月 27 日，由于派系斗争和政见分歧，护法舰队内部矛盾日益尖锐。孙中山采取果断措施，下令以武力改组由闽籍军官把持的护法舰队，派广东水鱼雷局局长温树德和长洲要塞司令陈策分别组织敢死队夺取包括海圻、海深和肇和三大巡洋舰在内的各舰艇。冯肇宪随陈策负责夺取驻省河的永丰等浅水炮舰。

4 月 1 日夺舰行动开始，仅用了半天时间，整个护法舰队 11 艘军舰全部被敢死队夺取。"夺舰"行动成功后，孙中山发布了两项命令：一是任命温树德为海军舰队司令、孙祥夫为海军陆战队司令、马伯麟为广东长洲要塞司令、陈策为广东海防舰队司令；二是委任了包括永丰舰舰长冯肇宪在内的护法舰队各舰舰长。

1922年6月16日凌晨，广州珠江江面月白风清，涛声如诉，正是午夜梦酣时。

停泊在广州二沙头对面土敏土厂附近的永丰舰却是灯火摇曳。甲板上人影绰绰，透着一层紧张，一层焦躁。

几乎与陈炯明叛军攻击总统府的第一声炮响同时，永丰舰舰长冯肇宪从床上一跃而起，对着应声而来的副官大声命令道：

"升火起锚，进入紧急战斗状态。"

几分钟后，冯肇宪戎装整齐地出现在甲板上，他巡视了一眼，满意地点点头。将士们心有灵犀，在他未下命令前，已预感到形势的紧张，早就将舰上所有大炮的炮衣卸下，做好了临战的准备。

连这些普通士兵都看出了陈炯明的心怀不轨！孙中山先生太厚道了，太相信陈炯明了，他不相信陈竞存（陈炯明字竞存）竟会丧心病狂若此。

"真是以君子之心度小人之腹，以致如今祸起肘腋，猝不及防。"冯肇宪暗暗地埋怨着孙中山。

望着观音山总统府方向冲天的火光，枪声如爆豆般激烈，永丰舰全体官兵无不揪着心，担心孙中山的安全。

从15日晨起，孙中山就不断得到密报，所有迹象都表明：陈炯明叛变在即。

诚如冯肇宪埋怨的那样，孙中山太厚道，太轻信了。陈炯明是他一手提携起来的将领，几多青睐，几多帮助，几多扶持，倾注了他无数的心血。说陈炯明会对他下毒手，这在个人感情上就说不过去。如此忘恩负义，岂非禽兽不如？一向以至诚待人的孙中山竭力驱赶着对陈炯明的怀疑。所以，当海军陆战队司令孙祥夫、总统府秘书长谢持、江防司令陈策先后提醒他要预作防范时，孙中山总是面色不快，挥手打断：

"这是外间谣言，不必置信。"

直至晚间12时，孙中山才开始有所警惕。秘书林直勉报告说，叛军中一名连长前来报信，陈炯明部已完成攻打总统府的计划和部署，夜1时将发动攻击。情况紧急，请大总统速往别处，暂时避开。

见孙中山仍有怀疑，林直勉焦急地补充说：这一消息绝对准确。叛军已经发出了行动的口号，"食饱饭，杀民贼"，可见心存歹毒。

说话间，已听到远处有集合号音，部队调动的嘈杂声也隐约可闻。孙中山怒火中烧：陈炯明为了一己私利，为了在广东称王，竟背弃理想，背弃主义，不惜行此人神共愤、叛变革命之举。他不由得一阵痛心，负气言道："竞存称兵作乱，甘为叛徒，人人得而诛之。我身为大总统，负全体国民之托，有平乱责任。如果力量不足，被叛逆所害，正是我为国牺牲的机会。岂能临难苟免，贻笑中外，污辱国家？"

林直勉心里直叫苦。他知道，以孙中山的脾气，他绝不会临阵退缩。但事情危急，顾不及其余了，便朝总统府另几位工作人员林树巍、陆志云等一使眼色，不由分说，将孙中山换了一副行头，打扮如医生，挽着跑出了粤秀楼。

几经周折，孙中山终于脱离险境，在白鹅潭登上了楚豫舰，即令林直勉等人起草讨逆文檄、通电及命令。待天明时抵达黄埔，孙中山召集温树德、陈策等海军将领训话。海军全体官兵通电讨伐陈炯明。

永翔舰

随后孙中山又转移至温树德的座舰永翔舰。温树德一直与陈炯明暗有往来，冯肇宪得知孙中山上了永翔舰后放心不下，于是为了确保孙中山的人身安全，策划将孙中山由永翔舰迎上永丰舰。

6月17日上午，冯肇宪突然登上永翔舰，称："永丰舰上官兵群情激奋，要独自发炮攻打叛军阵地。请大总统上舰加以劝阻，以便统一协调海军各舰行动。"

于是，孙中山答应上舰去做工作。当孙中山登上永丰舰时，发现好几位舰长聚集在此。冯肇宪这时才说明邀请孙中山上永丰舰的原因。永丰舰驻泊长洲要塞附近，与长洲炮台相互照应，从而形成与叛军包围对峙的水陆联合阵地。从6月17日登舰到8月9日离舰，孙中山与永丰舰官兵风雨同舟长达55天。

蒋介石赴难，登上永丰舰

6月17日，孙中山由永翔舰登上永丰舰。6月29日，蒋介石应召由上海赶赴广州，协助孙中山指挥平叛战斗。

7月8日，海军司令温树德接受陈炯明贿赂，率领海圻号、海琛号及肇和号3艘巡洋舰离开黄埔。第二天，驻防长洲的海军陆战队司令孙祥夫也率部叛离孙中山。由于长洲炮台的失控，以致永丰舰处在陆上大炮的直接威胁范围之内，形势岌岌可危。

深夜，孙中山一人伫立于船首，嘴角紧抿，面露沉思。他在思考着战略转移计划。

一个瘦削的身影走近了他："总统，您该休息了。"这是青年蒋介石的声音。6月29日，蒋介石从上海赶来，一登上永丰舰就被孙中山委以重任，授予作战指挥权。

望着蒋介石关切的面孔，孙中山感到了一丝安慰。"疾风知劲草，板荡识忠臣"。陈炯明、温树德之流，平时何等忠贞不贰，内心却何等卑劣！而眼前这位年轻人，在他最困难的时候，却义无反顾，与他站在一起，共肩此难。

蒋介石之所以间关赴难，一方面出于他对陈炯明的嫉恨：有陈炯明在，他在军界就没有出头之日；另一方面，也有对孙中山的感情因素及对事业的追求因素在内。同时，也不排除他有政治上投机的心理。以后的事实证明，蒋介石这一次行动受益无穷，从此得到孙中山的极大信任，飞黄腾达由此而始。

在蒋介石劝说下，孙中山回到了船舱。他让蒋介石对面坐下，询问他下一步的作战方针。

蒋介石直言不讳，侃侃而谈："鱼珠炮台、长洲要塞先后失陷，珠江下游已被钳制。我军除向上游进攻车歪炮台，打开一条血路，往白鹅潭方面脱出外，别无办法。"

孙中山颔首而赞："死中求活，唯此路耳。"

但是，蒋介石神色凝重起来："通向车歪炮台河道复杂，叛军炮兵密布，恐不易耳。须总统说服各舰长，个个舍命向前，切忌贪生畏死，步履不一。"

孙中山安慰他说："我将亲自坐镇。"

7月10日凌晨2时，永丰、楚豫、豫章、广玉、宝璧等舰由海心冈驶至三山江口，拂晓直抵车歪炮台。各舰进行试射，叛军随即还击，一场大战就此拉开帷幕。

敌军夹岸而击，弹雨如注，充当前卫的豫章舰首先被击中。楚豫舰的后甲板也吃了一颗炮弹，一位水兵被炸得血肉横飞。宝璧舰左舷被炸坍了一段，陈策尽管保持着镇定，但脸色却微微晦暗。其他舰艇指挥官也面露彷徨，进退失措，各舰被堵于炮台之下，难跨雷池。

孙中山登上舵楼："民国存亡，在此一举，今日之事，有进无退！"表情刚毅坚定，命令冯肇宪加快马力，越过前卫舰，表率前进，以鼓励各舰奋勇冲杀。

永丰舰无疑成了叛军攻击的主要目标，几乎所有炮口都对准永丰舰大施淫威。一发炮弹击中了永丰舰的左舷，射穿钢板后在舰内爆炸，火苗顿时席地而卷，帆缆军士长崔锦荣立即率水兵扑过去，压住火苗。未容稍懈，敌军又是一炮，击中左舷一磅炮位，炮手被炸得尸体仅存半边。战斗结束后，清点一下，碎弹片击中不算，永丰舰实实在在挨了敌人6

记重炮。

蒋介石的表现也让孙中山特别满意，他是炮兵出身，指挥炮战尤其在行。战斗最激烈之时，他的表情镇定得像一块钢板，眼睛一直注视着时钟。他在计算时间。通过这段水域大约需要 20 分钟，然后才能摆脱敌人炮火的轰击。难熬的 20 分钟终于过去了，舰队驶入了安全地带。

7 月 19 日，永丰舰在白鹅潭停泊期间，又遭叛军鱼雷袭击。

8 月 9 日，由于永丰舰上弹尽粮绝，加上北伐征战回师广州的援军中途受阻，孙中山被迫离开永丰舰，乘英国摩汉号军舰转道香港前往上海。冯肇宪随船将孙中山护送到上海后，又按孙中山的指示由上海重返广州，配合陆军继续参与平叛斗争。在途经香港时，冯肇宪突然发病。当时，许多同志劝其留港医治，考虑到孙中山交办的任务尚未完成，他毅然抱病返穗投入平叛斗争。不久，有着"民国海将护法三忠"（盛延祺、欧阳琳、冯肇宪）和"护法铁卫"之称的冯肇宪因病在广州去世，时年 27 岁。为了表彰他的护法功勋，孙中山亲笔题写了"劳苦功高"四个大字的条幅，并派专人到广州主持冯肇宪的奠祭仪式。

时隔一年，孙中山、宋庆龄重回广州，登上永丰舰

三十六、永远的中山舰（之二）

1938 年 10 月 24 日，中山舰巡防长江金口水域时被日军飞机炸沉，舰长萨师俊与多名官兵牺牲……1997 年 1 月 28 日，万众瞩目之下，中山舰较预定计划提前 18 天缓缓浮出水面。围绕着中山舰一个个跨越时空的隧道，又将几十年前的历史重现在人们眼前。

新华社北京（1996 年）11 月 4 日电，具有历史见证意义的中山舰，在沉没武汉长江金口半个多世纪后，将于本月 12 日孙中山先生诞辰 130 周年纪念日正式实施打捞，预计明年 2 月 15 日前打捞完毕。

中山舰原名永丰舰，1938 年 10 月 24 日中山舰巡防长江金口水域时被日军飞机炸沉……

这则小小的电讯一夜之间传遍大江南北，乃至世界各个角落的华人社区，引起了世人的广泛关注，更使千万个与中山舰有关或者了解中山舰历史的炎黄子孙激动不已。他们或撰文，或发表讲话，接受记者采访，无不为打捞中山舰这一盛事感到高兴。因为，中山舰打捞出水，绝不仅仅是一项文物发掘工作。它和中国收复香港主权一样，代表着正在走向繁荣昌盛的中国人民的强烈的民族自尊心和自信心，以及体现这种民族自尊心和自信心的力量。

其实，早在 1986 年，我国即动议打捞中山舰。近年，有关方面在武汉金口镇下游 2.5 公里处的长江主航道南侧，已准确探摸到了中山舰舰体和舰尾镶嵌的中山二字铜牌。正式打捞工作由长航重庆长江救助打捞公司承担。

1997 年 1 月 28 日，万众瞩目之下，中山舰缓缓浮出水面。经过修复，它的英姿重现在世人面前。

孙中山逝世后，为了纪念这位伟人，1925 年 4 月 16 日永丰舰正式易名中山舰。的确，只有它最有资格冠以中山之名，配享民国"第一有光荣历史"之舰的美誉。

有了与孙中山在永丰舰共同战斗的那一段历史，蒋介石身价倍增。蒋介石随孙中山先生回到上海后，出版了《孙大总统广州蒙难记》一书，孙中山先生亲为之作序。从此，他更受孙中山先生器重，不久出任黄埔军校校长。黄埔军校组建的学生军渐渐成为广州军政府第一精锐之师，在东征诸战中，建功厥伟。蒋介石亦因此渐渐成为军界第一要人。1926年 3 月 20 日夜，蒋介石发动"中山舰事变"，逮捕了海军局局长、该舰代理舰长李之龙，趁机逮捕第一军中的共产党人。在排挤了汪精卫以后，进行北伐，最终成功，成为南京国民政府的主宰。

1938 年 10 月 24 日。中山舰、楚谦舰在波涛翻滚的浩浩武汉金口一段的长江上溯江而行。这天早晨，舰长萨师俊很早便醒来了，他穿好军装，在镜中仔细地注视着自己的仪容：43 岁的年龄，鬓边已添几根白发，眼角已出现鱼尾纹了。

萨师俊，字翼仲，福建闽侯人，祖先色目人，与海军界元老萨镇冰为叔侄关系。甲午海战后，清廷为恢复海军力量，于烟台创办海军学堂，萨师俊自幼便以雪甲午海战之耻为奋斗目标。他于 1913 年 7 月以优等生毕业于烟台海军学校第八届驾驶班，并进入中华民国海军服役，先是在海军练习舰队实习 6 个月，尔后补任为初级军官，不久又升为通济号练习舰的三副。之后，他又先后担任江贞、江安两舰

中山舰舰长李之龙

副舰长，公胜号炮舰舰长，青天号测量舰舰长，顺胜号炮舰舰长。其担任顺胜号舰长时，曾率内河炮舰完成由上海至福建的海疆巡弋，创中国内河炮舰海巡先例。后又任威胜号炮舰舰长、海军闽厦警备司令部副官处长、海军第一舰队司令部参谋等职。

1932 年 7 月 16 日，萨师俊从第一舰队司令部参谋的位置上被调到楚泰号炮舰任舰长，并升为二等海军中校。1933 年 11 月闽变爆发后，萨师俊奉南京国民政府命令前往福建三都澳镇压新成立的中华共和国，在1933 年 12 月至 1934 年 1 月间协助中华民国海军及海军陆战队攻占长门、马尾、福州等地。

1935 年 2 月，萨师俊被委任代理中山舰舰长一职，成为该舰第 13任舰长。

抗战爆发后，中山舰随第一舰队担任防守江阴和拱卫首都南京的行动。南京失守后，该舰又担负保卫马当要塞和保卫大武汉的任务。

1938 年 6 月，蒋介石不顾人民死活，令驻防在郑州花园口的军队炸开黄河堤坝，汹涌泛滥的黄河水淹没了豫东、皖北广大地区，却也暂时阻止了日军沿陇海路西进郑州，再经平汉路南下，夺取武汉的军事计划。日军遂改变战略，调其主力沿津浦路南下，集中长江一线，西攻武汉。日本的海军突破江阴封锁线后，组成扬子江部队，配合陆上攻势，向武汉推进。

国民政府军事委员会制订了武汉作战计划，海军的任务是破坏长江下游航标，配合陆军固守马当要塞；在鄱阳湖以东迎击日军，阻击敌向九江集中；并在长江沿线各要点节节抵抗。海军总司令陈绍宽亲乘湖隼鱼雷艇到前线指挥布雷。海军各舰艇"努力邀击敌舰"，受到蒋介石的嘉奖。

在海军总司令部直接部署下，中山、楚谦、楚同等 8 艘军舰驻防武汉，担任运输工作和布雷任务，陆续与敌机展开激战。

孙中山与黄埔军校校长蒋介石　　　　　　中山舰最后一任舰长萨师俊

9 月 28 日，武汉前哨田家镇要塞在日军海陆空军联合攻击下陷落，武汉岌岌可危。

萨师俊知道更大的恶战即将来临，他召集中山舰全体官兵，激动地说：“兄弟们，我们的军舰是中山舰，是先总理孙中山曾驻节的军舰。我们不能给该舰带来丝毫耻辱，必抱以死殉国之决心，誓与此舰共存亡！希望全体一心，努力杀敌。”

中山舰英姿

10 月 23 日，萨师俊接到上级命令，武汉保卫战的目的已完成，命令中山等舰泊防武汉与城陵矶之间的金口，以掩护沿长江撤退西上的部队和运输物资与人员的船只。

24 日，萨师俊一大早便醒来，随即命令该舰处于一级战备状态。他登上指

297

挥台远望，天蒙蒙发光，四野沉沉，只有一只只木船的模糊轮廓，缓缓向上游溯江而去。离该舰不远处，依稀可见楚谦等舰也升火待发。

太阳升起来了。日光照耀在江面上，波光粼粼。西上的船队，不断传来船工和纤夫的号子声。赤着上身的纤夫，拉着装满物资的大木船，迎着晨风，顶着逆流而上，象征着苦难的中华民族生生不息的顽强精神。看着这场面，萨师俊深受感动，自知保护运输的责任重大。

天边有几点黑影，像飞鸟一样。萨师俊用望远镜仔细辨认，发现是日本九四式轰炸机排着编队，正向金口方向而来。

战斗警报高亢地响起。水兵们纷纷跑上各自的岗位。高射炮手和高射机枪手飞快地转动机枪和炮位，将临空的敌机紧紧地套在瞄准环之中。

舰队司令陈季良发出作战警报。江面上，中山、楚同、楚谦、勇胜等舰艇严阵以待。

敌机呼啸着，向下俯冲。"轰—轰—轰"几声巨响，从天而降的炸弹在江中爆炸，激起高大的水柱。江水被敌机子弹打得"咕嘟咕嘟"直冒泡。军舰猛烈地震动着，水兵们东倒西歪。

中山舰舰长萨师俊依然稳稳地站在瞭望台上，大声命令官兵："集中前后甲板高炮、高射机枪，狠狠地打！"

愤怒的高射炮"嘣嘣嘣"打响了。炮筒抖动着，一串串火舌直冲蓝天。高射机枪转动着也对敌机狂射。炮位上，落着厚厚一层空弹壳。敌机受到猛烈的打击，有的中弹，歪歪斜斜拉起机头，向后飞去；有的慌忙将炸弹倾泻而出，落在两岸，炸得泥尘蔽日，烟雾弥漫。

第一轮攻击过去了。萨师俊命令："赶快抢救伤员，抢修被敌机炸坏的装备，准备迎接更大的战斗。"

太阳越升越高，中山舰沐浴在阳光中熠熠生辉。萨师俊不禁眉头紧锁，他不觉讨厌起这强烈的阳光来。在阳光下，军舰更容易成为敌机侦察和攻击的目标。

果然，敌机第二轮攻击开始了。数架九四式轰炸机怪叫着，斜着机翼俯冲而来，轮流投弹。舰的周围不断溅起高高的巨涛，将中山舰一会儿抛上峰顶，一会儿掷入浪谷。一架日机几乎擦着船舷而去。

原来，敌机的主要目的，是侦察舰首的中山二字。果然，敌驾驶员大叫起来："我找到了著名的中山舰。"其余敌机闻讯，纷纷集中到中山舰的上空。舰上的炮火与敌机的炮火、炸弹对射，在空中构起巨大的弹幕。江上涌起层层叠叠的巨浪，战斗已白热化。中山舰上的水兵，不断有人受伤，牺牲。几名炮手都死在炮位上，鲜血在甲板上流淌着。大副冲上瞭望台，大声喊："舰座，你去隐蔽，我来指挥！"萨师俊拒绝了，他说："我是舰长，这是我的岗位，我的职责便是指挥士兵，我不能下去。"

敌机像怪鸟一样，贴着舰桅扫射。子弹打在钢板上，火星四溅。又一架敌机超低空投弹。"轰"的一声，左舷中弹，舰体猛然倾斜40度，燃起大火。

"赶快灭火！"萨师俊拼力大喊。

此时，敌机已发现中山舰的指挥官在指挥台上，机关枪"哒哒"向萨师俊扫射。一颗炸弹凄厉尖叫着，落在瞭望台上。火光一闪，舰桅被炸塌了，萨师俊被笼罩在烟雾中，晃了一下，向后倒去。他身边的信号兵被炸飞了，他的右臂中了弹片，左腿被炸断，鲜血汩汩直流。卫生兵冒着炮火，奔上瞭望台，为舰长紧急包扎。此时，6架敌机轮番向中山舰展开疯狂攻击。锅炉被炸，舰上的警报响了。萨师俊神志清醒，他命令身边的副长张天宏："不要管我，快去抢救军舰要紧！"

无情的江水哗哗地涌进舰底，水兵们前仆后继，奋力堵塞，无奈已无法阻挡大量江水的涌入。一尺、二尺、三尺……船底全是水，漫过了抢救士兵的腰及胸。甲板上，燃起了熊熊大火。

萨师俊斜卧在指挥台上，忍着钻心的疼痛问轮机长黄孝春："能不能将舰开到离岸边近一些的地方，将舰设法搁浅？"

"舰体中炮，已无法操纵了。"黄孝春难过地说，"舰座，弃舰吧！"他央求道。此时，舰体已向左倾斜，眼看要沉没了。

萨师俊发火了："胡说！这是中山舰，我是舰长，必与此舰共存亡！今天即我守死尽义的时候。你们走吧，我必留舰上。你们千万不可陷我于不义。"

敌机仍不罢手，在对中山舰实行最后打击。三副命令："立即弃舰，背舰长上舢板！"他任凭萨师俊叫骂，强行令士兵背萨师俊上了舢板。水兵们奋力向岸边划去。萨师俊悲愤不已，眼睁睁看着中山舰最后沉没的一幕：舰首高高昂起，形成90°，似做最后的拼搏，也像在向官兵做最后的诀别。

下午3点50分中山舰沉没于金口龙床矶。萨镇冰亲手购来的中山舰，在最后一任舰长萨师俊任上，沉没了。

舢板上的官兵们个个泪流满面。这时，敌机俯冲而下，仍不放过水面逃生的中国海军官兵。"哒哒哒"，子弹像毒蛇一样，喷着火，射向舢板上的官兵。舢板翻了，江水立即被染红了一大片，浪头瞬间成为血色，浩荡而去。

英勇不屈的抗日英雄含恨而去，中山舰为国殉难的烈士有舰长萨师俊、副舰长张天宏、二副魏行健，航海见习生陈智海、周福增，轮机三副黄孝春、枪炮上士王祥伯、中士陈行善，下士刘则茂、吴仙水，列兵林逸资、张培臣、陈利惠、林寿祺、郭奇珊、李麟、洪幼官、陈永孝、张育金、严文焕、李炳麟、陈有中、李有富、陈有利、江剑官、黄珠官。

中国舰队在这一场激战中损失惨重，除中山舰被炸沉之外，楚同舰在嘉鱼附近亦受到重创，楚谦、楚勇等舰亦都是弹痕累累，遍体鳞伤。

10月24日的金口之战，是武汉保卫战中最为悲壮的一役。

中山舰舰长萨师俊及其他官兵的英勇战功受到国民政府的表彰，追授他为海军上校，并将其奉于忠烈祠。

1975年9月3日，台湾方面为纪念抗日战争胜利30周年，发行了抗战牺牲将领一套6枚的邮票，其中就有海军的萨师俊。

中山舰被成功打捞后，1999年11月，开始其舰体的修复保护工程。2001年12月，举行了中山舰（舰体）修复保护工程的竣工仪式。修复完工后的中山舰，恢复了1925年永丰舰命名为中山舰时的历史原貌，保留了1938年"武汉保卫战"中被敌机炸沉的历史痕迹，体现了中国人民不屈不挠、英勇奋斗、前仆后继和自强不息的民族精神。

2002年年初，中华人民共和国相关政府部门在福州市鼓楼区朱紫坊的萨家大院加挂了"萨师俊故居"牌，其故居现为全国重点文物保护单位，属于三坊七巷和朱紫坊建筑群的一部分。2003年10月24日中山舰蒙难 65 周年纪念日暨抗日战争胜利 58 周年纪念之时，福州三山陵园中的中山舰福州籍抗日将士之墓落成，墓园建有中山舰人物青铜组雕，萨师俊是其中人物之一。

中山舰资料：

中山舰原名永丰舰，为炮舰，是清廷为振兴海军，于宣统二年（1910年）七月派海军大臣载洵及海军总制萨镇冰赴美、日等国考察海军时，向日本订购之两艘炮舰之一。由日本长崎三菱造船所承造，造价为日币 68 万元，宣统二年开工建造，民国元年（1912 年）下水，民国二年完工返国，成军服役，命名为永丰，编号为 32，担负保卫我国海疆的任务。

该舰长 216 英尺，宽 29 英尺，双烟囱，主桅杆高 106 英尺，下端为钢质，上端为木质。烟囱附近之二舷共配挂有小汽艇 1 艘及舢板 3 艘。舰内装有 2 座长圆式火管锅炉，以煤为燃料，推动 2 部 3 汽缸立式往复蒸汽机，可产生 1350 匹马力之推动力，最高速度为 14 节，巡航速度则为 12 节。

武器方面，该舰艇首装有英制阿摩士庄 4 英寸 50 倍主炮 1 门，射程 12000 码；舰尾装有英制阿摩士庄 3 英寸 50 倍主炮 1 门，最大射程 9400 码；烟囱附近之二舷装有英制阿摩士庄 470 毫米 50 倍自动闩速射炮 4 门，最大射程 7000 码；另外，其前瞭望台装有英制维克斯 370 毫米机关炮 2 门，后瞭望台装有德制苏罗通高射炮 1 门及英制阿摩士庄 79 毫米口径机枪 2 挺，该舰无鱼雷发射管，亦无装甲。

一股诸元：

长度：216 英尺。

宽度：29 英尺。

排水量：780 吨。

吃水：前 10 英尺，后 9 英尺 6 英寸。

速度：最高 14 节，巡航 12 节。

马力：1350 匹。

编制：官员 19 员，士兵 121 员。

第三部　血染的江湖

三十七、荆湘浴血

> 海军布防荆湘，坚守要塞，节节布雷，炸得鬼子心惊肉跳，闻风丧胆。海军的行动，对于控制长江水道，配合陆军作战，拱卫战时陪都重庆，都有不可磨灭的功绩。

1938年10月25日，武汉失守。海军的一部分炮舰与炮艇随国民政府、军事委员会等机构西迁入川，用舰艇对抗日军飞机和军舰的阶段基本过去了，海军抗战的重点转向两湖即江西鄱阳湖和湖南洞庭湖以及两江即荆江（河）与湘江，主要任务就是组织设置要塞炮兵与敷设水雷。

1938年6月，当日军水陆两路合攻战时陪都武汉之时，中国统帅部在武汉上游的荆江和湘江加紧设防，以阻止日军在夺取武汉后继续西上。

海军总司令部把湘北的城陵矶作为荆湘之门户，划为重要的要塞区。城陵矶为长江中游第一矶，位于岳阳东北15公里长江与洞庭湖交汇处，隔江与湖北省监利县相望，是扼洞庭湖贯通长江的咽喉，历来为兵家必争之地。

海军总司令部还组成了洞庭湖区炮队，以舰船上拆卸下来的海炮为主，任命罗致通为队长。罗致通中校原为大同巡洋舰舰长，该舰在江阴自沉后，成为炮队队长。此时率领280人的炮队，在临湘矶、白螺矶、洪家洲、杨林矶、道人矶等长江沿岸适要地点分设炮台，装置舰炮25尊；并着手计划荆江、湘江各段节节布雷，实行封锁。

日军海陆军首领"庆祝"占领武汉

日军侵占武汉以后，继续采取迂回战术。我防守这一地区的陆军部队奉令撤出，海军炮队亦失去了作用，只得随陆军撤退。

荆江方面：荆江为长江自湖北省枝江至湖南省岳阳县城陵矶段的别称，全长360公里。藕池口以上称上荆江，以下称下荆江。下荆江河道蜿蜒曲折，有"九曲回肠"之称。但两岸平缓，无险可守，不能安放炮位，防卫力量专靠设置雷区，实行布雷，给日军造成极大的心理负担。日军舰船始终不敢越雷池一步，只能徘徊于荆河口外。

1938年7月间，武汉上游沿江的防御工事已大体部署完毕。金口、嘉鱼、新堤、临湘、道人矶、城陵矶各点，为首段布雷区域；又划定监利以上、郝穴以下各区为掩护阵地，勘择要点，配备各种防御工事。

海军第二舰队司令曾以鼎指挥剩余舰只负责扼守金口、城陵矶、岳州、长沙四地，往来游弋，担负防御任务。

湘江是湖南最大河流，为长江主要支流之一。发源于广西东北部的海洋山，称海洋河，在湖南省永州市区与潇水汇合，开始称湘江，向东流经永州、衡阳、株洲、湘潭、长沙，至湘阴县入洞庭湖后归长江，全长817公里。

在洞庭湖方面，海陆军重点布防岳阳、鹿角、磊石山、营田、芦林潭、湘阴、益阳、常德、安乡等处，设置雷区。

11月8日午后，在长江咽喉、号称湘北门户的临湘江面上发现日舰数艘，海军临湘矶、杨林矶两炮台立即发炮轰击，敌舰亦开炮还击，我舰炮威力大，将敌击退。敌军派飞机多架低空投弹，我阵地上空硝烟弥漫，土石横飞，炮位损失很大。

翌日，敌机又轮流在洪家洲炮台上空投弹，压制和吸引我火力，同时派兵乘橡皮艇从炮台背后芭蕉湖登陆，防守此线的陆军见后路被包抄，纷纷撤退。海军炮队限于射角无法炮击敌艇，只得临时组织机关枪、步枪进行英勇的抵抗。

同一天，道人矶附近也发现敌汽艇，炮台失去作用，炮队官兵在不得已的情况下，迅速拆掉炮闩向后转移。

11月11日，义胜、勇胜、仁胜3艘炮艇和4号、6号两艘驳船满装水雷，经长江水道前往石首、藕池口等处，途中被敌机发现，数架敌机遂跟踪投弹，几艘炮艇的防空力量都很薄弱，在遭到轰炸后，引起船上的水雷爆炸，几艘艇船全部沉没。

义胜舰资料：

义胜舰为一炮舰，由湖北扬子船厂建造，1911年下水。该舰自下水建造完工后，并未编属海军，直至1928年1月始受编，隶属海军第二舰队。1929年6月再改编隶属巡防队，担任江防任务。1937年抗日战争正式爆发，该舰即被派驻守江阴要塞，以保卫首都南京。江阴失守后，该舰随即溯江而上，并改编属第二舰队，在舰队司令曾以鼎指挥下驻守马当、湖口一带，从事布雷及运输等任务。后至武汉上游等地运输水雷，被敌机轰炸而沉没。

该舰长126英尺，舰宽20.7英尺，吃水前8英尺，后11英尺，主机系使用2汽缸往复式蒸汽机1座，另有以煤为燃料之圆形烟管锅炉1座，可产生推进马力450匹，航行速率最快10节，巡航速率为8节。舰上装配武器计有：舰首装有英制3英寸炮1座，舰尾装有法制650毫米炮1

座，另在舰舷左右各装有 1 挺 790 毫米机枪。

一般诸元：

舰长：126 英尺。

舰宽：20.7 英尺。

排水量：350 吨。

吃水：前 8 英尺，后 11 英尺。

速率：最高 10 节，巡航 8 节。

编制：军官 7 员，士兵 37 员。

武器装备：3 英寸炮 1 座，650 毫米炮 1 座，790 毫米机枪 2 挺。

舰长为熊兆。

勇胜舰资料：

勇胜舰为一炮舰，系由江南造船厂建造，于 1908 年下水。该舰建造完成后，并未直接隶属海军，至 1928 年 3 月受编，隶属海军第二舰队，1929 年 6 月又改隶属巡防队，系担任江防任务。

该舰长 125 英尺，舰宽 21 英尺，吃水前 7 英尺，后 8 英尺，排水量 280 吨，以 2 座 2 汽缸之往复式蒸汽机为主机，另有 1 座以煤为燃料的圆形烟管锅炉，可产生推进马力 500 匹，航行速率最快 10 节，巡航速率 8 节。舰上武器装备计有：舰首装有俄造 3 英寸炮 1 座，舰尾则装有英造 570 毫米炮 1 座，另在舰舷前中段左右各装有 790 毫米机枪1 挺。

一般诸元：

舰长：125 英尺。

舰宽：21 英尺。

排水量：280 吨。

吃水：前 7 英尺，后 8 英尺。

速率：最高 10 节，巡航 8 节。

编制：军官 7 员，士兵 37 员。

武器装备：3 英寸炮 1 座，570 毫米炮 1 座，790 毫米机枪 2 挺。舰长姓名不详。

仁胜舰资料：

仁胜舰为一炮舰，系由湖北扬子船厂建造，于 1911 年完工下水。舰建造完工后并未立即编属海军，1928 年经改造后，方编属海军第二舰队，并命名为正胜，1930 年 11 月改名为仁胜，并改编隶属巡防队，担任江防任务。

该舰长 125 英尺，舰宽 22 英尺，吃水前 7.9 英尺，后 7.4 英尺，排水量 260 吨，使用 2 汽缸往复式蒸汽机 1 座，及 1 座以煤为燃料的圆形烟管锅炉，可产生推进马力 500 匹，航行速率最快 10 节，巡航速率为 8 节，舰上只有 2 艘舢板用为救生艇。舰上新配武器：计舰首有 1 座日制 3 英寸炮，舰尾有 1 座德制 570 毫米炮，舰舷段各有 1 挺 79 毫米机枪。

一般诸元：

舰长：125 英尺。

舰宽：22 英尺。

排水量：260 吨。

吃水：前 7.9 英尺，后 7.4 英尺。

速率：最高 10 节，巡航 8 节。

编制：军官 7 员，士兵 37 员。

武器装备：3 英寸炮 1 座，570 毫米炮 1 座，790 毫米机枪 2 座。

舰长为曾国奇。

日军占领岳阳后，因长沙通湘江正流，据全湘襟要，控南北机枢，华中派遣军决定夺取整个湖南，打通粤汉铁路，所以对长沙志在必得。

中国军队为确保西南后方，准备反攻，长沙势在必守。封锁湘江计划，由湖南省政府征集船只交海军执行。11 月 9 日，海军尚未拿到船只而城陵矶已失守。12 日，岳州弃守。海军总司令部为防止敌舰深入，将洞庭湖航行标志一律毁除，在白玉圻、营田滩等处布设水雷 190 多枚。同时，在 11 日、13 日把湖内的通胜炮艇，江平、俞大猷号轮船及 2 号、10号铁驳船共 7 艘艇船横沉营田滩附近，在南抵长沙、西通常德的交叉江面，筑成封锁线。布雷艇在洞庭湖内东起鹿角、南迄湘潭、北接荆河、西达常德范围内布下 400 多枚水雷，使敌多次进攻受挫，无法在湘、沅各江活动。海军人员在石首一边布雷，一边还把从长沙征集的 20 多艘小轮下沉堵塞。

19 日，布雷队在监利布放漂雷，在宜昌水道进行堵塞，并划定宜昌东、西两处重要地区为沉船堵塞地点。除在宜昌以上、巴东以下港道进行勘测布雷外，还建成 5 处舰炮阵地。

由于水路被阻，不能乘势攻略长沙，日军军事计划难以实现。1939年 9 月，日军由新墙、阳林、通城三路举兵南犯，直攻长沙。海军舰艇奉命在岳阳策应。我海军针对敌军动向，先后在湘江、沅江抢布水雷2000 枚，在湘阴以北芦林潭一带设置雷区。

不料，日军在汉奸引导下，从岳阳乘小艇、民船迂回绕过雷区，截断我在磊石山、霞凝港之布雷队的后路。由于战局不利，布雷队在布雷之后，分别将布雷轮六胜、江安号等自毁，由陆地翻山越岭，返回湘阴。

日军因避雷区，首尾不能兼顾，兵力分散，给养断绝，加上又被水雷炸毁汽艇 10 多艘，只得撤退。第一次湘北会战告捷。

海军布雷官兵陈宏泰（原宁海舰舰长）、郭鸿久（原江宁炮舰舰长）、曾万里等 33 人分别受到嘉奖。

曾万里（1902—1944），字鹏飞，号玉生。早年入海军学校学习造舰，后改航海科。1925 年毕业于烟台海军学校，在永绩舰见习。不久，调任闽厦海军警备司令部。后任海军学校教官。1931 年去英国皇家海军大学深造。1934 年回国任应瑞、宁海舰航海官，自强舰副舰长，海军练习舰队总教练官等职。在八一三事变中受伤。1938 年，派充武汉卫戍总部田壁工程处参谋，旋调任第九战区湘资沅澧四江封锁委员会设计股长。翌年，兼海军水雷制造所运输课课长。1942 年，任国防研究院研究员。不久，任东南亚盟军总部海军联络官。1944 年 4 月 14 日在印度因意外事故殉难，同年 8 月 25 日追赠海军少将。

10 月，我海军整理各段雷区，又在营田滩、白玉圻、沉沙港各处重布水雷 300 多枚。

12 月，海军编成挺进布雷队 2 队进逼岳阳，27 日在白螺矶布放漂雷 40 枚，于新堤击沉敌运兵船数艘。

1940 年 3 月下旬，岳阳敌海军开始积极活动，我布雷队于 3 月至 5 月又在营田滩、鹿角上游加布 390 多枚，日军的多艘汽艇被炸沉后，被迫取消了行动计划。

入侵的日军舰艇遭我水雷攻击，损失不小，感到威胁极大。11 月，日本海军山崎大佐和桑原中佐在一份报告书中阐述了日舰常常困于中国海军密布的水雷、进展受阻的情形，对中国海军布雷人员的勇敢表示惊异。

日本军事作家菊池吉川等在日本杂志《话十二月》中也以同样的内容承认日舰惧怕水雷。

1941 年 9 月上旬，日军发动第二次湘北大会战。9 月 17 日，敌海陆军自岳阳南进。以陆军由新墙进兵，渡汨罗江进逼长沙，取水陆会合包围之势。但因我布雷区坚固，日舰无法冲破，以致陆军已越湘阴以南，海军仍逡巡于湘阴营田镇之北。我海军在湘、沅两江又抢布 1000 枚水雷，28 日，敌扫雷舰在营田被炸沉，海军无法支援协同，日陆军只得孤军深入，长途奔袭，但水上交通补给线被水雷阻断，陆路交通又被游击队截断，武器弹药补给困难。日军只得加派空降部队扰我后翼，但兵力有限，遂于 9 月 30 日由捞刀河和长沙外围撤退，10 月 10 日退回原阵地，第二次进攻长沙行动受挫。

川江要塞。武汉弃守后，四川成为抗日基地和大后方，国民政府迁都重庆。海军总司令部也于 1938 年 7 月经岳阳迁湘阴，10 月又迁辰溪。随后，陈绍宽下令总部迁重庆办公，只有海军医院和水雷营留驻辰溪。重庆三面环水，如同半岛，军事防御，水重于陆，川江的前卫在于荆河，而咽喉要害则在宜昌。

海军总司令部派第一舰队司令陈季良前往宜昌，第二舰队司令曾以鼎前往沙市，亲自坐镇指挥。

为了全力保卫重庆，海军设立了川江要塞，划为宜（昌）万（州）、渝（重庆）万（州）两个区。以宜万区为第一总台，1939 年 5 月，任命方莹为宜万区要塞第一总台总台长、邓则勋为副总台长，曾冠瀛为宜万区要塞第二总台总台长；总台下各设两台。9月，复筹组海军渝万区要塞第三、第四两总台，派程嵋贤为第三总台总台长，刘焕乾为第四总台总台长。宜万区第一、第二两总台归第二舰队司令部指挥；渝万区第三、第四两总台归第一舰队司令部指挥。

八年抗战中，海军坚持岸防要塞战，至少移装 300 门次的大炮，是有许多困难需要克服的。例如，当时所有要塞火炮，皆从受伤的舰艇上拆卸下来，然后先送上岸，经过修理改装，再行运到被装的要塞山坡上进行安装。在战时许多条件不具备的情况下，几乎全靠战士们的双手，来克服没有设备、缺乏工具和缺少配件等种种困难，才能装好使用。

虽然，岸炮发挥的威力不及水雷，但事实证明，其在协同保卫堵塞线，掩护我军布雷，阻止敌人利用水道运输，防止敌人登岸等方面，都起了一定的作用。当然，岸防要塞也需要陆军和空军的掩护。

抗战进入相持阶段后，重庆成为政治军事中心，海军宜万区要塞扼住川江咽喉，也起了重要的作用，使得日本舰船无法进入川江，再也不敢妄想溯江而上，越雷池一步了。

除了组织要塞炮兵外，海军还在荆河（江）建立 7 个布雷队，使用漂雷、定雷实行水路封锁。原咸宁舰舰长薛家声任总队长，归曾以鼎直接指挥。在藕池、沙市等处安置固定水雷，在监利、郝穴等处控置漂流水雷。曾以鼎率第二舰队驻守宜昌，在石首一带布放漂雷 500 多枚。

1939 年 5 月，海军将趸船下沉航道，加强石首阻塞线，并配以竹缆联系阻塞。9 月 25 日，在塔市驿布漂雷 50 枚，并多处设置监视哨待机。10 月，敌艇在尺八口一带不断活动，我海军又在石首用大量障碍物构成一辅助工事，以确保石首阻塞线。

1940 年日军侵占汉水以东各地区，3 月，敌舰进犯长江沙市以西水道，企图控制航运，封锁长江南岸及通往四川的航运。为阻止敌军，从 3 月 16 日开始至 5 月间，我海军布雷队在岳阳二洲子、朱家河附近，以及监利观音洲上游布放漂雷 70 枚。敌舰为防我海军漂雷袭击，在观音洲用铁索系网设防御网，也被我海军彻底破坏，使敌海军始终不能越过荆河（江）水道，攻取宜昌，威逼重庆。

5月上旬，日军分两路西进，一路由荆门、当阳南下，一路由江陵沿江西进，直逼宜昌。由于宜昌守备空虚，驻守重庆的第18军急调第1师乘船经三峡出南津关，赶赴宜昌外围，与敌接战。

我海军布雷队先是在江陵的砖桥、宜都的红花套一带长江中布放漂雷，又在石首、藕池等处加布定雷1900枚。

敌海军经过扫雷后，于6月8日溯江西上，在宜昌东谭家铺登陆数百人，沿古老背江边，水陆并进，情况万分危急。我第18师工兵将汽油库炸穿着火，火随油流入江中，形成满江大火。敌被打乱，我军乘势收复谭家铺、古老背。接下来的几天，双方激战更烈。在飞机和炮艇的掩护下，至12日，日军终于占领宜昌。此时，日军与反攻宜昌的中国军队继续激战，日军有北渡迹象。29日晨，我海军布雷队冒着大雨又进到宜昌对岸布雷，击退强渡的敌军，基本控制了湖北荆河（江）松滋到湖南城陵矶洪水港一段水域。

1941年4~6月，第六战区一部出击宜昌南岸日军，一部袭击荆州、沙市一带；我海军与陆军互相配合，在这一带水域布雷，阻止了日军打通沙市至岳阳、岳阳至宜昌间长江运输的企图。10月1日，中国海军配合陆军反攻宜昌，连日布放漂雷6次共44枚，使敌舰不敢出动，从而保证部队渡江，迫使敌陆军不能协同。同年10月初，第六战区所部奉司令长官陈诚之令反攻宜昌，海军配合行动，在荆河（江）布雷成功。10月10日中国军队攻入宜昌。10月13日，日本飞机在宜昌投掷毒瓦斯，城区内中国守军多中毒受伤，蒋介石于是日下令守军暂退出城外。陆军的英勇行动受到国人的赞誉，而海军却做了无名英雄。

三十八、制雷的艰辛

　　曾国晟主持的海军水雷厂迁到湖南辰溪。当时该厂要制水雷，急需炸药，军政部在汉口的仓库里就有大量的炸药储存；海军总部屡经申请，就是不获批准，对于请拨的制雷经费亦横遭刁难。

　　海军制造水雷有一个发展过程。

　　水雷大体可分为固定水雷与漂雷两种。水雷重量分 50、100、150、200 磅不等。定雷是在雷区测量水深，按不同深度不同尺度的钢索，上系水雷，下系沉坠，水雷被坠牵住，约在水下 1.5 米至 2 米处。根据港口和航道的宽窄，布防一排，或二排、三排不等。敌方舰船如一触及，立即爆炸。这种定雷在抗战前多由国外进口。抗战爆发前由上海海军军械处开始试制。

　　1937 年 11 月初上海沦陷。曾国晟成功地将所有试制水雷的人员和仪器、原料转移出上海到了南京。很快，国民政府迁都重庆，军事机关全部撤往武汉。于是曾国晟将设备、人员搬运上船，西上武汉。

　　到达武汉后，曾国晟先向迁往汉口的海军总司令部报到。他在汉安里"海军联欢社"设置水雷办公处，然后四处寻找制雷厂厂址。临近春节，办公处人员没有一个人回家与妻儿团聚，而是夜以继日地寻找厂址。他们很快就在武昌找到"彭公祠"作为办事处，并修建制雷工场。

　　1938 年春，"海军水雷监造办公处"在武昌成立，因为此时的海军当局也认识到水上交通是军运的主要途径。当时我国商船数量有限，沉船封锁水道，一是对将航运造成很大的影响，而且沉船堵塞为单纯防御性质，不能对日本海军构成威胁。而水雷兼具防御与攻击双重威力，对日本海军舰船构成的威胁很大，所以海军当局决定以布设水雷作为对日作战的主要手段。为了保护大武汉，在长江上布雷的需求量很大，所以除

国殇
国民党正面战场海军抗战纪实

曾国晟

了制雷总厂外，另有许多附属工厂设在各紧要区，如湖南岳州就设有溶装炸药工场。至此，海军水雷制造厂机构更加完整，规模也有所扩大。

1938年4月，海军部正式成立水雷制造所，以曾国晟为所长，下设总务、工务、机务、材料、运输、会计各股。水雷制造所在香港、桂林、长沙设立办事处，在贵阳、海防、龙州、凭祥、大塘、昆明、河池、龙诏、株洲各地，先后成立了转运站。

战时，海军研制的水雷分为触发水雷和视发水雷两大类。触发水雷又称固定水雷，简称定雷。系将雷身半浮在水中，以适合敌舰吃水深度为准，雷之下系有雷坠，使雷身保持一定的姿势。布雷时依不同的地形，分别以密集或疏散方式，布成不同的雷阵，使敌舰一进入雷区，即处处皆有碰炸之虞。这种水雷在抗战开始时使用最多。海军自制的定雷有海甲、海乙、海丙、海丁、海戊、海己、海辛（300磅）及200磅、150磅等9种。

南京失守后，海军水雷制造厂迁武汉，开始正式生产海丁式触发固定水雷。每具水雷内装炸药300磅，月产1000具，在武汉期间共生产约7000具，全部布放在长江中下游阻击敌舰。日军报纸当时在报道中曾惊骇地提到"支那机雷威力之威胁"。

武汉失守前，海军制雷厂又迁往长沙、岳阳、常德等地，多以庙宇为临时性工厂。

在常德期间，官兵们还研制出海戊式中型固定雷和海己式小型固定雷。前者内装炸药100磅，后者内装炸药50磅，主要布放在洞庭湖、鄱阳湖以及湖南的湘江、资江、沅江、澧江，用于封锁敌舰艇航道。

1939年6月，海军总司令部批准将海军水雷监造办公处列入正式编制，改称"海军水雷制造所"，由曾国晟出任所长。工场增设了试验漂雷浮力用的试验池。溶药工场及试验池均设在常德上游佛光寺里，这里距常德制造水雷的工场约 10 公里。在常德期间，海军造水雷的工厂得到扩大，但刚刚形成规模的制雷所又要搬迁了。

1940 年夏天，湖北宜昌、沙市落入敌手，常德危在旦夕，海军水雷制造所用最快的速度撤出常德，迁至湖南辰溪。因为时间紧，许多官兵没有来得及将自己的家当带走，而首先搬迁制雷需要的材料和机器。一到辰溪，成立海军水雷制造所，由曾国晟任所长，官兵们立即着手建造制雷工场，并在辰溪上游上麻田设溶药工场和试验漂雷浮力用的试验池，加紧制造各式固定水雷和漂流水雷。除了制造 50 磅和 100 磅的漂雷外，开始试制 150 磅海庚式漂雷。

这种漂雷在水面上是一浮筒，浮筒下是一根连接水雷的钢丝，用螺丝可控制伸缩、长短，吊着圆柱体雷壳，壳顶有五个铅制触角，内装玻璃电液瓶，再连接圆柱体，体内即梯恩梯炸药，只要漂雷的浮筒被船体触碰，铅制触角就会导致电液瓶内电液与炸药接触，从而引爆。海庚式漂雷，全重大概 150 公斤，装 150 磅炸药，威力相当惊人。

当时造雷所需的大批钢材、炸药、电液瓶、胶木、橡皮等特种零件，内地往往无法生产，必须千方百计设法觅购，有的经过香港，有的经缅甸、越南转运而来。经费和人力都万分困难，海军总部在经费和军需上求爷爷、告奶奶，还是受到军政部和各方的掣肘，而陈绍宽总不肯示弱向主管的上司低头，而且不善舌辩，每次出席军政部或军委会召开的大型会议，论及海军有关问题，稍不惬意，即挟着皮包拂袖退席，表示抗议。这种举动招致军政部及军委会官员的反感，也使陈绍宽、何应钦之间的关系更加紧张。但何应钦的手下大员，如军事署署长、兵工署署长等和海军总部的高级官员多少还有些交情，对陈绍宽退席抗议的举动，有时还能留些面子，没有诘究。

海军水雷制造所在辰溪的时间最长，从 1940 年夏一直坚持到 1945 年夏。辰溪在大山深处，没有任何工业基础，钢板、钢索、电器配件、橡皮零件、水管、电线等都要在国外和国内其他地方采购后运来。中国海军不但在此生产水雷，后来还扩大到制造发动机和提炼汽油，且能一直没有被敌人破坏掉，堪称奇迹。

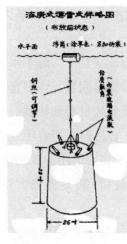

海庚式漂雷式样略图
（布放后状态）
（欧阳晋手绘）

但制雷所需大量的梯恩梯炸药全靠从美国进口，战争时期，购买情形和运输情况之艰难，日方的阻挠和第三方缅甸的不配合，也给炸药的购买和运输造成很大的困难。

1940年由于战争需要，军令部下令本年度"长江江防用雷100磅漂雷500具、定雷1500具，150磅漂雷500具、定雷500具，改为100磅漂雷1500具、定雷500具，150磅漂雷1000具、定雷500具。"较原来的计划数量多出150磅漂雷500具，梯恩梯炸药须增加34吨。

海军总部急需梯恩梯炸药1000吨，需外汇47.1万元，再加上从缅甸仰光运到重庆的费用港币外汇150万元，陈绍宽请财政部拨款，不管用何办法，"只求炸药早日运到，完成本年度制雷计划，以利抗战"。

当时国民政府从美国购买的梯恩梯炸药，是通过在美国纽约的世界公司代向杜邦公司订购的。财政部即向纽约世界公司从与美贸易桐油的余款下拨款，先购梯恩梯炸药446公吨（公吨即吨）。由于当时日本的抗议，缅甸当局暂时下令禁运军火到中国，财政部答复陈绍宽："缅甸禁运军火，该项炸药拟俟运输有办法后，再为洽购如何？"

陈绍宽一听就火了，认为系推脱之词，于8月7日致电财政部："缅甸禁运军火，不过暂时，此时尚请先行洽购，将货订妥，并足够1000吨（而不是财政部所说的446吨），一俟运输有办法，即可起运，以免将来无货可购。"

同时，陈绍宽直接将此事汇报给蒋介石。

8月10日，蒋介石致电财政部长孔祥熙："查梯恩梯为目前制造水雷所急需，应仍进行洽购订妥，俾运输有办法时即可起运，以免临时不及。"

与此同时，陈绍宽向财政部提出向兵工署商借梯恩梯炸药，先行制造水雷，以便完成任务，等美国炸药来后再还。但兵工署一口回绝，因为海军部借兵工署梯恩梯炸药已经很多。

据 1940 年 11 月兵工署致财政部的代电：海军部在 1938 和 1939 两年中拨借兵工署的梯恩梯炸药先后已达 2120 吨，1940 年兵工署又拨借 199 吨供鄱阳湖、长江江防等制雷所需。

因所需炸药的部门甚多，因此兵工署致电财政部，申明不再拨借。后经过军事委员会、财政部等多方协调，美国方面世界公司协理任嗣达和美方交涉，杜邦公司答应从 1941 年起，1 月份运仰光 300 吨，3 月份运四五百吨，4 月间或可运完。虽然最后到 1941 年的 11 月份，海军所需炸药皆已运到，但陈绍宽已经得罪了国民政府各衙门。

从海军总部与财政部往来电报和蒋介石致孔祥熙电报中可略见一斑。

海军总司令部给财政部代电（1940 年 7 月 5 日）

重庆财政部密鉴：关于本军制雷需用梯恩梯炸药 1000 吨，请饬购美金外汇 47.1 万元，及由仰内运用费港币外汇 1500750 元，经于 6 月寒辰渝、巧西渝电请查照办理在案。兹奉委座东西令一亨渝代电抄发贵部渝国丙 0626 代电，并饬经 9 商办办理。等因。查本军制雷需用炸药至为急切，尚请惠予饬购上项外汇，以便转请中信局订购。倘贵部其他方面可以设法洽购或拨让，亦无不可。只求炸药早日运到，完成本年度制雷计划，以利抗战。如何，并祈示复为荷。海军总司令部。歌辰。渝。

财政部复海军总司令部代电（1940 年 7 月 18 日）

代电（渝贸秘字第 664 号）

海军总司令部公鉴：密。本月歌辰渝代电敬悉。贵部所需梯恩梯炸药，业电纽约世界公司由桐油余款项下拨款，迅为购运 446 吨矣。相应复请查照为荷。财政部。渝贸进三（7.18）。印

海军总司令部致财政部代电（1940 年 7 月 19 日）

重庆财政部密鉴：渝贸秘字第 664 号、渝贸进三 7、18 代电敬悉。承向美国订购梯恩梯炸药 446 吨，至感。唯最好能设法购足 1000 吨备用。又该项炸药何时可以内运，在何处交货，统请

查明见复为荷。海军总司令部。皓未。渝。

财政部给海军总司令部代电（1940年8月7日）

代电（渝贸秘进三字第705号）

海军总司令部公鉴：极密。查贵部所需梯恩梯446吨，经于7月皓日电请任嗣达迅为洽办在案。兹准7月梗日来电称，缅甸禁运军火，该项炸药拟俟运输有办法后，再为洽购如何，乞示复。等语。查现在军火无法内运，除电复照办外，相应电请查照为荷。

财政部。渝贸进三（8.7）。印。

海军总司令部复财政部电（1940年8月7日）

重庆财政部密鉴：渝贸进三字第705号、渝贸进三08、07代电敬悉。关于本军制雷本年度所需梯恩梯446吨，极属需要。缅甸禁运军火，不过暂时，此时尚请先行洽购，将货订妥，并购足1000吨，一俟运输有办法，即可起运，以免将来无货可购。相应电复，即请查照办理见复为荷。海军总司令部。阳未。渝。

军事委员会致财政部快邮代电（1940年8月10日）

国民政府军事委员会快邮代电亨事第4067号

急。财政部孔部长密鉴：兹据海军陈总司令阳未渝代电称：窃查关于本年度制雷所需炸药，顷准财政部渝贸进三08、07代电，略以所需梯恩梯446吨，经于7月皓日电请任嗣达迅为洽办在案。兹准7月梗日来电称：缅甸禁运军火，该项炸药拟俟运输有办法后再为洽购。等语。查现在军火无法内运，除电复照办外，请查照。等因。窃查炸药一项，制雷极为需要，缅甸禁运军火，系属暂时性质，拟恳饬下财政部此时仍须先行洽购，将货定妥，并购足1000吨，俟运输有办法时，即可起运，以免将来无货可购，至为恳祷。等语。查梯恩梯为目前制造水雷所急需，应仍进行洽购定妥，俾运输有办法时即可起运，以免临时不及。希遵办见复。中正。灰乍。令一亨。

军委会致财政部快邮代电（1940年7月31日）

国民政府军事委员会快邮代电令一亨字第3896号

财政部孔部长：密。据海军陈总司令漾亥渝代电节称：查本部前准军令部5月梗午一亨代电，略以奉令增制漂雷，请将二十九年度长江江防用雷100磅漂雷500具、定雷1500具，150磅漂雷500具、定雷500具，改为100磅漂雷1500具、定雷400具，150磅漂雷100具、定雷500具。等因。上项增制数量，较原计划多出150磅漂雷500具，梯恩梯炸药须增加34吨。此次财政部向美订购446吨，系照本年度原计划数量订购，而所增出之34吨，尚未在内。再查三十年度转瞬即届，制雷用药似应即早准备。美国既有现货出售，拟恳饬下财政部购足1000吨，一面补足本年度应用数量，一面备三十年度应用，以免将来再请订购费时费事。等情。事关尔后作战，深属重要，希核办具报。中正。世辰。令一亨。

财政部复军委会代电（1940年8月27日）

代电进三字第30303号

军事委员会委员长蒋钧鉴：密。7月令一亨字第3896号世辰代电及8月令——亨字第4069号灰午代电奉悉。关于海军总司令部所需梯恩梯1000吨，除前购之446吨外，兹再电美加购554吨，补足原请购数量，俟运输有办法时，即行起运。迭奉前因，理合电复鉴核备查。财政部长孔○○叩。渝贸进三。

海军总司令部致财政部代电（1940年10月29日）

重庆财政部密鉴：进三字第33416号渝贸进三（10、28）代电敬悉。关于商借兵工署炸药一节，经于养西渝代电复，以前经洽商并无存药在案，尚请惠予迅电美国，设法提前交货内运，俾应急需，并祈见复为荷。海军总司令部。艳辰。渝。

兵工署致财政部代电（1940年11月4日）

财政部公鉴：渝贸进（三）（6、07）、（10、22）代电奉悉。查海总部二十七、二十八两年度制造水雷，拨借本署梯恩梯先后已达2120吨。本年度复拨借制造鄱阳湖水雷用12吨，长江江防水雷用130吨。前以顾全该部完成巩固陪都江防水雷工程，又将所短少之57吨于上月敬日一次拨借。统计历年拨借数量共达1319吨之多。本署实已尽最大之勉力，经将拨借困难情形，承办部稿呈报委座鉴核，并恳赐饬该部，嗣后制雷所需梯恩梯，本署不能再行拨借，以免影响出品。各在案。近以该项炸药购运不易，本署所存者供应各厂需要尚苦无法维持，正待该部偿还济用，嘱再挪用一节，因事实困难，歉难照办。相应电复，敬希查照为荷。兵工署。支。渝。造丁。印。

任嗣达致财政部电（1940年11月16日）

孔副院长钧鉴：密。真电敬悉。海军总部炸药，经向前途接洽，可特别提前至明年1月起交货，至少200吨，云云。兵工署本月底可装千吨，明年1月可装600吨，全部装完。谨闻。嗣达叩。铣。

海军总司令部致财政部代电（1941年1月5日）

重庆财政部密鉴：前准二十九年十二月渝贸进三12、13代电，略以美购物资到仰后，由各购货机关委托西南运输处代为内运，等由。查本部美购梯恩梯1000吨，前承电美，特别提前于本年1月起交货200吨，惟该项梯恩梯提货单，请即惠饬迅予填发，以便洽提赶运，俾应急需，并祈见复为荷。海军总司令部。歌卯。渝。

任嗣达致财政部电（1941年1月24日）

孔副院长钧鉴：密。号电敬悉。海军所购梯恩梯，每磅美金1.225，合每吨270.06分。用美军部运往外国根据地标准出口，蔽水油纸及木箱，每箱净重50磅，原分四批，至11月交完。经向杜邦公司交涉，已允提前本月运仰300吨，3月运500吨，4月间或可运完。合同一份，前已航邮寄上，仰光已请西南运输处提货。又厂方有用铅皮内箱者，开价极贵，并无大用，美军部亦不用。谨闻。嗣达叩。敬。

任嗣达致财政部函（1941 年 2 月 10 日）

孔副院长钧鉴：关于海军总司令部所购炸药，前经去年 12 月 23 日航函，及本年 1 月敬电呈闻在案。兹据厂家交来炸药化验单三份，系属于第一批装出之 300 吨，除将船名及启行日期另行电闻外，谨将该化验单三份附呈，敬请转致海军总司令部备查。专此。敬颂

钧安

世界贸易公司协理任嗣达谨启

财政部致军委会代电（1941 年 2 月 17 日）

代电　渝贸秘进三字第 947 号

军事委员会委员长蒋钧鉴：极密。2 月冬申令一亨签字第 378 号代电奉悉。查海军总司令部梯恩梯 1000 吨，因需用紧急，送经本部电美提前购运。近据纽约世界公司 1 月敬电略称，前订购买梯恩梯 1000 吨合同，原分四批交货，在本年 2、5、8、11 等月各交 250 吨。兹经向杜邦公司竭力交涉，蒙允在本年 1 月运仰 300 吨，3 月运仰 500 吨，4 月间约可运完。等语。奉电前因，理合复请鉴核。财政部部长孔〇〇叩。渝。贸进三（2.17）。印。

任嗣达致财政部电（1941 年 2 月 18 日）

孔副院长钧鉴：密。海军总部炸药 300 吨已于真（11）日装 Nidarnes 船离美，约 3 月可到仰，敬乞转知该部准备内运。嗣达叩。巧。

复兴商业公司致贸易委员会代电（1941 年 4 月 9 日）

复兴商业公司代电渝易业字第 30611 号

贸易委员会钧鉴：密。案查海军总司令部前由世界公司代向杜邦公司订购梯恩梯 1000 吨一案，前奉电饬，于收到该项货物提货单时，即径转送海军司令部，以便洽提等因。唯本公司对于该项货物

之单据，迄无收到，经函准世界公司本年 3 月 19 日函复，略以海军司令部所订购之梯恩梯 1000 吨，系转由 CRITERION 公司代向杜邦公司订购，其所有提货单，均由 CRITERION 公司径寄仰光西南运输处，并委托该处代为内运等语。理合节录原函代电，呈请鉴核转知为祷。复兴商业公司。附呈节录世界公司函一段（略）。

财政部致纽约世界公司代电稿（1941 年 7 月 16 日）代电 48974

纽约世界公司鉴：密。前准贵公司 6 月元电，略以海军总司令部梯恩梯 525 吨，业已装船运仰，约 7 月底可到，其余正觅船待运等由。当经转电海军总司令部查照在案。兹准该部 6 月 30 日舰字第 6661 号代电称，所余未交运之梯恩梯，计尚有 275 吨，何时在美装船，拟请先期电知等语。相应电请查照，俟该项梯恩梯装船时，即行电知，以便转达为荷。财政部。渝。贸进三（07，16）。印。

纽约洛海致财政部电（1941 年 8 月 27 日）

孔副院长钧鉴：密。7 月铣日钧代电所示海军总部 TNT 尚有 275 吨，装 WARRIOR 船赴仰，约 10 月下旬到。该部 TNT 购货全部装讫，即乞转知该部为荷。洛海。感。

三十九、内耗大于敌忾

陈绍宽不太善于与其他各部门协调，尤其是海军部被撤销以后，军政部长何应钦成为陈绍宽的顶头上司。从比肩的位置降至下属，陈绍宽心理的不平衡导致了他与何应钦等关系的紧张。

1938年4月，海军为制造水雷急需炸药，兵工署在汉口仓库有梯恩梯炸药储存，虽经申请借用，军政部终不批给。至于海军总部屡次请拨制雷经费，亦横遭刁难。由于水雷在保卫武汉中能起到遏制敌海军溯江而上、直接攻击的作用，因此蒋介石也对布雷计划十分关心，7月15日，亲自手谕陈绍宽，询问水雷的种类与生产情况，命令海军要加紧制雷与布雷。

因为经费不能及时到位，炸药又借不出来，影响了制雷的进度。陈绍宽向蒋介石告"御状"，把矛盾直接上交。他在致蒋介石电中重提经费之请：

奉15日手谕敬悉。查洞庭湖以内之水道，在夏季可以航行小型驱逐舰，且再经两月，则水势渐小，制雷应采取小型触雷为主。至于洞庭湖湖口之岳阳，尚可配备大型水雷。其余如芦林潭、湘阴、靖港、长沙、益阳、常德、安乡等处，应以配备58斤炸药之小型水雷。又荆河一段，由武汉至郝穴，已于武汉上游敷雷计划中，7月6日呈报奉准在案。其由郝穴以上，至宜昌止，

参谋总长兼军政部长何应钦

计可敷布地点，如马家寨、沙市、松滋、宜都、宜昌等处，夏季皆可用大型水雷，约计共需大型水雷1500具、小型水雷1500具。唯现正赶制武汉下游黄鄂区水雷，预计须赶于一个月完成。但至武汉上游所应用之水雷，曾奉令先制3000具，但款药均未奉到。一俟款药领到，即日夜赶制，以应要需。以上所拟各项，是否有当，伏乞批示祗遵。

蒋介石批示：如拟。交军政部办理。

有蒋介石压着头皮，军政部长何应钦不敢不给海军炸药和经费，只得令军需署照办，但对陈绍宽"告御状"的做法却怀恨在心。

军事机关从武汉迁重庆不久，陈、何二人又为决川和浚蜀两条小舰的归属及挂旗问题结下了梁子。

决川和浚蜀两艘军舰是军政部进川之后，从原四川军阀刘湘手中接收来的，但并未将其划归海军部管辖，而是留归部里，方便使用。此举令陈绍宽非常不满，与何应钦进行交涉，认为何的做法是剥夺了海军总部的职权。但人在矮檐下，不得不低头。

何应钦也有自己的主张。抗战期间，军政部收容了渤海舰队的部分闲散海军人员，由于他们不属于闽系，交给海军总部恐得不到安排，于是军政部将这一部分人安置在决川与浚蜀两艘浅水舰上。而这些人却擅自在船上挂起了海军旗，往来于川江之中。

当时，有一艘法国军舰驶进川江，依照国际惯例，舰长前来拜访，但发现这两艘舰并不是海军军舰，法国舰长认为受到了羞辱，到重庆向海军总部进行质问。

陈绍宽遂以该两舰与外舰交往，不合国际惯例，有失国家体面，向军政部长何应钦进行交涉，提出只允许该两舰挂出水上警察旗号，不准挂海军旗号。何应钦认为陈绍宽敢顶撞他，藐视他的权威，大不高兴，两人曾大吵一架。

1939年海军总部撤退至重庆，当时物价腾贵，米价暴涨，影响全军官兵生活。

常言说，无粮不聚兵。于是曾国晟建议陈绍宽，必须迅速解决军粮问题，以安军心。

陈绍宽一想也对，写了手谕，即派副官王学海前往军政部军粮局请求拨给军粮。

王学海为难地请求："老总能不能给一些应酬？"

陈绍宽不解地问："什么应酬？"

王学海解释说："这是现在官场的惯例，要办事必须请客送礼，或者干脆送钱，否则没人搭理你。只要应酬了就把事情办了……"

陈绍宽勃然大怒，拍着桌子骂道："一个钱都不应酬，他们不拨，要饿，大家一起饿！"

王学海："老总，人在矮檐下，不得不低头，光棍还不吃眼前亏呢。"

陈绍宽嚷着："老子就是不低头，看能咋样！"

曾国晟正在门外，看见陈绍宽如此盛怒，急忙招手让王学海出来。

待王出来后，曾对王说："你只管去干，要花一点应酬费，我负责。大钱没有，小钱由布雷经费项下开支好了。"

陈绍宽归附国民政府以后，与陈诚为同僚，但陈绍宽是海军部长，身份、地位要高于陈诚，两人各掌各部，没有什么利害冲突，彼此见面也客客气气。但陈绍宽耿介的脾气和陈诚不对付，对陈诚是敬鬼神而远之。

1944 年 11 月，陈诚接替何应钦为军政部长后，陈绍宽变为陈诚的下级，但对陈诚却不买账。陈诚为了树立自己的威信，对陈绍宽也处处为难，给其穿小鞋，因此陈绍宽的日子很难过。

当时，日军打通大陆交通线的作战节节胜利，进迫湘西。陈绍宽担心辰溪水雷厂被日军攻占，急速向军政部申请款项，将该厂内迁。但被陈诚批驳："动摇军心，毋庸此议。"

是年底，日军攻占贵州独山，

军政部长陈诚

情况危急，陈绍宽不管三七二十一，速令海军学校从贵州桐梓迁到重庆，等安置下来后，申请报销迁移费；陈诚不但不准，还强令："擅自移动，不予拨款，海校即迁回原处。"

陈绍宽大怒，骂道："什么混账命令！不是自己的孩子当然不心疼。海校就在重庆待着，不给钱就不走！"

陈绍宽对军政部的命令置之不理，但迁移费用终被陈诚卡住，不给报销，最后连残余几艘军舰需要购买燃料的煤炭费也被核减。有初一就有十五，凡军政部需动用船舰的命令，陈绍宽均以无钱买煤，统统加以拒绝。

陈诚还剥夺海军的人事权：军政部对海军总部所请派的驻外武官人选和请派的留学生均不予批准。同时，陈诚在暗中分化海军总部，将与陈绍宽有矛盾的原电雷学校的学生提拔、调入海军部。只要是海军总部对下属的请求凡有不准之时，陈诚则予以批准，大开绿灯，有意制造矛盾。

海军陆战队旅长林秉周与陈绍宽意见不合，经常反冲。1942年，林请求辞职，海军总部不准。林秉周径向陈诚请求。

林秉周，福建仙游人。1927年7月调任国民党海军陆战队第2步兵旅旅部参谋长，同年9月兼任新扩编第3团团长。1933年调任海军陆战队第1独立旅旅长，赴江西九江，守南浔铁路，兼任九江警备副司令。1935年林秉周率部在江西参加对红军第五次"围剿"时，陈诚是总指挥，两人认识。抗战爆发后，林的陆战队被调驻江西、湖南，负责护卫湘西至衡阳公路的任务。

陈诚大笔一挥，调林秉周到重庆任军事委员会参谋，并派洪懋祥接替陆战队第1旅旅长。

洪懋祥何许人也？他是福建闽侯人。1928年10月毕业于南京中央军校第六期，历任通信学校教育长。1939年9月任长江上游江防军参谋长，属于陈诚的亲信。以后步步高升，抗战胜利后任国防部第四厅少将副厅长，国防部部长办公室少将主任。1948年9月22日被中华民国南京政府授予陆军少将。

陈诚几乎无视海军总部和陈绍宽的存在。

陈诚还从分化闽系海军入手，给陈绍宽以沉重的打击。陈诚有个亲信叫王东原，安徽全椒人，1899 年生。与陈诚同为保定军校第八期同学，后任中央训练团教育长。中训团为 1938 年 7 月由中国国民党中央训练委员会在湖南祁阳创办，1939 年自湖南迁到重庆浮图关。1946 年 1 月前以调训中、高级党政干部为主，其后则为办理复员军官佐转业训练，并代办退役及调职等事项。该团团长由蒋中正兼任，其下设有团附，陈诚担任、教育长王东原担任。当时入训的闽系海军军官是不经海军总部选送，而是直接由军委会指名的。

凡入训者，王东原必召见谈话。在被召见的青壮年军官中以林祥光最受王青睐，林被王拉拢后，即调为委员长侍从室参谋，以后由林祥光出面，直接与海军军官联系。

林祥光曾两度拉拢曾国晟，希望其去中训团协助王东原"做一番事业"，并以中训团中队长职务为饵，但都被曾国晟婉谢。林祥光即用蒋介石的命令向海军总部调曾国晟，也被曾以病辞。1942 年，王东原又用军委会名义，调海军总部所属海军水雷制造所运输课课长曾万里到国防研究院任研究员兼教官。曾万里的调令就是林祥光持蒋介石命令直接交给其本人，把他调到中训团受训后再调过去的。

陈绍宽对陈诚、王东原分化闽系海军，直接调员的做法极为不满，而唯一能对抗的办法，就是把林祥光、曾万里等人说成是"逃员"，并请军事委员会通缉他们。军委会当然不予理会，"逃员"仍自由出入于海军总部，陈绍宽对此却无可奈何。

林祥光、曾万里还唆使航海班第九届学生散发传单，攻击陈绍宽。传单从辰溪、重庆各地寄出，陈绍宽先看到盖有辰溪邮局的邮戳的传单，就认为是辰溪水雷制造所的人干的事，要曾国晟进行追查。曾国晟解释说："我年近半百，跟你多年，还做这等事吗？我也收到了传单，盖的是重庆的邮戳，难道可以说是重庆人干的吗？"

但是陈绍宽还是把辰溪鱼雷厂的办公厅主任、课长及办事处主任等陆续调走，再把次一级的人员更换。不久，新进人员又被林祥光拉走，这是陈绍宽始料不及的。

抗战胜利后，陈诚在军政部内设立海军处，自兼处长，以周宪章为副处长，并以在中训团受过训的闽系军官为骨干，专门审批海军总部的公文，时时与陈绍宽为难。陈诚为了离间闽系海军高级将领和陈绍宽的关系，要调海军总部参谋长兼江防副司令曾以鼎到陆大将官训练班受训，表示可给他相当于同期受训的集团军总司令的待遇，并示意将以曾以鼎取代陈绍宽。此事被曾以鼎拒绝。后陈诚兼海军署署长，周宪章为副署长；陈诚还自兼舰队指挥部指挥官，魏济民为参谋长，林祥光为中央海军训练团主任。这样，陈绍宽基本上被架空了。

四十、"溃烂的盲肠"

　　抗战时期，"敌后游击战"的标签通常是贴在八路军和新四军身上的，殊不知国民党军也与敌人展开过游击战，而且还有海军部队使用水雷在江河湖海与日军打游击，炸得鬼子丧魂失魄，心惊肉跳，将长江中游称为"溃烂的盲肠"。

　　1940 年 1 月 30 日，和往常一样，日军的汽艇、运输船大摇大摆地行进在中国的长江之中，日本士兵在船上来回走动着，咔咔作响的翻毛大皮鞋和迎风猎猎的膏药旗，使他们觉得这片黄金水道就是信浓川，尽管扬子江要比信浓川长上 15 倍。但无论如何，他们认为自己就是这里的主人。

　　在湖口下游的永和洲附近，负责瞭望的日军士兵突然发现，水中有一顶破旧的草帽从上游漂浮下来，他叽里呱啦地喊着，汽艇慢了下来。几名日本兵过来，用一根竹竿试图将草帽拨开，眼前随即一道闪光，惊天动地的一声爆炸，水中激起十几丈高的水柱，船体被炸裂，碎片和人的胳膊腿飞向四面八方，浓烟大火中，13 个士兵当场死亡，还有 5 人受到不同程度的轻重伤。

　　这声大爆炸也在向日本人宣告：这里是中国的水域，如果还想回到东瀛，就从这里滚开。

　　2 月 1 日，在马当和小孤山之间，一艘敌中型舰满载步兵逆流上驶，在扫雷艇的护卫下小心前进。一枚漂雷被运输船躲过，就在日本兵狂喜之时，又是"轰隆""轰隆"两声巨响，该舰舰首在烈火浓烟之中缓缓下沉，除了被当场炸死炸伤的，还有的日本兵疯狂地跳进水中，在冰冷的江水中被大浪卷入江底。

　　霎时间，死亡的阴影像旋风一样降临在每一艘日军舰船的上空，官

国殇
国民党正面战场海军抗战纪实

日军登上汽艇进出长江

兵谈虎色变，精神紧张，都将这一段江面视为畏途。

尽管日本运输船队采取了种种防雷和扫雷的措施，但防不胜防，接二连三地还是有船舰撞上中国海军的水雷。这些海庚式水雷仿佛有灵性，主动迎击悬挂日本旗的舰船。

针对长江中游不断发生的水雷袭击，2月3日，日方舰船队报导部部长在南京发表谈话，说，由于党军布雷范围大，扫雷工作效果有限，党军时在黑夜秘密布雷，当此情况下，长江开放以后，水上安全日军不能负责云云。

事隔一天，2月4日，在安徽东流彭泽附近宽阔的江面上，6艘日本运输舰船满载大批军火、物资缓慢地逆流而上。船上的日军高度警惕，提心吊胆，生怕遇上致命的水雷。

突然，岸边传来震耳欲聋的炮声，原来是隐藏在江边丛林中的中国炮兵对日舰猛烈开火，担任护航任务的日中型炮舰随即还击，但迎头碰上海军的漂雷，来不及躲闪，只听到惊天动地的爆炸声，随即船中的军火发

林遵

生一连串的爆炸，浓烟滚滚，伴随着烈火直冲半空。其中两艘中型舰船顿时下沉，日军死伤不计其数。

这一切到底是怎么发生的？一夜之间，长江中游怎么会出现这么多的海庚式漂雷呢？是何方高人所布呢？

1939 年 8 月，中国海军赴德留学的一批军官，在林遵少校的带领下，先坐火车到意大利上船，经新加坡，到（越南）海防上岸，通过镇南关（即友谊关）到了贵州，辗转来到长沙。

这批留学生是 1937 年上半年由海军部派送到德国学习潜艇的，他们途经中国香港、菲律宾、新加坡、印度、意大利上岸，之后坐火车到德国。海军部的几名军官已经在那里，其中有一位叫林遵的，成为留学生队队长。

林遵，1905 年出生于江宁，祖籍福建闽侯。其家族为海军世家，父亲林朝曦在清朝海军中担任艇长。1917 年林遵进入福州小学学习，毕业后升入格致中学。1922 年随父前往南京，进入南京金陵中学学习。之后，进入烟台海军学校学习。1927 年，北京政府将烟台海军学校学员迁至福建马尾海校学习，1928 年林遵于该校毕业，被分配到南京鱼雷枪炮训练班当见习生。1930 年，海军部长陈绍宽派遣林遵、邓兆祥等一同前往英国学习海军技术，进入格林尼治海军大学学习。1934 年毕业回国，林遵先在宁海舰、海容舰当枪炮员，后被调到福州马尾学校当队长，带学员兵。1936 年调任自强舰副舰长。

1937 年 5 月，海军部长陈绍宽奉令前往欧洲参加英王的加冕典礼，其实这只是个幌子，他的主要任务是去德国商谈购买潜水艇一事。

为了未来的抗战，中国海军迫切需要这种利器；与此同时，林遵作为陈绍宽的随员，他去德国的目的是专门学习潜艇艇长业务的。

熟料，七七卢沟桥事变爆发了，陈绍宽提前回国主持海军抗战，林遵则留在德国学习潜艇技术。开始阶段，留学生在德国训练非常严格，课程也很规范。后来，德、意、日搞法西斯同盟，就不让中国留学生登船实习，也不让学习枪炮、鱼雷、水雷技术。

1939 年林遵等回国。临行前，在林遵的主持下，留学生开会讨论研究回国后的抗日方案。

有同学提出疑问："抗战？怎么抗法？我们是海军，我们的军舰不是被日本人打沉，就是自沉了。"

"对啊！我们是学海军技术的，船没有了，怎么办？"

林遵启发着："没有舰，照样打鬼子。"

有位叫欧阳晋的同学说："我在报上看到，国内的八路军正在搞游击战，以少胜多，以弱胜强，效果不错，我们是不是从海军的角度来考虑游击战的问题。"

此言一出，引发了大家的兴致，七嘴八舌：

"几具水雷就可搞掉日本的轻型巡洋舰，这个划算！"

"对，我们也可以搞水雷！到敌后去，打游击。"

林遵说："听说曾国晟领着水雷制造所一批人正在制造和研制水雷。"

"对！我们可以用学得的知识参加制雷，指导布雷。"

林遵点头："大家的意见对，我起草个抗日计划草案，回国后就去找陈老总商量。"

欧阳晋："那好，就这么办！"

一行人从柏林抵达香港，又辗转来到了长沙。林遵代表众人，带着抗日方案来到了战时陪都重庆，去海军总司令部报到。

当时，抗战局面不容乐观。上海南京沦陷快两年，广州、武汉也失陷一年多了，驻湖北咸宁的日军第11军司令官冈村宁次由鄂中、鄂北分别集中主力部队约10万人于临湘、岳阳两地，积极准备向湘北进犯。第九战区司令长官薛岳坚决反对退出湖南省会长沙的建议，调兵遣将，第一次长沙会战即将爆发。由于牵涉第六和第九战区，第九战区需要在湘江阻

第九战区司令长官薛岳与第六战区司令长官陈诚

敌，而第六战区也需要在川江布雷，配合陆军在山地抗敌，并阻挡日军后方运输线。

薛岳、陈诚都与陈绍宽商量，希望海军能大力配合行动。陈绍宽因人手不够，正在发愁之际，林遵等留学生从德国归来。

陈绍宽见了林遵，非常高兴："'宝贝蛋'回来了，来得好，国家正需要你们大显身手！"

林遵交上了携带的抗日方案，陈绍宽翻阅着，不断夸奖道："不错，不错，很有见解。水雷战的提法好，与曾国晟所见略同，正符合我们海军目前的作战特点。"

林遵谦虚地说："曾国晟是前辈，我哪能与他相提并论。"

陈绍宽："不能这样说，还是后生可畏啊！"

林遵问："总座，下一步应该如何行动？"

陈绍宽："日军正准备进攻长沙，你们先去洞庭湖，到沅江布雷队当队员，在洞庭湖布水雷，封锁日军。以后怎么办听命令吧！"

海军布雷队在沅江的成功布雷，正面防御了日本海军第一次对长沙的进攻，日本陆军不能与海军配合，而重要的物资无法通过水运送达前线，最终导致了进攻行动的失败。

1939 年 11 月，重庆军事委员会部署了对日军发动"冬季攻势"，命令第二、第三、第五、第九战区担任主攻，其余第一、第四、第六、第八、鲁苏、冀察各战区对敌实行佯攻。

第三战区范围在浙江、皖南和江苏，司令长官是顾祝同，副司令长官为上官云相和唐式遵，该战区的主攻方面是截断长江交通。

12 月 16 日，第三战区"冬季攻势"开始，以上官云相第 32 集团军（驻防安徽、江西、浙江一线）所属第 21 军、第 25 军、第 50 军、第 18 军共 14 个师为长

第三战区司令长官顾祝同

江攻击军，袭扰南昌；刘建绪第 10 集团军与天目山各游击支队进攻杭州，以牵制敌兵力。

战斗打响后，各兵团攻击皆有进展。19 日后，因日军大举增援，长江攻击军行动受阻，长江中游局势又趋平静。

日军瓦解了第三战区的攻势后，12 月下旬，日本华中派遣军司令部洋洋得意地宣布：

长江中游的残余国军部队，已被扫荡殆尽。停航已久的长江航运线已告平静，近日内即将恢复长江航运。

此时，美国大使馆詹森也乘军舰巡视长江，实地考察长江沿岸的治安状况。

第九战区的敌后游击布雷，取得了很大的战果，也引起了第三战区的重视，在司令长官顾祝同的要求下，海军总司令部为长期抗战而提出总体的布雷游击计划，决定成立长江中游布雷游击队，协同第三战区游击部队，钻隙突入长江沿岸，实施水上布雷，相继切断日军的运输线。

海军布雷队的成绩也引起了蒋介石的高度重视，他专门给海军总司令部及各战区司令长官发了手谕：以我军采取游击布雷截断敌人水上交通，消耗敌人力量，较任何武器均有过之而无不及。饬各战区长官转饬部队，对于布雷官兵要特别保护。

在整个布雷计划中，海军总部将长江上自湖北监利，下至江阴划分成三个布雷游击区：

第一区为监利至黄（石）（城）陵（矶）段；

第二区为鄂城至九江段；

第三区为湖口至江阴段。

这项计划先以湖口至芜湖段作为布雷游击地带，组成海军长江中游布雷游击总队，下辖 5 个大队 11 个中队，总队长刘德浦。

第一大队大队长程发侃，下辖：

　　第一中队中队长程发侃（兼）

　　第二中队中队长张鸿模

第二大队大队长严智，下辖：

  第三中队中队长严智（兼）

  第四中队中队长郑天杰

第三大队大队长郑震谦，下辖：

  第五中队中队长郑震谦（兼）

  第六中队中队长黄廷枢

第四大队大队长（不详）下辖：

  第七中队驻浙江海宁

  第八中队驻温州

第五大队大队长林遵，下辖：

  第九中队中队长林遵（兼）

  第十中队中队长陈炳焜

第一布雷区的游击范围，从湖口至芜湖沿江各地带，与第三战区进行联络。各布雷队带着漂雷，分别进入任务区与该区各部队配合作战，由其掩护；并组建侦察组深入沿江各地，从事侦查敌舰船的行动，准备布雷。

布雷游击总队部设在第三战区长官部所在地江西上饶。

12月底，海军布雷总队第五大队大队长林遵、第十中队中队长陈炳焜和第二大队大队长严智以及第四中队中队长郑天杰、布雷办事处处长刘国平带领所属的布雷队奔赴前线。

"水雷游击队"队员

第 21 军军长陈万仞

这些布雷官兵有从德国留学归来的，有从马尾海校自己培养的，他们都抱着视死如归的决心，在上前线之前，他们把从外国带回的东西都丢掉了，手表也不肯戴。他们做好了牺牲准备，只带个随身的背包就出发了。

经过长途跋涉，冒着凛冽的寒风，风尘仆仆，布雷队终于抵达皖南的徽州。

在一处青瓦白墙的老宅子大门前，林遵等人停下脚步。大门一侧挂着一个顶端有"青天白日徽"，下有"国民革命军第21军军部"字样的木牌子。

第 21 军属于川军部队，军长陈万仞，字鸣谦，四川仁寿县人。抗战初期任第 148 师师长，出川以来，该部参加了南京保卫战、武汉保卫战，并在长江中游两岸建立根据地，设立流动的炮兵阵地，经常开炮轰击长江中的日本舰船，使日军不能充分利用江面交通。从 1938 年 8 月到 11 月，仅三个月，就击沉敌大中型运输舰 6 艘、汽艇 4 艘，被击中的敌舰重伤 106 艘，轻伤 337 艘。陈万仞升任第 21 军军长，第 23 集团军副总司令。

对于第 21 军所部的军事行动，日军曾多次集结兵力沿江扫荡，设立坚固据点，加强守备，给该部的炮兵攻击带来很大的困难，加之 1938 年 11 月武汉撤退时，配属于该集团军的炮兵团也先后奉命撤离，致使该军战力削弱，敌人在长江的航运更加频繁。经军长陈万仞多次请求，战区长官部仅拨来两个卜福斯山炮连，属于经常有炮无弹，迟迟得不到补充的那种，难以扩大战果，该部的行动一度停顿。

经通报，林遵、郑天杰等人见到陈万仞，皆敬了一个标准的军礼，陈万仞还礼后，问："原来你们是穿皮鞋的海军，格老子我是穿草鞋的陆军，请问阁下到此有何公干？"

林遵递上公函："这是第三战区长官司令部的命令，请陈军长过目！"

陈万仞打开，只见上写：

第 21 军陈军长万仞，为阻碍敌部长江运输，加强腰击日军舰船，兹特遣林遵、郑天杰两布雷大队前往贵部，共同进行布雷行动。

第三战区司令长官顾祝同

陈万仞看后，爽快地说："好，共同进行布雷行动，那就是一家人了。有啥子需要就说！"

"那我就不客气了。"

"客气啥嘛！都是一家人不说两家话。"

"我们需要一处办公地点，设立海军布雷办事处，还要有一处偏僻的仓库。"

"怎么，你们造雷吗？"

"我们不造雷，湖南有专门的造雷厂，我们只负责存放和布放。"

"这个好说，有现成的李家祠堂，腾出来给你们就行。"

"我们深入敌后布雷，需要掩护部队。"

"你们的布雷区在啥子地方？"

郑天杰说："我们的布雷区东自铜陵，西迄湖口，大约有 700 公里的长江沿岸。"

陈万仞摇摇头，提出不同的意见："要不得。这么长的地段要有重点布雷区，不然像鸡粪一样，一摊一摊，也不起啥子作用，要有重点！"

林遵拿出随身携带的地图摊平在桌上，指着说："我们布雷区主要设在鲁港到铜陵间、贵池到前江口间、马当到湖口间，这些地区江岸复杂，敌军守备薄弱，便于我们布雷。"

"要的，你说的这段区域，每次我派离你们最近的一个团掩护行动。"

"那太好了！这些'水西瓜'，定让鬼子回不了东洋！"林遵等人欢欣鼓舞。

陈万仞当即写下命令：令第 146 师、第 147 师、第 148 师：配合海军布雷队漂放水雷行动。

当时，第 147 师第 349 团团长骆周能接到"挺进江边，布放漂雷"

的命令，受领的任务是布放 20 具漂雷，每具漂雷 200 斤，需要 4 至 8 名士兵来抬。

他当即部署官兵，事先选择好进行布雷的秘密地点，一个团的部队一大半担任警戒和掩护任务，剩下一个营的战士用扁担和绳索，将 50 个 200 斤重的水雷抬着前进。经过两夜的行军，从小路迂回到长江边。

白天，江面上不时有敌人巡逻艇来回巡逻，岸边敌人碉堡内的游动巡逻队也不时外出，在江边巡视。布雷队隐蔽在灌木丛和芦苇之中，不敢发出一点声响，生怕被鬼子发现。

这时林遵大队正在繁昌、贵池之间的江面，利用黑夜，乘小船至航道上布放漂雷。

布雷游击队是秘密的，为了不让日本人和汉奸知道，林遵等人全换上陆军衣服，臂章挂着"执法队"的番号。

通过陆军第 148 师特工队，林遵等摸清敌人驻防与部署情况。第五布雷大队悄悄隐藏在敌人的眼皮底下，驻在贵池县附近一个十几户人家的山村之中。林遵带着布雷官亲自到敌区实地调查，最后决定在贵池两河口布雷。那里有条秋浦河，蜿蜒曲折，河道全长 149 公里，其中山区占百分之八十，隐蔽性很强，可以用船把雷运至池口，进入长江。所有的水雷都是湖南辰溪水雷所制造的，千里迢迢，从后方兵站运来。

为了搞到船，林遵他们找过不少船家，但都被拒绝，原因是鬼子巡逻太严，搞不好就扣人扣船，或船毁人亡。最后，由当地一个士绅出面，说要在夜间运货到江北，货主肯出大价钱，才约定了三条木船。

1940 年 1 月 19 日，林遵带着布雷官欧阳晋和王国贵以及布雷队员 30 多人，换了老百姓衣服，前去布雷。

出发前林遵特地做"光饼"发给大家。光饼是一种福建食物，用面粉、碱面、盐巴烤制而成，形状如银元，俗称光饼。据福州府志记载：明嘉靖四十二年（公元 1563 年），民族英雄戚继光率军入闽追歼倭寇，不想连日阴雨，军中不能举灶，戚继光便命烤制一种最简单的小饼，用麻绳串起挂在将士身上充当干粮，大大方便了作战歼敌。后来，这种小饼流入民间，不但普遍食用，而且还成为祭祀神灵祖先必备的供品。后人感念戚公，便把这种小饼叫作"光饼"。因此，林遵的目的不单是解决布雷队伙食问题，也是为了鼓舞士气。

他们先到藏雷地点，在一个隐蔽的山洞中小心翼翼地把水雷取出来，加以伪装，再由当地的保长、甲长组织80多名老百姓，1具雷4人抬，轮流替换抬着15具漂雷向秋浦河而去。除了抬雷的群众、布雷队员，还有第148师两个排掩护、支援，一共200多人。

他们绕过敌人据点，穿过公路以后，陆军停下隐蔽，布雷队渡过秋浦河。天下着雨，不久雨加雪花，地上相当泥泞，一不小心就会滑倒，非常困难。林遵就改由8个人抬1具雷。三四十里路，等到达目的地，比计划晚了一小时。

在江边，林遵用手电筒一短三长发信号，对面芦苇丛中三条船就悄悄撑过来了。林遵让抬雷的老百姓先撤走，布雷队员把雷装上引爆装置，再抬上船，等船划到长江航道，将水雷布到水里。前后十几分钟，再原路返回。

在回来的路上，布雷队有两名队员跌倒受伤，走不快，影响速度。眼看天就要亮了，林遵决定大队先撤，派欧阳晋留下照顾伤员。

欧阳晋等三人走走停停，总算没有出问题，比大队晚一个钟头到达驻地。

1月20日，在安徽贵池两河间，日军汽艇15艘在巡逻时，其中1艘汽艇被漂雷触中，惊天动地一声巨响，汽艇当即歪斜下沉，艇上15人被炸死，另有5人受伤。其余敌汽艇纷纷转舵，逃离该水域。

第一次布雷成功，使布雷队欢呼跳跃，兴奋不已。参加行动的三十多人，每人得到一个陆海空军奖章，人人有份。

由于布雷游击队的游击战术，令日军防不胜防。长江中游的航道意外地发生严重的变化，致使日军的水上运输遭遇到空前的危机。

因此，在日海军和舰船眼中，长江中游贵池、繁昌一带江面成为"溃烂的盲肠"。

陆海空军奖章

陆海空军奖章，依民国二十六年（1937年）颁发的《陆海空军奖励条例》而设置，其对于颁发奖章对象的规定如下：

第一条，陆海空军军人于战时平时著有劳绩或学术技能特有专长应予奖励者，除法律另有规定外，依本条例行之。

军佐及军用文官准用本条例之规定。

陆海空军人员尽力于军事著有劳绩或捐助军用器具物品及其发明或改良有益于军用者，亦同。

……

第三条，陆海空军军人军佐及军用文官有下列事迹之一者，得予以奖励：

一、战役中著有劳绩足资矜式者。

二、战时异常出力经证明确实者。

三、陷入外敌自拔反正并著战功者。

……

陆海空军奖章分为甲种和乙种，甲种颁发给校等级以上的军官，乙种颁发给尉等级以下的官兵，初次颁发二等奖章，再次授奖时则颁发一等奖章，并依需要以星加缀。

林遵官衔是少校，获该奖章中的甲种奖章，欧阳晋等人获乙种奖章。以后他们还多次获此殊荣。

陆海空军奖章

四十一、布雷游击战

　　海军布雷的成功，成为敌后游击的经典战例，受到军事委员会的高度赞扬。为表彰海军布雷游击队的功绩，军事委员会颁给林遵等人陆海空军奖章，极大地鼓舞了布雷游击队的士气。更多的日本舰船在长江和各大江湖中陆续被炸，防不胜防，造成极大的损失。

　　1940 年 1 月下旬，在湖口下游的永和洲江面上，不时有敌巡逻艇驶过，强烈的探照灯交叉掠过江面，大雨不期而至，此时，鬼子巡逻队不再出来。

　　山道崎岖，道路泥泞，一步一滑。严智的第二布雷大队和第 439 团的士兵们抬着水雷，小心翼翼前往江边，稍有不慎，水雷就会滚落出来，引起爆炸，不但完不成任务，反而会让敌人知道他们的行动。

　　江水拍打岸边发出有节奏的"哗哗"声，在风雨中，一部分战士将隐蔽的木船抬到江边，再将漂雷搬运到木船上。

　　黑暗中，几艘布雷的木船乘敌舰巡逻的间隙，进入水面，悄然而行。在第二大队大队长严智和中队长郑天杰的指挥下，船老大撑篙离岸，双手摇橹，向江中心航道驶去。

　　在到达指定位置后，四个人抬起一具漂雷，在布雷队员的指导下布放到水中。这些布雷队的军官多数是从英国皇家海军学院学习海军专业回国的，他们不怕苦不怕死，冒险行动。布雷之后他们将木船迅速向岸边划去，否则被回头的巡逻艇发现就有生命危险。

　　等到第二天夜里，布雷队员再次从几十里外来到江边，帆船再次出动，驶向主航道继续进行布雷。

　　这样的行动一般要持续几天，最多的要十来天。所有布雷队员置生死安危于度外，奋不顾身进行布雷。

白天，江边的山上，有布雷队员手持望远镜巡视着几公里周围的江面，寒冷的江风呼啸着，砭人肌骨，瞭望员浑身都冻僵了，还在坚持观察。

1月21日，在贵池、大通之间的江面上，与往常一样，一切正常。一艘日军运输舰溯江而来，一声巨响，水柱冲天，船上燃起熊熊烈火，运输舰船头倾斜，缓缓下沉，大批辎重皆沉入江中，敌军官兵死伤多人，损失惨重。

瞭望员热血沸腾，飞快地冲下山，将这激动人心的好消息报告给每一个布雷队员。

这是林遵第五大队第一次布雷成功，接下来的十几天内，江上陆续传来比过年的鞭炮声还要令人振奋的爆炸声……

第一大队、第二大队也都有布雷成功的消息，敌人被炸沉、炸伤好几条船。

2月6日，有几具漂雷被日军扫雷艇起获，日军得意忘形，拉着汽笛，招呼着远处一艘中型运输舰过来，顺利地通过了马当水域。这艘运输舰正在庆幸躲过水雷的袭击，没想到在彭泽附近又被水雷击中，几声巨大的爆炸声后，舰体下沉，敌军死伤人数未详。

2月7日，日军14艘船在一艘装甲舰的掩护下行驶在汪家套附近水域。由于这一段江面不太平，船上的警戒哨和舰长都用望远镜努力搜寻江面，不放过任何物件。一个类似水雷的物品在水中漂行，被船上日军发现，用步枪进行射击，其实这是一枚小水雷，在日军的枪击下发生爆炸。日军放心了，开始继续前进，装甲舰舰长狂妄自大，认为他的舰是不惧怕水雷的。不久，该舰似乎被什么东西拦住了，当即惊慌失措，只听得一声巨响，装甲舰底被炸出了个大洞，江水迅速涌进船舱，日军堵漏无效，该舰终于沉入江中，敌死伤人数不详。

2月9日，在彭泽附近，日军又一艘中型运输舰正在行驶当中，突然发现江面上游一枚漂雷随波逐流，船长立即命令左满舵，侥幸躲过水雷，正在用无线电通知后面的船只绕开时，江水上又漂来一支被折断的树枝，船长让水兵用竹篙拨开时，电光烈火冲天而起，隐藏在树枝下的大型漂雷爆炸，威力无比，当场有日本兵30余人死亡。

2月11日，敌10艘向上游运送物资的船队驶至繁昌江坝头时，突然其中的一艘碰上水雷，发生剧烈的爆炸，船上运送的被褥、军装、弹药、枪械随即燃起熊熊大火，该船沉没，敌军辎重损失甚多。

2月18日，日军16艘舰船在前江口大王庙附近遇到水雷袭击，1艘汽艇发生大爆炸，40余名敌军死亡。

2月24日，敌军在经过反复扫雷后，自信不会再遇上水雷，便组织大型船队，总共有77艘，其中包括巨型运输舰，在扫雷艇的护卫下，向武汉方面运输。就在石钟山附近遭遇到"黑色的星期六"，一声巨响，一艘巨型舰触雷，发生了惊天动地的大爆炸，敌军死亡140余人，伤40余人。

当日军还未从震惊和恐惧中缓过神来时，又一艘汽艇触雷爆炸，30余名敌军又葬身江水之中。

长江中游水雷防不胜防，2月26日，在前江口，敌一艘中型舰触碰漂雷，又在一连串的爆炸中葬身水中，敌人死伤数十人。

就在日军自认为较安全的马当一带，也被我布雷队冒着极大的危险，秘密布雷。2月28日，一艘敌中型舰触雷爆炸，死50余人，伤30余人。

正是由于布雷队队员和广大官兵的艰苦努力，这种不对称的战争取得很大成绩，短短数月，在沿江布雷击沉击伤敌人军舰达数百艘。

所谓的黄金水道危机四伏，危险频出，宽阔的江面上，已经少有日军的运输船只舳舻相衔、浩浩荡荡的运输场景，即使有数艘商船经过此水域，也有炮艇护航、扫雷艇开道，小心翼翼，迁延时日，胆战心惊。

水面上不时传来巨大的爆炸声，水柱浪花与烈火浓烟蔽江，血肉横飞，鬼哭狼号，船毁人亡。水雷密布的长江中游严重地影响了日军给养的供应和水路运输的安全。

通往长江的各个河口都设有鬼子的据点，碉堡林立、铁丝网密布。江边的重要地段都有巡逻队巡逻，还有暗探，随时监视着交通要道。

布雷队的行动往往很惹人注目。首先，当地的保长、甲长要挨家挨户地动员，安排民工抬雷、抬船。照理，冒着生命危险的民工应该是有报酬的。第三战区设有军民合作指导室，省设指导处，县设分处，乡镇设合作站。后者主要业务是"在所辖各保甲内，按户籍人口分别指定壮丁编为苦干队，轮流供役，协助军队运输"。其时有明文规定："输送夫役……工资按当地一般工资情况，由征雇部队先交合作站，由站当场转交给本人。"按第六战区的标准是每日每人给费九角五分，发米二十两（十六两制），扣钱一角五分，并扣柴钱三角，每人每日仅得五角。估计第三战区的标准约略相当。

其实，这些报酬都成为具体办事人员的外快。这笔费用在报表上是有的，但要想及时、如数发到合作站乃至民工手里，几乎是不可能的。笔者从江阴沉船时就已经看到了这方面的资料，被强征的民船，只有仪征县的少数船民在县长的帮助下得到了不成比例的赔偿，那还是抗战的开始阶段。到了抗战的相持阶段，国家物力、财力更加困难，加上国民党军的克扣、官员的贪污，所谓的报酬肯定是没有的。参加过布雷队的布雷官欧阳晋说："沦陷区人民以国家民族至上，只要是为抗日作战的，都愿热诚协助。"也只能这样解释了。

抬雷还好一些，一个150公斤的漂雷由4人至8人抬，黑天出动，翻山越岭，道路崎岖，天雨路滑，这本身就很困难了，但比起抬船来就小巫见大巫了。当时日军封锁江面，没有特别通行证，大小船只一律不得下水，只要有偷偷下水者，船只被焚烧，人员或枪毙或去做苦力，反正就一去不回了。因此，布雷的木船要藏在离江边少则几里、多则十几里外的小河沟中等待时机。月明之夜不能行动，多等恶劣的天气再进行布雷，一只木船往往有几百斤、上千斤重，死沉死沉的，绝不是十来个人就能抬着走的，一般需要几十个人协同。

而抬船队伍的周围还要有警戒和掩护的部队，最少是一个排，多则一个连甚至一个营的兵力，再加上布雷官，往往一出动就是二三百人。

这么多人的行动，要克服道路的泥泞，穿过封锁区，躲过鬼子的据点和暗探、沿线探照灯光的监视，能把雷最终运到江边，已经很不容易了。加上到处都有鬼子的暗探和汉奸，以及敌人的大力"扫荡"，布雷游击队仍能不避任何艰险困难与牺牲，利用恶劣的天气，出入于敌占区、敌据点布放漂雷。

因此，日本人非常害怕、非常恼火，对中国布雷队恨之入骨，于是加紧对布雷游击区的"扫荡"，同时张贴告示："对提供中国海军布雷队行踪的人给予重奖，发现 1 名布雷兵赏大洋 500 块，发现 1 名布雷军官赏大洋 1000 块。"

同时日军的报复行动也非常激烈。

1940 年 5 月，长江南岸火光冲天，枪声不绝于耳。日军加紧"扫荡"，把江边的民房都放火烧掉，将老百姓都迁往乡镇和据点旁，一个人一条船都不准下水，违者枪毙。汉奸们逼着群众供出布雷队员线索，只要查出来就当场枪毙，以达到杀鸡儆猴的目的。

江边日夜都有巡逻队进行巡逻。日军还派出扫雷艇和军舰对运输船队进行护航，甚至派出飞机，对江边的芦苇荡、丛林、河沟及复杂的地形和江边一些渔民的茅草屋进行轰炸。好在布雷队员平时的穿戴都和当地老百姓一样，鬼子飞机一来，哨兵发现后发出警报，布雷队员就在山沟、水田、茅草中躲藏。

日军的种种措施，对长江布雷队的行动造成很大的困难。尤其是布雷队得不到任何敌军运输船的情报，如同瞎子一般，他们隐藏在江边的山上，发现了鬼子的运输船也无法穿越封锁线，及时地把情报送出去。于是经常盲目地行动，收效甚微。

为侦察路线，探查敌情，许多布雷游击队员不惜牺牲，与敌人苦斗，其中有许多可歌可泣的事迹，有的队员受敌人残酷迫害致死。

1940 年 9 月，为加强实力，扩大效果，海军总部特地增加布雷第六大队，下辖第十二队、第十三队两分队，直接隶属总队部之下，到 10 月份，该部改番号为海军第二布雷总队。

长江中游布雷游击总队编成之后，在皖南、赣东等地进击长江江岸重要地区，如江西之湖口、彭泽，安徽之至德、东流、青阳、南陵、贵池、繁昌等县境，先后击沉许多敌人舰艇，使其人马物资的损失极为惨重。

当时任海军布雷队第一大队队长的黄廷枢回忆：

我海军研制成功一种漂雷，内装 50 公斤炸药，总重约 150 公斤。上面有五个触角，可以任意调整悬浮在水面以下若干尺的深度，随流漂动，一碰即炸。我们利用这种新型的有力武器，在长江下游展开布雷游击战。

布雷游击战是一项综合性战略措施，由陆军负责总指挥，提供情报，担任警戒和掩护工作。最大的困难是运输，150公斤的漂雷，在敌占区夜间行军，还要逾越崎岖道路，用4个人抬着，冲过敌人火线到达江中，其艰难险阻可想而知。1940年1月，当敌人扬言开放长江时，我布雷大队在沦陷区同胞的协助下，在湖口下游永和洲江面，距敌军据点不远的地方布下大量漂雷，连续工作3小时，以流速2里计算，雷区已达1里宽、6里长的面积，致使一艘敌船被炸沉，数艘敌船被炸坏。敌人惊惶万状，出动飞机沿江低飞侦察，又派出军队清乡，挨家搜索，但毫无结果。

从1939年10月起，我海军分别在皖南、赣北、苏南的敌占区长江中坚持了6年的布雷游击战。日军的兵舰和运输船，有的被炸沉，有的被炸坏，使敌人的长江航运受到极大威胁。日军一旦发现长江有水雷，所有船舰都得停止航行，至少有10天或半个月处于停滞状态。日寇不得不承认我们漂雷的威力可怕，日本海军无力应付长江游击布雷，只有望江兴叹。

从中国第二历史档案馆馆藏海军档案中略择几封电报就可以了解布雷行动给日军造成的损失。

（1）海军总司令部代电（1940年10月11日）

重庆。军事委员会蒋委员长钧鉴：密。窃本军长江中游布雷游击队于9月梗（23日）夜，在彭泽下游扒灰岭龟山间之江中，潜布漂雷23具，经于9月沁（27日）戌渝代电呈报在案。兹据报该次布雷成果，9月宥（26日）14时在香口以东涯字桥江面，炸沉敌上驶运输舰一艘，炸伤敌军舰一艘，搁浅江北，大部沉没，桅杆犹露出水面。谨电陈报，伏乞钧鉴。海军总司令陈绍宽叩。尤（11日）辰。渝。

（2）海军总司令部代电（1940年12月13日）

重庆。军事委员会蒋委员长钧鉴：密。窃本军长江中游布雷游击队于11月沁（27日）晨，在贵池属浼水洲南北港布雷55具，经于本月支

（4 日）辰渝代电呈报在案。兹据报布雷后成果，11 月沁（27 日）上午，敌运输舰一艘在长生洲江面触雷沉没后，敌即以汽艇四艘由下江口向南北港上驶扫雷，其中一艘复触雷沉没，遂停止扫捞。俭（28 日），敌水上飞机六架由安庆沿江向芜湖方面搜索，当日复有敌舰一艘在大通上游约五华里处触雷沉没。卅（30 日），敌汽艇一艘内载食盐，复在梅埂触雷沉没，立成齑粉。现敌在两河口增兵，每日在王家缺、朱家庵一带巡视，并将该处保长及良民捕去讯问。除饬相机续布外，谨电陈报，伏乞钧鉴。海军总司令陈绍宽叩。元（13 日）戌。渝。

（3）海军总司令部代电（1940 年 12 月 20 日）

重庆。军事委员会蒋委员长钧鉴：密。11 月号（20 日）午渝代电计呈钧鉴。兹据续报：敌大汽艇一艘装载炮弹食米罐头等件，在浙东浦阳江下狮子触雷沉没，其日期为 10 月 17 日 13 时。又敌汽艇二艘在七贤山触雷沉没，其日期为 10 月 18 日 9 时。谨电陈报，伏乞钧鉴。海军总司令陈绍宽叩。号（20 日）戌。渝。

（4）海军总司令部代电（1940 年 12 月 29 日）

重庆。军事委员会蒋委员长钧鉴：密。窃本军长江中游布雷游击队于 11 月沁（27 日）晨，在贵池属氽水洲南北港潜布漂雷 55 具，其成果经于 12 月元（13 日）戌渝、马（21 日）戌渝代电报请察鉴在案。兹据续报 11 月艳（29 日），敌铁驳一艘在氽水洲附近触雷后拖往上游，至安庆西门附近沉没。又 12 月 3 日敌军舰一艘在铜陵县坝埂头附近触雷后，漂流将到荻港时沉没，舰上敌人全数淹毙，损失惨重。又坝埂头敌在江中捞起漂雷一具，该雷在岸边爆炸，炸死敌数名。谨电陈报，伏乞钧鉴。海军总司令陈绍宽叩。艳亥。渝。

（5）海军总司令部代电（1940 年 12 月 29 日）

重庆。军事委员会蒋委员长钧鉴：密。窃本军长江中游布雷游击队于本月咸（15 日）晚在吉阳镇南布漂雷 20 具，铣晚在东流属上毛淋洲布漂雷 20 具，经于哿（20 日）巳渝、养（22 日）亥渝两代电呈报在案。

兹据报布雷后，皓（19日）7时，敌中型运输舰一艘在东流附近同时触水雷，两具爆炸，立即沉没。谨电陈报，伏乞钧鉴。海军总司令陈绍宽叩。艳亥。渝。

（6）海军总司令部代电（1941年2月25日）

重庆。军事委员会蒋委员长钧鉴：密。窃本军长江中游布雷游击队于1月敬（24日）晚，在东流上游三华里布雷15具，经于1月艳（29日）酉渝代电呈报在案。兹据报此次布雷效果，1月有日，敌运输舰一艘，内载汽车20余辆、马数十匹、敌兵200余人，在铁板洲附近触雷沉没。谨电陈报，伏乞钧鉴。海军总司令陈绍宽叩。有亥。渝。

（7）蒋介石致顾祝同电（1940年10月21日）

上饶。顾长官：密。篠（17日）巳事电悉。该布雷队所报成果是否确实，希查明核实具报。中正。马辰。令一亨。

（8）顾祝同复蒋介石电（1940年12月12日）

特急。渝。军委会委员长蒋：势密。奉马（21日）辰令一亨重发电，饬查布雷成果。经转饬确查去后，兹据第50军范军长巧（18日）电略称：9月东（1日），大通附近爆炸声甚烈，据谍息，炸沉敌汽艇一艘。复据布雷总队鱼（6日）代电略称，前元（13日）午代电所报各节，均系属实，并称9月冬（2日）在旧县炸沉之敌运舰，系黑色双烟筒，其炸沉地点在旧县黑沙洲北港。9月感（27日）至艳（29日）炸沉敌舰内中之一艘，系日浅水炮艇，其炸沉地点在大通铁板洲附近。各等情。职顾祝同。文（12日）辰。攻印。

（注：这里所提的范军长为第50军军长范子英。下辖第144师、第145师、新编第7师和海军布雷第二大队。范子英（1885—1953），原国民党陆军中将。四川资阳人，原名范世杰，以字行。云南陆军讲武堂第三期炮兵科毕业。历任川军营长、团长、旅长等。1928年后，历任国民革命军第22军第2师中将旅长、川军暂编模范师中将副师长。抗日战争时期，历任第144师副师长及师长、第50军军长。隶属唐式遵川军第23集团军。）

（旧县黑沙洲，位于安徽无为和繁昌之间）

（9）薛岳致蒋介石电（1940 年 11 月 18 日）

重庆。委员长蒋：兹据李总指挥文酉参一电称：据第二布雷区司令王作楫鱼（6 日）巳代电称，转据第四布雷[总队]第六队长陈在中酉灰代电，8 月 20 日，职饬第二大队长吴荣率 452 中队会同薛、高二队附将漂雷四枚运往鄂城县属之刘家渡（距黄石港 11 华里）江边，伺机敷布至次日。据确报，有由浔驶汉黑色商轮一艘、小型汽艇二艘，商轮装载洋火、香烟、肥皂、罐头、红白糖等物，汽艇载石灰碱开汉，寇兵四十余人，各有轻机枪二挺、小钢炮二门。该队长乃于 22 日晚将雷敷布完毕，23 日拂晓，敌轮驶抵布雷地点，汽艇在前触雷炸沉，敌寇人枪俱殁，敌轮在后，惜未命中。等情。除饬将在事出力人员造册呈核，以凭请奖外，谨闻。职薛岳。巧（18 日）巳。永参印。

（10）顾祝同致蒋介石电（1940 年 12 月 13 日）

急。渝。委座蒋：势密。据海军布雷总队庚（8 日）申代电略称，10 月俭（28 日），敌运舰一艘名兴洋丸，装满汽油弹药，在大通和悦洲触雷沉没。另有敌汽艇一艘，于艳（29 日）在该处附近触雷沉没。等情。经查属实，谨闻。顾祝同。元巳。攻印。

1940 年 4 月，海军继续将布雷区扩展到湖口至江阴段，在江阴方面划成主要、次要两个雷区，以图达到遮断长江中下游水道之目的。

从以上电文来看，对于海军的布雷行动和成绩，蒋介石和第三战区司令长官顾祝同、第九战区司令长官薛岳多次经过核实，军事委员会才对布雷队取得的成绩予以嘉奖。

1941 年 3 月 4 日，蒋介石下手令，"游击布雷截断敌水上交通，消耗其物资力量，较任何武器均有过之而无不及；并饬各战区长官对布雷队以特别保护"。

1941 年，在徽州的一次第 21 军营长以上的集会上，军长陈万仞高度评价了布雷游击战在抗战中的地位和作用。他是这样说的：

现在很多人热衷于打大会战，敌人伤亡惨重，便成为轰动全国的特

被水雷炸坏的日军舰艇

被水雷炸毁的日军小艇

号新闻。其实打大会战，我军的伤亡并不比敌人小，打仗就是要保存自己，消耗敌人。如果两败俱伤，或者我方损失大于敌方，那还谈什么大捷，完全是自欺欺人。我们对敌人要像蚕吃桑叶一样，一口一口地吃，积小胜为大胜，即是我们用很小的代价，换得敌人几倍甚至几十倍的损失，才是真正的胜利。我们炸沉击伤敌舰。我们用一发炮弹、一个水雷，只花几十元或几百元的代价，就炸沉敌人价值几十万元或几百万元的兵舰，这是一本万利的买卖，却被许多军事指挥官忽略了。

同样，国民党海军在敌后游击布雷的史实，由于种种原因，到今天还不为人们所知道。抗日战场被人为地分成正面战场和敌后战场，将正面战场的帽子戴在国民党军的头上，又将敌后战场的帽子戴在八路军和新四军的头上，泾渭分明。就像商品的标签，贴上了后就被注册一样，就成为品牌。只要一说正面战场就是国民党的部队在抗击，敌后战场一定是共产党的部队，而对国民党的敌后作战和游击部队几乎不提。一般认为，海军的正面抗敌在江阴、武汉抗战失利，尤其是在军舰损失殆尽后，基本失去战斗力，销声匿迹了。

抗战胜利后，陈绍宽与蒋介石不合，拂袖而去。国民党方面绝少谈及海军抗战的功绩，虽然国民党海军抗战的档案也有公布，但研究档案的人毕竟太少，因此他们的抗战业绩几乎被埋没不彰，海军布雷游击队的英勇业绩更是被许多历史学家忽略。

四十二、长江英魂

在国民党海军抗战档案中，陈永生绝对是一个英雄人物，他死得非常惨烈，整个躯体被日军用木工使的大锯活活锯开，而至死骂不绝口。他是唯一一位被国民政府军事委员会特别核定奖恤，准入祀湖口忠烈祠，并将其事迹宣付表扬的人。

1940 年 3 月的一天，一声惊雷，下起大雨。雨中湖口日军的检查站来了一位头戴礼帽、身穿长袍，外罩貂皮背心，鼻梁上架着金丝边的眼镜，眉宇间透着精明和机智的年轻人。在日本兵面前，完全是不卑不亢的模样。

只见他打开公文包，取出一封印有"华中派遣军报道部"字样的信笺。这位气度不凡的陈老板说："我和中国支那派遣军报道部的马渊逸熊大佐是好朋友。这是他给你们熊本中佐的信，请转交。"

日军曹长打开一看，原来是报道部长马源逸熊大佐给当地驻军最高长官熊本中佐的介绍信，内容是兹有武汉商会的茶行公会老板陈志凯先生前往湖口购买新茶，请予以协助，等等。

日军曹长哪敢怠慢，恭敬地敬了个礼："我一定向熊本太君报告！"并挥手示意卫兵，"帮陈老板把他的箱子送到湖滨旅馆去。"

在日本士兵的护送下，陈老板住进了湖滨旅馆楼上最好的房间。

当天晚上，熊本中佐亲自到陈老板下榻的旅馆进行拜访，陈老板设宴招待。旅馆账房还专门找来了一位色艺俱佳的女艺人唱小曲。

觥筹交错间，陈老板不经意间问起："在熊本阁下的控制下，湖口一带的水面是否畅通无阻？"

熊本："陈老板倒是很关心时局啊。"

陈老板："没办法啦，要做生意就不得不关心时局。来时，马渊君也关照我要注意长江的交通……"

熊本得意地说："绝对没有问题的，虽然前一段是有两艘汽艇遭遇党军水雷，那是帝国的扫雷艇还没有到达这里。我告诉你一个秘密，最近几天我们的巨型运输舰奉阳丸即将从南京到达这里，高炮、榴弹炮统统的都有，等着吧，很快武汉周边的党军就有好瞧的。"

很快，陈老板不胜酒力，摇摇晃晃，不省人事。旅馆账房让女艺人将陈老板送到房间，并让那个女人陪其过夜。陈老板推说喝多了，身体不适。半夜，女艺人醒来，却发现陈老板不在床上。

凌晨 2 点，驻九江的日本海军机关情报课，突然监听到一组奇怪的数字，但无法破解，但方位应该就在湖口镇上。

此时就在陈老板下榻旅馆隔壁的一家宅院的密室中，昏黄的灯光下，陈老板头戴耳机，熟练地敲着电键，将奉阳丸的情况发了出去。原来，此人正是长江第一布雷总队谍报员陈永生，他的任务就是深入敌占区探查敌情，为我海军布雷队提供可靠的情报。他的对外身份是茶叶商人，在清明前后，以收购明前茶和雨前茶的名义，多次潜入东流、至德、湖口等地，收集日军的舰船情报，并及时将情报发给海军布雷队。

两天后，陈老板带着第一批采购的新茶，乘小火轮离开了湖口。

几天之后，在马当狭窄的水道上，奉阳丸等 5 艘舰船迤逦而来，奉阳丸像个巨无霸，吐着黑黑的浓烟，威风凛凛。

突然，大副发现水面上有几个漂浮物，顿时大惊失色，声嘶力竭地狂喊："漂雷！漂雷！"并拉响身边的警报。此时，水中的漂雷正追逐着浪花，向运输舰迎面而来。

船员们都被眼前的一幕吓傻了，手足无措。

船长用望远镜仔细观察着，恐怖的脸上转而露出笑容，叫道："スッポン，スッポン！"

"スッポン"是日语中"甲鱼"的意思。

船员们听了都哈哈大笑起来。

突然，船长扔了望远镜，惊叫："水雷！"紧接着一把推开了舵工，亲自操舵，一会儿飞快地左满舵，一会儿又迅速地右满舵，想绕开漂雷，运输舰忽左忽右，来回摇摆着，像个醉汉一样。

好在船长有几十年的驾船经验，巨大的船体在他的操纵下，倒也躲闪有方，船身与水雷擦肩而过，大家都擦了一把冷汗，就在此时，舰尾蹭上了第二枚海庚式水雷上的触角，瞬间"轰隆""轰隆"，两声巨响，船体出现了一个大裂口，江水一下子涌进船舱，船上的汽油、弹药又引起连锁反应，烈火熊熊，浓烟蔽江，汽油流进江中，顺水而燃，一连串的爆炸，死伤枕藉，附近的船只赶过来抢救，还是造成船上三十多名官兵和上万吨的弹药、装备被毁。

日本海军机关立即着手调查奉阳丸被炸事件与湖口的奇怪电波之间的联系，并逐一排查进出湖口人员的名单。

清明刚过，陈老板又出现在湖口码头，说是来收购雨前茶。熊本依然十分热情，设宴招待。熊本主动告诉陈老板："三天后，有一艘运输舰要从南京到湖口，这次要全力护送，不然将被撤职。"

原来，旅馆的账房是个汉奸，他问那位女艺人一夜如何，那女人告诉他：陈喝醉了，但半夜却不知去向。因此引起了账房的怀疑，将此事报告给熊本。

熊本张网以待。

果然，在陈老板来的当夜，在湖口又出现了神秘的电波。日军早已埋伏在旅馆周围，很快，陈老板和他的电台被熊本查获。

在审讯前，熊本说："陈老板，我一直拿你当做我的朋友，你却利用我，得到你所需要的情报，使皇军受到大大的损失。只要你说出布雷游击队的藏身所在，我们还是朋友。"

陈永生傲然地说："人和人可以交朋友，但人和强盗是不可能交朋友的。为了把日本侵略者赶出中国，我什么都可以贡献出来！"

熊本威胁说："陈老板，如果你再不肯与皇军合作，破坏中日友善，就别怪我不讲情面了！"

陈永生大骂道："你们这群狗强盗，口口声声讲友善，你们也配给中国人讲友善？从九一八以来，你们在中国杀了多少人？你们在南京犯下的滔天罪行，中国人世世代代是不会忘记的，长江为证，青山为证，总有一天是要和你们算总账的！"

熊本恼羞成怒，亲自对陈永生严刑拷打。陈永生骂不绝口，英勇不屈，被折磨得几次昏死过去，熊本用凉水将其泼醒，再继续拷打。

4月18日，熊本将陈永生绑在长凳上，说："陈君，我给你最后一次机会，只要你供出布雷队活动的地点和行动规律，我的立即派人送你到南京，去与我们合作的国民党总裁汪兆铭那里做高官。他与我们大日本帝国合作，应该是你的典范。"

陈永生骂道："汪兆铭是个出卖祖宗、出卖祖国的臭狗屎，抓住他千刀万剐，你们和他都是不齿于人类的臭狗屎！中国人是不会饶恕你们的，我恨不能成为一个大水雷，把你们这些狗强盗炸到地狱里去！"

熊本狠狠地说："我的先送你下地狱！"

他命人拿来一把木工锯木头的大锯，让两个宪兵硬是将陈永生的胳膊残忍地锯了下来，血肉迷糊的陈永生只是叫骂不绝。之后，日本人又锯下他的一条腿，陈永生疼死过去，最后日本人残忍地又锯下了他不屈的头颅，最后将其身躯肢解，并将残骸扔进了滔滔的江水之中。

海军总部得知陈永生壮烈成仁的消息以后，悲愤万分，为其呈请抚恤，并经核定于湖口县建立抗战阵亡纪念坊时，将其事迹列入，入祀湖口县忠烈祠，交铨叙部从优议恤，免其子女学费等，以此告慰忠魂。

日军大量的前线部队的给养、弹械供应不上，影响到对正面第九战区和第五战区的军事行动。水雷问题令日军司令官头疼，让日本运输舰、船队心惊肉跳，而又损失惨重，防不胜防。

日军总部和华中派遣军的司令官气急败坏，要求长江沿岸，以"毫不留情地打击"，坚决消灭布雷游击队。哪怕是用高射炮打蚊子，也一定要把这个小小的蚊子化为乌有。

日军对长江航运安全的不稳定性感到难以应付。他们在沿江各乡镇大肆搜索，威胁利诱，进行清乡，并张贴布告，悬赏侦缉。凡有报告布雷游击队行踪者，或提供有价值情报者，给予重赏，但效果却微乎其微。

1940年5月，九江、安庆附近的日军以大量部队向贵池一带的布雷地区，发动多次"扫荡"战，长江上，日军扫雷队多次实施扫雷，借以掩护长江的通航，进而将舰队停集于九江上游，并在易出现水雷的沿线多布眼线，一旦发现蛛丝马迹，就立即出动，随时出击我布雷队而歼灭之。

一度，布雷队的行动陷入困境。

1941 年秋，日军发动第二次长沙会战，在其海军配合下，向我第九战区各部发起猛烈进攻。9 月 20 日，蒋介石为进行第二次长沙会战电令各战区司令长官：

国军决确保长沙，并乘机打击消耗敌人，第九战区努力巩固湘江两岸及汨罗江南，保持主力于外翼，求敌侧背反包围而歼灭之。第三、第五、第六战区自 23 日起，乘虚对敌发动全面游击，予敌全面打击……

军事委员会亦向第三、第五、第六战区下达命令："为使第九战区作战容易，第三、第五、第六战区应各以有力一部出击，策应第九战区作战……"并规定第三战区向当面之敌发动游击，以一部佯攻南昌。

为执行蒋介石和军委会的策应命令，第三战区司令长官顾祝同下令第 21 军所部和布雷队必须对长江上的敌运输线实行奋力攻袭。

当时任布雷队第十分队上尉的林巽遒说：

1941 年 9 月，我们联合布雷队这次要渡过秋浦河，抵贵池县境内乌沙峡附近的江中布雷。当夜，天下起雨来，队伍衔枚疾走，只听见雨声和脚步声。当我们赶到秋浦河南岸渡口时，突然一道炫目的探照灯光从对岸敌碉堡内扫射过来，并向南岸发射小炮。我们立即卧倒隐蔽，发现炮击漫无目标，敌人未发现我们，于是我们立即渡过秋浦河，赶到乌沙峡江边。这时，预先雇好的帆船已集中等候。

大家迅速把水雷分装各船，扬帆起航疾驶江心。所有队员都在船上紧张地安装各种水雷配件。船到江心后，摆正了船位，然后将水雷连续投入江中，随水漂流而下。布雷结束我们赶到秋浦河北岸渡口时，已不见掩护部队人影，只剩一只没有船工的小船。于是，一部分人跳水泅渡，一部分人找船渡河。队伍中有一个刚从海军学校毕业来队的实习生朱星庄首先泅渡到南岸。他刚登岸就发现岸边设伏的敌人，他不顾自己的危险，大声高喊："有敌人，不可过来……"话音未落，只听到一声枪响，年轻的朱星庄为了全队安全倒下了，长眠在秋浦河畔。

9月28日晚，海军布雷游击总队第一大队大队长程发侃和第五大队大队长林遵，在第21军第145师第435团团长曾植林配合下，共同执行布雷任务，两个大队的布雷队官兵共计36人，加上抬雷的民夫、士兵携带漂雷50具，在陆军部队掩护下，冒着生命危险，突破日军层层封锁线到达贵池一带江边。

程发侃，1907年2月生于福建闽侯。1922年夏考入烟台海军学校，结识郭寿生、曾万里。该校后被并入福州马尾海军学校。后又被派往英国学习。1932年冬学成回国，先后在海筹、宁海、应瑞、永绩、大同等舰任航海、鱼雷、军需、枪炮等三副、二副、大副、副舰长等职。1937年冬，陈绍宽派程发侃、欧阳晋等前往德国专修潜水艇。1940年秋与林遵等一同回国，担任海军第一布雷大队少校大队长。

当布雷队在秋浦河口规定地点寻找事先隐藏在芦苇丛中的木船时，却发现全都无影无踪。无船如何布雷？林、程二人认为是不是记错了地点？于是命令队员们分头去寻找，一个多钟头过去了，队员陆续回来报告还是没有踪影。

这意想不到的情况使林遵和程发侃陷入两难。军令如山，完不成任务将受到军法处置。

程发侃认为，可能是布雷队的行动已经暴露了，日军已经将船弄走，可能周围还有埋伏；应该趁鬼子还没动手前尽快撤退，减少损失。

曾植林团长认为，此次出动了这么多部队，动用了这么多民夫，千辛万苦把雷运来，如果不布就撤，岂不是重大损失？更重要的是水雷怎么办？一颗雷要有多少花费和人工，尤其是在抗战最艰苦的时期，浪费不起啊。

时间在一分一秒过去，眼看启明星已在东方，天就快亮了。

林遵终于下定决心："步兵加强警戒，布雷队员泅水，六人一组，推着漂雷到主航道进行布雷！我是大队长，我带头下！"

林遵脱去外衣，带领官兵跳下江去。当时的天气已经转凉，冰冷的

装载水雷的木船准备出发

江水寒彻肌骨，冻得队员们瑟瑟发抖。此时，两个布雷队员推一具雷，轮换着向江心前进。进入主航道开始布雷，就这样一趟又一趟，天蒙蒙亮前终于完成了布雷任务。

突然，江边枪声大作，南岸的警戒部队与包围而来的日军交上了火。

林遵大声命令全体队员游向秋浦河北，在滚滚河水中，奋力搏击，当大家精疲力竭之时，终于踏到岸边的泥沙，以为逃出包围圈时，还没等他们上岸，河岸上就有人喊话："喂！你们已经被包围了，快投降吧，不然死无葬身之地！"

这时，南岸的警戒部队很快就被日军压制到江边，有的跳水逃跑，有的被打死，还有不少人缴枪投降。团长曾植林见大势已去，举枪自杀。

许多日军跳上橡皮艇，向北岸划来。

林遵等人返身入水，子弹如同飞蝗一般，打得身边嗖嗖作响，有的队员不幸中弹，倒在水中。在万分危急的情况下，林遵和程发侃决定分头突围。林遵等人拼命往下游方向游去，之后被日军冲散，分别潜伏在芦苇丛中。日军派出汽艇在江中搜索，用机枪向芦苇深处扫射。林遵等不动声色，躲过了搜捕，但江岸上有日军的巡逻队，不敢贸然出来，饿了两天，才趁黄昏日军换岗时，转移到江岸边的玉米地里，又躲了几天。这期间，有一位老妇下地干活发现了林遵等人，知道他们是抗日的部队，于是，这位老妇等天黑以后熬了米粥，冒着生命危险送到了地里，给林遵他们充饥，并告诉他们敌人的消息。一个普通百姓在抗战中的表现令人感动。几天以后，等日军撤走，林遵等人才脱险返回徽州的驻地。

程发侃等人就没有那么幸运了。他们钻进江边一大片苘麻地中，当时苘麻已经有一人多高，躲在里面，踪迹皆无。于是，气急败坏的日军在麻田四周放火，滚滚的浓烟，呛得人不停地咳嗽，炙人的烈火，烤得人无法忍受，再加上机关枪、步枪子弹打得苘麻成片地倒伏，程发侃只能带人四下逃跑，有人中弹牺牲、有人流血受伤，最后，大队长程发侃，队员蒋菁、王国贵和一些士兵被敌军逼迫到一个角落里，做了俘虏。

日军总部听说抓住了布雷大队的大队长，喜出望外，令人将几名重要的俘虏送到南京审问。程发侃战前任海军部战术班学员时，日本海军将领冈寺曾是他的老师，对其颇为欣赏。程发侃被押往监狱，冈寺听说后，将程发侃保出来，留其在南京参加汪伪海军工作。1945 年 8 月日本投降后，程发侃脱离伪组织，先后任海军部长治、常德、民权等军舰副舰长、舰长以及江防舰队参谋长等职。1949 年 11 月 30 日，程发侃与江防司令叶裕和率民权、常德等五艘军舰在重庆宣布起义，参加了人民海军。这是后话。

四十三、海军战绩

水雷让日军胆战心惊。这一个说：水雷是怎样的厉害，怎样的会横冲直撞过来，我们会无处躲避。那一个说：满江都是水雷，我们的战斗，简直就是和水雷作战。

有一个叫森的大佐舰长，悲哀地说出："碰到水雷，连遗嘱都来不及写。"

从 1940 年 1 月海军开始实施漂雷游击计划，成立长江中游布雷游击队，游击范围从湖口到芜湖沿岸，并组成侦查组进出沿江各地，了解敌舰动态活动，准备初布，到 4 月间将该区布雷的范围扩展为湖口至江阴段，江阴方面划成主要、次要两雷区，以遮断长江中下游水道，实行推广正面之游击布雷为主要任务。同年 9 月，该区实施布雷游击任务收效颇大。为加强实力，俾再增进效率起见，特增编第六队一队，下辖第十二、第十三两分队，隶属于总队部之下；并将沿江监视哨再予加强，密切注意敌舰船在长江之行动，加紧布雷游击工作，以期彻底破坏敌整个水上交通。10 月，该区总队部改番号为海军第二布雷总队部，仍以刘德浦为总队长。1942 年 5 月，因上饶失守，该总队部撤离，布雷工作颇受影响。嗣乃几经波折，至 1943 年 4 月始得续行任务，收获成果。1944 年 6 月以后，迭图再举，惜未成功，直至敌投降后始告终止。

海军自从划湖口江阴间为长江第一布雷游击区后，敌之舰艇船只因我各布雷队在皖南沿江各段活跃，湖口以下江面均不敢停泊，多在九江以上下锚。我海军为应战略上之需要，于 1940 年 4 月间又将湖北鄂城至江西九江段，划为长江第二布雷游击区，使敌之舰艇船只，在江西和湖北水域也不能保证行船安全，整个长江航运趋于崩溃的局面。是月，海军组成 4 个挺进布雷队，以林祥光、周仲山等为队长，由江西修水进入任务区，5月开始着手侦察路线，筹划运输水雷事宜；6月开始实施布雷计划。

1941年2月，海军总部将该区各布雷队工作重新调整，将4个布雷队分为两班，两个队工作，两个队休整，劳逸结合，而便于整训。4月，总部根据实际需要，将该区任务再加调整，分为浔鄂、湘鄂两区。以九江、汉口段及汉口、岳阳段为其任务区，每区布置挺进布雷队两队，以苏聿修、陈挺刚等为队长，并指定配合作战之友军部队。

布雷队多次调整，都是因为敌方监视、封锁极严，时时阻碍布雷游击队的活动，而且不断地对布雷任务区发动所谓"扫荡战"，希望一举歼灭布雷游击队。而掩护部队系统复杂，不能与布雷队密切合作，因此，总部不得不根据实际情况随时调整布雷计划，以谋应付时局，保持对布雷队的指挥与掩护。

1941年末，因湘北防务紧张，浔鄂两区布雷队被调往洞庭湖方面，加入湘、沅各江工作。1942年5月，湘北情况缓和，布雷队调回原防。6月，浔鄂区布雷队重新加以调整，分为两队。一队派在赣北工作，一队派在鄂南工作，在各自区域建功立业。到1944年7月，由于日军发动打通大陆交通线的豫鄂湘桂会战，湘北形势又趋紧张，海军总部再调湘鄂区布雷队驰往湖南汉寿一带布雷。在途中被日军包围，在突围时队长下落不明。同时出动的浔鄂区布雷队终因情况不允许，也被迫折回。

南京与汉口之间的水上交通，在布雷队的严重打击下受到重大的挫折。而汉口岳阳之间及襄河方面，经常有敌舰艇船只往来，虽不如宁汉之间多，但军委会要求须加强袭击而使之整个水上交通无法运用。

1940年4月间，海军编组浔布鄂区雷队之时，又划监利至黄陵矶段作为长江第三布雷游击区。组成挺进布雷队2队，以李向刚等为队长，按预定计划进入任务区分别进行工作，成绩显著。该区敌舰踪迹日渐减少，后将该区之布雷任务并入第二布雷游击区。

我海军以发展水雷战为抵抗日寇进袭长江之战略中心，经过陆续积极布置，建立三大雷区，实施游击攻势以后，凡属水道之区域，无不予敌以重大打击。在当时各布雷游击区之官兵忠于工作，其艰苦卓绝之精神与壮烈之牺牲，惊天地、泣鬼神。

日军并非不想攻入抗日大后方的陪都重庆，迅速结束中日战争。而当时长江中上游两岸都是深山峡谷，地形险要，陆军大队人马难以沿江行动。而最近最便利之途，莫过于调集海军主力，在其空军掩护下，沿长江上驶，直攻陪都重庆。但是川江之上，除了我海军的要塞炮兵外，对日军的主要威胁来自漂雷，顺激流而下，防不胜防，给日本海军造成巨大的威胁，致使其在几年之中不敢觊觎重庆，不能不说这是海军的主要功劳。蒋介石掌握全盘，尽管抗战期间财政万分紧张，但在政策上、经费上还是向海军倾斜，保证海军总部的制雷所需。因为保证了川江水域的安全，就是保障了重庆的安全，也就能使抗战坚持下去。因此，过去对川江、长江上的布雷游击战及其对于抗战所起的作用研究甚缺，不能不说是抗战史研究的一个短板吧。

1941 年第二布雷总队在安徽至德县孔村召开布雷经验交流会

抗战到了相持阶段，海军又从陆军抽调了一批素质较高的士兵，经过短期培训后补充到海军布雷队中。据不完全统计，从开展布雷游击战到 1945 年 8 月日军宣布投降，仅第一游击区就布雷 1370 具，炸沉日军大小舰船 114 艘，伤亡日军 5000 余人，破坏其军用物资不计其数，战果不可谓不辉煌。

陈绍宽在《三年来海军抗战工作之检讨及今后发展之方针》一文中写道：

......

抗战到现在，关于海军的战绩，本人一向主张用不着自己来夸张，一切都有事实证明，还有敌人会自己招供，替我们发表战绩。究竟我们这次抗战的目的，专在胜利，只求国家能够强盛，民族得到解放，功劳簿上有没有海军的一页，则非所计。譬如说在长江中游方面，时常发生敌舰爆炸沉没的情事，这分明都是水雷的威力，但我们的报纸上面却不多登载。

现在顺便在这里报告些敌人害怕水雷的真实情形。敌人惧怕水雷的情状，本来不想加以深刻地描写。但终于会来说一些，无非是要告诉国人，敌海军的力量一点不足畏，我海军的力量也一点不弱。为要证明国人过去估计得不对，所以不得不说。最低限度可以说一句，敌海军的战斗精神，已经给我们海军击溃了。

敌参加海军战役的扫雷部队，常常召集各首脑会议，互相报告着彼此对于扫雷工作的成效。关于这类的报告，我们已经收集得不少。这一个说：水雷是怎样的厉害，怎样的会横冲直撞过来，我们会无处躲避。那一个说：满江都是水雷，我们的战斗，简直就是和水雷作战。也有申述着扫雷工作是怎样的种种困难，也有报告着中国布雷员兵是怎样的勇敢将士。其中有一个大佐，叫作森的舰长，最悲哀地说出："碰到水雷，连遗嘱都来不及写。"这虽然是不经心的一句话，但其恐怖的心理和颓败的精神已于不知不觉中自白了出来。

......

敌人一方面还不断派兵到岸上调查户口，悬赏缉我布雷员兵，在我们布雷队必经之路派兵把守；一面派飞机、汽艇搜索我布雷队踪迹，夜间不断开探照灯照射。但这种举动，我们一点也不怕，无论在敌人怎样严密（监视）下，我们都有法子来执行任务，而达到我们的使命。唯其如此，所以会使敌人更加恐慌。

上面所说的这些事实，不过就长江一方面而言。海军抗战的工作，是普遍在全国的。除推行任务于苏、皖、赣、鄂、湘诸省以外，川、闽、浙、粤、桂，也都是在发挥海军抗战的力量……

所以敌人对于闽浙的侵略，认为没有什么办法，曾将闽之福鼎湾、沙堤，浙之瓯江、鳌江各处，分别潜布水雷，阻我海口。但在不久的时间内，统统给我们扫光了，敌人又是白费心机。川省方面，更配备有海军炮队的雄厚兵力，以确保我们的新都。布雷任务，除长江外，荆河、洞庭以及赣之赣江、鄱阳湖，浙之富春江、瓯江、清江、椒江、鳌江、飞云江、浦阳江、曹娥江，闽之闽江，粤桂之西江，都密布着海军布雷队的踪迹，常川驻守，节节设防。川江方面，也早经划定雷区，分段控制多量水雷，准备于必要时开始实施敷布。总之，抗战到今日，一切都增加了我们不少的经验，我们一切都会用从容镇定的态度与敌周旋。

回顾过往，我们虽然不敢满意我们自己的工作，但我们觉得是问心无愧的，就是在过去各战役中，由海军守卫下的长江各段要塞及雷区阻塞线，从没有一回或是一处给敌舰突破过，我们海军，以这样有限的力量，能够发挥出这样大的效能，这是应认为可告慰于国人的。至于我们今后工作的方针，除照着既定策略，尽量运用水雷战术，向长江以内敌人后方极力分段游击外，我们还计划出海布雷，从事作一个大反攻的准备。敌人越陷深入，我们发展敌后工作，越应努力。现在敌人四周已布满了陷阱，前面和后边都是深渊，进退均难免失据了。今后我们海军所负的使命，将因在此踏入了反攻的途径而愈益加重。我们只有本着我们过去的一贯精神，加倍努力，来负起我们今后所应负的责任，和陆军空军共同携手，向胜利之途迈进。

兹将中国第二历史档案馆馆藏海军档案中，自海军开始布雷以来之卓绝成绩，舍身殉职之官兵姓名及各布雷游击区之战绩，分别表列于后，以供参考。

附：　　　　　　　　　第一布雷游击区战绩一览表

布雷情形		收获成果					
年月日	数量	月日	敌舰触雷地区	敌舰种类	触炸状况	艘数	备考
1940.1.20	15	1.20	贵池两河间	汽艇	沉	1	死敌13人，伤敌5人
1940.1.20		1.21	贵池大通间	运输舰	沉	1	敌军员兵死伤、辎重损失甚重
1940.1.28		1.30	湖口下游之永和洲	汽艇	沉	1	死敌员兵14人
1940.1.30	42	1.30	马当小孤山	汽艇	沉	1	满载步兵

布雷情形		收获成果					
年月日	数量	月日	敌舰触雷地区	敌舰种类	触炸状况	艘数	备考
1940.1.30		2.9	彭泽附近	运输舰	沉	1	敌死伤人数未详
1940.2.7	14	2.7	汪家套	装甲舰	沉	1	死敌员兵30余
1940.2.7	10	2.11	繁昌江坝头	商船	沉	1	敌军人员伤亡、辎重损失甚多
1940.2.17	16	2.18	前江口上游大王庙附近	汽艇	沉	1	死敌40余人
1940.2.23	77	2.24	石钟山	巨型运输舰	沉	1	死敌140余人、伤40余人
1940.2.23		2.24	石钟山	汽艇	沉	1	死敌30余人
1940.2.23		2.28	马当	中型舰	沉	1	死敌50余人、伤30余人
1940.2.25	20	2.26	前江口	中型舰	沉	1	敌死伤数十人
1940.3.14 1940.3.15	5.57	3.19	马当	巨型运输舰	沉	1	舰名奉阳丸,死伤30余人
1940.3.14 1940.3.15	5.57	4.2	马当	中型舰	沉	1	敌死伤人数未详
1940.3.15	5						
1940.4.22	17	4.24	安庆上游数公里之官洲	运输舰	沉	1	敌军用品损失甚重,死亡人数未详
1940.4.26	17				沉		
1940.5.22	11				沉		
1940.6.1	8	6.17	旧县附近	商船	沉	1	敌辎重货物损失甚重,死伤人数未详
1940.6.1		6.19	大通附近	汽艇	沉	1	敌死伤人数未详
1940.6.1		6.19	大通附近	小火轮	沉	1	敌死伤人数未详
1940.6.4	5						
1940.6.13	4						
1940.6.15	6						
1940.6.17	19	6.18	安庆附近	运输舰	沉	1	满载军火、人物全毁
1940		6.18	安庆附近	汽艇	沉	3	人物全毁
1940.6.18	37	6.19	白沙洲	汽艇	沉	1	死敌10余人

国民党正面战场海军抗战纪实

布雷情形		收获成果					
年月日	数量	月日	敌舰触雷地区	敌舰种类	触炸状况	艘数	备考
1940.6.18		6.23	白沙洲	汽艇	沉	5	死敌30余人
1940.6.18		6.24	白沙洲	汽艇	沉	3	死敌20余人
1940.6.18		7.2	黄溢附近	汽艇	沉		人物全毁
1940.6.21	5	6.25	鲁港	巨型运输舰	沉	1	舰名西善丸,死伤人数80余人
1940.7.20		7.21	彭泽上游黄孤屯之方湖口外	运输舰	沉	1	舰名凤朝丸,死伤人数未详
1940.7.20		7.24	彭泽附近亚字号洲	汽艇	沉	1	敌死伤人数未详
1940.8.24							
1940.9.1	8	9.1	大通和悦洲附近	汽艇	沉	1	敌死伤人数未详
1940.8.24	10					1	
1940.9.1	8	9.1			沉	1	敌死伤人数未详
1940.9.1		9.2	芜湖旧县间	巨型运输舰	沉	1	敌死伤600余人,从事捞尸达数日之久
1940.9.15		9.17	大渡口上游	运输舰	沉	1	敌军用品损失甚重,死伤人数未详
1940.9.15		9.17	大渡口附近	大驳船	沉	2	满载货物损失,员兵伤亡情况未详
1940.9.15	10	9.23	大渡口上游张家湾	中型舰	沉		该船号数为108号,沉没后有敌汽艇12艘驶往打捞
1940.9.20		9.23	大渡口下游10华里	汽艇		2	敌死伤人数未详
1940.9.23	23	9.26	香口东涯字桥江面	运输舰		1	敌辎重员兵损失甚重
1940.9.24		9.26	香口东涯字桥江面	中型舰		1	敌死伤人数未详
1940.9.24	10						
1940.9.27	12						
1940.9.27	25						

364

布雷情形		收获成果					
年月日	数量	月日	敌舰触雷地区	敌舰种类	触炸状况	艘数	备考
1940.10.26	27	10.27	八亩田下游	汽艇	沉	2	敌死伤人数未详
1940.10.26	37	10.27	贵池下游	中型舰	沉	1	敌死伤人数未详
1940.10.26		10.27	大通附近	巨型运输舰	沉	1	满载军火损失甚重，员兵死伤230余人
1940.10.26		10.28	大通和悦洲	运输舰	沉	1	舰名兴洋丸，满载汽油、弹药，全部燃烧，达数小时至天黑始行沉没，员兵死伤甚重
1940.10.26		10.29	大通和悦洲	汽艇	沉	1	敌死伤人数未详
1940.10.26		2.6	贵池附近	大驳船	沉	1	满载货物，死伤敌8人及伪组织工作人员20余人
1940.10.30	20	2.6	吉阳扫帚沟	汽艇	沉	1	敌死伤人数未详
1940.2.6	40	2.7	毛淋洲附近	运输舰	沉	1	满载辎重，死伤人数未详
1940.2.6		2.8	乌石矶江面	运输舰	沉	1	满载辎重，死伤人数未详
1940.2.15	20	2.19	东流附近	运输舰	沉	1	敌辎重损失甚重，员兵伤亡100余人
1940.2.16	20	2.16	安庆附近官洲	汽艇	沉	1	毙敌100余人
1940.2.27	55	2.27	长生洲江面	运输舰	沉	1	敌死伤人数未详
1940.2.27		2.27	长生洲江面	汽艇	沉	1	敌死伤人数未详
1940.2.27		2.28	余水洲附近	大铁驳	沉	1	敌死伤人数未详
1940.2.27		2.28	大通上游约5华里江面	中型舰	沉	1	载大小高射炮8尊、大小平射炮6尊，并其他军械甚多，死伤敌400余人
1940.2.27		2.30	梅梗附近	汽艇	沉	1	敌死伤人数未详
1940.2.27		12.3	荻港	中型舰	沉	1	敌死伤人数未详
1940.12.9	5	12.17	黄石矶	中型舰	沉	1	敌死伤人数未详
1940.12.23	20	12.24	大通下游	巨型舰	重伤、沉	1	敌死伤人数未详
1940.12.25	4	12.26	黑沙洲	汽艇	沉	1	敌死伤人数未详
1940.12.28	20						

国民党正面战场海军抗战纪实

布雷情形		收获成果					
年月日	数量	月日	敌舰触雷地区	敌舰种类	触炸状况	艘数	备考
1940		1.1	张家湾附近	运输舰	沉	1	敌员兵物资损失数目未详，但事后急调汽艇 9 艘从事打捞两个小时始返
1941		1.4	安庆上游官洲	运输舰	沉	1	敌死伤人数未详
1940.1.16	20	1.17	东流江面	小型运输舰	沉、重伤	1	敌死伤人数未详
1940.1.16		1.17	东流附近临江塔附近	汽艇	沉	1	敌死伤人数未详
1940.1.17	20						
1940.1.24	15	1.25	铁板洲	运输舰	沉	1	敌汽车 20 余辆、马数十匹并敌兵 200 余人
1940.1.26	48	1.26	前江口上游	汽艇	沉	1	舰上人物全毁
1940.1.26		1.26	江心洲上游之洲头北港	运输舰	沉	1	死伤未详
1940.1.26		1.27	乌沙峡	小火轮	沉	1	死伤未详
1940.1.30	30	2.21	东流乌石矶	汽艇	沉	1	死敌兵 8 人、伪军 4 人
1940.7	33	3.8	黄溢下游	巨型舰	沉	1	该舰先后触我水雷 3 具立成齑粉，损失极重
1940.3.16	50						
1940.3.25	30	3.26	香口附近	中型运输舰	沉	1	载敌兵五六十，马匹、弹药甚多，仅救出敌兵 20 余人
1940.3.30							
1940.4.12	20	4.12	鲁港	运输舰	沉	1	载军用品甚多并敌兵数十人
1940.4.12		4.13	芜湖下游玉溪下张家湾	汽油船	沉	1	死敌 27 人并小炮 2 尊、机关枪 10 余挺
		5.22	方湖	汽艇	沉	4	毙敌四五十人
1940.6.5	13						
1940.9.26	5						
1940.9.28	10	9.29	东流西南之天生洲	中型运输舰	沉	1	死数未详
1940.9.28		9.29	东流西南之天生洲	汽艇	沉	2	死数未详
1940.9.30	10	9.30	黄溢附近	汽艇	沉	1	死数未详
1940.9.30		10.1	前江口	运输舰	沉	1	死数未详
1940.9.30		10.1	前江口	汽艇	沉	1	死数未详
1940.10.2	10						

布雷情形		收获成果					
年月日	数量	月日	敌舰触雷地区	敌舰种类	触炸状况	艘数	备考
1940.10.3	16	10.4	屏风山附近	汽艇	沉	1	毙敌员兵40余人
1940.10.7	6	10.8	马当附近	运输舰	沉	2	舰名为山田丸及木村丸，满载敌兵，出事后打捞舱中尸体200余具
1940.10.8	10						
1940.10.13	20	10.16	小孤山	炮舰	沉	1	舰名立野丸，敌员兵死伤未详
1940.10	11						
1940.10.23	16	10.2	湖口附近	汽艇	沉	1	敌死伤人数未详
1940.10.31	15	11.6	彭泽江面	汽艇	沉	1	敌死伤人数未详
1940.12.6	5	12.6	东流之天生洲	汽艇	沉	1	敌死伤人数未详
1942.1.9	8	1.16	湖口附近	汽艇	沉	1	敌死伤人数未详
1942.1.17	8	2.2	石钟山江面	汽艇	沉	1	敌死伤人数未详
1942.2.21	10						
1942.2.22	10	2.22	马当	小火轮、民船	沉	31	敌死伤人数未详
1942.2.22		2.28	东流吉阳阁间	汽艇	沉	2	敌死伤人数未详
1942.3.19	4	4.6	东流天生洲附近	汽艇	沉	1	
1942.5.22	6	5.24	乌石矶	汽艇	沉	1	毙敌30余人
		5.29	香口附近	大型汽艇	沉	1	满载粮食、弹药并敌官兵40余人
1943.4.24	5						
1943.5.1	5						
1943.6.1	10	6.3	毛淋洲下游	中型舰	沉	1	敌死伤惨重
1943.2.8	5	2.9	安庆	运输舰	沉	1	满载军火并敌兵十余人
1943.12.22	4						
1943.12.27	4						
1944.1	15						
1944.1.5	10	1.6	东流之大士阁江面	小火轮	沉	1	毙敌翻译官3员及敌人10余人
		1.15	大通江面	大铁驳	沉	1	死敌百余人
1944.6.30	5						
		7.8	旧县江面	拖船、民船	炸毁	18	敌损失甚巨

第二布雷游击区战绩一览表

布雷情形		收获成果					
年月日	数量	月日	敌舰触雷地区	敌舰种类	触炸状况	艘数	备考
1940.6.20	6	6.21	富池口	运输舰	沉	1	满载军用品,死伤敌百余人
1940.6.20	6	6.22	九江江面	汽艇	沉	2	敌死伤人数未详
1940.6.24	5	6.24	龙坪镇附近	汽艇	沉	3	敌死伤10余人,连下列驳船人数计算在内
1940.6.24		6.24	龙坪镇附近	大驳船	沉	1	
1940.7.5	14	7.5	武穴附近	汽艇	沉	2	敌死伤人数未详
1940.7.25	6	7.6	半壁山	大驳船	沉	1	死敌10余人
1940.10.16	16						
1940.10.17	14	10.17	马头镇	汽艇	沉	1	敌死伤数人
1940.10.17		10.17	九江附近小池口	大驳船	沉	2	敌死伤人数未详
1941		1.12	武穴下游	中型舰	沉	1	敌死伤人数未详
1941.1.17	8						
1941.1.18	6	1.25	九江附近新洲	运输舰	沉	1	敌死伤人数未详
1941.8.15	20						

第三布雷游击区战绩一览表

布雷情形		收获成果					
年月日	数量	月日	敌舰触雷地区	敌舰种类	触炸状况	艘数	备考
1940.4.24	6	4.30	新堤附近	汽艇	沉	1	敌死伤人数未详
1940.5.9	9	5.20	樊罗许	汽艇	沉	6	死敌六七十余人
1940.6.13	15						
1940.6.14	10	6.14	彭市河脉旺嘴间	汽艇	沉	3	死敌40余人
1940.6.15	10						
1940.6.18	30						

队　别	职　级	姓　名	奖　励
第二分队	上尉队长	陈炳焜	华胄荣誉奖章
第二分队	下士	卢永忠	华胄荣誉奖章
第二分队	一等兵	杨其湘	华胄荣誉奖章
第二分队	二等兵	李义从	华胄荣誉奖章
第二分队	三等兵	载希光	华胄荣誉奖章
第二分队	中尉队员	萨师洪	七等宝鼎勋章
第二分队	下士	陈发舜	华胄荣誉奖章
第二分队	三等兵	陈泰瑞	华胄荣誉奖章
第五队	少校队长	林　遵	陆海空军甲种乙等奖章
第二大队	少校队长	严　智	陆海空军甲种一等奖章
第二大队第四分队	上尉队长	郑天杰	陆海空军乙种一等奖章
第五大队第九分队	中尉队员	王国贵	陆海空军乙种一等奖章
第五大队第十分队	中尉队员	欧阳晋	陆海空军乙种一等奖章
第二大队第三分队	中尉队员	赵梅卿	陆海空军乙种一等奖章
第二大队第三分队	中尉队员	李后贤	陆海空军乙种一等奖章
第二大队第四分队	中尉队员	林斯昌	陆海空军乙种一等奖章
第二大队第四分队	准尉军士长	鲁鸿仁	陆海空军乙种二等奖章
第五大队第十分队	下士	萤家银	陆海空军乙种二等奖章
第五大队第十分队	下士	王宗璋	陆海空军乙种二等奖章
第五大队第十分队	下士	倪毓水	陆海空军乙种二等奖章
第五大队第十分队	一等兵	熊协成	陆海空军乙种二等奖章
第五大队第十分队	二等兵	张弈朋	陆海空军乙种二等奖章
第五大队第十分队	三等兵	郑宗宫	陆海空军乙种二等奖章
第五大队第十分队	三等兵	林伏东	陆海空军乙种二等奖章
第五大队第十分队	三等兵	杨其梧	陆海空军乙种二等奖章
第五大队第十分队	三等兵	林椿荣	陆海空军乙种二等奖章
第五大队第十分队	三等兵	林海平	陆海空军乙种二等奖章
第五大队第十分队	三等兵	陈趣增	陆海空军乙种二等奖章
第五大队第十分队	三等兵	谢成和	陆海空军乙种二等奖章
第五大队第十分队	三等兵	罗世铭	陆海空军乙种二等奖章
第五大队第十分队	三等兵	郑连生	陆海空军乙种二等奖章
第五大队第十分队	三等兵	许依仕	陆海空军乙种二等奖章

队　别	职　级	姓　名	奖　励
第五大队第十分队	三等兵	刘文尚	陆海空军乙种二等奖章
第二大队	中士	佘宝华	陆海空军乙种二等奖章
第二大队	中士	陈绪章	陆海空军乙种二等奖章
第二大队	下士	严扬福	陆海空军乙种二等奖章
第二大队	下士	林忠诚	陆海空军乙种二等奖章
第二大队	下士	李忠受	陆海空军乙种二等奖章
第二大队	一等兵	任守宝	陆海空军乙种二等奖章
第二大队	一等兵	施典和	陆海空军乙种二等奖章
第二大队	一等兵	林承勋	陆海空军乙种二等奖章
第二大队	一等兵	李夏官	陆海空军乙种二等奖章
第二大队	二等兵	李友钦	陆海空军乙种二等奖章
第二大队	二等兵	杨继元	陆海空军乙种二等奖章
第二大队	二等兵	邢光贤	陆海空军乙种二等奖章
第二大队	三等兵	朱照潜	陆海空军乙种二等奖章
第二大队	三等兵	林文清	陆海空军乙种二等奖章
第二大队	三等兵	林文扬	陆海空军乙种二等奖章
第二大队	三等兵	陈宜良	陆海空军乙种二等奖章
第二大队	三等兵	任礼灼	陆海空军乙种二等奖章
第二大队	三等兵	林子元	陆海空军乙种二等奖章
第二大队	三等兵	林金城	陆海空军乙种二等奖章
第二大队	三等兵	郑忠平	陆海空军乙种二等奖章
第二大队	三等兵	曾家松	陆海空军乙种二等奖章
第二大队	三等兵	王永树	陆海空军乙种二等奖章
第二大队	三等兵	严子奇	陆海空军乙种二等奖章
第二大队	三等兵	黄东园	陆海空军乙种二等奖章
第二大队	三等兵	郑奇友	陆海空军乙种二等奖章
第二大队	三等兵	谢文城	陆海空军乙种二等奖章
第二大队	三等兵	林品镗	陆海空军乙种二等奖章
第二大队	三等兵	陈学彬	陆海空军乙种二等奖章
第二大队	三等兵	陈　沂	陆海空军乙种二等奖章
第二大队	三等兵	王善徽	陆海空军乙种二等奖章

队　别	职　级	姓　名	奖　励
第二大队	三等兵	陈传琛	陆海空军乙种二等奖章
第二大队	三等兵	高依占	陆海空军乙种二等奖章
第二大队	三等兵	林振炎	陆海空军乙种二等奖章
第二大队	三等兵	曹桂林	陆海空军乙种二等奖章
第二大队	三等兵	张章才	陆海空军乙种二等奖章
第二大队	三等兵	任守殷	陆海空军乙种二等奖章
第二大队	三等兵	何友生	陆海空军乙种二等奖章
第二大队	三等兵	林文茂	陆海空军乙种二等奖章
第二大队	三等兵	郑能桂	陆海空军乙种二等奖章
第二大队	三等兵	王连升	陆海空军乙种二等奖章
第二大队	三等兵	林启灿	陆海空军乙种二等奖章
第二大队	三等兵	徐逢大	陆海空军乙种二等奖章
第二大队	三等兵	陈鹏飞	陆海空军乙种二等奖章
第二大队	三等兵	邢朝兰	陆海空军乙种二等奖章
第二大队	三等兵	赵依朋	陆海空军乙种二等奖章
第二大队	三等兵	黄宗周	陆海空军乙种二等奖章
第十分队	上尉队长	张鸿模	陆海空军乙种一等奖章
第十分队	一等兵	董承芷	陆海空军乙种二等奖章
第十分队	一等兵	正德钧	陆海空军乙种二等奖章
第十分队	一等兵	陈波藩	陆海空军乙种二等奖章
第十分队	三等兵	李宝铨	陆海空军乙种二等奖章
第十分队	三等兵	张元慈	陆海空军乙种二等奖章
第十分队	三等兵	翁振塘	陆海空军乙种二等奖章
第十分队	三等兵	潘炳衡	陆海空军乙种二等奖章
第十分队	三等兵	董成仁	陆海空军乙种二等奖章
第十分队	三等兵	林长森	陆海空军乙种二等奖章
第十分队	三等兵	郑道铿	陆海空军乙种二等奖章
第五分队	少校队长	林　遵	光华甲种二等奖章
第九分队	中尉队长	王国贵	光华乙种一等奖章
第九分队	准尉副军士长	范祥光	陆海空军乙种二等奖章
第十分队	上士	林森藩	陆海空军乙种二等奖章

队 别	职 级	姓 名	奖 励
第九分队	中士	王宗璋	光华乙种二等奖章
第十分队	中士	倪毓水	光华乙种二等奖章
第十分队	下士	罗 麟	陆海空军乙种二等奖章
第九分队	下士	熊协成	光华乙种二等奖章
第十分队	下士	陈波藩	光华乙种二等奖章
第十分队	一等兵	陈见德	陆海空军乙种二等奖章
第九分队	一等兵	李玉斌	陆海空军乙种二等奖章
第十分队	二等兵	郑樟藩	陆海空军乙种二等奖章
第十分队	二等兵	樊伊溪	陆海空军乙种二等奖章
第九分队	三等兵	郑宗官	光华乙种二等奖章
第九分队	三等兵	赵先知	陆海空军乙种二等奖章
第十分队	三等兵	林伏东	光华乙种二等奖章
第十分队	三等兵	杨其梧	光华乙种二等奖章
第十分队	三等兵	林长森	光华乙种二等奖章
第十分队	三等兵	董成仁	光华乙种二等奖章
第十分队	三等兵	王增官	陆海空军乙种二等奖章
第九分队	三等兵	陈依康	陆海空军乙种二等奖章
第十分队	三等兵	张汉卿	陆海空军乙种二等奖章
第十分队	三等兵	陈传兆	陆海空军乙种二等奖章
第十分队	三等兵	罗世铭	光华乙种二等奖章
第九分队	三等兵	陈梅生	陆海空军乙种二等奖章
第十分队	三等兵	潘炳衡	光华乙种二等奖章
第十分队	三等兵	郑道煌	光华乙种二等奖章
第二大队第三分队	上尉队员	赵梅卿	光华乙种一等奖章
第二大队第三分队	上尉队员	李后贤	光华乙种一等奖章
第二大队	上士	余宝华	光华乙种二等奖章
第二大队第三分队	中士	严扬福	光华乙种二等奖章
第二大队第三分队	下士	任守宝	光华乙种二等奖章
第二二大队第三分队	一等兵	严子端	光华乙种二等奖章
第二二大队第三分队	一等兵	杨继元	光华乙种二等奖章
第二大队第三分队	二等兵	李友钦	光华乙种二等奖章

队　别	职级	姓　名	奖　励
第二大队第三分队	三等兵	谢文城	光华乙种二等奖章
第二大队第三分队	三等兵	朱昭潜	光华乙种二等奖章
第二大队第三分队	三等兵	郑奇友	光华乙种二等奖章
第二大队第三分队	三等兵	严子锜	光华乙种二等奖章
第二大队第三分队	三等兵	林品铨	光华乙种二等奖章
第二大队第三分队	三等兵	林本松	光华乙种二等奖章
第二大队第三分队	三等兵	林文清	光华乙种二等奖章
第二大队第三分队	三等兵	林文扬	光华乙种二等奖章
第二大队第三分队	三等兵	陈依锥	光华乙种二等奖章
第二大队第三分队	三等兵	陈宜良	光华乙种二等奖章
第二大队第三分队	三等兵	黄东园	光华乙种二等奖章
第二大队第三分队	三等兵	卢如海	光华乙种二等奖章
第四分队	三等兵	曹桂林	光华乙种二等奖章
第四分队	三等兵	高依占	光华乙种二等奖章
第四分队	三等兵	林振炎	光华乙种二等奖章
浔鄂区布雷游击队第一队	少校队长	林祥光	晋给陆海空军甲种一等奖章
浔鄂区布雷游击队第一队	中尉队员	张家宝	陆海空军乙种一等奖章
浔鄂区布雷游击队第一队	准尉副军士长	林东琦	陆海空军乙种二等奖章
浔鄂区布雷游击队第一队	上士	郑茂福	陆海空军乙种二等奖章
浔鄂区布雷游击队第一队	下士	郑作银	陆海空军乙种二等奖章

光华奖章是中华民国时期颁发的一种奖章。奖章中心图案是日光透射出云层，四周为光芒，象征荣获此奖章者，克服困难，冲破阻碍，终于使光明四照。

1937 年 9 月 7 日，国民政府公布经修订的《陆军海空军奖励条例》，增加了光华奖章，并规定当年 10 月 16 日起施行。

光华奖章颁发给陆海空军军人于战时或平时著有功绩，或学术技能特有专长者。又，非军人或外籍人员，尽力于军事著有劳绩，或捐助军用器具物品，及其发明或改良有益于军用者，亦可颁给之。

光华奖章分甲、乙两种，每种又分一、二两等，为襟授，有表。甲种奖章颁发给校官及以上之军官；乙种奖章颁发给尉官及以下之官兵，初次颁发二等，再次颁发一等，并依需要以星加缀。

光华勋章

光华奖章

宝鼎勋章

四十四、汪伪海军

"兔阴博士"褚民谊脱下西装，穿上海军大礼服，神气活现的。汪伪政府的所谓"海军"，只有几条从日本人那里淘汰下来的小船艇。不少国民党海军的俘虏和降将都成为汪伪"海军"要角。

1938年12月，国民党副总裁汪精卫带着一伙人，乘飞机逃离了战时陪都重庆，去了昆明，之后又转道越南河内。12月29日，汪精卫在中国香港报纸上发表艳电，赞成日方主张，要求与日方媾和。不久在日本人的安排下抵达上海，与日本特务机关进行谈判；后又赴日，取得支持，决定"还都南京"，派他手下的褚民谊、罗君强先期赴南京修缮"衙门"和房舍，准备于1940年3月成立伪国民政府。

此时各类汉奸麇集汪精卫门下，谋求在伪朝中取得职位。突然有一天，汪精卫的心腹褚民谊身穿着一套挺括的海军上将大礼服，神气活现地出现在汉奸们中间，自称是"新朝"的海军部长。他的这一举动，立即如同老鳖翻潭水，引起轩然大波。

褚民谊早年在法国留学期间是主修医学的。他的博士论文是研究母兔子的月经与月亮圆缺之间的关系，被世人戏称为"兔阴博士"。一个什么海军知识都没有的人，怎么会穿上海军服，要做海军部长呢？原来，褚民谊娶的太太是汪精卫的岳母魏月朗的养女，这样算来，与汪精卫是近三门的亲戚。早在1932年汪精卫到南京做国民政府的行政院长时，褚民谊就是他的行政院的秘书长。但此人办事极糊涂，经常出错，待问他时却丈二金刚摸不着头脑，搞得汪精卫大光其火，有时气得竟将办公桌上的文稿书籍、办公用品全都推到地上。

然而此时，褚民谊执拗地要干伪行政院秘书长一职，说是"等于复职"。汪精卫觉得要求不高，于是就答应了，但又考虑到他太糊涂，又决定让陈璧君的侄子陈春圃做副秘书长，帮褚民谊"擦屁股"。不料，陈春圃一听，把个头摇得像拨浪鼓。陈璧君急了，说："有话说，有屁放！"陈春圃说："要么就是由我负责，我当秘书长，如果明知褚民谊糊涂，干不了的，却要我代糊涂人负责，究竟是他糊涂还是我糊涂，我怕这笔账一千日也洗不清！"

陈璧君一想也对，说："我和你姑父再商量商量，看看给他什么位置。"

当时，伪中央政治会议正在中山北路国际联欢社开会，研究"部长"人选。汪精卫住在三楼。晚上，陈璧君来探班，与汪精卫商量褚民谊的事，一时间也不知给褚民谊什么位置好。突然，汪精卫说："有了，给褚民谊一个部长，换他的秘书长给你侄子干。"

汪精卫与陈璧君

陈璧君没想明白："好是好，但什么部长能给他？"

汪精卫说："海军部长怎么样？"

陈璧君撇撇嘴："海军部？几条小划子，又没有兵舰，做什么部长？"

汪精卫说："就因为我们没有兵舰，所以让他做部长，管管海军行政，部长虽然不懂海军也没有多大关系，不会出大事。"

陈璧君想想，也只能这样了，便说："你去跟他说，看他愿意不愿意。"

汪精卫找来褚民谊，花言巧语如此一劝，褚民谊对"海军部长"一职大为高兴，当即就同意了。而且他自己掏腰包，去上海著名的培罗蒙西服店，量身定做了一套海军上将服，穿上后对镜子有点顾盼自豪的劲头。当时伪中央政治会议尚未召开，各伪部长人选尚未尘埃落定，想造成既成事实，于是招摇过市，哗众取宠。

褚民谊高兴得太早了，他的海军上将服刚穿了两天就气愤地脱了下来。这是怎么回事呢？

原来，就在褚民谊臭显摆的当天晚上，有两个人悄悄溜进汪精卫的住处，一个是汪精卫手下第一号大将陈公博；另一个是汪精卫伪政权的总设计师周佛海。

陈公博

周佛海

一见面，陈公博便言辞激烈地说："汪先生，任何一个部都可以给褚民谊，但海军部万万不可！"

汪精卫诧异："这话有些偏颇吧。我就弄不懂，怎么你们都反对民谊掌海军部呢？海军部就是一个空壳，根本就没有军舰，几条小艇多大权利？"

陈公博说："海军虽没有兵舰，就是这几条小艇，但是过去蒋家的海军部一直靠此作为走私的工具，人言啧啧，褚民谊为人颟顸，而部下又良莠不齐，势必重蹈覆辙，而他还蒙在鼓里代人受过，所以任何一个部都可以给褚民谊，但海军万万不可！"

汪精卫点头："你说得不是没有道理，但是现在各部部长人选都已经定了，只剩下我自己兼的'外交部长'了。"

周佛海说："这啊，这事再容易不过，汪先生和老褚调一下位置就可以了。"

汪精卫说："'外交部长'要有折冲樽俎之才，和外邦打交道，民谊怎么行？"

周佛海说："民谊块头大，相貌堂堂，仪表不凡，怎么不行？反正重大的对日外交，不会依照平常途径先通过'外交部'，而是一定要找先生面谈的。"

汪精卫说："我不懂军事，海军这件'棉袄'我又如何穿得起？"

陈公博说："先生把外交部给褚民谊，自兼海军部没什么不好的，等日后有了海军人才来时，再脱下这件'棉袄'，岂不两全其美？"

汪精卫摇头："不行，不行！民谊已经穿上海军上将服，就是给他外交部长，他也未必愿意，闹将起来反而不好！"

周佛海说："这样好不好，再让褚民谊兼任行政院副院长，比原来部长又高出一级，是个安慰；但先不要声张，等宣布时别人猝不及防，也无从反对起。"

于是就这样决定下来。

1940年3月30日，汪精卫伪国民政府在南京鸡鸣寺原国民政府考试院旧址成立。

伪国府主席汪精卫与伪
"外交部长"褚民谊

身穿海军上将服的伪"海军部
部长"汪精卫

汪精卫伪任国民政府"代主席"、"行政院长"兼"海军部长",其"主席"一位表示要留给远在重庆的国民政府主席林森;陈公博为"立法院院长"、周佛海任"行政院副院长"兼"财政部长";褚民谊为"外交部长"。

汪精卫与"外长"褚民谊、各"院部"长官在典礼上等候日本特命全权大使的到来,然而,日本只派出使节到场祝贺,没有立即承认汪精卫伪政府,只是发表声明:"目前中国已经成立了中央政府,而开建设新中国之端。帝国政府庆贺其成立,并根据历次声明,予以全盘的协助与援助,以助其发展。"

搞得大小汉奸很纠结,很失落。

汪伪国民政府建立时,尽管没有什么海军,仍然在"行政院"下设置"海军部",负责筹划海军建设。

汪精卫自兼"海军部部长"。当时南京仅有国民政府留下的海军部的旧址,腾出来就成为汪伪"海军部"。

汪伪"海军部"

1938年4月,梁鸿志、任援道等汉奸在南京成立"中华民国维新政府",汪伪投敌后,伪维新政府与汪精卫伪政府合并,遗留下来的水巡学校、长江水巡队及水道局等机构,被汪伪接收,重新进行整编。

1942年4月1日,汪伪"海军部"召开首届"全国海军会议"。会上"海军部长"汪精卫发表致辞，大肆鼓吹要建设新海军。

汪伪集团经过"积极策划"，屡向侵略者哭穷，求得其开恩，赏给了几艘被打捞后修复的原国民党海军的小炮舰和小巡逻艇，战斗力极弱，连充充门面都自觉寒碜，跟在日本海军后面，成为趴在日军碗边上蹭饭吃的苍蝇，只能成为日军守备海港要塞的附庸。

这一阶段汪伪海军的主要机构和部队有：

水路测量局

原国民政府海军部海道测量局，伪中华民国维新政府时为绥靖部接收，改设"水路局"。汪伪政府成立后，由"海军部"接收"水路局"，易名"水路测量局"，专司所有水路测量业务。内设少将局长一名、中少校秘书各一名、中校少校技正各三名、上中少准尉技士40至80名，辖总务、测量、航路、制图、算术课等，每课设上（中）校课长一，其他课员若干。拥有和风、江风、开明、平沼、量一号至量六号等舰艇。曾对黄浦江塘口至吴淞口段、白茆沙一带江道、镇江港及其附近进行测量，并进行了黄浦江扫海测量，新绘制海图十余种等。该局还附设士官技术养成所和水路特修兵训练班，培养各级干部人才。

汪精卫（中）参加日军赠送小炮艇的仪式

伪中央海军学校

1940年4月，"中央海军学校"由伪维新政府时期建立的水巡学校改组而成，由姜西园任校长。

姜西园（？-1945），原名炎钟，辽宁复县人。1924年8月烟台海军学校第十五届航海班毕业。曾经被选派进入英国皇家海军学院学习炮术。1932年4月任东北海军海圻巡洋舰副舰长。1933年6月25日自任舰长，率海圻、海琛和肇和三大舰南下投靠广东军阀陈济棠，陈济棠致电蒋介石请示得到批准后，于7月22日正式把3艘大舰编为粤海舰队，归第1集团军节制。29日，集团军舰队副司令李庆文乘海虎舰到赤湾海面将3舰引至黄埔停泊。后来陈济棠又任命姜西园为广东海军司令兼粤海舰队司令、广东黄埔海军学校校长。1935年4月，陈济棠突然宣布把粤海舰队并入第1集团军舰队，自己兼任总司令，姜西园、张之英为副总司令，李庆文为参谋长，黎钜镠为副参谋长。

姜西园先任政务副司令，10月10日改任常务副司令（负责海校教育）。不久海圻、海琛两舰因不满陈济棠策划出走，陈济棠得知后即对三大舰海军军官进行了清洗，而且免去姜西园副司令兼海校校长职务。

1940年初，不甘寂寞的姜西园投降日伪，4月17日任汪伪"中央海军学校校长"，6月5日任汪伪"海军部政务次长"，仍兼汪伪"中央海军学校校长"。1943年10月10日任汪伪海军中将，汪伪上海清乡副指挥官，1945年1月18日任伪军事委员会委员，抗战胜利后被枪决。

汪伪"中央海军学校"内设教务处、队务处、事务处三处。人事方面，置校长、教育长、教育处长、队务处长、事务处长各一名，教官若干名，副教官、助教若干名，区队长若干名，以及各种士兵、船工、匠夫、杂役200余人。截至1943年5月，已有5期学生入学，其中第1期46名、第2期108名、第3期37名、第4期45名、第5期88名。伪海军部为了培训海军骨干，又在该校附设了海军高级干部讲习班，先后办理3期，每期20人，从少校以上军官中指派，调南京受训。

另外，该校还设立了"中央水兵训练所"。普通班为6个月，分兵科、轮机、军需、看护科，专事训练新兵；毕业后再从中遴选若干名，进入特修班，期限2~5个月，分操舵、炮术、轮机、电信、看护、军需、信号等科，进一步加以培训。期满分派各舰艇及各基地队服务，成绩优良的士兵，得提升少校。

任援道（1890—1980），字良才，号豁庵。1890年生于江苏省宜兴县，早年毕业于河北保定军官学校。1937年12月南京沦陷后，任援道收编了镇江鱼雷学校的三艘炮艇及部分官兵，又收编了太湖里的部分游击部队和国民党的散兵游勇一万多人马。1938年4月，梁鸿志在南京成立了"中华民国维新政府"，任援道投靠到梁鸿志的帐下，先任"绥靖部长"，后任"苏浙皖三省绥靖军"总司令，下辖7个师，1个独立团，很快成为伪维新政府中的一个实力派人物。汪精卫投敌后，任援道参加汪精卫、梁鸿志的上海会谈，会后发表声明，支持汪精卫组建伪政府。1940年3月31日，汪伪政府成立后，任援道被任命为"苏浙皖三省绥靖军"总司令，并组建了"绥靖军军官学校"，亲任校长，培植亲信。后接汪精卫的"海军部长"之职。

伪南京要港司令部

汪精卫（中）视察"中央海军学校"，左为校长姜西园，右为任援道

1940年4月17日，汪伪政府海军部将原伪维新政府绥靖部长江水巡队司令部改组为"南京要港司令部"，由许建廷任司令。

许建廷（1887—1960），字衡曾，福建长乐人。毕业于福州船政学堂第十六届驾驶班。1905年赴英国留学，1909年8月学成回国。历任教练官、大副、管带。辛亥革命后历任炮舰舰长、巡洋舰舰长。1923年3月27日，授海军少将，海军第二舰队司令。1927年任国民政府外交部特派福建交涉员，兼任财政部闽海关监督。1934年7月兼任吴淞商船学校校长，1935年1月去职。1940年7月任汪伪政府海军部参事，1941年1月调南京要港司令。1942年8月20日，任汪伪军事委员会总务厅参谋次长，后任伪军事委员会委员。

伪南京要港司令部设在南京幕府山东麓、燕子矶以西十余里的草鞋峡。管辖区域为：长江下游（自长江口至湖口）、太湖流域、鄱阳湖流域、江浙沿海及各岛屿。下辖部队：1. 南京基地队，内设上校司令、中校副司令、上尉中尉军需员各一名、上尉军需官一名、中尉书记官一名、上尉区队长若干名、中（少）尉分队长若干名、少尉分队副若干名、其他各种士兵若干名；2. 江阴基地队，其组织与南京基地队同；3. 无锡基地区队，内设中（少）校区队长一名、上尉队副一名、中少尉军需员、书记、军医官各一名、中尉分队长若干名、少尉分队副若干名、其他各种士兵若干名；4. 心闵行基地区队，其组织与无锡基地区队同；5. 定海特别基地队，其组织较各基地队为大，因其地港湾分歧，海水深广，屏蔽江浙两省，地位异常重要。拥有海兴练习舰、海靖、江绥、江安、江清、江康、江宁、江通、江丰、江裕、江荣、江华、江寿、江平、江2号至江13号、江16号至江20号、江25号至江28号等各种型号炮艇共35艘，分泊上述各地，并巡弋江浙沿海，兼供伪中央海军学校练习之用。

汪伪海军江平号内河巡逻炮艇下水典礼

汪伪海军江平号炮艇，桅顶悬着
"青天白日满地红旗"及"和平反共"
三角旗

汪伪海军江平号炮艇下水典礼，
后方为"和平饭店"大楼

汪伪海军江寿号内河巡逻炮艇。排水
量17吨，属江平级巡逻艇，总共建造数量
为14艘，主要服役于汪伪南京要港司令部
与汉口海军基地部，作为江河巡防与协助
日军"清乡"之用

汪精卫伪海军的江子号小巡逻艇

汪伪小巡逻艇在草鞋峡一带巡江

伪广州要港司令部

1940 年 4 月 23 日，汪伪政府首先在广州设置广东江防司令部，由招桂章任司令。

招桂章（1889—1953），字文犀，广东南海人。1913 年毕业于广东黄埔水师学堂第十四届驾驶班，1922 年 4 月 30 日任楚豫炮舰舰长。6 月 16 日陈炯明发动兵变，炮打观音山孙中山非常大总统府，招桂章于 8 月 9 日随孙中山离职。1924 年 8 月 7 日署粤军总司令部舰政处处长，1925 年 5 月 23 日任大本营暂编舰队指挥，8 月 20 日因涉嫌"廖案"被捕。1932 年 5 月 3 日任广金舰舰长。1939 年降日，任伪华南水上巡查队司令。1940 年 4 月 6 日任汪伪军事委员会委员，5 月 14 日任汪伪广东江防司令。1941 年 11 月 11 日，汪伪改组伪广州要港司令部，仍由招桂章任司令。其组织基本类同伪南京要港部，仅增设护航处及横门缉私办事处，以增强运输与缉私功能。管辖区域为：西江、东江、北江流域，珠江三角洲地带水域，广东沿海及各岛屿。下辖广州基地队、白蕉基地队、横门基地队，其组织与其他基地队相同，另设练兵营，内设上校营长一名、中校副营长一名、教官队长各若干名、练兵各若干名等。

拥有协力、和平军舰 2 艘，江复、江兴、江东、江亚、江宣、江扬、江权炮艇 7 艘，负责水上警备任务。

伪海军协力号驱逐舰，排水量 1609 吨，是伪广东要港司令部旗舰。汪伪海军中将萨福畴及其 7 名随员乘舰去中山县斗门视察。萨福畴原是投靠欧阳格的，欧阳格倒台以后，又投靠汪伪，成为伪中将要港司令。

1942 年 3 月 23 日，第七战区挺进第三大队暂编第一支队长潘惠，在顺德县东西马宁河面布置水雷并在两岸埋伏一些队伍，当协力号军舰航至东西马宁时触雷，"轰隆"一声巨响，当即下沉，舰上人员 7 名泅水逃遁，被两岸潜伏人员全部活捉，送到司令部审理。

经多次审讯，萨福畴始终不肯暴露身份，只承认是上尉副官陈××。但第七战区和军委会电知：确有萨福畴其人在舰上，要他们再查。此时，正巧有军政部郭特派员来鹤山县视察，说过去与萨福畴是同事又是老朋友，于是前去验证，萨福畴见到郭视察员时，面如土色，只得承认是广州要港中将司令萨福畴。

有一天萨福畴对关押他的负责人说有机密事报告，要那位负责人先将内卫兵撤退（即看守他住房的卫兵）才好讲话，负责人将卫兵撤出后，萨福畴"扑通"双膝跪倒在地，说："老弟，如你能放我走，返回广州，任何官职我都可给予，汪（精卫）主席和我是同学又是朋友，陈（春圃）省主席是老相识。"

负责人说："再怎么样也不能当汉奸，做民族罪人。"

萨福畴大谈一套曲线救国谬论，并说蒋介石与汪精卫早有默契和联系，他又说抗战初期在国民党中央工作，封锁长江计划是他拟订的，这计划节省了国家大量金钱，同时把敌舰困在长江。后来他又说："官你不当，钱可以要，你能放我出走，我愿给你一笔巨款。"

负责人说："你妄想，铜臭不能染污我的灵魂。"

萨福畴用名利引诱失败，便垂头叹气。后来司令部把他解送第七战区长官部，再后来被押解重庆枪决了。

汪伪海军因为军舰少，也形成不了战斗力，所以对抗日军民真正的战斗几乎没有，也谈不上太大的威胁。只是在汪伪"清乡"时期，对新四军和抗日根据地构成一定的威胁。1941 年日伪对长江之中的扬中岛进行大规模"清乡"时，汪伪海军的小汽艇就配合日军和"和平军"的行动，胁迫民众 5 万多人，所用树桩 62800 余根，竹竿 254 万余根，修建了长 120 里的"封锁线"。在广东地区，也时常有汪伪海军的行动。

日本投降以后，汪伪海军中将以上被枪毙的就有姜西园、凌霄等人。

凌霄（1888—1946），字壮华，浙江崇德人。毕业于日本东京商船学校和日本海军大学。1912 年任南京临时政府北伐舰队参谋。同年 11 月 8 日任北京政府参谋本部科长。1918 年 4 月，任广州大元帅府参军。后加入东北海军，历任东北保安司令长官公署航警处课长、奉天葫芦岛航警学校校长、东北海防舰队参谋长兼镇海舰舰长、东北海防舰队舰队长、渤海舰队副司令。东北易帜后，1929 年 3 月 27 日任海军编遣区办事处副主任委员兼第三舰队编遣分处主任，1931 年任第三舰队副司令。1932 年 4 月因崂山事件被驱逐。1937 年出任驻日本公使馆海军武官。1939 年调任驻美国公使馆海军武官。投降汪伪后任"中央政治委员会委员"、"军事委员会委员"。1941 年 3 月 20 日任汪伪国民政府"海军部政务次长"。

10月调任"驻日使馆武官"。1943年10月10日,授"海军中将"。所以《周佛海日记》1944年9月25日称:"凌武官霄,拟请其代理海军部长。"

1944年11月2日,伪"中央政治委员会"任命凌霄任"海军部代部长"。1945年1月11日,凌霄任汪伪政府"海军部部长"。1945年8月16日被捕,1946年在南京被国民政府以汉奸罪处决。

四十五、碧海丹心

陈绍宽说："厦门一役，海军血战最烈。有一个设在何厝的炮台，战至只余一兵没有死。闽口的要塞，自战幕开启到现在，敌人不断用海空力量向我压迫，但在我海军要塞各炮台守兵和海军陆战队忠勇守卫下，绝对没有让敌人得到丝毫的机会。"

1937 年 8 月 13 日深夜，海军部长陈绍宽在命令海军紧急备战时，对所辖各舰队划分了作战地域及任务。

其中第一条命令即是海军厦门要港军舰协防闽江口：

楚泰舰和正宁、肃宁、抚宁三艇协同闽江口要塞，扼守闽江；公胜艇协防珠江。

自 1895 年《马关条约》签订后，中国台湾沦为日本的殖民地。福建与中国台湾隔海相望，近在咫尺。日本豺狼亡我中华野心不死，故对福建地区虎视眈眈，随时都有侵占之野心。日寇要入侵福州，必须经过闽江口。

从闽江口到福州须经壶江、王浦、金牌、长门、琯头、闽安镇、罗星塔等地，石山夹岸，明礁密布，暗礁横生，流急涌汹，地势险要。而壶江港道居长门之外，总控南茭和五虎门两路要冲，实为闽省海上第一重门户；长门、金牌为闽省海上第二重门户。马江又称马尾，位于福州市东南约 20 公里闽江口北岸，地形险要，扼守闽江下游，是福州港外水陆交通的门户。

福建省会福州市内，早就有日本浪人和日本间谍机关在其中从事收集情报、发展汉奸活动。而在福建另一口岸地区厦门，日本则设有领事馆和警察厅。当地的日特、汉奸、流氓和日本、中国台湾浪人更是无法无天，招摇过市，在日本警察厅的包庇下，勾结贪官污吏、地痞流氓，走私漏税、贩卖毒品，无恶不作。中国当局竟成为日本的附庸，须看日本驻厦门领事眼色行事。日本还在汕头、厦门两要港设立海军陆战队出张所，举动十分诡秘。1936 年，日本海军大将阿部来华视察，对海军陆战队有所指示。有情报显示：日本增编了在华各港口的特务队。

陈绍宽是福建人，对日本在闽活动深有认识，也经常告诫海军所属要提高警惕，未雨绸缪。

抗战初期，中国海军在福州闽江地区的全部实力有：楚泰舰，原属第二舰队，是一艘排水量 745 吨的炮舰，有 4.7 英寸主炮 2 门，3 英寸炮 2 门，6 磅炮 3 门，2 磅高射炮 1 门，高射机枪 2 挺，舰长程嵋贤。其余抚宁（艇长蒋元福）、正宁（艇长郑震谦）、肃宁（艇长郑畴芳）都是排水量 300 吨的小炮艇，全部加起来 1645 吨。此外还有海军闽口要塞总台部（总台长毛镇才），归马尾要港司令李世甲直接指挥。

李世甲，清光绪二十年（1894）三月二十日生于侯官县（今福州市）。14 岁考取烟台水师学堂，学习驾驶。宣统三年（1911 年）六月毕业，到通济练习舰见习。同年，武昌起义爆发，参与光复等战役。1913 年 1 月，入南京海军军官学校深造。1915 年公费赴英国学习，在新伦敦电船制造厂研习驾驶潜水艇。翌年 10 月回国，历任海军练习舰队教练官、楚同舰舰长；1927 年易帜归附国民革命军，奉命率楚同、楚谦、楚有等舰，由吴淞口溯江而上，在江西乐化晤见蒋介石，把蒋介石护送至上海，深得蒋

李世甲单身照

介石的青睐。参加攻打军阀孙传芳的龙潭战役和西征湘军唐生智之役。1928年2月，升通济练习舰舰长，补海军上校。1929年6月，南京政府成立海军部，任海军部总务司司长（少将衔），兼江南造船所监造官。为建造宁海号军舰，他先后三次去日本。1932年1月，兼代海军部常务次长。在一·二八淞沪抗战期间，李世甲与日军司令野村中将同乘一辆汽车参观上海各处战壕。2月初，江南造船所的士兵奋起自卫，开枪击毙闯进江防警戒线的日本商船船长福田。日方蛮横要求惩凶、道歉、赔偿，并限24小时内答复。李世甲密晤日本海军武官北岗大佐，委曲求全，满足日方要求，受到当时社会舆论的强烈谴责。

1934年2月，李世甲调任海军马尾要港司令，兼福建省政府委员，及海军陆战队第二独立旅旅长。次年，兼任马尾海军学校教育长。李世甲向日本海军省接洽聘请教官，让日本教官前来讲授军事学和国际公法。此事再次引起舆论谴责和一部分海军舰长的强烈反对，一致拒绝入学。李世甲却受到南京政府的抚慰，于9月补为海军少将。1936年11月，以"努力国民革命勋绩"受到表扬。

1937年7月，卢沟桥事变爆发。8月中旬，李世甲接到陈绍宽的阻塞闽江的命令后，立即下令撤除闽江航道标志，并着手设计构筑闽江口阻塞线。

闽江有三个通航港道，一为长门港道，二为乌猪港道，三为梅花白头屿港道。

由于工程浩大，在征得福建省政府主席、福建绥靖主任兼第25集团军总司令陈仪的同意后，以马尾要港司令部的名义，配合第100军军部，征用了三北轮埠公司等的靖安号商轮、吨数2145吨，共和轮船公司同利号、吨数

马尾要港司令李世甲

416 吨，太安公司江门号 237 吨，福宁茶叶轮船公司镇波号 286 吨以及宁安号 926 吨、建康号 371 吨、华兴顺 286 吨，总计 4667 吨；以及福建盐务稽核所的缉私轮船等共 12 艘和大号帆船（即锚缆）35 艘，装满沙石，在长门外熨斗岛至壶江岛之间的主要航道上，横列一线下沉。沉船江底，李世甲亲自督饬施工。工程方面由福建省建设厅指定闽江工程处负责，工程师先为高长暄，后为郑策。8 月 23 日下午 5 时开始执行，这是构筑长门阻塞线的第一个步骤。

在长门港道完成沉船的任务之后，第二步工程是根据各港道的宽度、深度，分别填筑石垱，即阻碍行船的水下石筑的小堤。计长门港道填筑 55 垱，乌猪港道填筑 14 垱，梅花白头屿港道填筑 92 垱。经过两年零四个月施工，各港口阻塞线工程直至 1939 年冬才达到规定标高。

在闽江口构筑阻塞线的同时，马尾要港司令部命令抚宁、正宁、肃宁三炮艇担任各港口的巡防任务，并着马尾造船所（所长韩玉衡）制造小水雷 400 具，组织布雷队，以海军中校陈秉清为队长，在各阻塞线外沿敷布水雷，加强封锁。另指定长门阻塞线外的熨斗岛水域为各国通商轮船寄锚场所，所有卸载货物的船舶，均由中方引水人员接送，通过阻塞线和布雷区。

李世甲估计敌人如进犯福州，其主力必定从连江登陆，在加强封锁线的同时，海军马尾要港司令部也进行作战部署，首先在马、长地区沿江构筑工事，开掘防空壕、防空洞，并加强闽江口要塞的防御。同时将海军陆战队第 2 独立旅（司令部设在马尾）第 4 团（团长陈名扬）的主力部署在长门要塞右侧翼的下岐和东岸，第 4 团团部设在下岐；以一部分兵力扼守琅岐岛，加强对长门要塞南岸烟金炮台侧后的防卫。

此外，李世甲还命令在闽北寻觅合适地点，非战斗序列的机关、人员和物资均往闽北疏散，以避免无谓牺牲。

海军陆战队讲武堂提前结训，马尾海军学校奉令迁移至福州鼓山上课。马尾海军学校校长为李孟斌。此人 1905 年毕业于福州马尾船政学堂第十七届驾驶班。历任海筹巡洋舰舰长、海军署军衡司司长、马尾要港少将司令；1935年7月17日任海军部马尾海军学校少将校长。1939年2月27日任海军总司令部少将候补员。（后在萨福懋等人的策反下，投降汪伪，出任汪伪政府军事参议院中将参议。1944年3月30日被伪政府任为海军少将。）

马尾海军学校后奉海军部令迁往湖南湘潭，继又迁往贵州桐梓。

海军马尾造船所、海军马尾修械所、海军火药库等各单位的物资，则陆续疏散到南平马站、黄台、峡阳和顺昌洋口各地。

1937年9月，杭州危急，海军部令派陆战队一个团驰赴参战，李世甲下令陆战队第3团（团长林耀东）驰援，军次金华，而杭州已告陷落。林团后转进江西湖口，暂归海军陆战队第1独立旅旅长林秉周指挥。而福建的海军陆战队第2独立旅只剩下一个第4团。

日军谋占福建，让开福州，先从厦门入手。

厦门要塞有胡里山、磐石、白石、屿仔尾四个炮台及鱼雷台一座。其中胡里山炮台最负盛名。

胡里山炮台位于厦门东南端海岬突出部，结构为半地堡式、半城垣式。该炮台始建于清光绪二十年（1894年）三月初八，竣工于清光绪二十二年（1896年）十一月初八。工期两年零八个月。炮台总面积7万多平方米，城堡面积1.3万多平方米。

胡里山炮台地理位置重要，正（南）面和对岸的屿仔尾炮台隔海相对，互为犄角，炮火交叉可封锁阻击厦门航道之敌舰；向西可追击进入厦门港的敌舰，同时可协助相距5000米左右的磐石炮台，守住厦门港；东距白石头炮台4500米左右，向东可支援白石头炮台。

胡里山炮台还配备了当时最优良的装备，特别是两尊280毫米口径、射角为360度的克虏伯大炮，威力巨大，成为战略性炮台，是主炮台、指挥台，是厦门要塞的"天南锁钥"。

1937年9月3日上午4时，天未破晓，日驱逐舰羽风、若竹等3艘军舰，驶入大担山灯塔前，一字排开，用前主炮向白石头炮台及曾厝垵海军飞机场开炮轰击，并向胡里山炮台与各炮台发炮轰击，官兵多有伤亡。我要塞各炮台均发炮还击。

在胡里山总台官何荣冠的指挥下，主炮瞄准敌舰，第一炮就击中敌舰。敌舰猝不及防，只得转舵，以舰侧排炮密集向屿仔尾炮台攻击。一时间，阵地上硝烟弥漫，硫黄与火药气味冲天，爆破弹弹片横飞。敌舰若竹中弹舰腰，右舷倾侧冒出滚滚浓烟，敌官兵死伤甚多，丧失战斗能力，由羽风等两舰夹带，向外海方面疾逸。此时，白石头炮台亦发炮射击，惜未命中。

上午9时，青屿山鱼雷台山后有敌重型巡洋舰一艘，载有水上飞机4架，其中3架起飞，向胡里山炮台和曾厝垵海军飞机场分头俯冲投弹，我炮台和机场组织对空射击，敌攻我守，你来我往，激战到10时，敌始遁去。

在战斗中，胡里山总台炮长朱锡卿等5人阵亡。朱锡卿头部被弹片削去一大半，炮手林海旺遭弹片破胸，李玉生被弹片洞穿腹部，肚肠子流了一地，死状甚为惨烈。屿仔尾、白石台均有牺牲。同时，海军驻厦门各机关、海军要港司令部、海军航空处、海军飞机场、海军无线电台在空袭中先后被敌机炸坏。

10月26日9时40分，日机再次空袭厦门与金门，空袭厦门主要目标是轰炸厦门要塞胡里山炮台。双方展开激战，胡里山炮台内外均被炸，略有损坏；磐石炮台附近亦被炸，副台长受伤。又厦门附近之金门县据报本早已失陷，各机关人员随金门县长退往大登。

11月14日晨7时45分，日军巡洋舰1艘、驱逐舰3艘气势汹汹进犯厦门，向要塞各炮台开炮射击。胡里山炮台立即发炮还击，双方炮战至9时许，日舰率先退去。各炮台皆中敌弹，有8名士兵负伤。

12月8日，日驱逐舰、炮艇各1艘炮击厦门五通炮台，守军还击，炮艇被击沉，驱逐舰被击伤。

1938年2月4日上午9时，敌巡洋舰1艘企图驶进厦门港。经厦门要塞胡里山及磐石两炮台开炮轰击，将敌舰击退。9时20分，复又敌巡洋舰、驱逐舰、炮舰各1艘自乌沙海面移泊五通海面，向何厝、香山炮台炮击，经过双方炮战，敌舰退去。

之后，敌舰与我炮台时有炮战，但始终未敢稍越雷池一步。

5月9日傍晚，由海军少将宫田喜一指挥的日本第五舰队妙高重巡洋舰及苍龙、加贺2艘航空母舰等计31艘作战舰艇，载2000余人，麇集大小担与小嶝之间的海面上，准备进攻厦门。

10 日上午 3 时 40 分，敌海陆空三路向厦门五通、泥金、浦口等地发起猛攻，有敌舰 11 艘、敌机 18 架向厦门后海何厝炮台一带进行轰炸，另有汽艇 30 余艘，每艘上有三四十人，在敌机敌舰的掩护下，冲向何厝附近海滩，进行登陆；同时有敌军百余人于上午 7 时半，在五通炮台附近登陆，与驻军展开激战。何厝、江头相继失守，何厝炮台只有士兵一人脱险，其余均战死。

对此，陈绍宽曾予以表彰。他说："厦门一役，海军血战最烈。有一个设在何厝的炮台，战至只余一兵没有死。闽口的要塞，自战幕开启到现在，敌人不断用海空力量向我压迫，但在我海军要塞各炮台守兵和海军陆战队忠勇守卫下，绝对没有让敌人得到丝毫的机会。本年的三月，敌人曾一度用大汽艇驶迫封锁线，企图扫我水雷，结果给我们炮台打沉了。"

守禾山的官兵见大势已去，遂点爆弹药库，大火冲天，映红海面，禾山随之陷落。从后海登陆的日军于中午前后迫近厦门市区，厦门要港司令高宪申立即命令两个营前往增援，是晚，我增援部队赶到，向敌反攻，但无有进展。

战至 11 日晨，大批敌机临空，反复投弹轰炸我阵地。同时敌在厦门口外海边之黄厝、塔头登陆，围攻白石山炮台；另有敌驱逐舰 3 艘、炮舰 2 艘，对该炮台正面展开猛烈炮击，该炮台守军抵挡不住，退入胡里山炮台。10 时 30 分，胡里山、磐石两炮台亦遭日军围攻。两炮台官兵坚决抵抗，伤亡惨重，卒因弹尽援绝，炮台被日军攻陷，台长张元龙下落不明，参谋龚庆霖在撤退时被敌俘获。

是日厦门全市遭敌机狂轰滥炸，守军抵抗力量逐步丧失，日军于中午进占市内，厦门失陷。福建绥靖主任陈仪命令海军厦门要港司令高宪申退往漳州候令。当晚，高宪申在厦门岛对岸的嵩屿收容官兵，海军厦门造船所、海军医院及海军电台人员相继撤退，沿途收容失散人员。

只有厦门对岸的屿仔尾炮台依然屹立不动，死守不退。磐石炮台失守后，该台官兵撤进屿仔尾炮台。在敌机敌舰的猛攻下，拼力死守，由磐石炮台台长邓宝初指挥作战。支持到 13 日下午，该台的火药库被敌机击中，引起大爆炸，继而，大炮的要件和轨道也被击中，直至 14 日凌晨奉命弃守，守军撤出。

海军厦门要港司令部（司令高宪申）和所有在厦门的海军机关撤至福州马尾，与海军马尾要港司令部合并，旋高宪申奉调到重庆海军总部。

四十六、独脚将军

"短枪小艇夺艨艟，击楫当时胆气雄。莫笑将军虽足曲，虎门今日尚威风。"这是国民党中央宣传部部长梁寒操的一首诗，赞颂"足曲"即独脚将军在海军虎门要塞抗击日舰进攻的威风情形，这个人就是虎门要塞司令陈策。

卢沟桥事变几天后，海周舰奉命载运李江的独二旅增援海南岛。

海周号是原来法国淘汰的老式扫雷舰，被广东军阀陈济棠买来作为海关盐务缉私舰，舰上只有一门127毫米炮比较有威力。

海周舰在回航途经澳门海外时，发现东面大铲关邻近有四艘船只，当时天未亮，朦胧中看不清楚是什么船。

其中一艘打来灯号，"滴答滴答答滴滴……"灯光一短一长、一长一短……要海周停航。

航海大副梁根这才明白："坏了，这是封锁珠江口的日舰。"

当时大家非常紧张，都看着舰长。

舰长陈天得果断地下令："向珠江内全速航进。各就各位！"

上尉航海二副黄里，轮机长汤希，枪炮长郑聪武各自奔向自己的岗位。

海周舰加足马力，向虎门方向而去。奇怪的是日舰并没有向海周舰发炮。

海周舰回广州后不久，奉命与肇和舰开往虎门，以加强南大门的保卫力量。肇和、海周两舰的总指挥为姜西

陈策

舰上用灯光联络

园，肇和舰长是方念祖。本来不论从吨位还是从战斗力来说，海周都不及肇和，但是姜西园却选中海周舰为座驾舰，可能是姜不喜欢方念祖的为人之故。记得有一次在海周舰大官厅开完军事会议后，在闲谈中，方舰长当众说日舰炮火如何厉害，航速如何的快，我舰各方面均落后等。大家对他的这些言论表示不满。由此可见姜一向对方印象不佳是有道理的。

而虎门要塞司令是海军中将陈策。（不久由郭思演接任）

陈策，1894年生于海南文昌。父亲是新加坡华侨，15岁时进入广州黄埔水师工业学堂，在校期间加入了中国同盟会，参加过辛亥革命和"二次革命"及护国运动、护法运动。孙中山在广州就任非常大总统后，陈策被任命为航政局局长、江防舰队司令。不久，陈炯明叛变，孙中山登上宝璧舰。当时，护法舰队司令温树德暗中与陈炯明勾结，要孙中山上他的座舰永翔号。陈策识破了温树德的阴谋，用计将孙中山请上永丰舰。1923年，孙中山准备重返广州，讨伐陈炯明，陈策策反了广东舰队投入战斗，最终将陈炯明击溃。孙中山成立了陆海军大元帅府，任命陈策为广东海防司令，陈策成为粤系海军的首脑人物。在讨伐军阀沈鸿英的战斗中，陈策不幸左脚中弹负伤，成为著名的"曲足"将军。

1928 年 12 月，张学良在东北易帜，蒋介石实现了全国"统一"，海军也出现了"统一"的局面，广东海军被编为第四舰队，陈策出任舰队司令。

1931 年，汪精卫、李济深等人为反抗蒋介石，在广东成立了国民政府，形成了"宁粤分裂"的局面。九一八事变后，蒋汪重新合作。广东地方实力派陈济棠掌握了广东的军政大权，为巩固自己的权势，大肆排挤以孙科为代表的"太子系"，支持孙科的陈策也在被排挤之列。陈济棠下令裁撤了海军司令部，将海军并入他的第 1 集团军，让陈策只担任了第 1 集团军司令部高级顾问，海军司令另易他人，各舰舰长分别由陈济棠信任的陆军军官担任，与陈策有关系的黄埔海军学校 50 余名学生被勒令退学。陈策密令追随他的各舰官兵拒不执行陈济棠的命令，将一部分军舰开出广州，驶往海南，与驻海南的海军陆战队一起，宣布成立"海军行营"，与陈济棠公开实行武装对抗。

恼羞成怒的陈济棠立即调动空军对海口港实施轰炸，将飞鹰舰炸沉，将港口的设施摧毁，同时调派陆军登陆海南岛，解除了海军陆战队的武装。至此，陈策的海军实力损失殆尽，不得不离开广东，出走欧美。

1933 年陈策从欧美回国，来到南京晋见蒋介石，被任命为国民政府军事委员会军令处处长。

1935 年 6 月，陈济棠为控制海圻、海琛、肇和三舰，采取了频繁换人、削弱原三舰军官权力等手段，引起三舰官兵不满，部分官兵开始酝酿出逃。15 日，海圻、海琛两舰冲出虎门，驶抵香港。肇和舰因轮机故障没有随行。在港各种势力均想争取两舰，南京国民政府第一舰队司令陈季良率舰队主力赴港，敦促两舰北归，双方因互不信任而陷入僵局。蒋介石

陈济棠

得知后，立即派陈策前往调解。在陈策的斡旋下，两舰同意北归。7月8日，陈策率领两舰起航出港，18日到达南京下关。

1935年"华北事变"以后，日本加紧了对中国的侵略活动。为了加强沿海的防御力量，国民政府对海军人员进行了调整，命令陈策赴广东担任虎门要塞司令。

1937年八一三淞沪会战开始后，日本即以其优势的海军封锁我沿海各口，并于华南海面伺机突击登陆。

当时，广东省江防司令部鉴于为数不多的浅水舰艇难以防阻敌舰入侵，采取堵塞珠江口以实行封锁的办法，将珠江三角洲六门——虎门、模门、蕉门、磨刀门、虎跳门、崖门以及泥湾门、潭州口等口各航道，用废舰、废船、石子等加以沉塞，以阻滞敌舰侵入，一面将旧存各式视发水雷施放于虎门、崖门、狮子洋及汕头的马屿口五处，同时派出舰艇警戒。

当时海军的布置大致为：以肇和、海周、海虎、海武、海鸥等舰守伶仃洋至虎门一带；以坚如、湖山、广澄等舰守潭州口一带；以江大、飞鹏、光华、江平等舰守横门一带；以江宁、舞凤、广安、广源等舰守磨刀门一带；以安北、海雄（一说海继）、平西、靖东等舰守崖门一带；以快艇4艘驻防横门口，相机袭击敌舰。

9月14日清晨，海上薄雾散去，海周号向大角海面巡逻，正在左转沙角时，瞭望兵就发现三艘日舰已经迎面扑来。它们分别为3500吨的巡洋舰夕张号和两艘排水量超过千吨的驱逐舰疾风号和追风号，每艘都装备四门127毫米炮，航速可以达到40节，而鱼雷发射管设在舰桥前方，造型奇特。

日舰以疾风、追风攻击海周，第五水雷战队旗舰夕张号集中火力打击肇和。中国军舰还没有摆开战斗队形，日军的炮弹已经迎面而来，第一弹就击中前面的海周舰。幸而海周舰一直是一级备战，每天24小时都炮弹上膛，炮兵则卧在炮塔下。当时舰长陈天得命令水兵各站本位，向日舰狠狠地回击。

开战不久，海周舰先后被击中3炮，一炮中机舱，以致舵链中断，因而该舰不由自主地依惯性向外冲出去（当时虎门要塞与肇和舰上人人都以为海周舰勇敢地冲出去），被一炮击中驾驶室。结果舰上共死6人，伤多人。

后面的肇和舰舰长方念祖也命令开炮还击。

一方有备而来，武器先进；一方同仇敌忾，士气高昂。再加上陈策亲自指挥虎门各炮台发炮轰击，一时间，海面上炮声隆隆、火光闪闪。

由于灯台岛炮台受到射角限制，只能向攻击海周号的日舰开炮。

夕张号的6门140毫米重炮连连命中肇和号，不断有奋战的官兵负伤、牺牲，但是肇和的炮火依然猛烈，两门150毫米阿姆斯特朗主炮在第三次齐射中即命中夕张。然而肇和舰体被炮弹撕裂，大量的海水涌入船舱，舰长方念祖命令转舵撤退。

剩下的海周号孤立无援，顿时遭到灭顶之灾，日舰的炮火准确地倾泻在它的甲板上，主炮失灵，正要转舵随肇和撤离之时锚机又被一弹炸毁，两条锚链自动抛落，短短几分钟，海周号舰尾被洞穿下沉，幸好该处水浅，该舰勉强坐礁而没有沉没。

眼看中国舰队被击溃，日本海军陆战队员乘甘丸运输舰，开始在虎门口外换乘小艇，准备登陆。

日方根据情报，虎门炮台原有射程超过12公里的重炮，当时甘丸停船的位置离虎门要塞最前方的大角沙角炮台还有15公里，应该是一个安全的距离。

不可思议的事情发生了，日军刚刚开始换乘，虎门炮台守军根据炮弹炸点修订射击诸元，第一颗炮弹正中甘丸舰首，接着又命中它的中舱，等待登陆的日军陆战队员死伤惨重。日军懵了，完全不知道是怎么回事。

原来，狂妄的日军着了陈策的道了。

陈策经营虎门要塞多年，作战经验丰富，将最大的15厘米维克斯大炮和70%的兵力都部署在第一线的大角、沙角炮台。然而火炮射程不足始终困扰陈策。于是，陈策请炮兵专家沈辛耕前来指导，沈提出了几条整改意见，包括减轻弹头装药，特别是采用倾斜炮座改善火炮仰角的措施。于是将维克斯15厘米大炮的射程从12公里提高到了

15公里。

甘丸舰长下令砍断锚链，带着满船烈火逃出珠江口。

然而陈策得势不饶人，即令大队长梁康年中校率领4艘鱼雷快艇风驰电掣般冲出虎门，直扑受伤的甘丸。

广东海军的4艘高速鱼雷快艇是陈策的宠儿，1号、2号鱼雷艇是英制，航速40节，3号、4号鱼雷艇是意大利制，航速41节，都是20世纪30年代的最新产品。

日舰见状不妙，顾不得继续攻击负伤搁浅的肇和、海周两舰，掉头赶来迎击。夕张号全力压制炮台火炮，追风、疾风两舰则阻击鱼雷艇的攻击。

"独脚将军"陈策

但是中国海军鱼雷艇速度太快，不顾干扰发射了鱼雷后高速返航。尽管没有被击中，有惊无险，然而日军已经不敢继续实施登陆。只是夕张号觉得没有面子，继续和大角、沙角炮台展开炮战。

此时，头上传来隆隆的飞机声。日海军抬头看去，只见中国空军的霍克战机已经凌空杀来。日军指挥官原显三郎这才意识到大势不好，立即停止了对虎门要塞的炮击，中止了炮战，全舰队沿珠江向外撤退，退向大铲岛锚地。中国飞机继续追击，先后发动四次攻击。夕张舰被近弹击中造成伤亡，虽不影响航行，但不敢在珠江内停留，匆忙逃往外海。

海周与肇和二舰随即被拖入珠江。事后，经军法部门裁决，肇和舰长方念祖以临阵退缩罪，判处枪决。

日本联合舰队认为原显三郎未能完全达成任务，原因是准备不足，必须全部扫荡广东方面中国海军，因此，走马换将，由高须四郎中将指挥，企图彻底消灭华南的中国海军力量。

除原有的第一航空战队（航空母舰龙骧、凤翔）、第五水雷战队（夕张、第29驱逐舰队、第16驱逐舰队）外，日军增调第一联合航空队（飞机79架）、第九巡洋战队（重巡洋舰妙高、轻巡洋舰多摩）、第23航空队（水上飞机母舰香久丸、巡洋舰五十铃等）前往华南珠江口。

高须四郎是日本海军名将，太平洋战争开始后，担任过联合舰队总司令，并晋升海军大将。他接手指挥后，认为进攻之所以受挫，除了中国海军有较强的战斗力外，主要是日军未取得绝对的制空权。

从9月20日到9月23日，日机连续空袭广州白云机场和天河机场。广东空军虽然竭力应战，但终因寡不敌众，伤亡惨重，最后仅剩下三架可用飞机，后退到从化和韶关机场，只能偶尔杀来珠江口做一点游击战，再也无力掩护海军的战斗了。

随后，日军利用天气晴朗的有利条件，连日追击狂轰陈策所部海军各舰。我舰虽然全力抗击，但是势单力孤，防空火力不足。日军认为海周舰有颇强的战斗力，于是不分日夜派飞机来轰炸，大有不炸沉不止之势。最后一次，海周舰被日机炸中，水从舱底源源流入，就地沉没。至30日，肇和舰被炸毁。日军先后击沉炮舰海虎、海强、江大、坚如、舞风，运输舰福游。至此，广东海军主要水面舰艇，除执信、仲元等浅水炮舰退入珠江上游外，全军覆没。

尽管如此，面对陈策虚虚实实的布防，高须也不敢对虎门要塞下手，直到1938年2月，双方始终僵持在虎门要塞之前的珠江口。是年春，陈策左脚伤势恶化，不能行走，在别人的劝说之下，他辞去虎门要塞司令之职，前往香港入法国医院接受医治。由于伤势拖延时间过长，无法完全治愈，并有可能危及其他部位，决定将其左脚截去，左腿上安装假肢。手术非常顺利，陈策很快痊愈。出院后，他出任了国民党驻港澳总支部主任委员，兼国民政府驻港军事代表，是当时国民党当局驻港最高军事长官。港英各界称他为"独脚将军"。

1938年10月12日晨，敌舰数十艘，由敌机百余架掩护，以奇袭战术，于大亚湾的澳头港及其以东地区分路强行登陆进迫广州。由于我缺乏海军，无法海面巡逻，防守陆军亦以兵力单薄，无法抵抗，敌遂趁机猛攻，以主力先后攻陷我淡水、惠阳、博罗、增城，直趋广州，并以一部由淡水截断广九路趋石龙等地，并攻占宝安直趋虎门要塞的侧背。

10月21日广州失陷。敌机数十架分批猛炸虎门要塞及其附近我方舰艇。23日，我4艘鱼雷快艇先后被炸沉没。广州既陷，各舰遂奉命分别驶往西江集中待命。途中江巩舰在番禺县属的紫泥河面先后与敌机4批近30余架作战达两三小时之久，前后共击伤敌机4架。江巩舰亦中弹累累，终告沉没。公胜舰则于顺德县属的容奇河面被敌机击沉。

由于敌获得制海制空权，故能任意选择登陆点，而获得战略主动。我军士气虽旺盛，但缺乏海空军，缺乏海面巡逻，致使敌以突击机会而成功。

广州失陷后，广东省江防司令部转进至西江的肇庆布防，严令各舰固守江门、三水、肇庆之线，固守西江咽喉。

当敌人由广三铁路进陷三水，我海军当局唯恐各舰被切断于三水、马口以外，乃令各舰集中于三水之青歧至肇庆一线。在此之前，即10月29日，敌人在思贤滘东岸等处构筑炮兵阵地之时，海军令执信、坚如、仲元、仲恺、飞鹏、湖山等舰，由执信舰长李锡照率领，向三水之思贤滘、马口等处搜索进攻，展开炮战，敌岸上一座炮垒被击毁。敌集中火力猛攻执信，执信舰被中数弹，李锡照舰长受伤犹忍痛指挥作战。未几，敌弹如雨，执信舰被击中沉没，李锡照舰长及副舰长林春忻、枪炮员周昭杰等23人壮烈牺牲。

执信既沉，敌转移目标于坚如号，一时坚如号四周弹落如雨，坚如亦被击中两弹。时我各舰乃立即回航，固守肇庆峡，阻敌于三水之线，直至1944年9月，始自行弃守。

1941年12月7日，日本偷袭珍珠港。8日，日军投入了海陆空力量发动了对香港的进攻。12月15日香港沦陷。

早在守港战斗打响之初，陈策主张率领部分驻港华人和英军官兵实施突围，然后登陆进入中国军队的控制区。马克·扬答应提供5艘鱼雷快艇用于突围。然而，港英当局不久就投降了，但陈策坚定地表示："宁可战死，不作降虏。"

当陈策的计划制订完成后，有60余名英陆海空军官兵来到陈策的面前，他们中包括英国情报部的大卫·M、麦克道格尔、罗斯等几名文官，还包括 P. W. 肯德尔、约翰·泰伦、A. 肯尼迪等 26 名海陆空军军官以及 35 名士兵。

12 月 25 日是圣诞节，下午 4 时许，按照陈策的命令，第二鱼雷快艇队的 5 艘鱼雷快艇从隐蔽地进入香港岛西南部的小岛鸭脷洲朝南的海湾集结，陈策和他的随从参谋、海军少校徐亨一起，在香港岛南部将参加突围的 60 余名英国官兵和十几名驻港中国人员共 83 人进行了清点，组成了突围分队，准备等待天黑后乘船渡过香港岛与鸭脷洲之间的海峡，与 5 艘鱼雷快艇会合。

已经是黄昏时分，夜幕即将降临。突然间，巡逻艇开足马力全力向鸭脷洲开去。寂静的海面上传来的轰鸣声惊动了驻守在布里克山上的日军，顿时，猛烈的交叉火力封锁了巡逻艇的航路，密集的枪弹噼噼啪啪地打在巡逻艇上，麦克道格尔等两名军官当即中弹负伤，倒卧在船舱里，船内机件也被击毁，巡逻艇无法行驶。在这危急时刻，陈策命令艇上人员弃船跳水，同时他扔掉双拐，取下假肢，纵身跃入水中，奋力向鸭脷洲游去。官兵们纷纷跃入水中，冒着日军的枪林弹雨，在寒冷的海水中奋力向前游。突然，陈策的左手腕被流弹击中，海水一片殷红，但他拖着残缺的左腿和负伤的左腕，忍着巨大的疼痛继续向前，终于日军的枪声稀疏了。经过两个多小时的奋力拼搏，他们终于登上了鸭脷洲。但是在这次激烈的突围战斗中，有 16 名官兵或被俘或阵亡，到达鸭脷洲的人员只有 67 名。

21 时 30 分，一行人乘上了整装待发的鱼雷快艇，随着一阵轰鸣，5 艘鱼雷快艇点火起锚，向北驶去。午夜时分，鱼雷快艇到达了青衣岛东北部海湾的登陆地点。

之后，在港九游击队的护送下，于 29 日上午，到达惠州。此时，陈策的左腕开始感染。

12 月 31 日，陈策从当地租用了四艘舢板，载分队渡过东江，向柳城前进。1942 年 1 月 5 日分队到达柳城。8 日，到达韶关。16 日，到达广西柳州。这时陈策的伤势更加严重，伤口已经溃烂，不得不进行输血治疗。威尔士传教士马丁通过手术将他手腕里的子弹取了出来，但他的身体相当虚弱，不得不放弃继续前进的计划。

后来，突围分队在中国军民的帮助下，经过贵阳、昆明，缅甸的腊戍、仰光，印度的加尔各答、孟买，最后登上驶往英国的轮船。

1942年5月22日下午，分队乘坐的船只缓缓地驶进了苏格兰的格拉斯哥港，3名英军军官和28名士兵安全地回到了自己的家乡。

1942年1月，陈策飞抵重庆，受到各界欢迎。国民政府授予他干城甲种二等勋章，行政院授予他海军中将军衔，英国政府为表彰他为世界反法西斯战争作出的贡献，授予他大英帝国爵士（Knight of the British Empire）称号，并将他空运到印度，专门为他制作了假肢。陈策将从他左腕中取出的那颗子弹镶嵌在一条金链上佩戴在胸前，作为他从香港突围的永久纪念。

1944年4月，粤桂江防司令部由梧州迁肇庆。9月肇庆沦陷，司令部逐步西移，计先后曾驻禄步、郁南都城、苍梧长洲、藤县、桂平、贵县、南宁等处，至12月抵百色。

嗣后军事形势稍趋好转，复次第东下，抵驻田阳。1945年3月抵驻田东，6月到达南宁。湘桂会战后，舰艇损失殆尽，唯布雷仍有实力。6月底粤桂江防司令部奉令撤销，缩编为粤桂江防布雷总队，7月1日在南宁成立，隶属军政部。

1945年8月，日本宣布投降后，粤桂江防布雷总队由南宁移驻贵县，嗣军政部派陈锡乾为总队长。日本投降后，总队加紧扫雷工作，总队部赶速东移，9月23日到达广州。扫雷工作完成后不久，于1946年2月总队司令部裁撤。至此，原广东舰队亦即第四舰队宣告结束。

1945年春，陈策从重庆返回广东，出任盟军联络专员、广州军事特派员、广州特别市长等职，设办事处于兴宁，负责军事策反工作，协助盟军反攻广州。抗日战争胜利后，陈策担任了广州市第一任市长。第二年，因病辞去广州市长职务，赴南京休养，担任国民政府顾问。1949年8月30日病逝于广州。

四十七、鏖战福州

闽海浓雾弥漫，雾色稍霁，马祖海面上有不同型号敌舰多艘、运输船十余艘和小型航空母舰一艘向福州进攻。李世甲奋力抵抗后，率部退出。此后敌退我进，彼消此长，终于赢得最后的胜利。

厦门失陷后，日军将目标对准福州，闽江口防务紧张。

1938年5月23日，敌舰开始向梅花、黄岐、北笈各处炮台进行炮击，并多次出动大队飞机滥炸闽江阻塞线，企图炸开一条通道，并空袭马尾海军各机关及要塞各炮台。

从5月31日至6月1日，我各要塞炮队奋勇还击，沉着迎战，多次击退日舰的进攻。防卫在闽江口封锁线的我抚宁、正宁、肃宁各巡哨艇，与敌机展开激烈的空战。

是日下午6时30分，敌机侵入马尾上空，并向驻亭头的抚宁炮艇投弹，该艇被炸中多处，船底大量进水，抢救无效，随即下沉，牺牲官兵十余人。

6月1日晨6时30分至7时，4架敌机先后到闽江口长门要塞前，对肃宁、正宁两炮艇投弹，我艇上官兵虽英勇射击，但抵不住敌机投弹猛烈，被击中要害，正宁艇燃起大火，舱底进水，随即沉没；肃宁艇勉强拖搁岸边，敌机复来俯冲扫射，官兵伤亡多人。李世甲遂将沉艇上剩余的官兵编成了巡防队，担任闽江口防守任务。

驻泊在马江上楚泰舰也被敌机炸得遍体鳞伤，船底漏水，只得用拖轮将其拖进乌龙江，在南港螺洲乡的某港汊里加以伪装，并把舰上炮械拆卸下来，运至马江下游的红山构筑的临时炮台上实行安装，以加强对闽江的防御。

6月23日上午9时18分，8架敌机结队投弹多枚，轰炸了马尾海军各机关。马尾的要港司令部、海军学校、练营、造船所等处房屋、操场被毁，士兵2人负伤。

7月1日下午，有敌机17架空袭马尾，狂炸海军各机关、船坞、船厂，造成重大损失。

时隔一年后，1939年6月27日，金门、厦门之敌派出一部兵力突破闽江口封锁线，进占孤悬海外的川石岛。在岛上构筑工事，架设炮位，与我海军长门要塞相对峙，不时进行射击。

敌军占领川石岛，意在监视我要塞活动，用大炮轰击，阻挠我方构筑长门阻塞线和布雷，使我军在敌前作业受到威胁；同时，封锁和破坏闽江口航运，使他国船舶不能进港，以阻断中国与国际社会的联系。

6月29日，日军妄图夺取福斗岛，在遭到我海军陆战队迎头痛击后，伤亡很大，大败而退。之后采取封锁策略，在沙堤、福鼎湾等处布设水雷，利用川石岛炮位轰击我福斗岛阵地。敌舰也不断对我各炮台展开炮击。

7月5日，日海军一艘舰艇进逼壶江和梅花，均被我炮台击退。

此后，敌机空袭频繁，马尾地区被轰炸达426次之多。敌机来袭时，架数不等，最多一次为32架，所用炸弹最大为500磅，有时也投烧夷弹，我海军驻马尾各机关、要塞各炮台屡遭轰炸，地面伪装网经常遭到破坏。

1939年冬，福建省政府由福州内迁永安，福建绥靖主任公署和第25集团军总司令部也同时迁往南平，福州已处于战时状态。这时陆军第100军军部驻在福州西郊的徐家村，海军马尾要港司令部和所属部队，均归第100军军长陈琪指挥，陈琪始终没有下达作战计划，也没有对军事部署做任何具体的指示。

1940年1月，日军开始向闽江口入侵，不时空袭我各炮台。1月28日，日军一艘汽艇在古尾山江面追击我民船，经我陆战队猛击遁去。后以飞机屡炸我陆战队各驻地。2月16日，陆战队连长陈佑芝在空袭中殉职，另有士兵多人负伤。3月11日晨，敌大汽艇一艘驶进我阻塞线，继而用机关枪扫射水雷，被我炮台发炮击中，前舱着火，遁至芭蕉下沉。

7月，日军在崇武、永宁、三都等地一度登陆后，野心复炽。我海军于下岐、在洋各地，加筑坚固工事，随时备战。敌舰艇虽不断来窥，而马祖方面亦迭有敌运输舰船出没，均经我陆战队及炮台分别予以击退。此后迄无重大变化。

1941 年 1 月 14 日，敌舰向我福清等处开炮。30 日，川石岛之敌炮击琅岐、赤沙、龙台各乡。2 月 11 日，敌汽艇一艘驶近福斗岛，以机关枪扫射我海军陆战队步哨楼。我军奋起迎击，长门炮台开炮协攻，敌艇受创逃走。21 日，又有敌船两艘向后龙山窥伺，我海军陆战队开枪射击，敌船竟闯入火网，扑向渡口；在我炮台猛烈炮击下，终于支持不住，向鼓尾山方面逃去，又被我扼守该处之陆战队截击受创，因而遁回川石岛。

3 月，闽口要塞各台，仍不断被敌机空袭，且于川石岛外面敌之运输舰开到，卸下陆军士兵并山炮甚多。五虎一带，敌舰又复梭巡弗辍。盖敌欲以重兵摧毁我炮台，封锁海口，劫夺资源，藉遂南进之谋显而易见。

4 月中旬，闽海连续几天浓雾弥漫，18 日傍晚，雾色稍霁，长门监视哨发现泊于马祖海面的不同型号敌舰多艘、运输船十余艘和小型航空母舰一艘，有进窥福州的动向。

李世甲一面急向各军事领导机关汇报并通报各友军，一面命令所部海军陆战队第 4 团进入马长地区，准备战斗。

19 日，马祖海面之敌果然分兵两路进犯福州，一路由连江县镇海筱埕登陆，一路由长乐县漳港登陆，并以飞机 8 架掩护进攻，空袭连江、长乐、福州一带地区。

敌登陆后，我第 80 师稍作抵抗，从连江县城撤至珀头岭，再经珀头而至海军马长防区内；第 75 师一个营由金峰镇向潭头转移，渡过闽江，也进入瓮岐地区。是日正午，罗星塔对岸的长乐营前镇发现敌踪，马尾面临严重威胁。午后，敌趋黄石、下洋，夜间渡过乌龙江，沿福峡公路进迫福州。

下午 2 时，连江县城被敌占领，敌主力出潘渡、汤岭，趋大小北岭，直捣福州。敌以一部分兵力进攻珀头岭，以切断我要塞后路，天黑前珀头岭被敌占领。敌先头部队在镇海筱埕登陆后，分兵一支向下岐进犯，海军陆战队第 4 团第 3 营于当日下午 3 时与敌发生战斗。

20 日拂晓，敌驱逐舰二艘驻泊川石岛，协同驻川石之敌向我要塞猛攻，炮战竟日，我方由于火力较弱（陆战队每营只装备四挺重机关枪），抵抗不住，伤亡颇多。团长陈名扬临阵逃脱，部队由第4营营长戴锡余带领，边抵抗边向长门靠拢。这时珀头岭之敌向长门要塞侧后节节进迫，成包围之势。是晚，李世甲下令放弃长门，向亭头、闽安镇转移，进入第二道阵地，准备继续抵抗。

是日晚，敌主力越过潘渡、汤岭向大小北岭推进。其时，第100军军长陈琪尚在福州汤井巷涤庐洗澡，打电话给李世甲说："我马上就到军部去指挥作战。"

电话刚放下，李世甲就接到军部的通报：第80师某团与敌激战于潘渡、汤岭之间，勇挫敌锋，战局稳定，希望各友军共同努力杀敌。军部并要李世甲转告退集在瓮岐的陆军迅向汤岭方面进发，侧击来犯之敌。

21日凌晨3时，福州秩序混乱，所有机关和军队都忙于撤退，连警察也都集中后撤，还准备炸毁闽江大桥。此时福州北门外新店和南台岛白湖亭均发现敌踪，李世甲急以电话向第100军军部查问究竟，直到天明5时才接通电话，军部参谋处郑处长说："军部已下令放弃福州，你将部队和所属机关向鼓山、鼓岭后撤。"

李世甲问："为何军部不下达命令？"

郑处长答："时间紧迫，此电话即为命令。"

李世甲问："撤到上述地区后有什么任务……"

而电话断了。

6时许，李世甲下达命令：

1. 防守马尾的陆战队第2营（营长陈昌同）向鼓山转进；

2. 驻嘉登岛之第1营（营长李传馨）撤至闽安镇后，经马尾转进鼓山；

3. 驻亭头瓮岐的第3营监视当面之敌，与敌保持接触，掩护第1营到达闽安镇后，取道彭田至鼓山集结待命。

上午8时，李世甲率领马尾各机关官兵和长门要塞官兵离开马尾，11时抵鼓山，第80师和第75师各一营已先至。我陆战队第1、第3两营于下午5时先后到达。4月21日下午3时，第100军军长兼福州警备司令陈琪和第一区行政督察专员何震离开福州。至夜，福州沦陷。

海军陆战队第4团集结鼓山之后，以第3营营长戴锡余代理团长，第3营副营长陈午孙代理该营营长，第1营营长李传馨在由嘉登岛向鼓山转进途中掉队，李世甲命该营连长林苞代理营长。随即部署警戒，构筑野战工事，同时派员四出寻找第100军军部和第80师师部，都没有找到。此时，传来一些战情：敌军正不断从汤岭出动，通过宦溪、小北岭岭头之间的公路急速向前推进，以巩固对福州的占领，马尾已于21日下午被敌占领，且敌有向彭田、鼓山推进模样，鼓山已处在敌人包围之中。李世甲正准备率部突围，这时退至鼓山的第80师和第75师各一个营，表示愿听命共同突围。

22日拂晓，李世甲指示随军的马尾各机关所有文职人员离军分散行动，伺机跳出敌占领区，并指定南平为后方报到地点。同时命陆战队向鼓岭、陈洋、战坂进发，命第80师和第75师各一个营分任左、右两翼，指定溪边（位于汤岭西北约十里）为冲出敌包围圈后的集中地点。

向晚各部队抵战坂，正在埋锅造饭，忽发现敌搜索队，李世甲即令第1营营长林苞率部驱逐，敌因兵力较少，又以天黑，稍一接触即转移他去。李部遂乘夜继续向弥高、项虎急进。

23日黎明，抵溪边，一架敌机跟踪侦察，突围部队疾向峨眉、寿山、汶洋转进，以大湖为目的地。在敌人追击下，海军死伤散失人员甚多，财物损失不计其数。

5月1日，马尾要港司令李世甲报告陈绍宽："奉陈主任（陈仪）令，转移来南平，已于东（1）日到达。"

陈绍宽即令撤销海军马尾要港司令部，委李世甲为海军闽江江防司令，仍兼海军陆战队第2独立旅旅长。司令部设在谷口，有人员十几人。

8月下旬，占据福州之敌有撤退模样，陈绍宽命李世甲准备收复马长地区。

9月1日，敌人开始撤退，我海军陆战队第4团集中待命，2日向福州推进。3日午前，陆军第80师（师长李良荣）的主力已迫近福州西北郊，李世甲率特务排首先入城，海军陆战队第4团则由轮船运送，直趋台江。下午，李良荣率部继至，陈仪以李兼福州警备司令。

当晚，海军陆战队到达马尾。海军闽江江防司令部即移设马尾，海军其他机关亦相继迁回。这时，马长地区已被敌破坏无遗，长门要塞亦被敌夷为平地，填筑在长门港道阻塞线主要航道上的石垛也被敌用深水炸弹炸陷。

李世甲认为首要之务，便是恢复闽江口阻塞线的整修工作，但是长门右岸的嘉登岛仍在伪军林义和部之手，遂命令陆战队第4团团长戴锡余率第1营渡江进攻嘉登岛，林义和乃率部逃出海外，回其老巢南竿塘岛去了。

闽江阻塞线经整修后，不久即恢复原状。海军陆战队第2独立旅司令部移驻马尾与江防部合署办公，陆战队第4团团部设在闽安镇，以两个连兵力分驻长门和嘉登岛作为监视哨，监视海上之敌和盘踞在南竿塘、北竿塘、白犬列岛的伪军林义和、张逸舟等部。

不久，福建绥靖主任公署宣告撤销，陈仪调离福建，由第三战区副司令长官兼第25集团军总司令刘建绪继任福建省政府主席。继之第100军亦他调，第70军（军长陈孔达）入闽，海军陆战队第2独立旅（缺第3团）仍归第25集团军的战斗序列。刘建绪履新伊始，即令第80师担任福州、连江防务，派黄素符为福州警备司令，令海军陆战队负责由长门至鼓岭地区的防务，长乐、福清、平潭地区则由福建省保安纵队（纵队司令严泽元）负责。

1944年9月27日，长门监视哨发现泊于南竿塘海面的敌运输舰4艘和小型军舰2艘，有企图向连江登陆的迹象。李世甲一面令海军陆战队第4团准备战斗，一面向第70军军部和第80师师部报告。这时第70军军部设在南平下道（今称夏道），第80师师部设在北门外新店。

敌军过去进行登陆作战，一贯有空军配合，此次没有发现敌机，故第80师师长李良荣认为敌登陆的可能性不大。他还乐观地告诉李世甲：有第80师第240团的一个营驻防连江浦口，不足为虑。

但事情的发展恰与其估计相反。27日晚，敌军从镇海、筱埕登陆，驻防在浦口的我军一个营予以迎击，第240团由新店赶往参加战斗。这时李良荣命海军陆战队进入阵地，作战地区是在第80师的右翼（该师的主阵地在大小北岭）。当晚，李世甲率江防部官兵和陆战队第4团第3营（营长王传修）及军主教导队（队长杨松藩）迎击由连江进犯马长地区之敌，并命令陆战队旅司令部参谋长何志兴留守马尾，指挥第4团（缺第3营）。

敌占领连江县城后，以一部兵力占据珀头岭，其主力由潘渡趋向大小北岭，进犯福州。

李良荣派出第80师第239团中校团附陈维金，率搜索连向连江某地搜索前进，途中与敌发生遭遇战。李世甲判断来犯之敌力量并不大，由是率王传修营占领岭头门阵地，设指挥所于思项村，并以一个连留守鼓岭，作为岭头门的右侧卫，另以教导队占领一个山口，作为岭头门的左侧卫。30日拂晓全线发生战斗，我岭头门地势险要，敌连续数日几度进攻，均不得逞。我第3营第9连连长陈崇智负重伤，其他官兵亦伤亡不小。

10月1日，战斗还在继续，福州各军政机关纷纷后撤。李良荣嘱李世甲入福州城，找警备司令黄素符和市长黄澄渊，告以前线情况稳定。

得此消息，有些已撤离的机关又迁了回来。两天后全线战事突然紧张，李世甲令陆战队第4团团长戴锡余率第2营（营长陈昌同）增援岭头门，以第1营的两个连分守闽安镇和马尾，旅司令部直属部队第1营的两个连转移福州东北郊待命。连日战斗激烈，主攻之敌相当凶猛，第80师的3个团与敌作战，伤亡很多。

10月3日凌晨，举行战况汇报会，李良荣问李世甲：能否出一支部队由闽安镇趋南阳，在敌后发动攻势。李世甲当即接受了任务，立即命令第1营营长林苞率所部两个连，由福州台江轮运去配合驻守在马尾和闽安镇的两个连径趋南阳，攻敌侧后，预计午后4时可以到达，并限令在黄昏前完成袭击部署。

11时许，李世甲接到福州市警察局局长谢桂成报告："第80师已准备全线后撤，弃守福州。"接着，李良荣以电话命李世甲率部后撤，在桐口至大目埕之线布防并对江警戒。

当日下午5时，李世甲率江防司令部和第2独立旅司令部直属部队，离洪山桥轮运至大目埕，第4团团部驻白沙。我岭头门陆战队第3营，原令其乘夜黑脱离敌人，但考虑到敌已由大小北岭先入福州，恐其通过福州撤出有困难，乃派人化装进城传达命令，嘱在黄花岗中学暂充军训教官的第 2 旅旅部上尉参谋陈魁梧，由其负责收容我陆战队官兵，组成游击队在敌后活动。

陈魁梧接受任务后，组织海军游击总队队部于鼓山，在福马地区袭击敌人，有所斩获。第 3 营撤至东郊上铺、溪口时，夜黑莫辨，与第 80 师后撤部队发生混战，营长王传修乃率部转向魁岐渡林浦，进入南台岛，从闽江右岸撤至甘蔗，我陆战队就在桐口至大目埕地区布防。在福州第二次沦陷 260 多天中，敌两度溯江进攻甘蔗，均不得逞，海军陆战队所部连长翁良法等负伤。此外，在桐口、小桥还发生多次小战斗，互有伤亡。

10 月 4 日清晨，日本陆军第 60 混成旅旅团长长岭少将所部约 4000 人占领福州，敌军司令部设在马尾马限山美国医院，在福州仅有一个联队，联队长为乔木大佐。

1945 年 4 月，我海军总司令部中将参谋长陈训诹病故，遗缺以海军第二舰队司令曾以鼎升任，李世甲则调为第二舰队司令，所遗闽江江防司令一缺由海军第三布雷总队总队长刘德浦继任，李世甲所兼的海军陆战队第 2 独立旅旅长职务由旅司令部参谋长何志兴代理。

当时海军第二舰队驻防川江，而西犯之敌已占领贵州独山、都匀，交通已经阻断，李世甲在南平、永安等地等候乘陈纳德第十四航空队的飞机前往接任，经月未能成行。

5 月间，福州的敌军有撤退模样，李世甲向重庆海军总部报告，陈绍宽令李再率海军陆战队第 4 团收复马长地区。5 月 17 日，李世甲到大目埕协同刘德浦进行战斗部署，一面把陆战队集结在甘蔗，前头部队则挺进小桥；一面与陆军第 80 师取得联系，分三路进迫福州。我陆战队担任西路，第 80 师担任东、北两路，由第 80 师派遣别动队入城活动，预定以城隍庙举火为号，各路同时并进，会师福州。

5 月 18 日，李世甲在古山洲见城内烽烟突起，即令刘德浦率陆战队入福州，继则收复马尾、长门地区，与川石岛之敌对峙。后敌军由福州向闽东退却，李良荣率部尾追。马尾、长门地区收复。

第四部　太阳旗落

四十八、日本投降

1945 年 8 月 15 日，血战八年之久的伟大的抗日战争终于以日本投降而结束。9 月 9 日上午 9 时，海军上将陈绍宽参加了南京日军投降的签降仪式。

1945 年以后，法西斯国家江河日下。

国际反法西斯战争取得了决定性的胜利。欧洲战场希特勒、墨索里尼纳粹军事轴心集团遭到毁灭性打击，盟军主力挥师太平洋战场。

1 月 7 日，美机空袭澎湖、琉球两处日本海空军基地，击沉日舰 83 艘，击毁日机 21 架，日海军从此不能再组成有力的舰队出战，"联合舰队"名存实亡。

1 月 9 日，美军在菲律宾吕宋岛登陆，一举摧毁了日本海军主力。

2 月 3 日，盟军攻入马尼拉，以伤亡 1500 余人的代价占领了马利亚纳群岛。

3 月 19 日，美军在日本濑户内海对日舰队予以重创，旋即攻占仅距东京 440 海里的琉黄岛。

4 月 1 日，盟军在冲绳岛登陆，战争进入"对日本本土进行空中轰炸"的阶段。

5 月 8 日晚 11 时，德国无条件投降批准仪式在柏林举行。从 5 月 9 日零时起开始生效，欧洲战争结束。

7月26日，中、美、英三国首脑签署的《波茨坦公告》在柏林发表，公告促令"日本政府应立即宣布所有日本武装部队无条件投降"，重申"开罗宣言的条件必须实施，而日本的主权必将限于本州、北海道、九州、四国及所决定的其他小岛之内"，日本霸占中国的东北、台湾、澎湖列岛等地必须归还中国。

8月6日，美国B-29轰炸机向日本广岛投下第一颗代号叫"男孩"的原子弹，几乎使这个拥有25万人的城市从地球上消失。

8月8日，苏联对日宣战，并迅速进兵东北，配合中国抗日军民给日本关东军以歼灭性的打击。

8月9日，美国的又一颗代号叫"胖子"的原子弹在长崎降落……如果日本再不投降，必将带来举国毁灭的恶果。

8月10日，日本在走投无路的处境下，接受了《波茨坦公告》。

8月15日，日本天皇在东京广播电台向全世界宣读了《终战诏书》，正式宣布无条件投降。

就在日本天皇宣读《终战诏书》的当天，中国战区最高统帅蒋介石一面授令何应钦全权受降，一面急电南京日军最高指挥官冈村宁次，指示日军六项投降原则，敦促冈村宁次速派代表至玉山，接受中国陆军总司令何应钦之使命。

8月18日下午6时，蒋介石再电冈村宁次，以玉山机场目前不能使用，改为湖南芷江机场。是日，国民党陆军总司令部已派副总参谋长冷欣、蔡文治及处长钮先铭飞抵芷江，为洽降做最后的准备。

20日上午，国民党各战区长官陆续抵达芷江，他们分别是：张发奎、卢汉、余汉谋、王耀武、顾祝同、汤恩伯、孙蔚如、杜聿明、廖耀湘、吴奇伟、郑洞国、张雪中等。临近黄昏，何应钦率肖毅肃等高级幕僚分乘4架飞机由重庆飞抵芷江。随行的还有国民党行政顾问团和陆军总部参议刁作谦、龚德柏、顾毓秀、邵毓麟以及中外记者五十余人。当晚，何应钦召集会议，宣布成立陆军前方司令部，并研究了受降具体事宜。一切准备就绪，只等日本代表来临。

1945年8月21日，东方刚刚露出鱼肚白，湘西芷江城就沸腾起来了，人们张灯结彩、悬旗放鞭，举行庆祝大典。花队、伞队、狮队、芦笙队，一队接一队，宛如长虹舞动；锣声、鼓声、歌声、唢呐声，一阵高过一阵。地展开了眉头，天露出了笑脸，一片欢乐充溢全城。时针刚指向 8 点，全城各界人士上万，怀着既喜悦又悲愤的心情，从不同方向涌向机场。

10 时刚过，4 架飞机在东方出现，渐渐来到了芷江机场上空。三架是同盟国方面的银色战斗机，一架是深色的双引擎机，翼下清楚地漆着两个太阳徽。

4 架飞机盘旋一阵后，降落在跑道上。11 时 25 分，陈应庄少校命令打开机门，宪兵毫不客气地登机进舱检查，包括机舱所有的人员和器械。宪兵检查完后，陈少校才对机舱内不冷不热地说："现在可以下机了！"

顷刻，一顶硬壳帽在机舱门口出现，接着一顶绿呢军帽，又一顶绿呢军帽……日军洽降代表共 8 人，戴硬壳帽、穿军服、架黑边眼镜的今井武夫少将走在前边，参谋桥岛芳雄和前川冈雄，全身军服，紧跟在今井后面，翻译木村辰男身穿青色西装，其余 4 人都是航空员，一个个面带凄容，缄默不语。上百名中外记者立刻涌向前来，上万群众使劲向警戒线涌去，荷枪实弹的宪兵拼命拦住愤怒的人群，人群中的怒吼声震耳欲聋："打死日本人！打死他们！"警戒圈越挤越小，8 个日本人在愤怒的唾骂声中走向 4 辆吉普车，有白旗的两辆在中间，陈应庄少校急忙引导洽降代表坐上降车，然后自己坐进最前面的一辆，向洽降会议地点驶去。

洽降会议地点设在芷江机场附近的原国民党空军第五、第六大队俱乐部。为纪念这个"神圣"的日子，在会场正门扎起一座牌楼，牌楼上端中间扎有一个"V"字，象征胜利，又扎有"和平之神"四个大字。会场门前旷地上高竖着中、苏、美、英四国国旗。会场虽然布置得简单朴素，但气氛热烈、肃穆。会议室内正面墙上挂着一张巨大的孙中山遗像及国民党党旗。国父像的前面排成弧形的桌子上，仅仅铺着洁白的桌布，好像是法官的审判台。在桌子前不到两米的地方，面对着摆有四张黑漆的椅子，这是为洽降代表而设的。

肖毅肃中将端坐洽降正席，左边为副参谋长冷欣中将，右边为美军作战司令部参谋长柏德诺将军。张发奎、卢汉、余汉谋、顾祝同、孙蔚如、汤恩伯、王耀武、杜聿明、廖耀湘、吴奇伟、张雪中等高级军官及顾毓秀、刁作谦、刘林士、龚德柏等高级文官均列席了会议。

过了十来分钟，门口传来："来了，来了!"的声音，紧接着摄影记者们紧张地准备起来，肖毅肃大声说道："请日方代表进来!"

日本四个代表鱼贯而入，先走到桌前恭敬地行了鞠躬礼。直到肖毅肃冷冷地说："请坐"，他们才拘谨地坐下。今井武夫居中，左有桥岛芳雄，右有前川冈雄，翻译木村辰男站在今井武夫背后。

肖毅肃声音洪亮地宣布："本人是中国战区中国陆军总司令部参谋长肖毅肃中将，今天我代表中国战区陆军司令何应钦上将来接见你们。"

他指着左右介绍道："这位是总司令部副参谋长冷欣中将，这位是在中国的美军作战司令部参谋长柏德诺将军。"

接着，肖毅肃郑重而带着命令的口气对今井武夫说："请你们先说明身份，并交出你们的身份证书。"

投降代表今井武夫用极低沉的声音介绍了自己和两位随员的身份。随后说："日本政府依照天皇的圣谕，接受了同盟国《波茨坦公告》，已派代表到马尼拉向盟军最高统帅麦克阿瑟将军办理投降手续。驻华派遣军则由鄙人作代表向中国方面代表洽谈投降协定……"

没等今井把话说完，肖毅肃打断说："你怎么答非所问？刚才我问你

日本洽降代表今井武夫一行抵达芷江

418

有没有带身份证明书，如果带来了，请交出来。"

今井抱歉地说："鄙人没带身份证书，只有冈村宁次将军的'特别命令'。"说完即呈上特别命令。

肖毅肃看了特别命令后问道："你有没有带来电报上所指定的那些表册？"

"表册没有，只有一份地图，但最近山东省军队向华北调动的详情还没有注明在地图上。至于越南和中国台湾的情形，因不属冈村宁次将军管辖地区，所以没有注在图上。"今井说完即命令桥岛芳雄交出日军在华兵力配备图。

就在桥岛和木村毕恭毕敬站在桌前说明他们交出的兵力配备地图时，会场中的摄影记者一齐拥上前，所有镜头全集中到桌上的地图和正在解说的桥岛及木村脸上。

肖毅肃开始宣读中国陆军总司令何应钦上将致冈村宁次的第一号备忘录。当肖将军高声朗读这份洋洋千言的备忘录时，不仅今井武夫和他的随员显得极度紧张，就是全场的空气也顿时更加严肃起来。日译文稿念到各战区接受投降的具体步骤时，今井武夫取出手绢不时擦着脸上的汗珠。

日译文稿念完后，肖毅肃拿出事先预备好的两张收据摆到今井武夫面前："请你在此签字。"同时将备忘录递给了他。

今井拿起毛笔，略微抖动地签字：

今收到中国战区中国陆军总司令一级上将何应钦致日军最高指挥官冈村宁次将军之中字第一号备忘录中文一份，日文本一份（以中文本为标准），并已充分了解本备忘录之全部内容，当负责转送。

驻华日军最高指挥官冈村宁次将军之代表参谋副长今井武夫少将（签字）

中华民国三十四年八月二十一日　　公历一九四五年八月二十一日
　　　　　　　　　　　　　地点：中华民国湖南省芷江县

肖毅肃就中国陆军总部将在南京设前进指挥所，短期内输送军队前往南京、上海、北平各地接收，何应钦与冈村宁次直接通电等问题做了交代。

会议结束，日本洽降代表站起来，鞠躬，像进来时一样鱼贯而出。

23 日下午，何应钦在总司令会客室接见了今井武夫，参加接见的有肖毅肃、冷欣、蔡文智、柏德诺及钮先铭等人。2 时 15 分，日本洽降代表乘机返回南京。

8 月 27 日，冷欣率部属、顾问、宪兵等百余人，分乘 7 架飞机抵达南京，设立国民党军前进指挥部，筹备日本军投降签字事宜。中国新编第 6 军被派为南京进驻部队，9 月 5 日，陆续空运到达。9 月 6 日，海军总司令陈绍宽随中国陆军总司令何应钦在数十架战斗机的护卫下，由上海飞抵南京机场，代表国民政府签字。

日军投降签字仪式是 9 月 9 日 9 时开始的，中国战区受降典礼仪式的会场，设在黄埔路中国陆军总司令部大礼堂。

9 月 9 日，秋高气爽，万里无云。上午 8 时 45 分，日军投降代表冈村宁次大将等七人乘车而来，在中外记者频频闪动的镁光灯下，苦着脸进入礼堂的左侧休息室。他们当即解下所佩军刀，请中方人员转交何应钦等人。8 时 56 分，受降主官步入会场，为首的是中国战区受降最高长官——陆军总司令何应钦一级上将。他身着笔挺将军服，肩挎武装带，左佩中正剑。依次是陆军二级上将顾祝同、海军上将陈绍宽、陆军参谋长肖毅肃中将、空军上校张廷孟。左侧是中国高级将领和记者席，右侧是盟军要员及外国记者席。

中国战区受降会场，右下方的桌子为受降席，对面（左）为投降席，
上方的桌子为观礼席

陆军总司令何应钦代表中国政府在日本降书上签字，其左依次为
海军总司令陈绍宽、空军司令张廷孟，其右为顾祝同

全场中外来宾不约而同地纷纷起身，热烈鼓掌。摄影记者纷纷拍照。何应钦坐在受降席的正中，左边为海军上将陈绍宽、空军上校张廷孟，右边为陆军二级上将顾祝同、陆军中将肖毅肃。

　　8点58分，日军投降代表冈村宁次率代表在中国宪兵武装护送下来到会场，到大门口时，冈村宁次按宪兵要求，顺从地解下佩刀，以示解除武装，日方代表一个个用手端着军帽走进会场：日军中国方面舰队司令官福田良三中将、日军驻中国台湾第10方面军参谋长谏山春树中将、日军驻印度支那第38军参谋长三泽昌雄大佐、中国方面军参谋长小林浅三郎中将和副参谋长今井武夫少将。

　　冈村宁次等七人由中国军训部次长王俊中将引导从礼堂正门入场。他们走到受降席前，脱帽向何应钦等人弯腰45度鞠躬。何欠身作答，命令他们在投降席就座，并宣布："摄影五分钟。"

　　9时整，签字仪式开始。受降仪式由肖毅肃主持，当他宣布受降仪式开始后，何应钦命令冈村宁次呈上证明文件。冈村起立，出示受权投降证书，由其参谋长小林浅三郎连同日军的编制、人数、武器、装备、驻地分布等清册，一一双手呈给肖毅肃中将。

　　肖毅肃接过后递与何应钦审阅。阅毕，由肖毅肃交还。肖取出投降

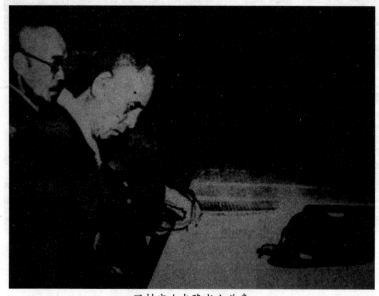

冈村宁次在降书上盖章

小林浅三郎向何应钦递降书

书两册，小林浅三郎双手接过交给冈村宁次。冈村起立，毕恭毕敬双手接受，坐下匆匆翻阅降书，然后手握毛笔，分别在两份投降书上签名，又从上衣右上口袋中取出一枚圆形水晶图章盖于签字之下。

之后小林浅三郎将降书呈递给何应钦，并向其点头。何微笑起立答礼，接过降书。何的这一举动，违反了盟军的规定，在场观礼的盟军军官们交头接耳，表示不满。其实是桌子太宽，何应钦个子略嫌矮，够不着只能弯腰了。

何应钦在降书上签名盖章后，将其中一份交肖毅肃转交冈村宁次。整个受降仪式只有 20 分钟。何应钦宣布："投降签字仪式，已在南京顺利完成……"

四十九、接收的冷遇

八年抗战，似乎全是陆军的作战。因此，蒋介石派往各地的接收大员都是陆军上将。加上海军内部的倾轧，大接收几乎没有海军什么事。

在陈绍宽的抗争下，海军也分得一杯羹。

从 1944 年 11 月开始，作为海军总司令陈绍宽的日子很难过，加上海军署里电雷学校毕业军官黎玉玺等人在陈诚的支持下，倒陈暗流时时袭来。在这种逆境下，陈绍宽奉令出国。

原来，3 月 5 日，世界反法西斯阵营中、美、英、苏四国政府中，由美国出面邀请 40 个国家于 4 月 25 日在美国旧金山举行联合国会议，商订国际组织宪章。后又邀请黎巴嫩和叙利亚两国参加，总计有 42 个国家被邀请参加旧金山会议。

美国总统罗斯福于 3 月 15 日致电蒋介石，请其考虑中国出席旧金山会议代表团成员应包括各党派。

陈绍宽与吴贻芳参加旧金山联合国筹备会议

3 月 26 日，蒋介石电复罗斯福，告以中国旧金山会议代表团成员包括各党派及无党派者在内。29 日，国民政府特派宋子文为中国出席联合国大会首席代表，以顾维钧、王宠惠、魏道明、胡适、吴贻芳、李璜、张君劢、董必武、胡霖为代表，施肇基

陈绍宽与毛邦初、杜建时在旧金山会议期间与美国空军人员进行交流

为代表团高等顾问，陈绍宽任中国代表团顾问。

4月上旬，陈绍宽随中国代表团一道，前往美国旧金山。会议期间，他与其他的中国代表出席了联合国筹备会议，参加了讨论。

联合国大会之后，陈绍宽奉命考察美国和英国的军事机关、工厂和军事基地。他考察了美国茵格伍德北美航空公司，参观了美国新式战斗机；又参观了美国圣地亚哥海军新式飞机"飞箭"号。在英国期间，陈绍宽访问了英国海军部，商谈了中英海军的交流、合作事宜，参观了英国爱丁堡博物馆等。海军署高级参谋周应聪随行。在英美访问时，陈绍宽还与美英各国海军机关商谈达成了赠舰和借舰合同。

周应聪，1936年1月1日调

陈绍宽等在英国海军部留影。

任驻英公使馆海军正武官。7月13日调任第二舰队中校参谋长，12月3日调任练习舰队参谋长。1938年调为海军总司令部少校候补员（派舰监造办公处服务）。1939年4月13日调任海军水雷制造所香港办事处主任，6月升任海军水雷制造所所长，11月调任海军总司令部军衡处铨叙科中校科员。1940年2月当选海军水雷工厂管理委员会委员。后为军政部海军署高级参谋。1946年6月12日调任参谋本部少将高级参谋，10月兼任外交部派驻联合国安理会军事参谋团首席秘书、海军代表。

陈绍宽与周应聪参观
美国航空公司生产的新式飞机　　　　陈绍宽访问英国海军部

8月14日，正在英国考察的陈绍宽获悉日本决定投降的消息，当即乘飞机赶回重庆，筹划接受日本海军投降的工作。

陈绍宽起草、制订了《海军整编计划》《海军分防计划》《海军学校暨练营调整计划》《海军器材补充计划》。

在《海军整编计划》中，陈绍宽写道：

甲、一般情况之调查

一、观状之调查

（一）现有舰艇 15 艘，其主要炮械，均经拆卸移装要塞，且历年未经修理。复员时须修缮补充，并恢复武装，方能应用，而其结构与配备，均供行驶江湖之用。除克安系运输舰可能航海，并无武装外，其中楚观、楚谦、楚同三炮舰，排水量各 745 吨，尚能勉任巡弋沿海一带，其他永绥、江元、民权、义宁、威宁、湖隼 6 艘，只自 90 吨至 600 吨，战前常川巡防长江中下游，不堪航行于沿海。至于英赠之英山、英德、英豪，美赠之美原，及法赠之法库五浅水炮舰，吃水不深，适合游巡长江上游及湖河区域，唯各该舰燃料，系用柴油，因来源缺乏，现亦未能开航游弋。

关于美英两国租借之舰艇。美国已定拨借驱逐舰、驱潜舰及扫雷舰共 8 艘，本年内可能交付，业经选派员兵前往接收。英国亦允拨巡洋舰、驱逐舰、潜水舰及鱼雷快艇等 12 艘，正筹划选派员兵赴英接收。大约复员时，可能驶回编队服役。

（二）抗战以后，舰船损失殆尽，其员兵经先后编为海军布雷队、要塞炮队、烟幕队等，分任江海布雷封锁及要塞防守等任务。现有员兵连同海军各机关、学校、工厂及海军陆战队之员兵在内，总计 13500 余名，唯海军陆战队正在整训编并中。将来复员时，将感员兵不敷编配现有及新收舰艇之需。

（三）造船工业，另详海军造船所调整计划。

（四）教育机构，另详海军学校暨练营调整计划。

二、复员时情势之预测

战事结束后，台湾、澎湖诸岛收复，海防区域辽阔，沿海岛屿崔苻未靖，匪患堪虞，关于维护海权，查缉盗匪，巩固海上治安，保护航、渔业，救助遭难船只，保护各岛居民，宣慰海外华侨，测量港湾水道，观测海洋气象等任务，均须由海军担负，并进而维持太平洋和平，尤非有海军兵力不可。唯旅顺为北方良好军港，又香港或九龙关系大鹏湾筑港甚巨，在复员之同时，应设法收回，以利海建。至复员时可能有之舰船，预测如下：

（一）现有舰船 15 艘。

（二）由美租借之舰艇 8 艘，及英国赠与之舰艇 12 艘。

（三）可能收回南京伪组织之舰艇22艘及伪满组织之舰艇20艘。

（四）可能没收倭寇海军舰船若干艘。

以上各项舰船，除（二）项外，其余均须修理、补充配备，方能应用，且数量不多，实力有限，实不足以担负巩固海疆之重任。

乙、复员前准备事项

一、复员前准备工作及其实施方法

（一）向美英盟邦洽商继续拨借舰船。

（二）准备修理现有舰艇，并向美英洽商租购海军火炮，以备恢复各舰艇之武装。

（三）策动伪组织舰艇之反正。

二、复员时应预为修订、废除或增订法令。

（一）修订：海军分防条例。

（二）废除：无。

（三）增订：军港要港地带条例。

丙、复员时实施事项

一、海军军区之划分

（一）第一海军区：由中越交界之北仑河口东兴沿岸，向北延伸，经海南岛，直至广东汕头止，包括海南岛、西沙、南沙两群岛在内，为第一海军区，以大鹏湾为军港，广州湾及榆林港为要港。

（二）第二海军区：由汕头以北沿岸，经台湾直至长江口北端止，包括台湾及东沙岛在内，为第二海军区，以舟山群岛定海为军港，三都澳及澎湖马公港为要港（海军总司令部意见，以三都澳为军港，马尾、马公及舟山群岛之定海为要港），待议。

（三）第三海军区：由长江口北端起，沿海延伸至山东半岛之成山头止，为第三海军区，以胶州湾为军港，连云港为要港。

（四）第四海军区：由成山头沿岸，向西推进，经河北、辽宁至鸭绿江口止，为第四海军区，以威海卫为军港，葫芦岛及旅顺为要港（海军总司令部意见，以旅顺为军港，威海卫为要港），待议。

二、现有海军舰艇之整编

（一）为备复员后维持水上治安起见，应尽速（甲）修理现有各舰艇，并恢复其武装。（乙）接收伪组织各舰艇，加以修缮补充及组训。（丙）将美、英盟邦赠舰即驶回国，然后按性能分别编队。以分任江海防务。各舰艇之编配及防地如下表：

（表略）

对战后的长江上游、要塞特务队官兵等，将其编入舰队当中或海军机关中去；各地布雷队、测量队改任扫雷任务，清扫盟军在沿海封锁日寇所布防的水雷。

由此可以看出陈绍宽对抗战胜利后海军的责任、前途与发展有着很高的抱负与期待。

海军在八年抗战中付出了巨大的牺牲，而今日本终于投降了，对于接收，陈绍宽抱着很大的期望。

8月20日，陈绍宽电令李世甲兼任接收厦门日本海军专员，着克日前往办理具报。李世甲遂率海军陆战队第4团第1营由福州循陆南行。26日抵达厦门集美，原拟由集美渡高崎入厦门，不料福建省政府主席刘建绪已先派陈重率领省保安一个团集结集美，待命推进接收厦门。

陈重对李世甲说："接收厦门的任务，是由福建省保安处负责的，希望海军陆战队不要渡海，以免发生误会。"

李世甲说："我是奉海军总司令部命令来接收厦门日本海军的，命令不能不执行。"

当时，福建省政府已组成接收厦门委员会，主任委员是保安纵队司令严泽元，人在龙溪，李遂转赴龙溪晤严。

严泽元劝阻："你不要渡海了，第三战区司令长官顾祝同和副司令长官刘建绪已做出决定，交省保安处负责执行接收厦门。"

李世甲遂电向海军总司令部请示，陈绍宽大怒，复电："仍应遵照前令办理。"

双方相持着，而日本海军也不向福建省保安处投降。

原来，福建省政府接收厦门委员会曾派员与厦门日本海军中将原田清一商洽接收事宜，被原田清一以"奉中国派遣军总司令冈村宁次之命，本地区应向中国海军投降"为词加以拒绝。

这样拖延了 1 个月之久，不能解决。直到何应钦在南京举行接受侵华敌酋冈村宁次投降典礼之后，组织了全国统一接收委员会，改派刘德浦为厦门要港司令。刘以接收厦门日本海军前进指挥所名义，向日本原田清一发布命令，并电刘建绪表示：接收范围仅限原海军厦门要港司令部、海军厦门要塞、造船所、海军飞机场等。其余地方行政单位，海军不得过问。

9 月 28 日，刘德浦在鼓浪屿海滨饭店举行受降仪式。驻在集美的海军陆战队第 4 团第 1 营延至 10 月 3 日才渡海，进入厦门市区。

海军共接收厦门日本海军舰艇 4 艘，投降官兵 2000 余人。

海军与日寇打了八年仗，但蒋介石决定由陆军总司令何应钦全权办理受降事宜。

9 月 1 日，陈诚在军政部内设立海军处，自兼处长，以周宪章为副处长。以在中训团受过训练的、原电雷学校被开除的闽系海军军官为骨干，专管海军行政、教育、建造等军政事务，审批海军总司令部的公文，时时与陈绍宽为难。

为了离间闽系高级将领和陈绍宽的关系，陈诚欲调海军总部参谋长兼江防副司令曾以鼎到陆大将官训练班去受训，并许愿说："你去了，相当于同期受训的集团军总司令的待遇。干得好，以后海军就由你负责。"

曾以鼎考虑到与陈绍宽多年的关系，怕引起陈绍宽的疑心，最终没有同意去陆大将官班受训。在陈诚的支持下，陆军总司令部决定：海军方面由曾以鼎为接收大员，负责接收。抗战胜利后，陈绍宽除了以海军总司令的身份出席过南京侵华日军签降仪式之外，就没有什么事儿了。因此，陈绍宽非常气愤，也不甘心。他在重庆海军总部打电报召辰溪水雷厂厂长曾国晟"即刻来渝"。

接电报后，曾国晟不敢怠慢，立即动身从辰溪赶到重庆。一见面，来不及寒暄，连杯水都没有，陈绍宽即迫不及待地说："你速沿川江至汉口去接收敌伪的船只。"

曾国晟："为什么这样急？也得让我喘口气。"

陈绍宽气愤地说："晚了你连汤都喝不上。"

曾国晟问："有几个海军官员跟我去？"

陈绍宽严肃地说："只你一个人去。"

曾国晟不免诧异："那……怎么走呢？"

陈绍宽答："雇条舢板沿江而下，一直接收到上海。"

曾国晟说："好吧，请你下命令给我。"

陈绍宽说："不用命令，你去接收好了。"

曾国晟感到奇怪，心想既没有人，也没有船只，又没有命令，这个接收大员怎么当？岂不是有意为难我？

显然，陈绍宽有难言之隐。于是两人默然相对。

半晌，曾国晟说："川江至汉口没有什么敌伪的舰只，不如改由辰溪出洞庭湖，直趋汉口，这样虽然没有你的命令，也可以试一试。"

陈绍宽点头："就按你的意见办！"

曾国晟走出海军总部，恰遇着海军中校姚屿。

此人曾在日本学海军，通日语，与曾国晟共过事，在陆军大学任过教官。（"二战"结束后，盟军总部决定将日本舰艇计驱逐舰 24 艘、海防舰 68 艘共 92 艘分四批抽签分配给中、美、英、苏四国，抽签典礼于1947 年 6 月 28 日在东京盟军总部大礼堂举行，中方抽签代表为海军上校马德建、姚屿二人。中方共分得驱逐舰、护卫舰、运输舰 24 艘，总吨位不足 5 万吨。）

姚屿见到曾国晟，很是热情，要拉曾下馆子。

曾国晟说："我有紧急任务！"于是，他把来渝及陈绍宽令其接收之事告诉了姚屿，姚听后也发牢骚："这个差怎么当？"

曾国晟灵机一动："走走走，是福是祸你老兄陪我走一遭，谁让我遇上你呢。"

于是不由分说，曾国晟拉上姚屿就出发了。

披星戴月，两人赶回辰溪水雷厂。曾国晟即以海军水雷厂的名义自拟一个命令："奉海军总司令部令，派曾国晟为沿江至上海接收敌伪海军大员。"

他们随带了一堆封条和一架轻便的电台，叫上厂里的几个人，乘工厂的小火轮，沿沅江到了洞庭湖，不料，遇到日本陆军的岗哨。当时日本刚投降，地方秩序还很乱，日军接到中国陆军总部的命令，维持当地社会秩序。

那个哨兵"叽里呱啦"不准小火轮通过。姚屿便用日语说:"我们是海军接收大员,任务是从汉口到上海区接收日本海军,耽误了我们的任务,让你们回不了日本!"

日哨兵立即点头,挥手放行。

小火轮"突突"开到了汉口,曾国晟上岸,找到原汪伪海军基地参谋长陈某,要求接收日军仓库。

陈说:"这里只留下一个日本大佐,日军仓库都被封闭了,都归武汉警备总司令郭忏负责,他现在是武汉地区的总接收员(郭是陈诚的亲信),接收得有他的命令。"

曾国晟前去武汉警备司令部拜会郭忏。

郭忏说:"你们海军是由曾以鼎负责接收,你不是曾大员派来的,你有命令吗?"

曾国晟急忙从公文包中掏出那纸自己写的命令递给郭忏:"有命令!"

郭接过来一看就笑了:"这算什么?不是原电呀!"

曾国晟推诿着:"原电已归档,所以只抄电文为凭。"

郭忏有些为难:"应是曾以鼎派员才对。但你们既来了,我也不阻挠,反正是海军内部的事,你去接收吧。"

于是,曾国晟委派海军汉口办事处处长郑天杰去接受日本大佐的投降,并查封了敌伪的海关。

郑天杰(1911—1994年),字大超。清宣统三年(1911年)生于福建侯官坡尾。1925年考入马尾海军学校,毕业后在"应瑞"舰服役。1934年,他赴英国参加舰训,翌年入英国皇家海军学院深造。1937年,郑天杰返国参加抗日战争,奉命筹组布雷别动队。1939年,郑天杰任敌后布雷游击队第四分队队长,不久调任第三大队大队长,经常出没皖南赣北地区,在敌后作布雷游击战。1943年,郑天杰为美海军顾问之联络官。1945年9月,出任海军汉口办事处处长,接收敌伪海军机构,后任练兵营营长。1947年出任驱逐舰灵甫号舰长、南京区海军警备指挥官。

那位日本大佐告诉曾国晟:"沿江以下只湖口有个海军工厂仓库和一座修理厂。"

于是,曾国晟驾着小火轮到了湖口。当时天已亮,发现码头上都是日军。

由于这艘小火轮曾借给美国空军使用过，烟筒上贴有美国国旗，日军误认为曾国晟等是美国派来的官员，不让他们靠岸。

经过交涉，姚屿只身上岸，找到日海军机构后，才知道湖口的敌伪机关仓库众多，而他们才几个人，不敷应付接收之事。经商量，曾国晟决定先赶到上海，为接收做好准备。由是曾国晟一行等由湖口顺流而下，直趋南京，当晚又赶往上海。

9月中旬，陈绍宽乘美国军用机由重庆飞抵上海，着手接收日舰事宜。

曾国晟立即去见陈绍宽，嘱咐姚屿晚一两天再去见陈。因为姚是曾私下拉来的，担心陈有意见。曾国晟向陈绍宽汇报了接收情况，并告诉陈：海军是由曾以鼎负责接收的。

陈绍宽让曾国晟去向曾以鼎参谋长报到。

曾以鼎、陈绍宽、曾国晟等代表中国
在上海接受美国海军移交的日本降舰安宅号

从9月13日起，陈绍宽、曾以鼎开始接收日舰17艘，14日接收37艘，15日为30艘，均为小炮艇。16日海军总部接收上海日本海军设施及江南造船厂。

由此看来，陈绍宽在接收敌伪海军问题上，演了一出空城计，其所

以叫曾国晟去接收，而不下命令，实有难言之苦衷。好在曾以鼎能体谅
陈绍宽的苦衷，没有提出什么异议。

从接收一事可以看出，蒋系已决心去陈。此时陈诚开始拿陈绍宽闽
系人员开刀。

1945 年 9 月，在上海高昌庙举行日本赔舰仪式

五十、鸟尽弓藏

抗战胜利，陈诚处处打击陈绍宽的力量，不准海军总部参加接收。蒋介石、陈诚要发动内战，陈绍宽拒绝执行命令。蒋介石下令撤销海军总部，陈绍宽步行去现场办理移交，最终与蒋介石集团分道扬镳。

1945 年，重庆的政潮汹涌澎湃。

陈绍宽的日子很难过，他这个海军总司令几乎被陈诚等人架空了。陈诚掌握人事大权，根本就不把陈绍宽放在眼里，可以直接抽调海军总司令的官员去"中央军官训练团"受训，可以随意将陈绍宽派遣的出国留学人员的名单划去。

对于战后重建新海军愿景，觊觎海军总司令位子的野心家大有人在。

抗战后期，中美加强合作。美国海军部派人到重庆，提出要见海军总司令陈绍宽，以商量合作之事时，戴笠则告之曰："蒋委员长不相信陈绍宽上将，你们跟海军总部合作是没有出路的，只能与我们合作。"

而海军总部听说美国海军部来人，礼尚往来，准备宴请时，军委会第二厅则签退海军总部的请帖："奉谕，请美国顾问赴宴，必须得到戴主任的同意。"

美国海军准将梅乐思与军统头子戴笠在重庆成立了中美合作所，准备与美军合作，在中国东南沿海一带登陆，戴笠组织 5 万人的游击队进行策应。

戴笠竭尽所能，讨好、巴结梅乐思，而梅乐思投桃报李，私下支持戴笠当中国的海军总司令。

抗战胜利后，梅乐思的好友、美国第七舰队柯尔上将来北平时，戴笠专门定制了中国海军将官制服来接待柯尔。

抗战胜利后，重庆聚集着一大帮"下江人"，许多达官贵人有门路的乘飞机回家，次一级的坐船出川。此时，海军的舰艇也受命运载复员人员回乡。

威宁号炮艇首先担负了从重庆下驶南京的任务，能第一批搭上炮舰的角色，当然也都是有头有脸的人物。发财的机会到了，艇长李孟元利令智昏，乘机向乘客收取高价的伙食费。

李孟元在抗战时表现不错。1938 年 6 月 24 日，威宁艇与敌机 9 架在马当江面激战时负伤，坚持战斗，指挥灭火，最终将炮艇保存下来，也应算对抗日有功。在抗战后期，前方吃紧、后方紧吃的腐败的大环境下，李孟元变得贪得无厌。

此番利用职权，巧立名目，高价伙食，引起公愤。李孟元则抱着爱吃不吃的态度，就是不让步。

当时，有军政部的一名军法官在船上，对李孟元乘机发财的恶劣做法提出了抗议，并鼓动其他乘客一致反对，局面一度紧张。

李孟元心虚了，只好请在船上的海军总部科长王学海向带头提抗议的那名军法官进行转圜，王学海平日经常与军政部打交道，熟悉部里的不少官员。面对船客气势汹汹的愤怒情绪，最后双方商订，船上将多收的旅客的饭钱退款了事。

不料，威宁艇到达南京以后，那个军法官向军政部进行告发，陈诚立即下令将李孟元并连同王学海实行逮捕，未经审判，也不论青红皂白，一起押赴刑场枪决。其实，这在当时贿赂、贪污公行的国民党政权中，不算什么事，比比皆是，法不治众，即便有罪，罪不当诛。

谁叫你是陈绍宽线上的人物呢，活该倒霉。总之，凡陈绍宽线上的海军总部的官员稍有差错，一经举发，陈诚就加以严办。

抗战胜利后，陈绍宽对国共即将爆发的内战，忧心忡忡。他在武汉与第二舰队司令方莹见面时，说："日本人刚刚投降，政府就有人急于和共产党打内战，如何是好呀！"

毛泽东到重庆，与蒋介石进行谈判，签订了"双十协定"，陈绍宽表示赞同。但他所处的地位，知道国民党核心不会善罢甘休。果然，墨迹未干，蒋介石就悍然发动内战。

1945 年 12 月，山东的八路军和华中新四军一部，从山东半岛渡到辽东半岛。陈诚立即下令陈绍宽派军舰前往阻截。

对于蒋介石打内战的做法，陈绍宽从心里很反对，采取消极对抗的态度，找了个借口说："舰只需要修理，无船可派，另外国赠舰都是烧煤油的，请先拨油费。"将陈诚的命令顶了回去。

此时，身在厦门的陈绍宽，却率刚刚接收的日本护卫舰长治号去了中国台湾，该舰原是侵华日军的一艘护卫舰，名字治号。在日本侵略中国时期，是其长江舰队的旗舰。1945 年 8 月，海军总司令部参谋长曾以鼎在上海主持接受日本海军投降，接收了宇治舰，随后将其改名为长治号，纳入国民政府海军序列。

陈诚气急败坏，向蒋介石报告："陈绍宽不执行命令，说无舰可派，却乘长治舰去了台湾。岂有此理！"

蒋介石一听就火了："擅自行动，谁叫他去台湾招摇？我看他这个海军总司令当到头了。"

原欧阳格的电雷学校的一些闽籍军官趁势而起，配合陈诚，在倒陈运动中充当打手。

陈绍宽率长治号去台湾回到南京十多天后，12 月 31 日，军政部命令：海军总司令部奉令撤销，该部业务由军政部海军处接管，原海军总司令陈绍宽专任军事委员会委员。

随即陈诚派周宪章带陆军警卫连包围海军总部，实行武力接管。

周宪章，字显承，安徽当涂人。1916 年 12 月毕业于吴淞海军学校，编为烟台海军学校第十届。1927 年 1 月 15 日任楚有炮舰上尉副舰长。1928 年 12 月任海鸟鱼雷艇上尉艇长。1929 年 7 月派至英国格林威治海军学校与朴次茅斯海军学校留学。历任海筹巡洋舰一等少校副舰长、海军部军务司军事科二等中校科员、马尾海军学校中校训育主任、海军总司令部军衡处铨叙科上校科长、海军第一布雷总队上校总队长；1943 年 6 月任赴英海军参战受训总队上校领队官。由于他不是闽系，被陈诚拉拢，1945 年 9 月 4 日任军政部海军处上校副处长，12 月 28 日任海军总司令部接收员。

周宪章耀武扬威，先缴了海军总部警卫连的械，然后召集海军总部的官员点名、训话，把将、校、尉级军官分别隔离，叫他们在指定地点听候命令，实际等于软禁。并令所有军舰就地候遣，工厂保全机器材料，等候处理。

陈绍宽在接到军委会撤销海军总部的命令后，就愤然离开挹江门海军总部，住进位于下关宝善街的南京扬子饭店。办理接收那天，周宪章点名要陈绍宽到场办理移交手续。陈绍宽参加移交仪式后，周宪章派车要送陈绍宽回饭店。陈绍宽拒绝说："老夫不当海军，还可以当步兵！"他步行回到了扬子饭店。

过了一个多月，蒋介石回到南京。陈绍宽闻蒋来，就在当天离开南京回闽，以示决绝。蒋介石到南京后，派员召见陈绍宽，但陈已去了上海，随即返回福州舻雷村，教一群乡下孩子念书去了。至此，陈绍宽与蒋介石分道扬镳。

1946 年 5 月 5 日，蒋介石在中山陵园举行胜利还都典礼，
蒋介石右为何应钦，左为李世甲

1946 年 5 月 5 日，南京举行盛大的国民政府还都典礼，蒋介石等以抗战领袖与胜利者的身份，率国民党军政高官要人在南京中山陵园庆祝还都，与会者万余人。蒋介石发表了热情洋溢、充满自豪感的训词，然而，在这些庆祝抗战的人群中，缺少了海军总司令陈绍宽的身影。日本投降以后，海军第二舰队司令李世甲着实风光了一阵，6 月，调任海军第

蒋介石发表还都训词，其左为李世甲

二舰队司令。他作为接收专员，负责接收厦门和台湾的日伪海军。是年冬，裁撤海军总司令部，设立海军处，由军政部长陈诚兼处长。李世甲毕竟属于闽系海军核心人物，海军总司令陈绍宽被迫去职后，李世甲深感海军处境窘困。1946年5月，他参加还都典礼不久，辞去海军本职，挂名福建省政府委员，返回福建，不久，转至上海休养。至此，闽系海军掌握民国海军大权的时代一去不复返了。

抗战胜利后，蒋介石改组了海军部，一群反陈绍宽的海军出身的人掌握了海军的权力，最不可思议的是陆军出身的黄埔一期生桂永清坐上了海军总司令的宝座。国民党和共产党不同，有一大批科班出身，有实战经验，又在美英镀过金的海军人才。但蒋介石为何选中桂永清做海军之首脑，的确耐人寻味。

根据抗战时期中英、中美等国的协定，英、美等国除了帮助国民政府训练海军外，还有一批赠借的舰艇即将陆续抵达中国。参加接舰的海军军官主要由江阴电雷学校、黄埔海校、青岛海校以及马尾海校毕业的人员组成。士兵在重庆、贵阳等地的青年学生中招考。

1945年3月，由陈诚等主持的海军署成立了"赴英接舰参战学兵总队"，公开招考学兵。学兵总队下辖两个大队，每大队4个中队。第一大队长邓兆祥，第二大队长冯启聪。

国民党正面战场海军抗战纪实

驻英国大使郑天锡和英国海军
上将弗雷汉分别代表两国进行交接

海军总司令桂永清

日本投降以后，为了中国海军的重建，一部分接舰人员抵达英国，进行了三个月的上舰训练，之后进行三个月的分科专业基本训练，最后又是三个月上舰实习。至 1948 年 5 月 19 日，在英国朴次茅斯军港举行了重庆、灵甫二舰的交接仪式。重庆号是英国政府赠送给国民党政府的一艘轻型巡洋舰；灵甫号是英国政府租借给国民党政府的。英方代表是英国海军上将弗雷汉；代表中方接舰的是国民政府驻英国大使郑天锡；朴次茅斯市长、英国海军高级军官及中国驻英使馆武官都出席了交接仪式。

重庆号原名奥罗拉（H．M．S．Aurora），亦称震旦号，排水量 5270 吨，1937 年造。该舰在第二次世界大战中曾是英国海军大臣的旗舰和巡洋舰队的旗舰。该舰战绩辉煌，先后击沉德国、意大利海军舰艇、商船多达 42 艘，重伤驱逐舰 9 艘，被誉为英国皇家海军的"功勋巡洋舰"。

重庆号舰长 153 米，宽 15.2 米，马力 64000 匹，最高航速每小时 32 英里，有透平主机 4 部。舰上设有双联 152 毫米主炮 3 座，双联 105 毫米

440

中英两国海军举行交接仪式

副炮4座，40毫米高射炮2座，双联20毫米机关炮3座，并装有主炮指挥台1座，副炮指挥台2座，配置雷达炮火指挥仪，可以控制火炮集中对海对空射击，能自动装填炮弹。此外，它还有三联装530毫米鱼雷发射管2座，分装于舰的两舷，各有指挥台指挥；为防御水雷，舰首设扫雷具两套，并有磁性水雷防护电网；为攻击潜艇，舰尾设有深水炸弹发射架两具。舰上无线电通讯、航海设备均较先进，全舰拥有6部对海、对空雷达，1部声呐，61部无线电台，其长波电台可进行全球通信。装有航海计程仪、测深仪、自动绘制航迹仪等许多精密仪器，还有自制淡水装置4座，机动汽艇2艘等。

灵甫号原名H. M. S. Mendip门底卜（或孟狄甫）号，1940年造，是一艘护航驱逐舰，排水量1500吨，航速每小时28英里，配备官兵100余人。舰前后装有15生（厘米）大炮各一尊，还有一尊10生的高射炮，舰首有破雷卫，艇尾有两排深水炸弹，并有雷达及炮火指挥的新式设备。曾参加二次大战，先后击沉德国海军潜艇5艘，并参加过著名的诺曼底登陆战，在英国海军中属于比较闻名的军舰。

接收后，重庆号新任舰长邓兆祥，副长刘荣霖，协长林柄尧，官兵约900名。

灵甫号新任舰长为当年驻英大使郑天锡的胞弟郑天杰，副舰长池孟彬，轮机长王民彝，航海官刘耀璇，航海大副何鹤年，枪炮大副陈克等。

1948年5月26日，重庆、灵甫起锚，离开英国。航行了1145英里，于8月13日抵达上海。

重庆号舰长邓兆祥（左）与灵甫号舰长郑天杰

五十一、收复台湾

　　自北洋舰队全军覆没，甲午战争清军惨败，中日签订《马关条约》之后，中国痛失宝岛台湾。曾令无数中华儿女痛心疾首，锥心泣血，也令台湾同胞反抗日本统治的斗争长达50年之久。1945年10月25日，陈仪宣布，从今天起，台湾及澎湖列岛正式重入中国版图，让所有炎黄子孙扬眉吐气。

　　台湾是祖国的宝岛，清末台湾建省，包括澎湖列岛、钓鱼岛等80多个大小岛屿，面积3.6万平方公里，资源丰富，位置重要，是中国的东南门户和屏障，又是中国与东南亚各国及太平洋国家的交通枢纽。1895年，甲午中日战争清政府战败后，台湾被日本强行霸占达50年之久。

　　1942年11月27日，在美、英、中三国首脑发表的《开罗宣言》中规定："三国之宗旨，在剥夺日本自1914年第一次世界大战开始后在太平洋上所夺或占领之一切岛屿。在使日本所窃取中国之领土，例如东北四省、台湾、澎湖列岛等，归还中华民国。"

　　1945年7月26日，中、英、美三国首脑发表《波茨坦公告》，其中第八条明确规定："开罗宣言之条件，必须实施，而日本之主权必将限于本州、北海道、九州、四国，及吾人所决定其他小岛之内。"

　　1945年8月15日，日本无条件投降。8月27日，国民政府主席蒋介石任命陈仪为台湾省行政长官，为便利台湾受降和受降后的行政管理和社会治安，国民政府决定在台湾成立台湾省警备总司令部，台湾行政长官陈仪兼任台湾省警备总司令。中国战区划分为16个受降区，台湾、澎湖为第16受降区。中国战区指派陆军上将陈仪为台湾及澎湖列岛受降主官。

　　9月14日，空军第22大队及第23地区司令部人员到达台湾。

9月28日，在重庆国府路140号筹组台湾前进指挥所，指派台湾省行政长官公署秘书长葛敬恩兼前进指挥所主任，台湾省警备总司令部副参谋长范涌尧兼任副主任，由台湾省行政长官公署和警备总司令部，指派专门委员18人，以及秘书、参议、记者等，共计46人，于10月5日先行赴台。

陆军第70军及第107师在美国海空军掩护下，于10月17日从基隆附近顺利登陆，即向台北前进。

海军第二舰队司令部及陆战队第4团、宪兵第4团陆续登陆到位。第62军在11月18日至26日在高雄等军港登陆完毕，集中于高雄、凤山、台南，向嘉义、台中等地推进，12月10日也到达指定位置。

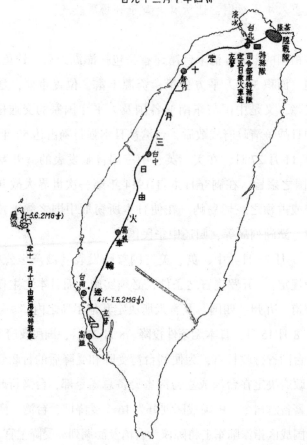

海军接收台湾军事部署概要图

海军第二舰队司令李世甲接收厦门日本海军之后，又被军事委员会委派为接收台澎日本海军专员。

李世甲受命后，在福州以海军第二舰队司令部名义，在报上转登海军总司令部命令，通知在抗战期间因编制紧缩而被精简的海军人员，与因病因事离职的官兵，均限期报到，酌量安排使用。

数日内，录用了200余人，用作充实赴台接收的力量。又调海军陆战队第4团（缺一个营）和一个海军布雷中队，连同收容归建的海军官兵共1500人，乘雇用的大帆船20艘，从马江出发，于1945年10月28日到达基隆。

李世甲在9月18日率参谋人员和一个特务排，乘海平炮艇于19日晚到达基隆；第二天晨进入台北，设海军第二舰队司令部于教育公会堂。立即命令日本海军驻台湾司令长官福岛中将，克日造具投降官兵花名册和舰艇、炮械、弹药、财产、物资以及档案、图表、机密文件等清册，听候点收；禁止对外通信，所有电台均由中方监视；战争期间在台湾海峡和各港口所布水雷，限期扫清。

10月25日，在台北公会堂（后改为中山堂），举行具有历史意义的受降典礼。出席者有台湾党政军首长陈仪、葛敬恩、柯远芬、李世甲、张廷孟等以及国民党台湾省党部主任委员，国民政府各部、会特派员，盟军代表顾德里上校、柏克上校、和礼上校等19人，台湾地方代表林献堂、陈炘、杜聪明、罗万俥、林茂升等三十余人。总共出席者数百人。

公会堂的讲台中央悬着"和平永奠"的大字，下有孙中山总理的遗像及两边的党旗和国旗，以及蓝底白字母"V"字，象征

参加台湾光复典礼的国民政府军事长官

着胜利后的和平气象。

8点50分，台湾行政长官兼警备总司令部总司令陈仪，率同秘书长葛敬恩、参谋长柯远芬、副参谋长范诵尧及第70军军长陈孔达、空军司令张廷孟、海军第二舰队司令李世甲、师长董华国、台北地区空军司令林文奎等，在到场参加观礼人员的热烈掌声中入席。

参加台湾日军签降仪式的军事将领：

（左至右）（3）李世甲、（4）张廷孟、（5）陈仪、（6）葛敬恩

8点55分，在中方派员的引导下，日方投降代表、台湾总督兼第10方面军司令官安藤利吉大将、参谋长谏山春树中将、总务长官代理农商局长须田、高雄警备府参谋长中泽佑少将等入场；他们在投降席前站好，立正向陈仪等受降官敬礼。陈仪回礼后，日本代表在投降席就座。上午9时整，鸣礼炮，典礼正式开始。陈仪将军首先宣布："本官奉中国战区陆军总司令何转奉中国战区最高统帅蒋之命令，为台湾受降主官。兹以第一号命令交与日本台湾总督兼第10方面军司令官安藤利吉将军具领，希照办理。"安藤利吉听后微微点头。陈仪将受领证即交给参谋长柯远芬，

由柯远芬再送交安藤利吉。安藤利吉在受领证上签字完毕，再由参谋长谏山春树交给陈仪，陈阅后认可，命令日方投降代表退席，前后总共为5分钟。

随即陈仪发表广播讲话："本人奉中国陆军总司令何转奉中国战区最高统帅蒋之命令，为台湾受降主官。此次受降典礼经于中华民国三十四年10月25日上午9时，在台北公会堂举行，倾已顺利完成。从今天起，台湾及澎湖列岛正式重入中国版图，所有一切土地人民皆已置于中华民国政府主权之下。此一极有历史意义之事实，本人特向我国同胞及世界报告周知台湾现已光复。吾人应感谢历来为光复台湾而牺牲之革命先烈，及此次抗战之将士，并感谢协助吾人光复台湾之同盟国家，尤其应使我们衷心感谢不忘者，为倡导中国国民革命运动之国父孙中山先生及继承国父遗志，完成革命大业之蒋主席……"陈仪广播完毕后，全场报以热烈的掌声。9点13分，这一划时代的典礼始告结束。

受降之后，李世甲令第二舰队参谋长彭瀛驻台北，为台北地区接收日本海军的负责人，并设海军基隆港口办事处，以海军上校参谋严寿华为处长，负责接收驻在基隆的日本海军。李世甲本人率海军陆战队第4团直属部队和第2营、布雷队等推进高雄左营，令该港日军司令悉数交出武器、物资，所有日海军官兵均送入战俘营等待遣返。11月初，又率部队渡海至澎湖列岛接收马公港，设海军马公办事处，以海军中校参谋叶心传任处长。经过近两个月，共接收日本海军俘虏1.9万余人，分别就地集中管理，逐批遣返。

对台湾日军交出的军械、物资的点收，是在陈仪的统一领导下，分军政、陆军、海军、空军、宪兵各组进行的。日海军航空队由空军组接收，澎湖地区的日陆军由海军组一并接收。军政组又分直接、间接接收。凡各陆军工厂、货场、病院、仓库、军事营建等由军政组直接接收；其他由陆海空军各组接收的军品、物资等，集中完毕后，由军政组间接接收。

海军组分台北、高雄、澎湖3个地区接收。台北地区分武器舰艇、物资器材、通信器材3组，高雄地区分5组，澎湖地区分3组，均以事务的简繁、人手的多少来划分。海军接收人力不算少，但仍感不敷分配。

受降后，台湾军政公署长官陈仪对台湾市民发表讲话，右后为李世甲

如基隆的要塞和各仓库，都只能派三四名士兵，大库加派一名班（排）长，执行监视、指挥之责。日军人员陆续遣返后，只好把仓库严封看管，至于库内通气不畅、物资受潮等问题，均未作处理。点收工作从11月1日起，到12月11日结束。军械、器材、仓库物资都由日方造册移交，原地保管，军械集中储存，上报海军总司令部和台湾行政长官公署。日本海军舰艇战后在中国台湾只剩20余艘，都是100吨以下小舰艇。另有震洋艇（自杀艇）250余艘，均已损坏。

五十二、收复南沙、西沙诸岛

抗战胜利后，中国根据《开罗宣言》和《波茨坦公告》，有权收复被日军侵占的所有我国领土，包括散布在中国南海的岛屿和珊瑚礁。当时国民政府继收复台湾之后，立即组织以海军为主的力量，协助广东省政府南下收复西沙与南沙诸岛。

南海是中国的领海，南海诸岛自古以来就是中国的领土。西沙、南沙群岛就像珍珠似的散布在祖国的最南部，这里蕴藏着丰富的水产资源和矿床、石油资源。我国人民最早发现南沙群岛，勤劳勇敢的海南岛渔民最早以这些群岛为渔捞基地，据古籍记载：早在我国宋代，即有广东琼岛渔民来往，多随季节风的转变来此捕鱼。宋元以来，南海已为我国渔业据点，南沙群岛各岛礁亦为我国渔民最早命名。这种命名记载在海南岛渔民世代相传的《更路簿》中。

甲午战后，南海诸岛陆续被日本占据。

抗战胜利以后，根据《开罗宣言》和《波茨坦公告》的规定："日本之主权必将限于本州、北海道、九州、四国及吾人所决定其他小岛之内。"

中国海军收复南沙、西沙群岛这些被日本占领的属于中国的固有领海、岛屿，是堂堂的正义之举，无可厚非，也无人厚非。国际上包括与南中国相邻的东南亚国家，都一致承认中国收复南海和南沙、西沙群岛是合法的。

国民政府决定将收复的西沙、南沙区划归属广东省政府管辖。

中国海军进驻西沙、南沙群岛的筹备工作，是海军总司令部第二署海事处承办的，由于海路遥远，实际情况不明，海军部门只能根据有关航海图志制订进驻南沙、西沙方案。

这时我海军机关也注意到有外国舰艇窜至西沙海域活动，必须迅速收复南沙、西沙，以防他国觊觎、染指。

收复的具体工作由海军参谋、上校科长姚汝钰主持；参谋程达龙、李秉成、张君然负责办理。

因各群岛沦陷多年，情况不明，且他国有抢先侵占各岛的迹象，给筹备工作带来一定的紧张气氛。海军的收复计划既须缜密，行动更须迅速。

几经研究，最后海军机关决定派遣舰队前往执行任务。

海军总部调护航驱逐舰太平号、驱潜舰永兴号、坦克登陆舰中建号和中业号四舰组成进驻西沙、南沙群岛舰队。

这些军舰是 1944 年美国依据租借法案"赠送"给中国海军的。海军总部派上校林遵为指挥官，姚汝钰为副指挥官，上尉林焕章和张君然为参谋。

南沙的进驻目标是其主岛太平岛，古称黄山马，海军以太平号前往收复，故改其岛名为太平岛。西沙的进驻目标为猫岛，因为以永兴号前往收复，故易名为永兴岛。

海军决定在进驻的主岛上各设海军电台一座，派海军陆战队一个独立排驻守，每岛的在编人员为 59 名，都直属海军总司令部指挥；派电信上尉李必珍为西沙群岛电台台长，邓清海为南沙群岛电台台长。驻岛人员一律规定每年轮换一次，薪金按三倍支领；岛上所需各类物资都一一准备周全，以后每半年补给一次。

准备工作就绪后，舰队指挥人员于 1946 年 10 月 25 日到达上海集中，随同前往工作的还有内政部、国防部、空军司令部、联勤司令部等中央各部代表郑资约等 13 人。

10 月 29 日晚，各舰分别出港，当晚即在长江口集合，编队南下，舰队经过台湾外海并绕过香港，于 11 月 1 日晚开进珠江口，在虎门抛锚停泊。在广州的海军炮艇队连夜派船迎接舰队指挥官林遵和参谋张君然等，以及太平舰长麦士尧、永兴舰长刘宜敏、中建舰长张连瑞、中业舰长李敦谦等，一行 8 位肩负重大使命的海军军官抵达广州。

翌日上午，海军进驻西沙、南沙指挥官率诸人会见广东省主席罗卓英，并与该省指派接收各岛的负责人交换工作意见，随后又拜会了军委

国民政府接收南沙群岛专门委员于 1946 年 10 月 23 日乘太平舰从南京出发。
前排中为南沙舰队指挥官林遵，后排右一为太平舰舰长麦士尧，
后排右二为内政部接收专门委员郑资约

会广州行营主任张发奎，向他报告舰队情况和工作计划。

广东省政府派省府委员萧次尹为接收西沙群岛专员，又派顾问麦蕴
瑜为接收南沙群岛专员。各接收工作组都有省各机关代表和民政厅、实
业厅、中山大学等单位的专业考察人员、测量人员及各行业技工参加。
此外尚有上海新闻报驻广州特派员陈晓亚随舰采访。

广东省政府主席罗卓英　　　　　　广州行营主任张发奎

一切准备工作完成后，舰队于 11 月 6 日晨从虎门起航。8 日下午驶抵海南榆林港，在那里添置一批适应珊瑚礁区航行的渔用木船，还雇用约 40 名熟悉各岛情况的渔民组成运输民工队。

为了争取时间，林遵偕林焕章率太平、中业两舰进驻南沙群岛，姚汝钰、张君然率永兴、中建两舰进驻西沙群岛，分头执行任务。

11 月，正是南中国海东北季风强劲时期，前往南沙的太平、中业二舰曾两次出航，都因为海上风大浪高，十分危险，中途被迫折返榆林港。

23 日，担负收复西沙的永兴、中建二舰趁风浪稍减的间隙先行出航，于 24 日凌晨抵达永兴岛，在礁环外抛锚。

张君然率战斗小组乘艇登陆搜索。岛上未见一人，原有建筑都已破坏殆尽。随即按原定部署组织人员登陆，抢运物资，搭建营房，构筑工事，修建炮位。这时海上仍有 7 级大风，各项工作遇到困难，但经过五昼夜艰苦工作，不懈努力，进驻工作便大体完成。待驻岛生活设施安排就绪，电台已经架通，考察任务也陆续完毕。

11 月 29 日上午，舰队又派出仪仗队随同中央各部会代表及广东省接收专员和驻岛人员，为"收复西沙群岛纪念碑"揭幕，并鸣炮升"中华民国国旗"，正式宣布收复西沙群岛，并竖立起一块收复西沙纪念碑。

纪念碑系水泥钢筋所制成，正面精刻"卫我南疆"四个大字，背面刻"海军收复西沙群岛纪念碑"及"中华民国三十五年十一月二十四日立"。至此进驻西沙群岛的任务初步告成。

29 日，永兴舰告别永兴岛和中建岛，进驻西沙的西部永乐群岛考察，并越过琛航岛和广金岛察看了珊瑚岛，见岛上仍有法国和日本侵占时期残留的房屋，当即将此情况电告海军总司令部。舰队随即北行，于 30 日下午返抵榆林港。

12 月 9 日，太平、中业二舰再次从榆林港出航，驶往南沙群岛，于 10 日上午到达太平岛，经派兵登陆搜索，也未发现岛上有人。随即组织搬运物资上岛，进行接收、修建、考察等工作。最后也竖立一个纪念碑，碑身为方锥形，正面碑文为"南沙群岛太平岛"，背面刻"中华民国三十五年十二月十二日重立"，碑左侧刻"太平舰到此"，右侧刻"中业舰到此"。全体接收人员就在碑侧举行接收仪式。任务完成后舰队于 17 日返航，20 日到达榆林港。

整个收复舰队完成收复西沙、南沙之后，在榆林港集中，稍事休整后，整个舰队即返航广州。广东省政府为舰队收复和进驻西沙、南沙群岛的工作胜利完成，举行了一系列欢迎和庆祝活动。为此，太平、永兴两舰驶进白鹅潭江面抛锚停泊。新海军在收复两群岛后来到广州，在市民中掀起一股欢庆的热潮，一连持续了几天。

广东省政府为研究和开发南海诸岛做了许多工作，还专门设立了"广东省西、南沙群岛岛志编纂委员会"，张君然被聘为委员，参加工作。

姚汝钰等在广州期间，接到海军总司令部命令：进驻舰队留广州，由姚汝钰负责就近处理两群岛防卫事宜，并筹组海军珊瑚岛电台，准备于春季补给时进驻该岛。

1947 年 1 月 16 日，一架法国飞机飞临永兴岛上空侦察。18 日上午，法舰东京人号军舰驶抵永兴岛，派官兵登陆，无理地要求我海军驻守人员撤退。李必珍台长当即严词拒绝，并斥令法军立即退出全岛；随即驻军进入紧急备战状态，双方剑拔弩张。

最后法军见我守岛部队捍卫领土和誓死保卫永兴岛的决心很大，只得撤回军舰上，但仍不甘心，继续停泊在永兴岛海面，直到 24 小时后才撤离。

后据巴黎外电报道说，法军自永兴岛撤走后，随即驶往珊瑚岛登陆。对此次法军进犯西沙事件，海军总司令部于 1947 年 1 月 18 日电令李必珍台长坚守国土，妥为应付；并命令进驻舰队准备支援。

当时国民政府外交部和国防部曾分别向法国提出质询和抗议，及谴责法军侵犯我领土的行为。

1947 年 4 月 14 日，姚汝钰带领永兴与中业两舰由广州出发，经榆林港驶往永兴岛。据国际气象组织的建议，在岛上开展气象观测工作，建立航标灯塔，以及进行自然和资源调查。所以此行随舰队工作的人员，有中央研究院植物研究所、青岛海洋研究所、经济部地质调查所、资源委员会矿测处等单位的专家，以及中山大学地理系和生物系师生。此外，海军司令部还派电工处处长曹仲渊偕同印尼归侨周苗福，以及前湖南省主席吴奇伟一行前往西沙考察，准备为开发该群岛做出建议。

进驻指挥部还请铁道部琼崖铁路工程处处长吴迁玮派土建人员到永兴岛，帮助修建码头和栈桥。此任务颇为繁重，但是，由于准备充分，工作有条不紊地顺利进行。

5月8日，进驻指挥部再率永兴、中业舰离开广州，驶往太平岛，进行补给供应和一系列考察工作。随行的尚有上海《大公报》驻广州记者黄克夫。此行因受天气影响，直到6月3日才回抵广州。

在对南沙进行补给期间，姚汝钰接到海军总司令部5月16日命令：遵照行政院命令，海军暂行代管各群岛的行政工作，相应设置海军各群岛管理处，并派张君然为西沙群岛管理处主任；在广州设置海军黄埔巡防处，派姚汝钰为处长。

当补给舰队回防广州之后，进驻西沙、南沙群岛的任务就告结束，此项工作前后历时8个月。

张君然任海军西沙群岛管理处主任后，便推荐海总训练处参谋彭运生为南沙群岛管理处主任。在暂留广州期间，张君然曾会同广东省有关人员对南海诸岛资料进行了研究。

6月11日至15日，广东省政府还在广州文庙举办了一次西沙、南沙群岛物产展览会，公开展出各种实物、标本、照片、图表以及历史文物等珍贵资料，引起各界人士的重视，参观者达30余万人次。张君然根据从渔民处收集和调查到的各种资料，结合各岛的实况，曾拟订一个海军管理和开发西沙群岛的意见书，其主要内容为：修建各岛的港湾码头，发展各岛海上交通；开发磷矿和水产资源；加强气象和航标工作，等等。但这一意见在当时因限于条件限制未被采纳，连华侨投资西沙、南沙的计划也未得到国民政府和广东省政府的支持。

1948年3月，张君然与彭运生率两岛全部换防人员乘中海舰从上海出发，经高雄、广州、榆林港南下，先送彭运生到太平岛上任，然后到永兴岛换防，从此海军管理西沙、南沙群岛的工作开始了一个新阶段。按当时的核定编制，群岛管理处以下设办公室、以气象组和电信组，各专业技术军官和士兵128名。除驻守国土外，气象观测为中心任务，永兴岛气象台规定每2小时作地面观测和记录一次，按时播发，并电报海军总部；此外还定时抄收东京、上海、中国香港等气象台汇总的观测资料；每天绘制 02：00 和 14：00 时的东亚区域天气图，并试作小区天气预报，公开广播。此项工作在国际航运气象方面曾起过一些好的作用。

为了纪念 1946 年以来海军收复和经营西沙群岛的工作，张君然曾刻制一座"海军收复西沙群岛记事碑"，叙述收复和经营经过，并列有参加工作人员的题名录。全碑为铝合金铸成，镶在水泥底座上，又重竖"海军收复西沙群岛纪念碑"，碑正面刻"南海屏藩"四个大字，旁署"中华民国三十五年十一月二十四日张君然立"。此碑至今仍屹立在永兴岛上，成为我国神圣领土西沙群岛上一座历史证物。

中华民国海军收复南海诸岛的正义行动，标志着抗战胜利，中国政府已经完全收复了被日本占据的海疆、海域。从而，向全世界表明南海诸岛属于中国的版图，也是抗战带来的胜利果实，是不容他国染指和侵占的。

"海军收复西沙群岛纪念碑，中华民国三十五年十一月二十四日张君然立"

驻守太平岛的海军官兵

后记　永远的海魂

抗战八年，血拼八年，忠勇的海军将士，为国家、为民族，生生不息，前仆后继，惊天地泣鬼神。在正面战场，弱小的海军舰毁人亡，矢尽弓折，血染江河湖海……在绝望中崛起，从渺小中强大。比起陆军、空军的英勇牺牲，浴血抗战，海军也毫不逊色。

由于种种原因，海军的事迹为后人所知道的不多。但为了国家、为了民族而英勇牺牲的民族英雄不应该被后人忘记，应该青史留名。

中国海军从抗战开始的49艘军舰，5万多人，打到抗战胜利只剩下1万多人，十余艘舰艇。但是，只要中国海军将士浴血奋战、团结抗敌，就一定能迎来黎明的曙光。

这就是中华民族的海军，这就是忠勇无畏的海魂！

有海军有海魂，何愁中国海军不强大？何惧任何强大的敌人与对手？

中华民族一定会得到复兴；

中华民族一定能卧薪尝胆；

中华民族一定能复仇，讨还血债！

陈绍宽说："海军今日为民族而牺牲了，在未来，它将为着民族而建立起来！"

甲午海战中大清北洋舰队的覆没所带来的历史的耻辱，会用黄海海水重新洗刷。

中国海军在抗战胜利后为中华民族收复的领土、海疆，包括西沙、南海，一定会在现代海军的手中得到巩固。

中华海魂不死！

中华民族永存！

海軍抗戰事蹟

忠勇壯烈
不惜犧牲

陳紹寬

附录

民国三十六年（1947）国民政府内政部公布南海诸岛新旧名称

（一）东沙群岛			
新订名称	意义	外	旧名
东沙岛		Pratas I.	蒲拉他土岛、月牙岛、月塘岛
北卫滩		N. Verker. Bank	
南卫滩		S. Verker Bank	

（二）西沙群岛			
永乐群岛	明成祖年号	Crescent Group	
甘泉岛		Robert I.	吕岛
珊瑚岛		Pattle. L	笔岛、八道罗岛、拔陶儿岛
金银岛		Money. L	钱岛
道乾群岛	明神宗时，林道乾率水兵破西班牙海军于菲律宾岛附近海中	Duncan. ls.	
琛航岛	宣统元年，粤督张人骏派伏波、琛航、广金三舰赴西沙	Duncan l.	灯擎岛、大三角岛、登岛
广金岛	群岛勘察	Palm l.	掌岛、小三脚岛
晋卿岛	明成祖时施晋卿出使南洋一带，任拓殖宣抚之责	Drummond l.	杜林门岛、伏波岛、四江岛、都岛
森屏滩	明黄森屏师婆罗	Observation Rank	测量滩、天文滩
羚羊礁		Antelope Reef	
宣德群岛	明宣宗时经营南洋甚力	Amphitrte Group	
西沙洲		West Sand	
赵述岛	明太祖使赵述至南洋	Tree l.	树岛
北岛		North l.	

中岛		Middle l.	
南岛		South l.	
北沙洲		North Sand	
中沙洲		Middle Sand	
南沙洲		South Sand	
永兴岛	纪念（抗战）胜利后参加接收本岛之永兴号军舰	Woody l.	林岛、武德岛、多树岛、巴岛
石岛		Rocky. l.	小林岛
银砾岛		Lltis Bank	亦尔别斯滩
北礁		North Reef	北沙礁
华光礁		Discovery Reef	发现礁、觅出礁
玉琢礁		Vuladdore Reef	鸟拉多礁
磐石屿		Pasu Keak	巴苏奇岛
中建岛	纪念第二次大战后接收本群岛之中建号军舰	Triton l.	土来塘岛、特里屯岛、南极岛、螺岛
西渡滩		Dido Bank	台图滩
和五岛	纪念明末潘和五反抗西班牙人	Lincoln l.	东岛、玲洲岛
高尖石		Pyramid Rocks	
蓬勃礁		Bombay Reef	
湛涵滩		Jehangire Bank	则衡志儿滩、怡亭芝滩
滨湄滩		Bremen Bank	勃利门滩、蒲力孟滩

（三）中沙群岛

西门暗沙		Siamese Shoal	
本固暗沙		Bankok Shoal	
美滨暗沙		Magpie Shoal	
鲁班暗沙		Carpenter Shoal	
立夫暗沙		Oliver Shoal	
比微暗沙		Pigmy Shoal	

隐矶滩		Engeria Bank	
武勇暗沙		Howarnl Shoal	
济猛暗沙		Learmonth Shoal	
海鸠暗沙		Plover Shoal	
安定连礁		Addington Patch	
美溪暗沙		Smith Shoal	
布德暗沙		Bassett Shoal	
波洑暗沙		Balfour Shoal	
排波暗沙		Parry Shoal	
果淀暗沙		Cawston Shoal	
排洪滩		Penguin Bank	
涛静暗沙		Tanored Shoal	
控湃暗沙		Combe Shoal	
华夏暗沙		Cathy Shoal	
石塘连礁		Hand Patches	
指掌暗沙		Hand Shoal	
南屏暗沙		Margesson Shoal	
漫步暗沙		Walker Shoal	
乐西暗沙		Phillip's Shoal	
屏南暗沙		Payne Shoal	
宪法暗沙		Scarbrough Reef	
一统暗沙		Helen Shoal	

（四）南沙群岛

民主礁	后改为黄岩岛	Payne Shoal	

危险地带以西各岛礁

双子礁		N. Danger	北危岛
北子礁		N. E. Cay	
南子礁		S. W. Cay	
永登暗沙		Trident Shoal	
乐斯暗沙		Lys Shoal	

国民党正面战场海军抗战纪实

中业群岛	纪念抗日胜利后接受军舰中业号	Lhi·Tu Reefs	帝都群礁
中业岛		Lhi·Tu Reefs	帝都岛、三角岛
渚碧礁		Subl Reef	沙比礁
道明群礁	明杨道明拓殖三佛斋	LoaitaBank and Reefs	
杨信沙洲	明杨信拓抚南洋	Lankiam Cay	
南钥岛		Loaita of South l. of Horsbung	
郑和群礁	明成祖时郑和出使南洋	Tizard Bank and Reefs	堤闸滩
太平岛	纪念战胜后接受军舰太平号	Ltu A ba l.	长岛、大岛
敦谦沙洲	纪念中业号舰长李敦谦	Sandy Cay	北小岛
舶兰礁		Petley Reef	
安达礁		Eldad Reef	
鸿庥岛	纪念中业号副舰长杨鸿庥	Namyit l.	南小岛、纳伊脱岛
南薰礁		Gaven Reefs	
福禄寺礁		Western of Flora Temple Reef	
大现礁		Discovery Great Reef	大发现礁
小现礁		Disovery Small Reef	小发现礁
永暑礁		Fiery Cross of N. W. Investigator Reef	
逍遥暗沙		Dhaull Shoal	
尹庆群礁	尹庆与郑和同时出使南洋	London Reefs	零丁礁
中礁		Central Reef	
西礁		West Reef	
东礁		East Reet	
华阳礁		Cuarteron Reef	
南威岛	纪念接受时广东省主席罗卓英	Spratly of Storm	西鸟岛
日积礁		Ladd Reef	
奥援暗沙		Owen Shoal	

南薇滩		Riflemen Rank	
蓬勃堡		Bombay Castle	
奥南暗沙		Orleana Shoal	
金盾暗沙		Kingston Wales Bank	
广雅滩		Piince of Wales Bank	
人骏滩	纪念两广总督张人骏	Alexandra Bank	
李准滩		Grainger Bank	
西卫滩		Prince Gonsort Bank	
万安滩		Vangurd Bank	
安波沙洲		Amboyna Gay	安波那岛
隐遁暗沙		Stay Shoal	
危险地带以东各岛礁			
海马滩		Seahorse of Routh Bank	
蓬勃暗沙		Bombay Shoal	
舰长暗沙		Royal Captin Shoal	
半月暗沙		Half Moon Shoal	
隐遁暗沙		Stay Shoal	
危险地带以南各岛礁			
保卫暗沙		Viper Shoal	
安渡滩		Ardasier Bank	
弹丸滩		Swallow Reef	
皇路礁		Royal Charlotte Reef	
南通礁		Louisa Reef	
北康暗沙		North Lucania Shoals	
盟谊暗沙		Friendship Shoal	
南安礁		Sea-horse Breakers	
南屏礁		Hayes Reef	
南康暗沙		South Luconia Shoals	
海宁礁		Heraklp Reef	
海安礁		Stigant Reef	
澄平礁		Sterra Blanca	

曾母暗沙		James Shoal	詹姆沙
八仙暗沙		Parsons Shoal	
立地暗沙		Lydia Shoal	
危险地带以内各岛礁			
礼乐滩		Reed Bank	
忠孝滩		Templier Bank	
神仙暗沙		Sandy Shoal	
仙后滩		Fairie Queen	
莪兰暗沙		Lord Aukland Shoal	
红石暗沙		Carnatic Shoal	
棕滩		Brown Bank	
阳明礁		Pennsylvania N. Reef	
东坡礁		Pennsylvania	
安塘礁		Amy Douglas	
和平暗沙		3rd Thomas Shoal	
费信岛	纪念明成祖时费信出使南洋	Flat l.	平岛、扁岛
马欢岛	纪念明成祖时马欢出使南洋	Nashan l.	
西月岛		West York l.	西约克岛
北恒岛		Ganges H. Reef	
恒岛		Ganges Reef	
景宏岛	纪念明成祖时王景宏出使南洋	Sin Cowe l.	辛科威岛
汛爱暗沙		Eancy Wreck Shoal	
孔明礁		Pennsylvania Reef	
仙娥礁		Alicia Annie Reef	
美济礁		Mischief Reef	
仙宾暗沙		Sabina Shoal	
信义暗沙		1st Thomas Shoal	
仁爱暗沙		2nt Thomas Shoal	

海口暗沙		Lnvestigator N. E. Shoal	
毕生岛		Pearson	
南华礁		Cornwallia South Reef	
立威岛		Lizzie Weber	
南海礁		Marivels Reef	
息波礁		Ardasier Breakers	
破浪礁		Gloucester Breakers	
玉诺岛		Gay Marlno	
榆亚暗沙		Lnvestigaton Shoal	
金吾暗沙		S. W. Shoal	
校尉暗沙		N. E. Shoal	
南乐暗沙		Glasgow	
司令礁		Gommodore Reef	
都护暗沙		North Viper Shoal of Sea-horse	
指向礁		Director	